ÉTUDES SUR LE THÉÂTRE ET LES ARTS DE LA SCÈNE

COMITÉ DE DIRECTION

Christian Biet, Florence Naugrette et Jean-Pierre Sarrazac

4

Alain Knapp et la liberté dans l'improvisation théâtrale

Hervé Charton

Alain Knapp et la liberté dans l'improvisation théâtrale

Canaliser ou émanciper

PARIS
CLASSIQUES GARNIER
2017

Hervé Charton est docteur en études théâtrales de l'université Sorbonne nouvelle – Paris 3. Il est aussi comédien, metteur en scène, auteur, et enseigne régulièrement le théâtre, d'un point de vue pratique ou théorique. Il a fondé le Théâtre persistant, compagnie qui offre à tout citoyen la possibilité de coproduire un spectacle de théâtre où sont abordés des sujets qui lui semblent essentiels.

ISBN 978-2-8124-6051-7 (livre broché)
ISBN 978-2-8124-6052-4 (livre relié)
ISSN 2273-3884

AVANT-PROPOS

> Je commence volontiers sans projet, le premier trait produit le second.
> MONTAIGNE, *Essais*, Livre I, Chapitre 39.

> La deuxième fois est la répétition minimale requise pour une vérification… Or l'objet de notre recherche n'était qu'une apparition aussitôt disparue, un événement qui ne sera en aucun cas réitéré ni, partant, confirmé, une lueur décevante dans la nuit !
> Vladimir JANKÉLÉVITCH, *Quelque part dans l'inachevé.*

Faire livre de ce qui était à l'origine un travail de thèse, voilà une épreuve de répétition, de vérification, de confirmation sur laquelle le spectre de Jankélévitch jette une ombre fugace. Disons-le dès l'entame : en nous l'auteur se fondent le chercheur et l'improvisateur. Théorie et pratique sont rarement éloignées l'une de l'autre dans le champ des arts vivants ; comme les deux visages de Janus, l'une a tendance à regarder derrière et l'autre devant, elles restent pourtant fichées sur la même tête. Mais il est périlleux de tenter de les fondre ensemble dans une même optique. Et le choix de l'improvisation comme objet d'étude avait été pour nous, dès l'origine, une façon de biaiser avec l'exercice académique, de s'en affranchir. Tel était notre postulat : il est impossible, pour aborder cette modalité spécifique de création, d'adopter une attitude de recherche purement critique ou purement pratique. L'improvisation, que nous définirons plus bas comme la simultanéité de la composition et de l'exécution, est en effet soit inachevée, soit inexistante. En tant qu'exécution, elle n'existe pas hors de son temps.

En tant que composition, elle est inachevée tandis qu'elle s'exécute. Le défi est donc double : d'un côté, se concentrer sur le moment d'exécution revient, comme Augustin, à tenter d'attraper le présent qui échappe, et n'en rien retenir, ne pas savoir ce qui a conduit à tel ou tel résultat et ne pas pouvoir l'affiner ; de l'autre, étudier les œuvres et user pour cela des outils traditionnels de la théorie critique revient à nier ce qui donne à l'improvisation sa spécificité.

Ainsi, pour construire une théorie de l'improvisation, il faut la pratiquer ; et pour la pratiquer, il faut se donner les moyens théoriques de l'analyser.

Pour cette raison sans doute, l'improvisation s'est imposée comme une modalité de travail privilégiée dans la recherche sur l'art de l'acteur, emblématique des laboratoires théâtraux tels que le XXe siècle les a vu surgir : « L'introduction de l'improvisation dans le travail de l'acteur, comme exercice ou à l'intérieur de la répétition, est la manifestation la plus libre et la plus novatrice d'une exploration de l'inconnu, d'une ouverture à la créativité individuelle du comédien, et d'une volonté de sortir du carcan qui enserre le théâtre entre la tutelle littéraire et les nécessités de production » (Warnet, 2005, p. 153). Par l'improvisation, la recherche sur le théâtre et l'art de l'acteur s'ouvrait à un champ de travail spécifique et empirique, à laquelle ne pourrait pas se substituer l'analyse des textes et des rôles, ou la philosophie. En fait, toute recherche de plateau implique, à un degré plus ou moins fort et assumé, le recours à l'improvisation.

La présente recherche est donc d'autant plus liée à son sujet qu'il est impossible de le traiter sans l'éprouver, de l'éprouver sans le penser. Cela n'est pas sans poser des difficultés. L'improvisation elle-même, en tant qu'elle est devenue un mode de vie pour celui qui entreprend une telle recherche, entre en conflit avec l'objectif de l'analyse distanciée. Comme le remarque Jeanne Leep : « *It seems deeply non-improvisational to look critically and analyze the world of improvisation in theatrical performance from a scholarly point of view*[1] » (Leep, 2008, p. 2). L'improvisateur a renoncé à graver dans le marbre – ou sur un disque dur – le produit de sa recherche et de sa création, et va même jusqu'à trouver cette prétention légèrement déplacée. Nous pourrions faire nôtres les premières réflexions de Gary Peters dans son ouvrage consacré à la philosophie de

1 « Il semble profondément contraire à l'improvisation de regarder avec un œil critique et d'analyser le monde de l'improvisation en représentation d'un point de vue académique ». Toutes les citations en anglais seront traduites par nos soins, sauf mention contraire.

l'improvisation : « *As an improvisor my natural inclination is to try something else if things don't seem to be working. And if that something else fails, then to give up altogether and start again*[2] » (Peters, 2009, p. VII).

Ainsi l'improvisation n'est-elle généralement pas vécue par ceux qui la pratiquent comme une attitude réservée au domaine de l'art, mais déborde-t-elle bien souvent au-delà : « *Improvisation is not just a style or an acting technique ; it is a dynamic principle operating in many different spheres ; an independent and transformative way of being and doing*[3] » (Frost & Yarrow, 1990, p. 13). L'improvisation travaille en profondeur à la modification de la façon d'être, de voir ou de faire de celui qui la pratique. C'est pourquoi David A. Charles parle, en se référant à la théorie de Bakhtine, du genre de l'improvisation, le genre étant entendu comme « *a specific form of thinking, a way of visualizing the world*[4] » (Charles, 2003, p. 7). Nous n'échappons pas à ce biais. En tant qu'improvisateurs, nous avançons par essais et erreurs, nous nous confrontons à l'autre, à sa sensibilité, à son écoute, à ses réactions, et nous laissons filer les échecs et les succès. S'il y a construction, elle est de l'ordre d'un savoir-faire, elle devient expertise. En nous, elle est pliée. La construction théorique demande que cette expertise se formule, se déploie linéairement et pour elle-même, qu'elle cesse de ne s'exprimer que face à la nécessité d'une situation nouvelle. Quitte à s'invalider à mesure qu'elle s'exprime.

Par conséquent, l'objet de la recherche, de par son caractère mouvant, insaisissable et inachevé, nécessitait une approche fragmentée, multiple, par plusieurs fronts simultanément. Nous avons donc convoqué l'histoire, la philosophie, l'économie, la politique. Mais nous avons surtout développé une part importante de notre recherche directement au plateau, que ce soit lors de l'organisation d'un laboratoire de recherche interdisciplinaire spécifiquement pensé pour explorer les questions qui nous hantent, ou lors d'expériences incidentelles liées à notre activité permanente de comédien et de metteur en scène. Mais après quoi précisément avons-nous mobilisé toute cette artillerie ?

---

2 « En tant qu'improvisateur mon inclination naturelle est d'essayer autre chose quand cela ne semble pas marcher. Et si cette autre chose échoue, d'abandonner tout simplement et de recommencer ».

3 « L'improvisation n'est pas seulement un style ou une technique de jeu : c'est un principe dynamique qui opère dans nombre de sphères différentes ; une façon autonome et "transformatrice" d'être et de faire ».

4 « Une forme spécifique de pensée, une façon de visualiser le monde ».

NOTES SUR L'IMPROVISATION

De quoi sera-t-il question au juste dans ces pages ? D'improvisation, sans doute. De l'improvisation, moins sûr, et de toutes les improvisations, certainement pas. Car si « improviser consiste à composer sur le champ et sans préparation, donc à créer à mesure, à inventer sans préméditation[5] », encore faut-il préciser son objet. L'improvisation, en soi, n'a qu'une existence idéelle, tout comme l'arbre ou l'homme. Tout tient en effet dans cette tension entre le jaillissement *ex tempore* et la composition : selon ce que l'on souhaite composer – des vers, de la musique jazz ou baroque, de la danse ou du drame – l'improvisation ne sera pas la même, elle ne fera pas appel aux mêmes techniques ni aux mêmes codes. Ainsi, la conception de l'improvisation au théâtre dépendra-t-elle directement de ce que l'on considère être le propre du théâtre. L'improvisation en danse et en musique est relativement facile à définir : il s'agit respectivement d'improviser l'agencement de mouvements et de sons. Mais au théâtre, qu'improvise-t-on ? De la parole ? Pas exactement, pas seulement, pas n'importe quel type de parole. Des gestes ? *Idem.*

Selon Alain Knapp par exemple, pour qui l'objet du théâtre est d'abord une affaire de personnages, « l'improvisation est un jeu de construction d'identité[6] ». La composition dont il est question est une composition dramatique, où les personnages se définissent par leurs actions. Mais l'époque contemporaine a souligné que le champ du théâtre ne se résumait pas au drame, au texte (même muet) et aux personnages, et que la composition théâtrale faisait intervenir des matériaux plus divers. Ainsi en témoigne la conception de la composition selon Anatoli Vassiliev : « La composition désigne un ordre de succession temporelle ou spatiale, un montage des éléments. C'est la succession de fragments, d'impulsions, de genres, de styles, de catégories de jeu ou de pensée. Une composition peut associer des éléments hétérogènes : un ballet (une improvisation physique) après un monologue (discours), une musique avant un jeu de scène, un cri après

5 Jean-Pierre Ryngaert, « Improvisation » dans (Corvin, 2008).

6 Entretien du 25 juin 2013.

un chant[7] » (Poliakov, 2006, p. 133). Ainsi l'improvisation théâtrale sera-t-elle souvent assez fidèle à cette définition assez large proposée par Anthony Frost et Ralph Yarrow :

> *Improvisation: the skill of using bodies, space, all human resources, to generate a coherent physical expression of an idea, a character (even, perhaps, a text); to do this spontaneously, in response to the immediate stimuli of one's environment, and to do it* à l'improviste*: as though taken by surprise, without preconceptions*[8]. (Frost & Yarrow, 1990, p. 1)

Notons ici que le texte apparaît comme une éventualité, et qu'à côté des personnages l'improvisation théâtrale peut aussi prendre pour objet des idées. Les auteurs soulignent également l'importance d'une cohérence dans le geste de l'improvisation, sans pour autant préciser ce qui fonde cette cohérence. Nous retiendrons pour notre part une définition encore plus inclusive, qui a l'avantage de poser en une seule formule la contraction temporelle que réalise l'improvisation et de ne pas l'inféoder à la pratique d'un art particulier :

> On peut définir l'improvisation comme l'acte qui contracte dans l'instant ce qui s'étale habituellement entre la conception (ou la composition) et l'exécution ultérieure ; le délai entre les deux étant supprimé par l'immédiateté de cet acte. L'improvisation est une réponse mais aussi une pratique inventive immédiate où on cherche à atteindre un objectif par la mise en œuvre des seuls moyens alors disponibles. (de Raymond, 1980, p. 15)

BRÈVE HISTOIRE D'UNE NOTION

Mais avant d'aller plus loin, il nous faut tenter de débroussailler quelques malentendus qui accompagnent en procession le concept que nous étudions ici. Le mot d'*improvisation* renvoie en effet à deux notions assez distinctes : d'une part l'action d'improviser, une pratique ou un genre (au sens de Bakhtine cité plus haut), et d'autre part l'œuvre résultant de cette action ; dans ce mot coïncident un mouvement, un devenir, et un élément fixe, délimité, achevé. On retrouve dans le vocable même

7 Tous les éléments dont il est question ici, impulsions, genres, styles, etc., sont définis plus loin dans l'ouvrage cité.

8 « Improvisation : l'art d'utiliser les corps, l'espace, toutes les ressources humaines, pour générer une expression physique cohérente d'une idée, d'un personnage (peut-être même un texte) ; le faire spontanément, en réponse à un stimuli immédiat dans un environnement donné, et le faire *à l'improviste*, *i. e.* comme par surprise, sans préconception ».

cette gageure pour notre esprit que constitue la pensée du devenir et de l'évolution, ainsi que l'a souvent souligné Bergson ; comme devant le Vase de Rubin où la perception ne fait qu'osciller entre deux visages et le fameux vase, ainsi est-il facile de se méprendre en passant par inadvertance dans son discours d'une idée de l'improvisation à l'autre.

De fait l'improvisation a d'abord été, dans la langue française, une action et une faculté : on retrouve des apparitions du verbe *improviser* dès 1642, quand la première occurrence littéraire du mot improvisation est enregistrée dans un roman de Germaine de Staël en 1802[9]. Cette apparition du mot dans la langue française coïncide d'ailleurs de façon remarquable avec sa diffusion dans la plupart des langues européennes (anglais, allemand, français, russe, néerlandais, espagnol, etc.), toutes à la fin du XVIIIe siècle[10]. Quand on remarque que les dictionnaires dans ces langues se réfèrent à l'italien et non directement au latin, on pourrait lancer sans précaution l'hypothèse que cette notion s'est développée en accord avec l'expansion et la célébrité des troupes de *Commedia dell'arte*, encore appelée *Commedia all'improvviso* jusqu'en 1750. Et qu'ainsi le mot et la notion d'improvisation viendraient d'un genre artistique qui fait encore office de référence quasi obligée dès que l'on évoque cette pratique dans les arts du spectacle. Mais cette substantivation progressive du verbe improviser pourrait porter en elle-même la marque d'un changement de conception dans la pratique des arts qui ne correspond pas tant à l'évolution de la pratique de l'improvisation, qu'à celle de la consécration de la pratique de la composition. C'est en tout cas ce que défend François de Raymond, en parlant essentiellement de musique.

9 Selon le *Dictionnaire culturel de la langue française* d'Alain Rey, 2005. il s'agit de *Corinne ou l'Italie* (en réalité publié en 1807), l'histoire d'une poétesse qui se livre volontiers à des improvisations face à ses admirateurs. S'y trouve une admirable description de l'acte d'improviser : « Si vous me demandez d'examiner moi-même ce que je pense à cet égard, je dirai que l'improvisation est pour moi comme une conversation animée. Je ne me laisse point astreindre à tel ou tel sujet, je m'abandonne à l'impression que produit sur moi l'intérêt de ceux qui m'écoutent, et c'est à mes amis que je dois surtout en ce genre la plus grande partie de mon talent ».

10 En anglais, le cas est intéressant : le mot d'*improvisation* remonte en fait au XVe siècle, mais désignait un événement imprévu. Son acception en tant que le fait de composer une œuvre sur-le-champ date de 1786, selon *Online Etymology Dictionary* (http://www.etymonline.com). L'anglais possède par ailleurs un autre mot pour désigner l'improvisation : *extemporization*, dont la forme verbale remonterait à 1640, toujours selon la même source, et qui vient de l'utilisation adverbiale du latin *ex tempore*, hors du temps. C'est en réalité un concept plus large que celui d'improvisation, qui désigne ce qui est fait sans préparation – alors qu'une improvisation peut se préparer.

Il écrit en effet : « Dans la musique primitive, la composition ne se distinguait pas de l'exécution : la vie communautaire s'exprimait dans l'accompagnement, la reprise des thèmes, l'ornementation » (*ibid.*, p. 24). Il va de soi, en effet, que les moyens de l'écriture, qu'elle soit musicale ou littéraire, n'étant pas dans la majorité des mains, l'essentiel de la création et de la transmission artistique était orale – et même si oralité n'est certainement pas synonyme d'improvisation, elle est tout de même plus vulnérable à la variation et à la réinvention que l'écriture, ne serait-ce que parce que la mémoire elle-même est variation et réinvention. Cette évolution continue des thèmes, sans être équivalente à ce que nous nommons improvisation aujourd'hui, donne tout de même bien l'idée d'une absence de partage strict des capacités ; invention et exécution coïncident. Se basant sur Ernst Ferand[11], de Raymond continue : « Les premières tentatives de formulation théorique de l'improvisation remontent au début du Xᵉ siècle ; au XIᵉ siècle s'amorce le passage de l'improvisation chantée à la composition écrite, parallèle à la survie parfois florissante de l'improvisation » (*ibid.*). De là il décrit les différentes formes de coexistence de l'improvisation et de la composition : les contrepoints, l'ornementation, le *cantus supra librum*... Le mot d'improvisation n'existait pas encore, mais plutôt chacune de ses manifestations prenait un nom au sein de systèmes musicaux où elle remplissait un rôle de plus en plus délimité. Et enfin il conclut ce bref historique : « Ainsi lorsqu'au cours du premier tiers du XVIIᵉ siècle s'établit le concept de *composition*, l'improvisation est progressivement considérée comme un genre, bientôt délimitée par la composition qui offre l'avantage de pouvoir être travaillée et multipliée à l'identique pour une exécution inchangée en tout lieu » (*ibid.*, p. 25).

Cette consomption opérée par la composition préméditée sur le domaine de l'improvisation, cette façon de la circonscrire, s'illustre d'ailleurs également dans le devenir d'un autre mot, celui d'*impromptu*, qui a longtemps désigné ce qui était improvisé, synonyme de la seconde acception du mot actuel *improvisation*, pour devenir avec le temps son simulacre, une pièce musicale ou poétique composée pour donner l'air d'être spontanée.

---

11 « Improvisation in Music History and Education », *Papers of the american Musicology Society*, 1940.

Ainsi sont apparues les deux tendances que l'on repère actuellement dans la notion d'improvisation : l'action d'improviser, qui par métonymie désigne la discipline ou le genre, par distinction avec le couple composition / interprétation ; l'œuvre, le résultat de l'action d'improviser, qu'on ne peut plus appeler impromptu. L'analyse de François de Raymond permet en outre de comprendre pourquoi cette notion est soit entachée d'un caractère péjoratif, soit semble la chasse gardée du génie. Ce mot d'improvisation peut autant renvoyer à une prouesse digne de toutes les admirations, voire au parangon de toute créativité, qu'à une action bâclée et impropre, que n'excuse que la situation extraordinaire dans laquelle elle a été contrainte d'avoir lieu. On utilise le mot d'improvisation en dehors du domaine artistique, et généralement pour souligner quelque chose fait à la hâte, imparfait – comme un dîner improvisé avec des restes. Étymologiquement, il est équivoque : s'inaugurant par un préfixe privatif *im-*, dénotant un manque, l'objet de ce manque est la pré-vision, une faculté qui, au temps des Lumières et de la consécration du pouvoir de la raison, est vertu cardinale. Selon que cette posture est subie ou choisie, on y verra alors tantôt chez l'improvisateur de l'inconséquence, tantôt du courage.

En rapportant l'évolution de la notion d'improvisation à celle, conjointe et opposée, de la notion de composition, on comprend mieux l'origine de ces deux colorations.

> L'improvisation vivante s'étouffa ainsi par limitation, cantonnée comme spectacle esthétique et spirituel dans les églises et les cours princières, mais aussi comme pratique de divertissement dans les bruyantes tavernes populaires. Les extrêmes de la pyramide sociale la maintinrent vivante dans la tradition populaire qui chante la vie en tous ses aspects, connotant ici l'aspiration refoulée des besoins physiologiques et sociaux, ailleurs la spiritualité. Elle fut au contraire dévalorisée dans les classes moyennes chez lesquelles organisation, composition, comptabilité sont synonymes de vertu et récompensées par le ciel – la comptabilité est née avec le capitalisme ; l'esprit de négoce (*nec otium*) se trouve aux antipodes du loisir (*otium*), de la disponibilité, de la confiance à l'inspiration du moment – l'esprit de l'improvisation est populaire et aristocratique à la fois. (*ibid.*, p. 26)

C'est en effet dans les marges que fleurit l'improvisation, et l'on voit là encore à quel point elle est avant tout un *genre*, une façon de voir et d'agir dans le monde. Avec le triomphe de la société bourgeoise d'une part, et d'autre part la glorification de la raison à la suite des Lumières, nulle surprise à ce qu'une certaine méfiance accompagne chacune de ses manifestations. Méfiance qui se meut illico en admiration franche et sans borne si l'improvisateur est de génie, répliquant ainsi ce vieux fantasme des classes moyennes envers l'aristocratie, à laquelle tout un chacun peut prétendre en accédant à l'aisance mais qui est à jamais refusée à qui n'en a pas le sang[12] ; ou en mépris des plus crus lorsque celle-là ne sert que le divertissement, qu'elle est irriguée de populaire.

Dans notre conception moderne, et en particulier dans le théâtre, l'acception qui désigne l'improvisation comme une pratique et un genre s'est fortement renforcée au cours des trente à cinquante dernières années avec le développement de l'improvisation théâtrale comme discipline autonome, indépendante du théâtre, et qu'on désigne plutôt, sous forme contractée, par *impro*[13]. Celle-ci peut avoir acquis, pour ceux qui la pratiquent, des frontières tellement impénétrables qu'il arrive d'entendre certains improvisateurs dire qu'ils n'aiment pas le théâtre – et l'inverse n'est pas non plus rare. Pourtant cette pratique devient de plus en plus populaire, et de plus en plus riche. En voici quelques témoignages.

APERÇU D'UNE PRATIQUE EN PLEIN ESSOR

Le 1er octobre 2014 à Lyon, dans le troisième arrondissement, a eu lieu un événement relativement historique, bien que d'apparence modeste. Thomas Debray et Péroline Devron inaugurent l'Improvidence, le premier lieu de théâtre sur le sol français, voire européen, à être entièrement dédié à l'improvisation théâtrale. Tous les soirs et toute l'année s'y succèdent des troupes amateurs et professionnelles pour présenter des spectacles dont le seul point commun est d'être indéterminés avant de rencontrer le public. Les formes y sont variées : on y présente tantôt une succession de scènes improvisées relativement courtes sans rapport apparent les unes avec les autres, comme ce qui se passe dans un match d'impro, mais selon une recette et un décorum propre à chaque spectacle ; tantôt la troupe improvise des histoires qui se déploient sur plus d'une heure et font intervenir un même ensemble de personnages ; tantôt on chante, danse, parle, mime, invite les spectateurs sur scène, etc. Des

12 « Armstrong je ne suis pas noir », chantait Nougaro.

13 Ou *improv* en américain.

improvisateurs professionnels venus des quatre coins de France, de Suisse ou de Belgique s'y retrouvent pour échanger autour de leur pratique, et y animent des stages à destination d'amateurs. Professionnels et amateurs se partagent d'ailleurs la scène, ceux-ci jouant en début de semaine et ceux-là sur la fin. En quelques mois, ce lieu est devenu incontournable dès qu'il s'agit d'improvisation théâtrale, attirant improvisateurs, public, entreprises et pouvoirs publics[14].

Pour le non initié, voilà une nouvelle qui a de quoi étonner, et témoigne d'une réalité à laquelle il ne pouvait pas s'attendre. Cette réalité, c'est l'existence et l'incroyable vitalité d'un genre de théâtre que beaucoup ignorent encore, ou pensaient encore vaguement circonscrit au Match d'impro venu du Québec. Il faut dire que l'improvisation théâtrale s'est invitée dans l'actualité de cette année 2015 par une autre porte, beaucoup plus médiatique. Encouragés par l'action opiniâtre du comédien Jamel Debbouze, le premier ministre Manuel Valls et son ministre de l'Éducation nationale Najat Vallaud-Belkacem ont annoncé envisager l'intégration de cours d'improvisation théâtrale (entendre : de match) en option dans les collèges, en particulier dans les collèges dits « sensibles ». Nous ne nous étendrons pas sur cette initiative, dont nous avons analysés les enjeux ailleurs (Charton, 2015).

Ces deux événements sont néanmoins des symptômes de l'époque intéressants à décrypter, les arbres qui laissent apparaître la forêt. Depuis le milieu du XXe siècle, et particulièrement dans les trente dernières années, l'improvisation théâtrale s'est imposée en France, et un peu partout dans le monde, comme un genre théâtral spécifique, à l'écart des circuits traditionnels du théâtre et en particulier des institutions culturelles, avec ses propres codes, son propre public et ses propres comédiens. Si l'Improvidence est à ce jour le seul en France, des théâtres et lieux de formation lui sont dédiés dans les plus grandes villes d'Amérique du Nord, avec une concentration étonnante à Chicago ; des festivals internationaux existent à Amsterdam, Berlin, Madrid, Anvers, Lyon, Metz, Rennes, etc. Le site http://improticket.com recense une soixantaine de troupes d'improvisation qui se disent professionnelles sur le territoire français, mais la pratique s'est partout largement affirmée comme une pratique amateur : en milieu universitaire ou à la ville, les troupes amateur foisonnent et produisent aujourd'hui l'essentiel des spectacles

14 Voir http://www.improvidence.fr/.

d'improvisation[15]. L'émission britannique *Who's line is it anyway*, qui s'inspire fortement du TheatreSports développé par Keith Johnstone[16], popularise davantage encore, à travers ses différentes versions dans plus d'une vingtaine de pays, le concept des jeux de théâtre improvisés. Le Festival Juste pour rire, retransmis à la télévision, présente régulièrement des Matchs d'improvisation.

Ce qui s'est développé à partir de la seconde moitié du XXe siècle en Occident, et qui est unique dans l'histoire des arts performatifs, c'est ainsi cette forme de théâtre où ni le public ni les acteurs ne savent ce qui sera joué dans la soirée, où l'on vient voir des comédiens en prise avec le vide et le hasard, et non l'œuvre d'un auteur ou une histoire – et où malgré tout l'on paie sa place. Les noms des créateurs de ce genre sont inconnus ou presque dans le monde du théâtre français. Ce sont Viola Spolin et son fils Paul Sills, Keith Johnstone, Del Close, Robert Gravel… Ce que nous étudions ici, ce n'est donc pas le théâtre qui se construit par improvisations (création collective ou *devised theatre*, dont le Théâtre du Soleil d'Ariane Mnouchkine peut sembler un modèle), ni le théâtre dont certaines parties demeurent improvisées, mais ce que Hazel Smith et Roger Dean appellent de l'improvisation *pure*, une improvisation qui se fait devant un public, pour un public, par opposition à une improvisation *appliquée*, qui est utilisée sur le chemin de la création d'un produit achevé[17]. Nous dédierons le premier chapitre à l'histoire détaillée de l'improvisation théâtrale.

TOUR D'HORIZON DE L'ÉTAT DE LA RECHERCHE

Face à cette vitalité, le monde académique, en France comme à l'étranger, est globalement resté muet – à l'exception évidente des États-Unis. Quelques mémoires de master, une thèse soutenue par Patrick Charrière en 1990 à l'université de Bordeaux[18], sont les seules traces de recherche que nous ayons pu trouver en France, et encore se concentrent-elles principalement sur le match. Cet ouvrage a pour ambition de combler ce manque. Il faut dire que la méfiance est grande :

15 À titre de comparaison, le même site dénombre 224 troupes d'amateurs en France, mais ces données ne sont pas complètement fiables : ce sont en effet les troupes elles-mêmes qui doivent s'inscrire sur le site, et ses animateurs considèrent qu'il recense ainsi environ 80 % des troupes.

16 Voir « Johnstone, le grand gourou », p. 42 et *sq.*

17 *Cf. Improv(is)ing the Definitions*, dans (Smith & Dean, 1997, p. 25 et *sq.*).

18 (Charrière, 1990) ; (Baudrand, 2008) ; (Thura, 2009) ; (Desmonts, 2010) ; (Eber, 2010)…

« *In fact, much of the world of improvisational theatre has been relegated by some academics to the equivalent of warm up exercises, charade like games, or "garage band" type performances*[19] », écrit Jeanne Leep (Leep, 2008, p. 2). Son travail constitue donc une des quelques exceptions. Dans *Theatrical Improvisation : Short Form, Long Form, and Sketch-Based Impro*, elle développe une typologie des spectacles d'improvisation théâtrale selon trois tendances : la première, la plus répandue, consiste en des spectacles composés de courtes scènes improvisées ; la seconde, apparue un peu plus tardivement, fait intervenir une construction d'histoire complexe sur une durée plus importante, à travers des structures réglant les interactions de personnages récurrents ; enfin la troisième renvoie à une tradition à la fois plus ancienne et plus solide, dont la *commedia dell'arte* est l'archétype, et consiste à improviser sur un canevas pré-établi[20].

Anthony Frost et Ralph Yarrow, dans *Improvisation in Drama*, réalisent également un panorama des différentes formes d'improvisation théâtrales, de qui en sont les principaux praticiens et de quelles sont leurs motivations. Ce travail vaut surtout pour l'aspect encyclopédique ; ils tentent en effet d'embrasser l'improvisation au théâtre dans son ensemble, sans prendre en compte la spécificité de ce genre dont nous soulignons la récente émergence, et se retrouvent finalement à être trop inclusifs.

Remarquons également, en langue anglaise, le travail de David A. Charles, *The Novelty of Improvisation : Toward a Genre of Embodied Spontaneity*. Appliquant à l'improvisation les catégories développées par Mikhaïl Bakhtine pour l'analyse littéraire et, en particulier, celle du roman russe – le chronotope, le prosaïque, le dialogisme, la polyphonie et le carnavalesque –, il cherche à développer un discours sur l'improvisation théâtrale qui la libère de la référence constante à la composition écrite, pour mieux faire sentir sa spécificité, sa fonction et son potentiel. Bien que cette analyse qui, en ayant énoncé dès l'entrée comme un axiome ce qu'elle souhaite prouver, constate en tautologie la justesse de ses assertions, puisse souffrir d'un certain systématisme, elle recense et analyse cependant une impressionnante quantité de pratiques

19 « En fait, la plus grande part du monde de l'improvisation théâtrale a été considérée par certains universitaires comme l'équivalent d'exercices d'échauffement, de jeux dans le genre des charades, ou de "spectacles de garage" ».

20 Quelques spectacles célèbres récents, comme ceux des compagnies d'Ores et déjà ou des Chiens de Navarre, qui ont pu faire parler d'eux de par leur caractère en partie improvisé, rentrent aussi dans cette catégorie.

de théâtre spontané tout autour du monde. Ainsi, outre celles héritées de Johnstone, Spolin, Boal, la *commedia dell'arte* ou le mime romain, Charles convoque le *renga* japonais, l'*apidan* du Niger, et le psychodrame de Moreno. Il s'attache à souligner leurs ressemblances plus que leurs spécificités ; aussi peut-on parfois trouver que sa démarche est trop inclusive. Reste que l'utilisation des concepts de Bakhtine est bien souvent convaincante, et nous nous y abreuverons quelquefois.

Enfin, toujours en anglais, *Whose improv is it anyway ?*, de Amy Seham, analyse finement les différents courants d'improvisation théâtrale qui sont nés aux États-Unis, et particulièrement à Chicago, depuis la création des Compass Players en 1955[21]. Elle s'intéresse tout particulièrement à la place des femmes et des minorités dans le monde de l'improvisation théâtrale, reliant les pratiques et les philosophies qui guident les différents groupes et courants à leur tendance à confirmer ou combattre les valeurs dominantes ou conservatrices.

En français, il y a bien sûr l'ouvrage de Jean-Pierre Ryngaert, *Jouer, représenter*, qui s'intéresse à l'improvisation comme modalité particulière du jeu, « comme lieu de la rencontre d'un objet étranger, extérieur au joueur, et de l'imaginaire de celui-ci. Elle provoque le sujet à réagir, soit *à l'intérieur* de la proposition qui lui est faite, soit *autour* de la proposition, en explorant largement la zone qui se dessine pour lui, selon la façon dont son imagination est convoquée » (Ryngaert, 2009, p. 41). L'improvisation est donc ici davantage un outil qu'une fin, l'objet d'une contemplation d'une certaine modalité du jeu, et moins un processus particulier de composition dont il s'agit de maîtriser le fonctionnement.

En dehors du monde académique, l'essentiel des écrits sur l'improvisation proviennent des praticiens eux-mêmes. Il existe pléthore de livres qui recensent des recettes et des exercices pour révéler la spontanéité, la créativité, aider des groupes à créer ensemble, mieux communiquer en entreprise[22]... Il nous faut commencer par citer ceux écrits par les premiers développeurs des formes modernes de l'impro[23]. Certains de ces ouvrages, sinon tous, proposent en guise d'introduction une histoire de l'improvisation théâtrale, ainsi que quelques motivations

21 *Cf.* « La filière de Chicago », p. 35 et *sq.*

22 On peut citer dans cet ensemble (Caruso, 1992) ; (Tournier, 2011) ainsi que (Tournier, 2003) ; (Diggles, 2004) ; (Napier, 2004) ; (Adams, 2007)...

23 (Spolin, 1973) ; (Johnstone, 1999) ; (Gravel, 1987) ; (Halpern, Close, & Johnson, 1994).

idéologiques. Mais d'autres livres sont principalement dédiés au développement de cette théorie : ainsi en est-il du premier livre de Keith Johnstone, *Impro. Improvisation and the Theatre*[24] ; *The Improv Handbook* de Tom Salinsky et Deborah Frances-White propose un développement théorique de l'improvisation théâtral fortement inspiré par Johnstone, et met en relation son système avec les théâtres d'impro de Chicago ; Chris Johnston dans *The Improvisation Game* explore à travers de nombreux interviews le pourquoi, le comment et l'objet de l'improvisation au théâtre, mais aussi en danse et en musique.

Mais nous remarquons que la plupart de ces ouvrages sont en anglais et ne sont pas disponibles dans les bibliothèques françaises, ce qui limite nécessairement leur diffusion dans les milieux universitaires de notre pays[25]. Dès que l'on s'éloigne du champ strict du théâtre, la littérature académique récente devient plus fournie, et plus française également. De nombreux travaux analysent le travail de l'improvisation en danse[26] ou en musique[27], voire dans le cinéma[28]. Certains enfin visent à une compréhension de l'improvisation comme phénomène d'ensemble. Le travail de Tania Vladova, thèse de doctorat soutenue en 2004 à l'École des hautes études en sciences sociales, cherche à développer une poétique de l'improvisation à travers l'analyse de l'improvisation musicale et de la figure de l'improvisateur dans la littérature. Pour elle, le problème des théories esthétiques sur l'improvisation se résume ainsi, ce qui rejoint nos propres analyses : « exhiber simultanément le geste créateur, l'expression et la formation de l'œuvre, tel est le défi que l'improvisation lance à une pensée esthétique traditionnellement scindée entre sujet et objet, entre activité et résultat » (Vladova, 2004, 17). Citons cependant, car comme elle nous nous appuierons beaucoup sur cette lecture, l'incontournable travail du philosophe Jean-François de Raymond, *L'improvisation : contribution à la philosophie de l'action*, qui s'intéresse à l'improvisation comme une modalité particulière de l'action et embrasse dans son analyse tous les champs de l'activité humaine, artistiques ou non.

24 La traduction française, réalisée par des improvisateurs parisiens coordonnés par Mark Jane, vient de paraître en auto-édition, disponible en ligne sur http://www.impro-theatre.fr/.

25 Nous avons également récemment pris note d'un travail de thèse en espagnol, (Lima e Muniz, 2005).

26 (Boissière & Kintzler, 2006) ; (Bardet, 2009) ; (Couderc, 2010)...

27 (Bailey, 1999) ; (Laborde, 2005) ; (Canonne, 2010) ; (Saladin, 2010).

28 Voir notamment les travaux de Gilles Mouëllic.

Ces quelques exemples, ainsi que la présence grandissante dans les revues de dossiers dédiés à l'improvisation, témoignent d'un intérêt croissant pour les questions qui lui sont liées. La radio elle-même s'est récemment emparé du sujet pour une semaine dans l'émission de France Inter *Les nouveaux chemins de la connaissance*, même s'il y fut beaucoup question d'histoire ou de musique, et encore une fois assez peu de théâtre.

LIBERTÉ, LIBERTÉ CHÉRIE

Cette montée en puissance récente de l'intérêt pour l'improvisation en général, et pour l'improvisation théâtrale en particulier, et son avènement progressif comme genre théâtral spécifique a de quoi nous interroger. Comme nous le laissions entendre au début de cette introduction, recourir à l'improvisation correspond à un besoin de s'affranchir des carcans, notamment au théâtre ceux de la littérature ou de la mise en scène, une volonté de faire bouger toutes sortes de lignes, et de faire l'exercice d'une certaine liberté. Si la liberté dont un improvisateur fait l'expérience peut être sujet de débat, certains arguant que celui-ci ne saurait créer que dans un cadre bien défini, ou encore qu'il est esclave d'impulsions qu'il ne maîtrise pas, il est à peu près clair que toute pratique de l'improvisation se fonde sur une idée de ce qu'est la liberté. Mais parallèlement, la pratique de l'improvisation théâtrale est aujourd'hui prise dans une économie particulièrement bien intégrée dans le système global d'échange de marchandises ; n'y a-t-il pas là une sorte de contradiction ? Une dissonance au moins, qui laisse entrevoir que si l'improvisation dans les arts vivants, comme nous l'avons déjà constaté et y reviendrons en détail plus bas, était tombée en désuétude avec l'avènement d'une société basée sur le commerce et la raison, elle revient aujourd'hui peut-être, et sous la forme spécifique que nous lui connaissons, à la faveur d'une idéologie dominante, que nous appellerons libéralisme, qui conjugue libertés individuelles et exigences économiques, et où « tout est possible puisque créativité, réactivité et flexibilité sont les nouveaux mots d'ordre » (Boltanski & Chiapello, 1999, p. 139). Ainsi, notre question centrale devient : quelle conception de la liberté guide l'improvisation théâtrale, telle que nous la connaissons en ce début de XXIe siècle ?

Pour y mieux revenir, nous pouvons retourner la question en demandant : que serait une improvisation théâtrale « libre » ? L'expression « improvisation libre » est davantage héritée du champ de la musique que de celui de la danse, car on parle rarement d'improvisation en danse pour désigner ce qui serait une improvisation non libre, celle par exemple des danses de salon ou du hip-hop[29]. En musique par contre, nous pouvons définir l'improvisation libre par une absence de référent commun entre les improvisateurs :

> La notion de référent est centrale pour l'improvisation. Le référent est un schème formel sous-jacent ou une image directrice spécifique à une pièce donnée et utilisé par les improvisateurs pour faciliter la génération et l'amendement des comportements improvisés sur une échelle temporelle de taille intermédiaire. La génération de ces comportements sur une échelle temporelle plus courte est principalement déterminée par un apprentissage antérieur et n'est pas vraiment spécifique à la pièce considérée. S'il n'y a pas de référent, ou si celui-ci est conçu en temps réel, on parle d'improvisation « libre » ou « absolue ». Elle est beaucoup plus rare que l'improvisation guidée par un référent ou « improvisation relative[30] ».

Comme nous l'avons souligné plus haut, alors qu'en danse ou en musique l'objet de l'improvisation est assez clair, le théâtre demande d'établir au préalable un consensus sur la question de ce qui est à composer, lequel dépend de la fonction que l'on assigne au théâtre, ou de la nature qu'on lui suppose. Comme le remarque Clément Canonne dans le cadre de la musique, le référent est par définition une donnée qui fait l'objet d'une *connaissance commune*[31]. Pour cette raison, il semble impossible de

---

29 Par ailleurs, le terme de *danse libre* renvoie à un courant spécifique, fondateur de la danse contemporaine : « Le terme de "danse libre" qui s'applique à un courant de la danse qui s'est essentiellement développé au début du XXe siècle, et dont l'une des figures emblématiques est Isadora Duncan, montre ce besoin de rompre avec les codes académiques de la danse et de revendiquer une totale liberté d'expression. Isadora Duncan traduit cette libération dans sa danse par un dépouillement vestimentaire – elle danse pieds nus, habillée d'une simple tunique – et par le recours à des mouvements simples s'inspirant de ceux de la nature, mais il est difficile de savoir si Isadora Duncan improvisait en partie ou totalement quand elle dansait », (Couderc, 2010, p. 52-53).

30 Jeff Pressing, *Cognitive Processes in Improvisation*, cité et traduit par (Canonne, 2010, p. 14).

31 Il définit cette notion : « Rappelons la distinction entre connaissance mutuelle et connaissance commune. Il y a connaissance mutuelle d'une proposition P dans une population S si et seulement si chaque membre *n* de S connaît p. Il y a connaissance commune de cette même proposition P dans cette même population S si et seulement si chaque membre *n* de S connaît P et que chaque *n* de S sait que tout *n* de S connaît P,

se passer de référent au sens de Pressing. Poser, par exemple, que le but de l'improvisation théâtrale est de raconter des histoires crée un référent, car il faut s'accorder sur la manière dont ces histoires sont composées. Pour le dire autrement, le théâtre, dans sa relation intime avec le drame et la représentation d'actions, implique une restriction des éléments bruts avec lesquels on l'improvise : des gestes, mais pas n'importe quels gestes ; des paroles et des sons, mais pas n'importe lesquels. Une restriction qui empêche *a priori* toute improvisation libre au sens où nous l'avons prise.

Deux idées nous permettent de survoler cette impasse. D'abord, nous interroger sur la nature de la liberté en question, en épousant la distinction posée notamment par Isaiah Berlin entre liberté « négative » et liberté « positive ». La première conception implique d'exercer sa liberté en franchissant les limites qui s'appliquaient à soi jusqu'alors ; la seconde part de soi et d'une connaissance de ses moyens pour agir dans un cadre non seulement consenti mais maîtrisé. Deux conceptions qui engendrent, nous le verrons, deux approches de l'improvisation sensiblement différentes. Nous pouvons ensuite considérer une définition du théâtre qui ne présuppose pas *a priori* un référent. À ce titre, la définition très large que Christian Biet et Christophe Triau commencent par donner nous paraît opératoire : « Le théâtre est d'abord un spectacle, une performance éphémère, la prestation de comédiens devant des spectateurs qui regardent, un travail corporel, un exercice vocal et gestuel *adressés*, le plus souvent dans un lieu particulier et un décor particulier » (Biet & Triau, 2006, p. 7). En fondant la nature du théâtre non sur scène, dans l'objet représenté, mais dans la relation qui lie comédiens et spectateurs, et en insistant sur la spécificité du lieu et du décor, nous trouvons formulées deux des hypothèses de travail que nous avons testées : l'improvisation libre au théâtre se définit par sa performativité d'une part, et d'autre part par rapport à un contexte d'exécution – celui-ci étant entendu comme le lieu, la date et les personnes en présence, dans leurs dimensions physiques et concrètes, mais aussi *en tant qu'ils portent une mémoire*.

Dans un premier chapitre, qui aura pour la question qui nous occupe un aspect introductif, nous reviendrons sur l'histoire récente de l'improvisation théâtrale, afin de donner au lecteur un panorama de

chaque *n* de S sait que chaque *n* de S sait que tout *n* de S connaît P et ainsi de suite *ad infinitum* », (Canonne, 2010, p. 17).

ce que représente ce genre, des différents courants qui le composent, ainsi que des clés de compréhension sur les discussions que nous aurons par la suite.

Nous avons consacré une part importante de notre recherche à Alain Knapp. Cela s'explique en partie par des raisons opportunistes, l'occasion nous ayant été fournie de rencontrer cet homme de théâtre méconnu, de l'interroger longuement et d'accéder à ses archives – lesquelles constitueront une source importante pour l'ensemble de cet ouvrage. Mais l'exemple du groupe qu'il fonda à Lausanne en 1968, le Théâtre-Création, et de l'approche de la pédagogie et de l'art de l'acteur qu'il développa, nous permettent surtout de dessiner les contours d'une improvisation où la liberté de l'acteur se comprend avant tout dans son indépendance créatrice – et non dans la libre expression d'une spontanéité, qui voudrait mettre à bas les formes héritées du passé. Ce groupe de théâtre expérimental, reconnu à travers toute l'Europe, a poussé à l'extrême l'idée de l'acteur-créateur, pour lui donner une signification entièrement nouvelle et à l'écart des autres courants du théâtre ou de l'improvisation théâtrale qui se sont dessinés, à d'autres points de la planète, pendant ces mêmes années. Le premier chapitre s'attardera ainsi sur la personnalité d'Alain Knapp, son parcours, depuis sa découverte du théâtre, à travers les cours de Blanche Derval et la revue *Théâtre Populaire*, jusqu'à sa rencontre avec Benno Besson et ses premières mises en scène au Centre dramatique Romand. Le second chapitre tentera de faire un point rapide sur les influences sociales, politiques et artistiques majeures des années soixante, les courants d'idée, les groupes et les créateurs influents. Dans le temps suivant, nous plongerons au cœur de l'activité du Théâtre-Création. Nous traiterons en particulier des cinq premières années, pendant lesquelles ce groupe d'acteurs-créateurs alternait créations collectives, avec ou sans auteur, parfois avec texte préalable, animations scolaires, expériences en milieu thérapeutique, et bien sûr recherche constante sur l'art de l'acteur, improvisations en public avec et sans canevas. Pour finir nous nous immergerons dans l'improvisation théâtrale telle qu'Alain Knapp nous invite à la comprendre, son éthique et sa pratique, en la mettant notamment en relation et en dialogue avec le système développé par Keith Johnstone.

La seconde partie, divisée en trois chapitres, sera une discussion sur l'improvisation théâtrale libre, appuyée par les laboratoires de recherche que nous avons mis en place et nos propres expériences de comédien. Le premier chapitre de cette partie entend faire la critique, à travers la notion d'acteur-créateur, de l'improvisation théâtrale telle qu'elle s'est développée ces cinquante dernières années à la suite des courants que nous identifierons plus bas. La réflexion se concentrera sur trois enjeux qui nous semblent saillants dans le monde contemporain, et sont indubitablement liés : un enjeu politique d'abord, qui se concentre autour du rapport que l'improvisation entretient, ou clame entretenir, avec la notion de démocratie ; un enjeu artistique et esthétique, relatif à la performativité de l'improvisation théâtrale ; un enjeu économique enfin, à travers la mise en évidence des liens à la fois idéologiques et pratiques que l'improvisation théâtrale entretient avec l'économie de marché. Le chapitre suivant se nourrira ouvertement d'un certain nombres d'expériences que nous avons réalisées, organisées autour de notre laboratoire de recherche-action. Organisé en deux temps, nous décrirons d'abord un cadre hérité du travail des *perspectives* où la danse, ou le corps dansant, nous permet de dresser des ponts entre les disciplines artistiques. Nous y développerons la base d'un système d'entraînement de la technique de l'acteur en vue de l'improvisation libre. Le deuxième temps cherchera à penser et à expérimenter comment inscrire concrètement des actes artistiques dans un contexte donné, dont les spectateurs sont l'incarnation. Enfin, dans un dernier chapitre, nous reviendrons à la notion de liberté, à la fois pour examiner plus précisément en quoi deux conceptions différentes conduisent à appréhender l'improvisation différemment, et pour décrire quels sont les grands enjeux d'une improvisation libre telle que nous avons souhaité la définir.

Cet ouvrage n'aurait pas pu voir le jour sans les appuis et conseils d'un certain nombre d'amis et collègues, parmi lesquels Marie-Madeleine Mervant-Roux, Christian Biet, Lionel Parlier et Françoise Zamour. Qu'ils en soient remerciés, ainsi que tout ceux que je n'ai pas la latitude de citer ici mais qui se reconnaîtront tout au long du livre.

INTRODUCTION

L'improvisation théâtrale : histoire d'un genre contemporain

> Aujourd'hui, il y a une telle coïncidence entre l'aristotélisme et la modernité libérale qu'il va être difficile d'en sortir.
> Florence DUPONT, *Aristote ou le vampire du théâtre occidental.*

Nous l'avons remarqué en introduction : parler d'« improvisation », ce n'est pas définir positivement l'action dont il s'agit, c'est-à-dire une création extemporanée, un jeu spontané, mais la désigner par la négative, par ce dont elle manque. C'est donc la placer en référence directe à une pratique qui suppose au contraire la prévision et la préméditation. Nous avons brièvement analysé l'origine de cette notion apparue entre le XVIe et le XVIIIe siècle, en miroir à la notion de composition. Afin de mieux comprendre par la suite les implications de sa pratique actuelle, il nous faut parcourir la même période en nous intéressant cette fois aux formes artistiques, et à leurs évolutions au sein des combats esthétiques et moraux qui marquèrent cette époque.

Nous allons donc dans un premier temps faire l'histoire non de l'improvisation théâtrale, mais plutôt de deux façons de considérer l'art théâtral : une première qui se définit par les acteurs, le public, le jeu et le rituel de la représentation, et une autre qui porte à l'origine de l'activité théâtrale celle du poète, de l'écrivain, de l'auteur, et fait donc de la représentation une conséquence et un élargissement de l'activité littéraire. Deux conceptions qui ne s'opposent pas forcément, tant le théâtre s'est justement défini au cours du siècle dernier par les tensions fructueuses entre ces deux pôles, mais au sein desquelles l'improvisation crée un schisme. Dans ce schéma grossier, l'improvisation est en effet la prérogative de l'acteur, et la hantise de l'auteur. Nous verrons que le monde contemporain est en train d'accentuer ce schisme. C'est en effet à partir du milieu du XXe siècle que l'improvisation réapparaît sur les scènes de théâtre, jusqu'à former un nouveau genre théâtral, spécifiquement dédié à la présentation de contenus improvisés et d'où les auteurs sont bannis. Ce genre, contemporain et occidental, est principalement né des travaux de Viola Spolin et de Keith Johnstone. Le deuxième temps de ce chapitre leur sera dédié.

RARÉFACTION DE L'IMPROVISATION

Lorsqu'il s'agit de réaliser l'histoire de la pratique de l'improvisation au théâtre en occident, et en particulier en Europe, on se trouve vite forcé d'inclure une quantité de formes de spectacles qui n'ont pas grand chose à voir les unes avec les autres, si ce n'est cette vague tendance à n'avoir pas fixé le détail de la représentation. Cela devient encore plus large et englobant quand on considère des formes de performance hors de la civilisation européenne. Tous les historiques que l'on peut trouver de l'improvisation au théâtre citent donc, sans vouloir être ici exhaustif, les improvisations dithyrambiques qui furent, à en croire Aristote, à l'origine de la poésie, puis de la tragédie[1] ; les *mimes* de l'antiquité, en particulier romaine, qui n'étaient pas, comme les mimes Debureau, Marceau et descendants, dénués de parole ; les fous et ménestrels de cours au Moyen-Âge ; et bien sûr la *commedia dell'arte*, la dernière forme de théâtre improvisé à avoir survécu avant que n'en réapparaissent d'autres au XXe siècle – d'ailleurs largement influencées par l'image faussée qu'ils se faisaient d'elle[2].

1 « L'imitation, la mélodie et le rythme (car il est évident que les mètres sont une partie des rythmes) nous étant naturels, ceux qui à l'origine avaient les meilleurs dispositions naturelles en ce domaine, firent peu à peu des progrès, et à partir de leurs improvisations, engendrèrent la poésie. Mais la poésie se divisa suivant le caractère propre à chacun ; ceux qui avaient une âme noble imitaient les belles actions et celles de leurs pareils, ceux qui étaient les plus vulgaires imitaient les actions des hommes bas, en composant d'abord les blâmes, tout comme les autres composaient des hymnes et des éloges », (Aristote, 1990, p. 89, 1448b20).

2 Ainsi qu'en témoignent ces propos de Keith Johnstone rapportés par Theresa Dudeck : « *He put his improvisers on stage with nothing prepared and with no idea what was going to*

Mais pour nous, tout cela revient surtout à souligner des occurrences particulières, des épiphénomènes, d'une conception et d'une pratique des arts performatifs dans leur globalité, en occident, qui ne distinguait pas particulièrement ce qui provenait d'une préméditation ou ce qui était improvisé – qui en tout cas n'attribuait pas à l'un plus d'importance qu'à l'autre. Ainsi, avant le XVIIIe siècle, « *the idea of improvisation – the extent to which the performing artist was not only allowed but expected to improvise – was basic to the concept of the performing arts*[3] » (McGee, 2003, p. XI). Dans toutes ces formes artistiques d'avant la modernité, qui apparaissent autour d'occasions particulière, de fêtes, de carnavals, qui doivent apporter avant tout le rire, l'admiration pour le talent de l'interprète et le divertissement, l'improvisation va de soi ; elle est liée à la nécessité de se couler dans l'événement et de répondre à un public qui ne se prive pas pour intervenir ; il n'y a pas d'auteur identifié, les textes, ou plutôt les sujets, sont enseignés de bouche à oreille. Nous sommes dans une transmission qui tient d'abord de l'oralité – ce qui est logique, alors que la divulgation des écrits reste restreinte et que peu de gens savent lire. Si les bonimenteurs et amuseurs de cours sont des professionnels, qui tentent de vivre en sollicitant la protection des puissants ou la monnaie des passants, les spectacles plus importants, faisant intervenir plusieurs acteurs, des musiciens, des danseurs, un régisseur général, sont rares, adossés à des occasions particulières, et essentiellement le fait d'amateurs – c'est-à-dire de personnes dont le principal métier n'est pas le jeu théâtral, qui font partie de la même communauté que les spectateurs, et qui ne perçoivent aucune rémunération pour cela.

La question de la professionnalisation des artistes de théâtre est centrale pour comprendre l'évolution de la pratique de l'improvisation sur les scènes de théâtre dans l'articulation entre le Moyen-Âge et la période moderne. Domenico Pietropaolo souligne l'importance de l'improvisation pour que se légitime le métier d'artiste entre les XVe et XVIIe siècle. Il replace en effet l'histoire des arts et des métiers artistiques dans le

---

happen. "It was the ultimate risk," says Keith, "and partly from a mistake. Cause in those days, when I didn't know so much, I thought the commedia did that. Actually, they didn't, but it worked." », (Dudeck, 2013, p. 5).

3 « L'idée de l'improvisation – dans quelle mesure il était non seulement permis mais aussi attendu d'un artiste de la scène qu'il improvise – était à la base de la conception des arts performatifs ».

contexte de l'émergence et le développement de la bourgeoisie, qui dans sa prospérité a fait naître et entretenu une industrie du divertissement, dont les artistes n'étaient ni inféodés à la cour, ni saltimbanques de rue. Il écrit :

> *In the early centuries of European capitalism, these two kind of performers coexisted alongside a third category of musicians, dancers, and actors who catered mostly to the social strata between the court and the street audiences. These were skilled performers who offered their labor on a par with other productive activities in the new market economy and who strove to rise to a position of dominance in the developing entertainment industry. Their history in this age – mostly the fifteenth, sixteenth and seventeenth centuries – is largely the history of their professionnalization and rise to stardom. The chief force behind this rise, which saw the transformation of medieval minstrels, tumblers, and mimes into the celebrated virtuosos of music, dance, and drama, was virtuosic improvisation*[4]. (Pietropaolo, 2003, p. 5)

C'est donc d'après lui l'habileté des artistes à improviser, leur virtuosité dans cet exercice, qui leur aurait permis de s'affirmer en tant que profession – leur talent de composition spontanée étant un avantage concurrentiel pour toucher un public nouveau. Une idée que l'on retrouve si l'on s'intéresse à l'histoire spécifique de la *commedia dell'arte.*

Les troupes professionnelles de théâtre apparaissent en effet à travers l'Europe entre le XVe et le XVIe siècle ; le premier contrat fondant une troupe de *commedia* date par exemple du 25 février 1545. Notons au passage que « *arte* » ici veut justement dire « de métier ». Claude Bourqui raconte ce passage opéré par le théâtre, d'une activité populaire réalisée par des sociétés d'amateurs, à une marchandise prodiguée par des gens de lettre, durant la Renaissance : « L'accès du théâtre au rang de marchandise est le trait essentiel qui différencie le théâtre moderne du théâtre médiéval » (Bourqui, 1999, p. 12), écrit-il. C'est à la faveur des crises politiques et

---

4 « Dans les premiers siècles du capitalisme européen, ces deux types d'interprètes coexistèrent avec une troisième catégorie de musiciens, de danseurs et d'acteurs dont les revenus provenaient principalement de la couche sociale entre la cour et le public des rues. C'étaient des artistes doués qui proposaient leur travail au même titre que d'autres activités productrices dans la nouvelle économie de marché, et qui s'évertuaient à atteindre une position dominante dans une industrie du divertissement en plein développement. Leur histoire à cette époque – principalement les quinzième, seizième et dix-septième siècles – est principalement l'histoire de leur professionnalisation et de leur progression vers la célébrité. La principale force derrière cette poussée, qui a vu les ménestrels, acrobates et mimes médiévaux se transformer en prodiges célébrés de la musique, de la danse et du théâtre, était l'improvisation virtuose ».

économiques qui agitent l'Italie et l'ensemble de l'Europe à l'époque que se regroupent ces bourgeois éduqués à la recherche d'autres sources de revenus. Pour des troupes de théâtre qui souhaitent être professionnelles, le grand problème est celui du répertoire. Si l'on ne fait pas l'objet d'une protection et d'un financement de la part du roi ou du cardinal, il faut renouveler le public. La sédentarité, pour une troupe de théâtre, c'est la mort par asphyxie : une même pièce ne trouve pas assez de public au même endroit pour survivre très longtemps. Elle est donc obligée soit d'avoir à son répertoire plusieurs pièces qu'elle peut proposer en alternance à la même population, soit de parcourir la campagne, d'entreprendre des tournées. Il faut produire beaucoup, ou bouger beaucoup. Mais comme l'écrit encore Bourqui : « les professionnels transalpins se distinguent de leurs congénères anglais, français ou espagnols par le fait d'avoir appliqué une recette complètement novatrice au problème économique de la production et de la commercialisation du spectacle théâtral » (*ibid.*, p. 9). La *commedia dell'arte*, ce « spectacle reposant sur un grand nombre de canevas (nous dirions aujourd'hui scénarios) s'inspirant volontiers de l'actualité sociale, avec des personnages immuables (*tipi fissi*), masqués pour la plupart » (Clavilier & Duchefdelaville, 1994, p. 9), doit en effet sa célébrité, presque mythique, à l'improvisation de ses acteurs. Ainsi était-il possible pour une troupe de rester dans une même ville pendant plusieurs mois d'affilée, proposant au public un répertoire beaucoup plus vaste que des troupes dont l'art ne reposait que sur la mémoire et l'interprétation.

Cependant, cet état de choses ne devait pas durer, et le contexte qui avait permis à la *commedia all'improvviso* de fleurir va également l'empoisonner. À partir du XVIIIe siècle en effet, « *improvisation was systematically attacked on various fronts for aesthetic as well as for ideological reasons*[5] » (Pietropaolo, 2003, p. 2). Avec les premiers stades du capitalisme et la marchandisation de l'art, c'est aussi l'individualisme qui apparaît. Par individualisme, il faut entendre ici une attention portée aux individus, à leurs spécificités, à leur vie. Dans la sculpture et la peinture médiévales, les personnages n'ont que des traits grossiers, ils se fondent littéralement dans leur environnement, leurs postures ne dénotent pas une psychologie mais d'abord une fonction dans la

5 « L'improvisation fut systématiquement attaquée sur des fronts divers, autant pour des raisons esthétiques qu'idéologiques ».

composition d'ensemble. Les masques de la *commedia* se situent toujours dans ce type d'esthétique : ils ne renvoient pas à des personnages, mais à des types, des fonctions dans un scénario, et ils ont vocation, à travers l'improvisation, à se fondre dans la société à laquelle ils s'adressent. Avec la modernité, l'accent est peu à peu porté sur l'individu. Son histoire, sa psychologie, son quotidien deviennent objet de représentation. Sous cette poussée individualiste, où tout cherche à se faire reconnaître comme marchandise et à se vendre, les notions de propriété intellectuelle et de droit d'auteur apparaissent, fleurissent et se gravent dans la loi vers la fin du XVIIIe siècle. Voici le cortège idéologique, lié à l'esprit de négoce, qui s'attaque à l'improvisation : « La forme quotidienne de la nécessité est la répétition. [...] Dès lors, au lieu de vivre le temps, de l'entraîner à son rythme, on le suit : il annule ou commande les travaux et les jours ; l'aventurier a pris ses quartiers, il s'est arrêté pour exploiter sa conquête, il s'est attaché à son installation – l'habitude est sédentaire – l'improvisation ne peut passer pour vertu » (de Raymond, 1980, p. 9) – et si dans le même temps les salons glorifient les improvisateurs de génie, c'est pour mieux en souligner l'exception.

Le contexte idéologique a également des implications esthétiques, appuyées par l'influence grandissante d'Aristote depuis la traduction de sa *Poétique* à la Renaissance, puis dans le siècle des Lumières : « *For Aristotle improvisation had been historically necessary for the development of art but was not itself art. Much Renaissance theory tacitly presupposed or explicitly restated this idea without question*[6] » (Pietropaolo, 2003, p. 8). Florence Dupont, dans son pamphlet contre l'aristotélisme ambiant qui, selon elle, asphyxie le théâtre depuis deux millénaires, va même plus loin en reprochant à Aristote et ses lecteurs d'avoir coupé le théâtre de sa représentation, en mettant au centre le texte et la fable. Elle situe à la même époque, le milieu du XVIIIe siècle, un ensemble de révolutions sur les scènes françaises et européennes qui « visent à objectiver le spectacle scénique, à le rendre indépendant du spectateur, à créer l'illusion théâtrale en effaçant les marques de la théâtralité et à réduire le théâtre à la représentation d'une action, c'est-à-dire au drame ». Elle continue :

6 « Pour Aristote l'improvisation avait été nécessaire historiquement pour le développement de l'art, mais n'était pas l'art en elle-même. La plupart des théoriciens de la Renaissance présupposa tacitement ou reprit explicitement cette idée sans la remettre en question ».

> Les réformes touchent tout particulièrement le statut et le jeu des acteurs – les deux sont liés –, ainsi que la nature des personnages de théâtre : ceux-ci cessent d'être des rôles codifiés par la tradition théâtrale, ils ont désormais des identités singulières associées à l'intrigue et des caractères « vrais », comme dans les romans. [...] Un peu partout en Europe, c'est le moment où, en référence explicite à la philosophie des Lumières, se consomme une double rupture avec le théâtre populaire, au nom de la dignité de l'auteur d'un côté, et de l'autre avec un théâtre musical et codifié, au nom du naturel. (Dupont, 2007, p. 86-87)

Elle cite parmi les moments remarquables de cette évolution des arts de la scène la suppression en 1759 des bancs sur scène réservés aux nobles à la Comédie-Française, la publication des *Entretiens sur le Fils naturel* de Diderot, et, ce qui nous intéresse davantage par rapport à l'improvisation, la réforme opérée par Goldoni sur la *commedia dell'arte*. Celui-ci, qui avait commencé sa carrière comme auteur de canevas, souhaitait donner à l'Italie la grande tradition de théâtre littéraire qui lui manquait et dont pouvaient se prévaloir la France, l'Angleterre ou l'Allemagne. « Pour devenir un auteur à part entière, Goldoni avait besoin que les comédiens, cessant d'improviser à partir d'un canevas, récitent son texte » (*ibid.*, p. 88). Bien qu'il reprenne les personnages types de la *commedia* et l'essentiel des situations traditionnelles, il cherche une façon de jouer plus « naturelle », un jeu quotidien, inspiré de caractères hérités de codes que Florence Dupont nomme « extrathéâtraux », par oppositions aux codes hérités de la tradition, qui tranche avec le jeu burlesque et très expressif auquel étaient habitués les comédiens italiens. Ceci et la suppression des masques a pour effet de rendre l'improvisation quasiment impossible.

Ainsi les scènes voient-elles disparaître peu à peu l'improvisation, jusqu'à son interdiction pure et simple dans certains pays d'Europe[7]. Au nom de la primauté de l'auteur et du jeu « naturel », l'improvisation des acteurs est repoussée du centre de la scène vers les coulisses, dans l'entraînement des acteurs ou pendant les répétitions. Mais c'est précisément par ces coulisses, et par la recherche qui s'y déroulera au début du XXe siècle – laquelle vise également, paradoxalement, à retrouver un jeu « naturel » –, que l'improvisation théâtrale va peu à peu reconquérir les scènes.

7 Le Theatre Act de 1843 en Angleterre interdit explicitement l'improvisation.

ACTES DE NAISSANCE DE L'IMPROVISATION THÉÂTRALE CONTEMPORAINE

Avant le XXe siècle, il n'était sans doute venu à personne l'idée de réaliser des spectacles dont on ne saurait rien à l'avance, et ceci même dans les formes pré-modernes ; « *on the contrary, improvisation would be inconceivable without rigid constraints*[8] » (Pietropaolo, 2003, p. 17). Comment cela est-il apparu au cours du siècle dernier ? Nous verrons, tout au long de ce livre, un certain nombre de points qui peuvent l'expliquer. À l'intérieur du champ purement théâtral, beaucoup y voient l'influence de Stanislavski, qui a ouvert la voie des laboratoires et studios d'acteurs, dans laquelle se sont ensuite engouffrés Meyerhold, Vakhtangov, Mikhaïl Tchekhov, Lee Strasberg, Maria Knebel, Grotowski, Anatoli Vassiliev, Peter Brook, Eugenio Barba et bien d'autres… Comme le remarque Jean-Manuel Warnet, l'improvisation est la modalité de travail privilégiée pour l'acteur en laboratoire, celle à partir de laquelle peut se développer un langage proprement scénique[9]. Sans doute que la tradition issue du travail de Stanislavski, reprise, transformée, prolongée après lui, a largement contribué à ce que s'affirme une conception de l'acteur qui ne soit pas simplement l'interprète d'un texte mais aussi le créateur d'un rôle[10]. L'importance de Copeau n'est certainement pas non plus à négliger, notamment à travers son entreprise de réhabilitation de la *commedia dell'arte* sous le nom de « comédie nouvelle ». Son héritage a profondément marqué le théâtre européen grâce, ente autres, à Charles Dullin et Michel Saint-Denis[11].

Cependant il faut reconnaître que leur influence dans le développement de l'improvisation théâtrale comme genre spécifique, apparu dans

8 « Au contraire, l'improvisation était inconcevable sans des contraintes rigides ».

9 *Cf.* (Warnet, 2013).

10 Nous discuterons de la notion d'acteur-créateur dans cette tradition et de sa relation avec celle que développe Alain Knapp au chapitre « Acteur-créateur », p. 118.

11 Pour une analyse de cet héritage pour l'improvisation à travers les deux figures de Charles Dullin et de Jean-Louis Barrault, *cf.* (Lorelle, 2007). Quant à Michel Saint-Denis, ses principes pédagogiques (*cf.* (Saint-Denis, 1982)) se diffuseront largement à travers l'Europe et l'Amérique grâce aux écoles qu'il a fondées ou co-fondées. Citons l'École du Théâtre national de Strasbourg, celle du Old Vic à Londres, l'École nationale de théâtre du Canada à Montréal, ou encore la Julliard School à New York.

la seconde moitié du XXe siècle et popularisé mondialement depuis, est sans doute plus souterraine qu'explicite. Brecht, paradoxalement, sera comme nous le verrons une source d'inspiration plus immédiate. De fait, les deux principaux courants fondateurs de l'improvisation théâtrale telle que nous la connaissons aujourd'hui ont été initiés par deux personnalités qui ne viennent pas du champ du théâtre, et n'ont pas été, initialement, formés à l'art du comédien.

LA FILIÈRE DE CHICAGO

> *Del and I have discovered the "Truth" about successful improvisation.*
> Charna HALPERN

Viola Spolin fut la première à présenter, dès 1939, avec des enfants et des adultes amateurs, des spectacles dont les improvisations étaient basées sur des suggestions du public. Elle étudia dans les années 1920 à Chicago avec Neva Boyd, se destinant à être travailleuse sociale. Elle découvrit auprès d'elle les vertus du jeu comme moyen de développement social et intellectuel de l'enfant[12] : « *For her, play was instrumental in developing well-adjusted and socialized citizens – it was a methodology for education that offered far more than the previously perceived health benefits*[13] » (Charles, 2003, p. 23). Boyd entreprit une collecte de différents jeux auprès de toutes les cultures avec lesquelles elle entrait en contact, travaillant principalement avec des enfants d'immigrés, et Spolin s'inspira de cette recherche et de la philosophie qui lui était liée pour développer une approche du théâtre basée sur la spontanéité la plus pure et la coopération de groupe, à travers le jeu. L'improvisation de groupe et le jeu sont d'abord pour elle un outil de développement personnel, un moyen d'atteindre à la plus grande libération des forces créatrices de chacun, hors de l'autoritarisme et des mécanismes de jugement destructeurs de la vie quotidienne. Elle écrit :

> *Through spontaneity we are re-formed into ourselves. It creates an explosion that for the moment frees us from handed-down frames of reference, memory choked with old*

12 *Cf.* (Boyd, 1971).

13 « Pour elle, le jeu était un instrument pour développer des citoyens bien ajustés et socialisés – contrairement à ce que l'on avait considéré jusqu'alors, c'était une méthode d'éducation qui offrait beaucoup plus que de la bonne santé ».

> *facts and information and undigested theories and techniques of other people's findings. Spontaneity is the moment of personal freedom when we are faced with a reality and see it, explore it and act accordingly. In this reality the bits and pieces of ourselves function as an organic whole. It is the time of discovery, of experiencing, of creative expression*[14]. (Spolin, 1973, p. 4)

En 1946, elle fonde à Hollywood la Young Actors Company, et y développe un entraînement théâtral pour les enfants basé sur cette philosophie du jeu et de la spontanéité. Mais le moment décisif pour que s'installe une véritable tradition théâtrale issue de son enseignement arrive en 1955. Son fils, Paul Sills, après des études à l'université de Chicago où il a entrepris une carrière remarquée de metteur en scène, rencontre David Shepherd, un ancien étudiant de Columbia en histoire du théâtre. Celui-ci, qui rêve de lutte des classes, souhaite retrouver la satire politique de la *commedia dell'arte* dans une ambiance de cabaret brechtien, et Paul Sills, à travers les jeux développés par sa mère, maîtrise les outils théâtraux nécessaires. Ensemble, ils fondent The Compass Players, où les rejoignent notamment Mike Nichols, Elaine May, Alan Arkin et Barbara Harris. Ils tirent leur nom du bar dans lequel ils se produisent la première année, derrière l'Université de Chicago. En accord avec le projet de Shepherd, après des mois d'entraînement suivant les préceptes de Spolin, ils présentent à un public essentiellement composé d'étudiants, attirés par l'ambiance de cabaret, des spectacles basés sur des scénarios engagés écrits par différents membres de la troupe, et concluent les soirées par des démonstrations d'improvisation sur la base des jeux créés par Spolin. Cette deuxième partie devient très vite le clou du spectacle. Dès l'origine, comme l'écrit Amy Seham, se retrouvent dans le Compass les trois tendances conflictuelles qui vont parcourir les différentes vagues de l'improvisation théâtrale de Chicago :

> *Spolin was devoted to improvisation's spiritual and psychological release of human potential. Shepherd wanted a political community theatre that would fight class*

14 « La spontanéité nous reconstruit. Elle crée une explosion qui sur le moment nous libère des cadres de référence hérités, de notre mémoire encombrée par de vieux faits, de vieilles informations, et des théories et techniques mal digérées issues des trouvailles des autres. La spontanéité est ce moment de liberté personnelle où nous sommes face à la réalité, la voyons, l'explorons et agissons en accord avec elle. Dans cette réalité, les petits bouts de nous-même fonctionnent comme un tout organique. C'est un moment de découverte, d'expérience et d'expression créative ».

> *oppression through dialogic interaction between actors and "real people." Sills was interested in both the spiritual and the political, as long as improv also produced authentic "art."*[15]. (Seham, 2001, p. 6, Chapter 1)

Le succès est immédiat, et devient vite impossible à gérer de manière professionnelle. Des divergences d'objectif artistique apparaissent, qui se nourrissent d'une tension entre une méthode de travail centrée sur le processus et une nécessité économique qui met l'accent sur le produit spectaculaire. Certains acteurs souhaitant travailler davantage les sketchs, dans une direction plus comique que politique, au fur et à mesure que la pression commerciale monte, le rêve de Shepherd prend du plomb dans l'aile. La troupe se dissout en 1957. Nichols et May partent à Saint-Louis où ils créent, avec l'accord de Shepherd, un autre Compass. Ils y travaillent avec un certain Del Close, que nous retrouverons plus tard. Avec Ted Flicker, comédien et producteur, ils codifient l'improvisation publique, qui doit être avant tout divertissante, et qu'ils opposent à une improvisation privée, dédiée au travail en atelier, jugée ennuyeuse pour le public. Leurs travaux pour rendre l'improvisation aussi fiable et commercialisable que n'importe quel produit théâtral marqueront durablement la manière dont l'improvisation sera enseignée dans les années suivantes, à Saint-Louis comme à Chicago. C'est notamment à cette occasion que le principe d'accord mutuel, central dans le jeu et en particulier dans la théorie de Spolin, va se muer en une règle d'acceptation systématique des propositions de ses partenaires, le fameux « *Yes… and* ». Mais lorsque Shepherd assiste à une de leurs performances, bien éloignée de son idéal, il est horrifié, et le partenariat entre lui et Flicker prend fin, ainsi que le Saint-Louis Compass.

De son côté, décidé à ne pas en rester là, Paul Sills crée en 1959 à Chicago, avec le producteur Bernie Sahlins et le manager Howard Alk, The Second City. Ses principes reprennent ceux du Compass : les spectacles présentés sont des revues de cabaret, qui mettent l'accent sur la satire sociale et politique. Bien que Sills reste attaché à l'improvisation et aux jeux développés par sa mère, qui suit d'ailleurs l'aventure et

---

15 « Spolin se dévouait à l'improvisation en tant qu'outil de libération du potentiel humain spirituel et psychologique. Shepherd voulait un théâtre de communauté politique qui combattrait l'oppression de classe par l'interaction dialogique ente des acteurs et de "vrais gens". Sills était autant intéressé par l'aspect spirituel que politique, du moment que l'improvisation produisait aussi de l'"art" authentique ».

l'assiste en donnant des stages aux acteurs de la troupe pendant plusieurs semaines, Sahlins ne croit pas à l'improvisation en tant que spectacle ; elle doit rester une activité de salle de répétition ou de stage – une attitude qui lui sera ensuite reprochée par la communauté grandissante des improvisateurs de Chicago. La formule éprouvée avec les Compass Players, où une démonstration de sketchs improvisés à partir de suggestions du public suit la revue, est néanmoins reprise. Cela permet aux acteurs de connaître les préoccupations politiques et sociales des spectateurs, et d'intégrer les meilleurs sketchs dans la revue les soirs suivants. The Second City deviendra, au fil d'une histoire où combattent l'idéal de liberté de l'improvisation et la nécessité de fournir un produit commercialisable[16], une institution du monde l'improvisation théâtrale. Sa célébrité se nourrira constamment du succès de ses anciens membres et élèves au cinéma et la télévision, avec des noms tels que Bill Murray, Dan Aykroyd, John Belushi, Mike Myers, et le support hebdomadaire de l'émission *Saturday Night Live* créée en 1975, qui recruta largement dans ses rangs. Plusieurs troupes en portent le nom à travers les États-Unis, le modèle du théâtre s'exporte jusqu'à Toronto, et au milieu des années 1980, pour faire face à l'affluence de jeunes comédiens qui souhaitent intégrer la troupe historique ou demandent à participer à des stages, est ouvert un *training center*, dont existent des succursales à Chicago, Los Angeles et Toronto. Par ce succès, les idées de Viola Spolin marquèrent durablement la formation des acteurs nord-américains. Le livre qui rassemble ses exercices et expose sa philosophie, *Improvisation for the Theatre*, publié en 1963, est aujourd'hui considéré comme la bible de l'improvisation théâtrale[17].

Mais nous avons vu qu'à Second City, sous l'influence de Bernie Sahlins, l'improvisation comme spectacle est longtemps restée limitée à quelques sketchs en fin de soirée. C'est en 1981 avec ImprovOlympic d'une part, et ComedySportz d'autre part, que l'improvisation théâtrale va prendre un autre tournant à Chicago. Comme l'écrit Amy Seham : « *Second-wave founders were determined to make spontaneity and community*

16 « *Despite nostalgia for an improv utopia, Second City's history does not represent any direct progression from purity to corruption. While some moves emphasized commercialism and mainstream ideology, there were also periodic resurgences of commitment to the ideals of iconoclastic improvisation* », écrit Seham, (Seham, 2001, p. 26, chapter 1). Pour une histoire détaillée du théâtre dans ses premières années, voir notamment (Sweet, 1978).

17 *Cf.* (Spolin, 1973).

synonymous with success by selling the process itself as product[18] »(Seham, 2001, p. 1, interlude).

La fondation d'improvOlympic débute, comme celle du Compass vingt-cinq ans plus tôt, avec le visionnaire et engagé David Shepherd. Peut-être influencé, comme une grande partie des improvisateurs de l'époque, par le TheatreSports de Keith Johnstone (voir plus bas), dont les idées commencent à se diffuser sur le continent nord-américain, il souhaitait mettre en place un événement, les « Olympiades de l'Improvisation », où se rencontreraient plusieurs communautés, des professionnels, des amateurs, des ouvriers, des rabbins, etc., pour se confronter les uns aux autres et échanger sur leurs techniques. Charna Halpern, une actrice et productrice à Second City, l'aida dans un premier temps à recruter des joueurs et à organiser des stages et des équipes. Ils réussirent à former davantage d'équipes de cadres ou d'étudiants que d'ouvriers. Halpern recruta également des acteurs, formés comme elle à Second City, mais frustrés de ne pas jouer de l'impro « pure ». Elle commença à vouloir créer une structure à visée plus artistique que politique. Shepherd, encore une fois privé de son rêve, quitta le navire. Pendant deux ans, improvOlympic survécu comme un lieu de réunion d'acteurs formés à l'improvisation qui voulaient essayer de nouvelles choses, échangeaient sur leurs techniques, jouaient ensemble, s'interrogeaient sur leur pratique. De l'idée de Shepherd ne fut conservée que la mise en place d'équipes, faisant naître un fort esprit de communauté qui deviendra la base du modèle économique d'iO.

En 1983, Halpern décida de s'associer avec une personnalité qui pourrait donner à sa structure le même élan spirituel que Spolin ou Sills avaient insufflé à Second City. Ce fut Del Close. « *Close is credited with inventing a freewheeling mode of play that seemed to capture the ecstasy and sensation of liminality in the improv process*[19] » (*ibid.*, p. 13, chapter 2). Nous l'avons déjà croisé, dans la brève aventure du Compass de Saint-Louis. Après quelques années passées avec ses anciens camarades à New York, il retourne à Chicago pour intégrer Second City en tant qu'acteur et metteur en scène, mais il se sent à l'étroit dans les structures de jeu

18 « Les fondateurs de la seconde vague étaient déterminés à rendre spontanéité et communauté synonymes de succès, en vendant le processus lui-même en tant que produit ».

19 « On considère que Close a inventé un mode de jeu en roue libre qui semble capturer l'extase et la sensation de liminalité dans le processus d'improvisation ».

édictées par Spolin, trop courts, ou dans la répétition de sketchs. Il commence dès les années 1950 à rechercher des formes d'improvisation plus libres, mais ses expériences avec les drogues le font mettre au ban de l'institution de Chicago. C'est avec le Committee à San Francisco, qu'il développe le Harold, qui fera sa gloire. Il revient à Second City en 1972, y enseigne, y joue, y met en scène, en devient directeur artistique de 1973 à 1981, et développe une branche du théâtre à Toronto[20].

Del Close et le Committee « *developed a way to intertwine scenes, games, monologues, songs and all manner of performance techniques [...]. They came up with one of the most sophisticated, rewarding forms of pure improv ever developed*[21] » (Halpern, Close, & Johnson, 1994, p. 7). Cette forme est le Harold, qui deviendra la base de la plupart des formats d'improvisation de longue durée – des spectacles d'improvisation qui ne sont plus basés sur un ensemble de scènes ou sketchs qui n'ont aucun rapport les uns avec les autres, mais développent un même mouvement, une même impulsion sur plus d'une demi-heure. À l'origine, le Harold était une approche très libre de l'improvisation à partir d'une idée du public : une bande d'improvisateurs prennent une suggestion et l'explorent selon plusieurs directions, en tentant de reconnaître les schémas émergeant et de les lier à un moment ou un autre. « *Close had tried his ideas in rehearsal at both the Committee and Second City with highly experienced improvisers who had worked together for years and were extremely familiar with one another's habits, references, and impulses. Yet even these players found the Harold daunting, if exhilarating, and were rarely willing to perform one for a paying audience*[22] » (Seham, 2001, p. 16, chapter 2). Sous l'impulsion de Charna Halpern, et de cette toujours même pression afin de rendre l'improvisation commercialisable, Close a peu à peu codifié et précisé son format, intégrant d'autres jeux développés par Halpern.

Voici comment cela fonctionne, schématiquement : un groupe de six ou sept joueurs demande au public une suggestion, qui sera explorée

20 Pour une biographie détaillée de Del Close, voir (Johnson, 2008).

21 Ils ont « développé une façon de mêler des scènes, des jeux, des monologues, des chansons et tout type de technique de spectacle. [...] Ils ont trouvé une des formes de pure impro les plus sophistiquées et gratifiantes jamais développée ».

22 « Close avait essayé cette idée en répétition autant au Committee qu'à Second City avec des improvisateurs très expérimentés, qui avaient travaillé ensemble pendant des années et étaient extrêmement familiers des habitudes, références, et impulsions des autres. Pourtant même ces joueurs trouvaient le Harold rébarbatif, bien qu'enthousiasmant, et étaient rarement prêts à en jouer un face à un public payant ».

pendant les trente minutes suivantes. Ils commencent ensuite par un jeu qui permet d'ouvrir la suggestion dans un plus grand nombre de directions ; par de courts monologues, par des associations d'idées, par des images, des sons, des chansons... Apparaissent alors des thèmes qui ne sont pas directement tirés de la suggestion, mais y étaient contenus plus en profondeur (Seham donne l'exemple de « ciseau » qui mène vers les thèmes du divorce, du conflit, de la cruauté...) : « *The suggestion is the inspiration to discover the theme*[23] », écrit Del Close (Halpern, Close, & Johnson, 1994, p. 147). Après ce premier jeu, un couple d'acteurs commence une première scène, qui sera coupée par d'autres acteurs, lesquels commencent une autre scène qui ne lui est pas directement reliée, et qui sera elle-même coupée par un dernier couple d'acteurs et leur propre scène[24]. Le triplet de scènes est alors repris et développé en alternance avec d'autres jeux ou monologues, tirés de l'expérience personnelles des acteurs, qui permettent de creuser davantage les thématiques issues des premières scènes. À la troisième reprise, des liens commencent à se créer et l'objectif est de réintégrer dans une improvisation finale tout le matériau qui a émergé pendant l'ensemble du jeu.

Dans le Harold, l'habileté que montre l'improvisateur à créer des liens entre un ensemble d'éléments hétérogènes, et à justifier tous les événements antérieurs, crée le plaisir du public, et non la blague ou le gag. Une approche en tout point opposée à celle de ComedySportz, un format d'improvisation encore une fois inspiré à Dick Chudnow par le TheatreSports de Keith Johnstone, mais dont la philosophie s'en éloigne très fortement. Chudnow annonce tout de suite la couleur : « *ComedySportz is a sport. It's a competition for laughs*[25] ». Nous ne nous étendrons pas sur cette forme créée en 1984, car elle est assez similaire dans sa forme et sa philosophie au Match d'improvisation, plus connu pour un public français, et dont nous parlerons brièvement plus bas. Remarquons encore avec Amy Seham le fondement spirituel et philosophique de cette forme de spectacle d'improvisation, qui assume son ambition commerciale et ne cherche à aucun moment à prétendre être un art : « *ComedySportz rhetoric is full of the ruthless positivism associated with*

23 « La suggestion est l'inspiration pour découvrir le thème ».

24 Pour le passage d'une scène à l'autre, l'anglais utilise le terme de *edit*, qui évoque le montage cinématographique.

25 « ComedySportz est un sport. C'est une compétition pour faire rire », cité dans (Seham, 2001, p. 1, chapter 3).

motivational speakers–often sports and business figures–who insist that success is a simple matter of mental attitude[26] » (Seham, 2001, p. 53, chapter 3).

Dans ce bref parcours de l'improvisation théâtrale telle qu'elle est apparue et s'est développée à Chicago dans la seconde moitié du XXe siècle, ont en effet émergé un certain nombre de repères idéologiques qui expliquent en partie pourquoi l'improvisation théâtrale a ressurgi durant cette période et dans cette région du monde, sous cette forme particulière : une volonté politique de libérer les masses, incarnée à plusieurs moments par l'initiateur David Shepherd, mais partout vite supplantée d'une part par la recherche, très New Age, d'une libération d'abord individuelle, presque mystique et très certainement paradoxale, à travers l'exercice de la spontanéité et l'appartenance à un groupe, d'autre part par la nécessité de survivre économiquement dans une économie de marché – ce qui s'exprime par une codification des règles de l'improvisation, l'établissement de critères d'efficacité face au public (artistiques, comme dans le cas de Second City, ou commerciaux, comme pour ComedySportz), et une recherche du consensus.

JOHNSTONE, LE GRAND GOUROU

> Tout enfant est un artiste. Le problème est de rester artiste en grandissant.
> Pablo PICASSO

Nous avons vu passer précédemment une autre figure importante, qui influença fortement, peut-être à son corps défendant, l'improvisation de Chicago à partir de la fin des années 1970. Il s'agit de Keith Johnstone, un auteur, metteur en scène et pédagogue anglais émigré au Canada, en particulier connu pour avoir inventé le TheatreSports, ainsi que d'autres célèbres formats d'improvisation.

Au début des années 1950, Johnstone n'avait jamais entendu parler de Viola Spolin[27] et ne s'était jamais intéressé au théâtre. Il était professeur de littérature et de dessin auprès d'enfants réputés difficiles de 8 à 10 ans à Battersea, une zone ouvrière que la plupart des nouveaux professeurs

26 « La rhétorique du ComedySportz est pleine de ce positivisme impitoyable associé aux *coachs* en motivation – souvent des personnalités du sport ou des affaires – qui martèlent que le succès est une simple affaire d'attitude mentale ».

27 Il ne prit connaissance de son livre, cité ci-dessus, qu'en 1966, ainsi qu'il le dit lui-même dans (Johnstone, 1989, p. 27).

évitaient, car ceux-ci avaient tendance à être craints ou détestés[28]. C'est là qu'il commença à travailler sur l'improvisation en développant avant tout une méthode d'enseignement « non-interférente ». Fortement influencé par un de ses anciens professeurs, Anthony Stirling, son approche de la pédagogie cherchait en effet à libérer la spontanéité et la créativité qui se trouve déjà en chacun, par des jeux et des résolutions de problème. Il pris à rebours l'éducation conventionnelle, basée sur le résultat et organisée pour que le professeur « transfère » ses connaissances aux élèves, pour inventer une pédagogie orientée sur le processus d'apprentissage personnel de l'enfant.

Avant 1955, Johnstone était totalement étranger au théâtre. Puis un ami l'amena voir une production de *Waiting for Godot* qui changea complètement sa perspective et l'intéressa à l'écriture de pièces. Par un concours de circonstances, dans lequel ses talents d'écrivains jouèrent un certain rôle, il se retrouva associé à Georges Devine au Royal Court Theatre de Londres, d'abord comme membre puis directeur du comité de lecture, ensuite comme animateur du *Writer's Group*, et enfin en tant que metteur en scène et professeur au Studio d'acteurs du RCT. Devine avait été un élève et collaborateur de Michel Saint-Denis. Il perpétuait ainsi l'enseignement de Jacques Copeau, dans lequel l'improvisation tenait une place privilégiée, que ce soit pour travailler le rôle, créer de nouvelles pièces, ou explorer le mouvement, le mime, la musique, le masque. À la tête d'un théâtre dédié aux écritures contemporaines, Devine avait également à cœur de créer des occasions de transmission et d'échange entre auteurs reconnus et jeunes pousses. C'est dans cet esprit qu'il créa en 1958 le Writer's Group, à destination des metteurs en scène et des auteurs du théâtre : « *what started out as a discussion group would evolve into an intimate calssroom for a handful of Court playwrights and directors to explore the nature of theatre collectively and in practical ways*[29] » (Dudeck, 2013, p. 41). Il laissa bientôt les rennes à William Gaskill. Dans ce groupe se retrouvaient sept jeunes auteurs, parmi lesquels John Arden, Wole Soyinka ou encore Edward Bond. Sous l'impulsion

28 « *I chose to teach in Battersea, a working-class area that most new teachers avoided [...]. I'd believed that teachers were respected figures, but in Battersea they were likely to be feared or hated* », (Johnstone, 1989, p. 20).

29 « Ce qui débuta comme un groupe de discussion évolua en une école intime pour une poignée d'auteurs et de metteurs en scène du Court Theatre, où ils explorèrent collectivement et de façon pratique la nature du théâtre ».

de Johnstone, une règle de « non discussion » fut instaurée : il ne fallait pas dire, mais montrer. Une règle qui rappelle le fonctionnement des répétitions de Brecht. C'est ainsi que l'improvisation, pendant les deux ans de leur recherche, devint leur principal outil de travail. Ils essayaient des exercices de mime issus de Decroux, des improvisations héritées de Stanislavski, développaient des scènes pour aider celui d'entre eux qui bloquaient dans l'écriture de sa pièce, recevaient des cours de masque de la part de Georges Devine – lesquels eurent une influence considérable sur l'approche de l'improvisation développée ensuite par Johnstone[30]...

En 1963, Devine crée le Studio d'acteurs du Royal Court Theatre, où une trentaine de professionnels issus des plus grands théâtres londoniens se retrouvèrent dans l'optique d'explorer la nature de l'improvisation comique, et en particulier de l'improvisation en public. Nul doute que les expérimentations du Writer's Group, lesquelles donnèrent lieu à quelques performances improvisées en public, malgré la censure toujours en vigueur à cette époque qui interdisait les spectacles d'improvisation, comptèrent dans le choix de cet objectif. William Gaskill était en charge de diriger le Studio, et y enseignait l'improvisation. Johnstone, de son côté, prit en charge un cours de « Capacités narratives », par peur de ne pas savoir enseigner autre chose à des acteurs alors que lui n'y connaissait rien. Theresa Dudeck insiste sur le fait que que les trois années qu'il passa à enseigner au Studio du RCT, où il put expérimenter à sa guise, furent son laboratoire, le lieu où il développa l'essentiel de ce qui est devenu son système de formation des acteurs, metteurs en scène et auteurs – dont on retrouve l'essentiel exprimé dans *Impro. Improvisation and the Theatre*, publié pour la première fois en 1979 (Dudeck, 2013, p. 59). Nous nous attarderons dans un chapitre ultérieur sur le détail de son approche de l'improvisation, notamment lorsqu'il s'agira de la comparer avec celle d'Alain Knapp, avec laquelle elle possède de surprenantes similarités, mais aussi des divergences fondamentales[31]. Disons simplement que les piliers de son système sont les statuts relatifs, des outils pour construire des histoires (on dirait aujourd'hui le *storytelling*), et d'autres pour développer la spontanéité, assez proches de ceux de Viola Spolin.

30 Tous ces éléments sont relatés dans la très précise et précieuse biographie de Keith Johnstone par Theresa Dudeck, (Dudeck, 2013, p. 41-46).

31 Voir p. 207 et suivantes.

En 1965, le Studio cessa ses activités, par manque de support financier mais aussi parce que les avancées réalisées dans ces laboratoires de recherche ne se retrouvaient pas sur la scène principale du théâtre. Johnstone continua à donner des cours, de plus en plus ouvertement centrés sur l'improvisation, de façon plus informelle, avec cinq de ses improvisateurs préférés. Les cours étaient ouverts au public, et devinrent bientôt de véritables spectacles d'improvisation programmés une fois par semaine – mais comme il s'agissait de pédagogie, la censure ne pouvait rien dire. Le groupe proposait même parfois aux spectateurs des pièces produites au Royal Court de rester après les représentations pour une démonstration d'improvisation dans le décor du jour. Cette équipe deviendra en 1966 le Theatre Machine, et présentera des spectacles d'improvisation en Angleterre et internationalement pendant plus de quinze ans. Malgré la censure, abolie en 1968, ils tournèrent d'abord dans des centaines d'écoles, de lycées, d'universités – dont Oxford et Cambridge –, en Angleterre ou au Pays de Galles, et s'établirent quelque fois sur les scènes de théâtre londoniens : « *Soon, we were a very influential group, and the only pure improvisation group I knew, in that we prepared nothing, and everything was like a jazzed-up drama class*[32] » (Johnstone, 1989, p. 27). Malgré la présence du public, les spectacles du Theatre Machine ne rompaient pas totalement avec l'ambiance de la classe : Keith Johnstone se tenait toujours sur le bord de la scène et intervenait régulièrement afin de donner des directions, obliger les acteurs à mettre leurs personnages en difficulté ou à avancer dans l'histoire. Il jouait également le rôle de Maître de cérémonie, accueillant le public, présentant les différents jeux et donnant des instructions aux improvisateurs. Ils furent invités à l'Exposition internationale de Montréal en 1967, et à leur retour le British Council (équivalent de l'Alliance française) organisa pour eux une tournée dans toute l'Europe (Allemagne, Autriche, Suisse, Danemark, Croatie, Belgique, Yougoslavie…). Le travail de masque et de clown réalisé avec Devine et Gaskill était particulièrement utile dans ce genre de conditions, où les acteurs pouvaient moins se reposer sur le langage que sur leur corps. Le Theatre Machine fut également

32 « Très vite, nous étions devenus un groupe très influent, et le seul groupe d'improvisation pure que je connaissais, en ceci que nous ne préparions rien, et cela ressemblait à un cours de théâtre pimenté, *jazzé* ».

l'invité, aux côtés de plusieurs autres troupes anglaises, d'Eugenio Barba pour diriger des ateliers à l'Odin Teatret en avril 1971. Johnstone, dix ans plus tard, sera à nouveau invité par le même Eugenio Barba, aux côtés de Grotowski et Dario Fo, comme spécialiste de l'improvisation pour la deuxième édition de l'École internationale d'anthropologie théâtrale en 1981 en Italie.

En 1972, l'université de Calgary, au Canada, lui offre une place de professeur de théâtre, d'abord pour deux ans, puis de façon permanente – il y restera jusqu'à sa retraite en 1995. Johnstone quitte donc l'Angleterre et le Theatre Machine, qui continuera sans lui pendant encore dix ans, pour adopter « un mode de vie moins nomade et un salaire permanent[33] ». Là il put développer encore plus loin sa technique d'enseignement, et commença à expérimenter sur le TheatreSports, un format compétitif d'improvisation dont il avait eu l'idée en allant assister à des matchs de catch avec William Gaskill. C'est à travers cette forme sportive que ses théories sur la formation des acteurs, l'éducation et l'improvisation sont aujourd'hui connues tout autour du monde[34]. Et c'est avec le Loose Moose Theatre, qu'il fonda en 1976 à Calgary, que ce format arriva à maturité.

Contrairement au Match d'impro dont nous parlerons plus bas, ou encore au ComedySportz que nous avons évoqué ci-dessus, le TheatreSports ne prend pas modèle sur un sport de pure compétition entre deux équipes, comme le hockey ou le basket-ball, mais sur le catch, un sport qui assume davantage son côté spectaculaire, est en grande partie mis en scène et joue donc un peu à distance de la bataille pour la victoire. Comme pour tout ce que met en place Keith Johnstone, chez qui l'objectif artistique et pédagogique ne sont jamais très éloignés, c'est également un outil pour faire progresser les acteurs dans le jeu et l'improvisation. Dans un TheatreSports, deux équipe s'affrontent en se lançant tour à tour des défis : jouer la meilleure scène sans utiliser le son

33 « *With a new wife and the thought of starting a family, Keith needed a less nomadic lifestyle and a permanent salary. Canada was ready to offer him both* », (Dudeck, 2013, p. 90).

34 On recense des centres de TheatreSports sur les cinq continents, en Australie, Nouvelle-Zélande, au Japon, en Afrique du Sud, au Zimbabwe, au Brésil, aux États-Unis et bien sûr au Canada. Chaque année, le Loose Moose organise un séminaire dans lequel les équipes de TheatreSports du monde entier se retrouvent et peuvent échanger sur leur pratique. Il faut souligner que Keith Johnstone possède les droits de l'appellation et du format, et il faut passer par l'International TheatreSports Institute de Calgary pour avoir le droit d'utiliser la marque.

[p], jouer un abécédaire à l'endroit puis à l'envers sans se tromper, ou tout simplement jouer une bonne scène… Un ou plusieurs maîtres de cérémonie sont présents, mais non pour donner des thèmes ou imposer des contraintes ; ce sont les joueurs qui les choisissent. Son rôle est davantage d'animer la soirée, mettre le public en confiance, commenter les scènes et expliciter certaines contraintes. Comme dans tout format compétitif, des points sont attribués aux équipes après les scènes, mais ce n'est pas le public, par ses applaudissements ou son vote, qui en décide ; un petit groupe de juges, qui font partie de la compagnie d'improvisateurs, récompense l'équipe qui a le mieux joué et pénalise les fautes de jeu (par exemple quand un improvisateur devient gratuitement vulgaire). Ils peuvent donc choisir de valoriser des critères artistiques, politiques, esthétiques, éventuellement à l'opposé de ceux qui comblent un public en recherche de divertissement. Un TheatreSports peut être suivi d'une séance d'improvisation plus libre de la part de l'équipe gagnante, en guise de clou du spectacle.

C'est donc à travers la diffusion de ce format dès 1978 et la publication d'*Impro* en 1979 que Keith Johnstone va acquérir une place prépondérante dans le monde de l'improvisation, influençant comme nous l'avons vu la seconde vague d'improvisation théâtrale à Chicago, mais aussi de nombreux groupes à travers le monde. Une célébrité qui prendra encore un autre tournant en 1988 avec le lancement de l'émission *Whose line is it anyway ?* en Angleterre puis aux États-Unis, fortement inspirée du TheatreSports. Mais c'est principalement son activité d'enseignement, ininterrompue pendant plus de cinquante ans, ainsi que probablement son travail sur le masque et la transe, qui lui auront valu le surnom de « gourou de l'improvisation » – même si une telle appellation, pour quelqu'un qui aura travaillé toute sa vie sur les statuts relatifs[35], est une malédiction. Cette place particulière, ainsi que l'ensemble de circonstances et de personnalités qui l'influencèrent dans le développement de son approche de l'improvisation nous ferons choisir Johnstone comme interlocuteur privilégié d'Alain Knapp quand il s'agira d'expliciter la sienne.

---

35 La négociation permanente dans laquelle nous nous trouvons vis-à-vis des autres pour établir une hiérarchie dans les rapports sociaux, *cf.* p. 235.

LE MATCH ET LA LIGUE NATIONALE D'IMPROVISATION

La littérature académique sur l'improvisation théâtrale en langue anglaise, s'arrête généralement là. Quelquefois va-t-on trouver des références à Augusto Boal, dont nous parlerons peu ici, car l'improvisation est pour lui un moyen plus qu'une fin ; si les spectacles qu'il propose font intervenir l'improvisation, il ne s'agit pas tant pour lui de former des acteurs à la composition spontanée que d'utiliser l'imagination et l'invention pour traiter de problématiques politiques et sociales. Dans ces travaux anglophones, il n'est donc presque jamais question de ce par quoi le monde francophone connaît les spectacles d'improvisation, et de ce dont les rares travaux académiques en français sur la question discutent exclusivement : les matchs d'improvisation et la Ligue nationale d'improvisation québécoise.

Dans les années 1970, au Québec, la création collective fait fureur. Dans un climat d'effervescence politique liée à la montée du nationalisme, et en l'absence d'une littérature dramatique qui puisse suffisamment rendre compte de cette identité en construction, nombre de troupes se tournent vers leurs propres ressources pour créer la matière de leurs spectacles. Le Grand Cirque Ordinaire[36] s'était même lancé dans des *Stépettes*, mot qui semble renvoyer à une série de petits pas de danse mais dont la signification profonde échappe à nos oreilles d'européen, et dont la réalisation pratique consistait en des spectacles d'improvisation d'une ou deux heures, sans décors mais avec musique, à tonalité mystique, et au résultat incertain[37].

Au sein du Théâtre expérimental de Montréal, après plusieurs expériences plus ou moins fructueuses faisant intervenir l'improvisation en public[38], Robert Gravel et Yvon Leduc imaginent une forme de compétition théâtrale basée sur le protocole du hockey sur glace, sport

36 « Le Grand Cirque Ordinaire, sous la direction du Raymond Cloutier, voit l'acteur comme un poète participant. Dans l'esprit de l'art du cirque, cette troupe québécoise d'un genre nouveau vise une communication populaire teintée de vaudeville, de music-hall, de *commedia dell'arte*... sans négliger la dimension politique. L'improvisation, au cœur de leurs créations, est vue comme une métaphore du pays qui s'invente », *cf.* http://theatre.ameriquefrancaise.org/parcours4-1/, consulté le 12/09/2013.

37 Voir le compte rendu de Francine Noël, (Noël, 1977).

38 « Au *Théâtre expérimental de Montréal* nous avions déjà travaillé sur une idée de pièce de théâtre à plusieurs dénouements possibles en cours de représentation, sans jamais arriver à vraiment concrétiser quelque chose », (Gravel, 1987, p. 34).

national au Québec, et faisant s'affronter deux équipes d'improvisateurs. Deux équipes de six joueurs, portant des maillots de hockey trop grands pour eux, improvisent sur une patinoire, un espace d'environ six mètres sur six bordé d'une « bande » de 80 cm de haut. Un arbitre, souvent patibulaire, affublé de deux assistants, donne le type d'improvisation (mixte, faisant intervenir les deux équipes, ou comparée, l'une après l'autre), son thème, le nombre de joueurs, sa catégorie et sa durée. À l'issue de chaque improvisation, le public vote pour l'équipe qu'il a préférée. Le match est divisé en deux périodes de trente minutes, et l'ensemble des périodes hors match sont prises en charge par le Maître de cérémonie et, souvent, un organiste ou un orchestre. L'équipe qui totalise le plus grand nombre de points gagne la partie.

En 1979, face au succès de ce format qui devient immédiatement populaire, la Ligue nationale d'improvisation est créée. Le concept se diffuse très vite et gagne la France : En 1981, la LNI s'exporte en France, à l'invitation du Théâtre de la Commune d'Aubervilliers pour une tournée de quelques dates. L'engouement sera presque immédiat et la LNI est invitée en 1982 au festival d'Avignon, en 1983 pour une tournée de 33 dates où elle ira jusqu'en Suisse, formant au passage des dizaines de comédiens à cette nouvelle pratique (Desmonts, 2010, p. 94). Suite à la première tournée, la Ligue d'improvisation française est créée notamment sur l'impulsion de Jacques Livchine, qui joue à partir de 1985 au Bataclan, avant d'être dissoute en 1995. Celle-ci enfante de nombreuses ligues professionnelles[39] et, à partir des années 1990, la pratique amateur du théâtre d'improvisation commence à prendre de l'ampleur, à la faveur d'une montée en puissance des pratiques artistiques amateurs dans son ensemble.

Nous ne nous étendrons pas beaucoup plus sur le match d'improvisation. D'une part cette forme est la plus connue des formes de théâtre d'improvisation en France, la plus emblématique, et l'essentiel de la littérature académique ou autre en français lui est consacré, et de ce fait il existe de nombreuses ressources en ligne pour l'appréhender[40].

39 Les neuf ligues professionnelles de France : La LIFI (d'île de France), la LINA (de Nantes), la LITI (Ligue d'improvisation Théâtrale de l'Isère), la LIM (de Marcq-en-Barœul), la LILY (de Lyon), IMPRO.INFINI (de Bretagne), ALINE (Association des Ligues d'Improvisation de Niort et de ses Environs), la LBI (Ligue Bourguignonne d'Improvisation), et la LIT (de Touraine), (Desmonts, 2010, p. 25, n. 33).

40 Voir notamment le site http://match.impro.free.fr/, consulté pour la dernière fois le 13 août 2015.

D'autre part parce que nous ne créditons pas Robert Gravel et Yvon Leduc de l'invention d'une approche spécifique et nouvelle de l'improvisation, mais seulement de la trouvaille d'une formule spectaculaire pour commercialiser l'improvisation théâtrale qui a fait recette. Nous retrouverons cependant ça et là, dans notre analyse, le match et la philosophie sportive de l'improvisation qui en découle.

Nous venons de retracer l'histoire de ce que nous appelons aujourd'hui l'improvisation théâtrale, une forme spectaculaire nouvelle, un genre théâtral apparu au cours du siècle dernier. Mais ce n'est paradoxalement pas sur lui que nous avons consacré l'essentiel de notre travail. Nous avons cherché le chaînon manquant, la tache sombre, la face cachée de la lune. Car ce qui n'apparaît pas ici, c'est qu'alors que Second City en était déjà à sa dixième année de fonctionnement, que Keith Johnstone et le Theatre Machine parcouraient l'Europe depuis une poignée d'années avec leurs spectacles d'improvisation, un groupe d'acteurs suisses, mené par un acteur et metteur en scène ambitieux et visionnaire, commencèrent à expérimenter sur les outils créateurs de l'acteur, les fondements du théâtre, et l'improvisation. Il en ressortit une approche de l'art de l'acteur innovante, peu connue, et une conception de l'improvisation qui, si elle rencontre ponctuellement tel ou tel des courants que nous venons de passer en revue, s'en démarque fondamentalement quant aux objectifs qu'elle se fixe. Nous verrons notamment que ce que signifie la liberté de l'acteur pour eux, ni libération spirituelle de l'individu par la pure spontanéité, ni créativité à la portée de tous, est un nœud essentiel de cette différence. Et peut-être la raison pour laquelle ce groupe et le pédagogue qui le créa n'enfantèrent pas un autre courant de ce nouveau genre de l'improvisation théâtrale, mais tombèrent dans un relatif oubli. Aujourd'hui, nous l'exhumons. Ce groupe, c'est le Théâtre-Création, et Alain Knapp est le nom de celui qui le fonda.

PREMIÈRE PARTIE

VERS UN ACTEUR-CRÉATEUR POSITIVEMENT LIBRE

ALAIN KNAPP ET LE THÉÂTRE-CRÉATION (1968-1975)

Nous sommes au commencement d'un mouvement créateur. Tous les signes nous y disposent déjà. Libre à certains de croire que ce qui se passe un peu partout dans le monde au niveau des manifestations vestimentaires, de la drogue, etc., n'est qu'une mode passagère que la matraque saura réprimer à temps. Nous y voyons pour notre part les prémices d'un mouvement de fond qui tendra toujours davantage à la création vécue et substituera à la « culture de compilateurs » celle qui naît de la nécessité intérieure et crée les contacts extérieurs.
Alain Knapp

Le 4 septembre 1967, Alain Knapp ouvre au Centre dramatique Romand[1] un Atelier de recherche, "l'Atelier de recherches de Vidy", « à la demande de comédiens insatisfaits du théâtre et de l'enseignement théâtral tels qu'ils sont pratiqués en Suisse Romande » (Knapp, 1968b, p. 2). Cet atelier est le terreau à partir duquel le Théâtre-Création verra le jour un an plus tard, après avoir été délogé du CDR par le directeur Charles Apothéloz, qui souhaite pour son Centre dramatique une orientation budgétaire et politique incompatible avec les recherches de l'Atelier. Il s'inscrit par ailleurs pleinement dans la démarche qu'Alain Knapp a initiée les années précédentes avec le Théâtre universitaire de Lausanne (TUL).

Ce Théâtre-Création, jusqu'en 1975, date de sa dissolution, va connaître une destinée singulière dans le paysage théâtral suisse et européen. À travers une démarche exigeante et de longue haleine, au prix de nombreux sacrifices, Alain Knapp et ses acteurs vont dessiner les contours d'une nouvelle approche de la formation de l'acteur. Remettant en question,

1 Ancienne structure (1953-1969) qui est devenue, depuis et après maintes transformations, le Théâtre de Vidy-Lausanne. *Cf.* Joël Aguet, « CDR – Centre Dramatique Romand » dans (Kotte, 2005, p. 365-366, vol. 1).

comme tant d'autres à l'époque, la puissance du metteur en scène et le préalable du texte, cette approche souhaite (re)donner à l'acteur une place de première importance dans le processus de création. Ni soumis, ni seul maître à bord.

> L'éthique que nous souhaitons pour l'acteur est dans la participation de sa personnalité réelle à la création sans soumission aux fluctuations du marché, sans obligation d'accepter des rôles ingrats par nécessité de gagner son mois. Bref, un acteur maître de ses moyens, libre de son expression, capable seul ou avec des partenaires de vivre de sa vie créatrice. (Knapp, 1969a, p. 9)

Cet acteur, le Théâtre-Création l'appelle l'acteur-créateur. Mais dans leur démarche de réforme des hiérarchies traditionnelles du théâtre, les comédiens du Théâtre-Création et leur metteur en scène ne s'arrêtent pas là : ils remettent en cause la place traditionnellement réservée aux spectateurs, et souhaitent en faire des partenaires de la création, « sans que celui-ci soit en rupture avec sa fonction ; ni voyeur, ni faux acteur » (Knapp, 1969b, p. 5)... Ainsi les activités du Théâtre-Création, pendant ces sept années, vont-elles être partagées entre :

1. un travail de laboratoire et d'entraînement quotidien de l'acteur ;
2. des créations collectives, avec ou sans auteur associé ;
3. des spectacles sur des pièces de répertoire ;
4. des ateliers, de l'animation scolaire, des cours et stages divers ;
5. des spectacles d'improvisation sur des thèmes proposés par le public.

À travers cet exemple, nous voulons donc avant tout dessiner les contours d'une définition de l'acteur et de sa création qui n'implique pas une rupture fondamentale entre l'interprétation des textes et l'improvisation, et qui ne fait donc pas des mots « liberté » et « improvisation » un couple exclusif. La méthode qu'Alain Knapp a développée pour le travail de l'acteur et plus généralement pour le développement de la personnalité créatrice[2] a nourri et marqué, de façon généralement souterraine, le travail de nombreux groupes, auteurs et metteurs en scène

2 Il s'agit là du nom de son Institut qu'il ouvrira à Paris en 1976, en suite immédiate de l'aventure du Théâtre-Création, *cf. infra*, p. 195 et *sq.*

de théâtre, et influencé en partie les créateurs du match d'improvisation[3]. Elle formera une de nos influences les plus fondamentales pour la définition de l'improvisation théâtrale libre. Elle est pourtant assez largement inconnue, et c'est un des objectifs de cet ouvrage que de pallier ce manque.

Il est significatif que l'émergence de ce groupe de théâtre, contestataire dans sa démarche de création et se posant d'emblée comme insatisfait, se soit fait durant les années 1960, de façon contemporaine à l'émergence de beaucoup d'autres formes artistiques en rupture avec les traditions. Comme le suggère la citation placée en exergue de cette première partie, c'est le portrait d'une démarche artistique et d'un homme de théâtre profondément ancrés dans leur temps que nous allons faire ici. Ainsi, avant d'examiner quelle pouvait être la pratique de l'improvisation et l'esthétique globale du Théâtre-Création, il nous paraît inévitable de décrire en parallèle les deux gamètes qui lui donnèrent naissance : le parcours artistique d'un jeune acteur suisse, sagace, déterminé et talentueux ; ensuite le contexte social et culturel des années 1960.

3 Voir *infra*, p. 194-195.

ALAIN KNAPP,
ITINÉRAIRE D'UN ENFANT DE BAAL

> Dégoûté du théâtre et du monde théâtral, j'ai fondé l'an dernier une école de comédiens basée sur des méthodes sinon nouvelles, puisqu'elles datent de l'origine même du théâtre, du moins logiques.
> Charles DULLIN, lettre à Camille Mallarmé.

Si nous plaçons en exergue ici Charles Dullin, et si nous parodions ainsi tout au long de ce chapitre par de mauvais jeux de mots les titres de pièces de Brecht, ce n'est pas pour briguer une place à *Libération* : c'est que nous allons découvrir en Alain Knapp, à travers l'entreprise du Théâtre-Création, une synthèse originale, inspirante et méconnue, de plusieurs courants de pensée qui ont traversé le théâtre européen jusque dans les années soixante.

Dullin d'abord figure ici pour l'héritage de Copeau, de la décentralisation théâtrale à la française, du Théâtre populaire, mais aussi pour l'esprit de laboratoire, de recherche, qui d'André Antoine et Stanislavski à Grotoswki, Brook et Barba, est indissociable de la pratique du théâtre moderne. Alain Knapp a incontestablement sa place dans cette famille de marginaux, d'insatisfaits et de dégoûtés, qui se retrouvent ainsi obligés d'explorer de nouveaux territoires sur le champ de l'acteur.

Quant à Brecht, nous le verrons, il a exercé une influence majeure sur la formation intellectuelle et théâtrale de Knapp. D'abord à travers ses spectacles et ses écrits, puis ceux de Roland Barthes et de Bernard Dort dans la revue *Théâtre Populaire*, mais plus fondamentalement encore dans la rencontre avec Benno Besson – celle-ci déterminera pour une grande part sa carrière de metteur en scène. Nous pourrons même argumenter sur l'idée qu'Alain Knapp, à travers sa recherche sur l'improvisation, a poussé à l'extrême certains principes fondateurs du théâtre de Brecht : engagement politique, effets de distanciation, dialectique, humour... Mais aussi rigueur et ponctualité.

THÉÂTRE POPULAIRE : LE BAIN DU BÉBÉ

Alain Knapp naît le 21 avril 1936 à Mulhouse de parents suisses. Son père est professeur de droit à l'Université de Neuchâtel, et ses deux parents se montrent hostiles aux ambitions artistiques que leur fils fait apparaître très tôt. Cette interdiction familiale et l'aventure, l'excitation qu'il en retire, loin de l'en détourner, ne feront qu'affermir son envie d'aller voir du théâtre, de jouer, d'apprendre et de chercher : « À l'époque, à 14 ans, on ne va pas au théâtre ; on va se coucher, on est à l'heure pour l'école. Mais d'une certaine façon, ce n'est pas plus mal. Je ne dis pas que les parents doivent s'opposer systématiquement à la nature créatrice de leurs enfants, mais au moins après vous savez pourquoi vous en faites [du théâtre][1] »... Et d'insister sur la position très dure que ses parents lui ont opposée face à ce désir, la clandestinité qui en a résulté, et dans laquelle, ironiquement, il est presque toujours resté.

Alors qu'il a 17 ans, en 1953, paraissent les premiers numéros de la revue *Théâtre Populaire*. Lancée par Robert Voisin, le fondateur des éditions de l'Arche, sous l'impulsion que lui donnait sa collaboration avec le Théâtre national populaire de Chaillot[2], dirigé depuis deux ans par Jean Vilar, cette revue est d'abord conçue, dans le projet de Voisin, comme « un outil d'information et de formation essentiellement destiné au public du TNP » (*ibid.*, p. 17), mais qui, suivant la volonté de Vilar même, naît d'emblée plus indépendante et comme une revue de « combat » – ce qui lui vaudra des critiques quant à la partialité des jugements exprimés (*ibid.*, p. 18-20). Roland Barthes, Guy Dumur et

1 Entretien avec Alain Knapp, 24 et 25 juin 2013. Dans la suite, hors mentions contraires, toutes les citations d'Alain Knapp proviendront de la même source.

2 Celui-ci éditait en effet tous les textes des spectacles présentés et les vendait bon marché à l'entrée du théâtre. Ceci dans l'optique, très « théâtre populaire », « d'éduquer le public ». *Cf.* (Consolini, 1998, p. 14).

Morvan Lebesque forment le comité de rédaction du premier numéro, Jean Duvignaud et Bernard Dort y écrivent déjà. Leur point de ralliement dans ces débuts : l'espace propre au déploiement de la tragédie, « forme noble à laquelle il incombait de représenter, avec une grandeur austère, des passions civiques plutôt que des passions privées, l'histoire de la communauté plutôt que des histoires individuelles » (*ibid.*, p. 27-28, n. 2).

Barthes insuffle à la revue une idée totalisante de la critique, une conception que partage et analyse, entre autres, Bernard Dort :

> Une critique qui ne se limiterait pas à telle ou telle pièce, à sa mise en scène ou à sa distribution, mais aux pièces, aux efforts de tel ou tel metteur en scène ou directeur de théâtre dans leurs rapports avec le public, avec l'histoire et avec le monde contemporain. C'est ce que Roland Barthes nommait une *critique totale*. Ainsi, le phénomène théâtral pourrait-il être à nouveau situé dans la société et apparaître non plus comme une mystérieuse conjuration de talents, mais comme l'expression d'une époque, comme la recherche d'un style[3].

Ainsi dès ses débuts, la revue se démarque assez vite par son aspect sociologique, son engagement politique, et désigne très clairement son *ennemi* : le théâtre bourgeois, qu'il s'agit de détruire, et dont les caractéristiques sont d'être cher, de sélectionner son public par l'argent, d'être petitement psychologique et d'ignorer tout du tragique de l'Histoire. Toutes choses que nous retrouverons fortement dans l'engagement théâtral d'Alain Knapp. Mais c'est surtout la venue du Berliner Ensemble à Paris qui va donner à la revue une couleur, un objectif, un sens.

La première édition du Théâtre des Nations, alors Festival international d'art dramatique de Paris, en juin-juillet 1954, fait découvrir en France le Berliner Ensemble, et notamment la mise en scène de *Mère Courage* par Bertolt Brecht lui-même. C'est un choc, dont la revue *Théâtre Populaire* ne devra jamais se remettre, et grâce auquel elle se définit enfin une identité propre. Les rédacteurs trouvent, dans ce spectacle, l'accomplissement, la réalisation de leurs théories, qui étaient restée avant cela assez largement utopiques :

> Il faut [...] réaffirmer la singularité de notre bouleversement devant la *Mutter Courage* du Berliner Ensemble : comme toute grande œuvre, celle de Brecht est une critique radicale du mal qui la précède : nous sommes donc de toutes

3 « Un théâtre sans public, des publics sans théâtre », *Théâtre Populaire*, n° 4, novembre-décembre 1953, p. 19.

> manières profondément *enseignés* par *Mutter Courage* : ce spectacle nous a fait peut-être gagner des années de réflexion. Mais cet enseignement se double d'un bonheur : nous avons vu que cette critique profonde édifiait du même coup ce théâtre désaliéné que nous postulions idéalement, et qui s'est trouvé devant nous en un jour dans sa forme adulte et déjà parfaite[4].

À partir de là, la revue devient, sous l'influence grandissante de Barthes et de Dort, l'organe principal de diffusion du brechtisme en France. Nous reviendrons plus tard sur le dogmatisme brechtien que divulguait la revue, au moment où le parcours de Knapp, à travers sa rencontre avec Benno Besson, nous permettra de le remettre en cause. Retenons seulement pour l'instant ce que *Théâtre Populaire* a surtout contribué à défendre : la nécessité d'un art engagé, d'un théâtre critique de la société et critique du théâtre. « L'art peut et doit intervenir dans l'histoire », tel est l'exergue de la publication à partir de mars 1958.

S'il nous a paru inévitable de revenir brièvement sur l'histoire de cette revue mythique dont l'influence se fait toujours sentir aujourd'hui, c'est que le jeune Knapp se forgea une vision théâtrale essentiellement à travers elle, et cela déterminera ensuite en grande partie l'originalité de son parcours[5]. L'invention d'un art ancré dans son temps, conscient des implications historiques et sociales de son geste, attentif au moindre signe, guidera l'ensemble de sa démarche artistique. Quand paraît et se développe *Théâtre Populaire* en même temps que la pensée du brechtisme, Alain Knapp vit avec sa famille à Neuchâtel. Il s'y abreuve tant qu'il peut, achetant et lisant en cachette les numéros, comme d'autres lisent des magazines érotiques. On peut imaginer ce qu'un jeune homme de 17 ans, avec son manque de sérieux rimbaldien, son désir d'émancipation face à l'autorité parentale et l'excitation que lui procure la clandestinité, peut trouver d'émulation et d'inspiration dans l'engagement affiché d'une telle revue, dans sa marginalité et sa combativité.

D'autant que le théâtre le tenait déjà avant que ne paraisse la revue. C'est sa grand-mère, plus ouverte que ses parents aux aventures intellectuelles et artistiques de son petit-fils, qui lui financera à l'insu de sa

---

4 Roland Barthes, *Mutter Courage*, *Théâtre Populaire*, n° 8, juillet-août 1954, p. 97. Roland Barthes cessera même d'aller au théâtre après avoir assisté à ce spectacle, ayant vu là tout ce qu'il attendait de cet art.

5 « Alain Knapp aime à rappeler que c'est par la revue *Théâtre Populaire* et notamment par la lecture passionnée des articles de Roland Barthes et de Bernard Dort, que se forgea et s'aiguisa son goût pour la création théâtrale », (Mancel, 1988, p. 36).

famille des cours de théâtre. À 16 ans, alors qu'il est en apprentissage dans une entreprise de reliure, il s'inscrit à Lausanne chez Blanche Derval, « la plus admirable et sans doute la *seule* actrice de ce temps[6] ». Sombrant toujours plus dans la clandestinité, il fait tous les samedis le trajet de Neuchâtel à Lausanne à vélo, soixante-dix kilomètres à l'aller, soixante-dix kilomètres au retour qui lui affermissent les mollets et la nécessité de monter sur les planches.

Il s'étend assez peu sur cette période, où son apprentissage du théâtre est sans doute des plus classiques. Il reste deux à trois ans à suivre les cours de Blanche Derval, se retrouve assez vite à faire des *dramatiques* à la télévision ou à la radios, joue à vingt ans au Théâtre du Petit-Chêne. Des expériences banales, la tranquille mise en route d'une non moins tranquille carrière d'acteur, désormais acceptée par sa famille. Bien des comédiens romands s'en seraient tenu à cela, creusant leur trou dans le petit monde du théâtre professionnel suisse. Mais à vingt ans, déjà taraudé par le goût de la recherche et de l'accomplissement artistique, il décide de monter à Paris : « À l'époque c'était presque inéluctable. Au fond, faire du théâtre, avoir des ambitions, non pas de gloire, non pas de réussite, mais de parcours artistique, ça appelait forcément Paris. Malheureusement ! ».

1956-1960 : EN FRANCE, DE VOISIN À DASTÉ

Mais heureusement il est bien aiguillé. Un metteur en onde de Radio-Lausanne, connaissant ce qui l'intéressait, lui recommande le Théâtre-École de Marigny, que dirige alors André Voisin. « Pile-poil ce à quoi j'aspirais ! Pas question d'aller chez René Simon ! ». Le cabotinage en vogue dans cette école parisienne, alors incontournable, le

6 André Breton, *Nadja*, Folio plus classiques, 2007, p. 41. Knapp nous a raconté comment Blanche Derval, voyant qu'il avait amené avec lui le roman de Breton qu'il projetait de lire, lui fit voir la poignée de lettres enflammées que le poète lui écrivit. On peut imaginer ce que cette confidence, intime, a pu donner de couleur à la relation qui s'est ensuite instaurée entre l'élève et son professeur. En tout cas, les auspices, de hasard, de dissidence et de poésie, sous lesquels sa carrière d'acteur s'ouvrait à travers ce point de contact avec les surréalistes n'était sans doute pas pour lui déplaire.

débectait ; qu'André soit voisin d'Artaud, de Blin, d'Adamov, des poètes de l'époque, tout cela l'attire à l'inverse fortement. Il intègre donc son école, installée au Théâtre Marigny que dirige alors la compagnie Grenier-Hussenot[7], à la suite du couple Renaud-Barrault. Il se retrouve ainsi directement projeté au cœur de l'héritage de Copeau, de Dullin, de la décentralisation, des Comédiens-Routiers ; il s'en imprègne d'un esprit de troupe, de labeur et d'artisanat. Chez Voisin, « on fait un stage d'un mois, et on monte deux spectacles », le reste du temps étant consacré à la formation fondamentale. Et Knapp, qui se distingue de ses camarades par ses lectures, que ce soit des revues spécialisées comme *Théâtre populaire*, des textes de Brecht, mais aussi de toute la littérature dramatique qui lui tombe sous la main, trouve auprès d'André Voisin un pédagogue tout aussi passionné de recherche que lui. « Là, dans ce Théâtre-École, ça se faisait : la recherche, l'hypothèse, le *pourquoi pas ?* étaient présents ». C'est donc là, dans la lignée de Dullin et de Copeau, qu'il fait ses premières recherches sur l'improvisation.

André Voisin avait en effet été élève de Charles Dullin, à l'Atelier. On sait l'importance que l'improvisation pouvait avoir dans cette école légendaire qui a formé les acteurs et les metteurs en scène français parmi les plus influents du XXe siècle, tels que Artaud, Barrault, Blin, Marais, Vilar et Régy. Bien que Dullin considère, comme son ami et concurrent Jacques Copeau, lequel développe au même moment l'école du Vieux-Colombier, que « le maître du théâtre, c'est l'auteur[8] », il énonce ainsi les principes fondateurs de son projet d'école : « En deux mots, au lieu d'apprendre aux élèves des traditions et de les former à l'image du professeur, je cherche à développer en eux l'instinct dramatique par le moyen de l'improvisation. Au lieu de travailler sur des textes écrits, on travaille sur des sentiments » (*ibid.*). Ces principes, qui ne cherchent pas à inculquer un savoir-faire préétabli à l'acteur mais visent une intégration plus personnelle de ses motivations dans l'expression du rôle,

7 Anciens Comédiens-Routiers avec Léon Chancerel, entre 1932 et 1939, Jean-Pierre Grenier et Olivier Hussenot créent à la Libération leur compagnie, qui se spécialise dans « un alliage assez rare de comique gestuel proche du mime et du cirque, et de poésie fleur bleue », Michel Corvin, « Grenier Jean-Pierre (Paris 1914) et Hussenot Olivier (Paris 1913) », dans (Corvin, 2008, p. 759).

8 Cité dans (Lorelle, 2007, p. 28). Suite de la citation : « Tous les autres rouages ne sont là qu'en fonction de cette force créatrice. L'auteur, le public, l'acteur. Le théâtre est pour moi une entreprise artisanale qui met en contact un auteur et un public ».

se retrouveront, sans doute en partie grâce à l'influence considérable des textes d'Artaud, dans de nombreuses entreprises de réforme de l'acteur des années 50/60. Et la création par Alain Knapp de l'Atelier de recherche sur l'art dramatique au Centre dramatique Romand, plus de quarante ans après la création de l'Atelier, n'échappera pas à cette loi.

L'influence d'André Voisin sur Knapp, et à travers lui l'enseignement de Dullin et son esprit de recherche, est manifeste – on reconnaît ici le même esprit qui, ailleurs, souffla sur Keith Johnstone. Knapp, qui le reconnaît et souligne l'importance de cette période dans le développement de ses idées et des exercices qui lui serviront plus tard au Théâtre-Création, voit son maître comme un poète, très curieux et ouvert à l'apparition de significations non manifestes sur scène, en quête de nouvelles capacités d'expression, capable d'encourager l'exploration. À l'École du Théâtre Marigny, tout comme à l'Atelier, l'erreur est permise.

Soulignons l'influence d'une autre enseignante, dont il ne faudrait pas mésestimer l'importance pour Knapp. Danseuse, Yvonne Berge a été formée à l'École internationale de danse d'Elisabeth Duncan, sœur d'Isadora Duncan, une des pionnières de la Danse libre. Parmi ses influences, la « fée Helles », danseuse russe qui fut élève d'Isadora Duncan et d'Andréa Delsarte, dont elle hérite un principe de gammes pour le travail du corps[9], ainsi que Gerda Alexander, créatrice de l'eutonie[10]. Elle donne à Marigny des cours de masque, de jeu et d'expression physique. Knapp se montre fortement intéressé par son enseignement, au point de la suivre à Belle-Île, à ses propres frais, pour une expérience intense et exigeante : alors que lui et ses camarades suivent un régime issu de la macrobiotique de Georges Oshawa, qu'ils boivent peu d'eau et dorment dans une grange, ils font des exercices physiques, sur les énergies, l'engagement, les fluides, le mouvement, les rapports des corps

9 « Elle procédait par étapes, avec un fil conducteur très clair. Ce fut le tremplin de mes recherches : 1. Détendre ; 2. Centrer le corps ; 3. Replacer et dynamiser le bassin ; 4. Libérer la colonne jusqu'à la nuque ; 5. Donner des images pour induire le mouvement », (Berge, 1994, p. 52).

10 « L'eutonie propose une recherche, adaptée au monde occidental, pour aider l'homme de notre temps à atteindre une conscience approfondie de sa propre réalité corporelle et spirituelle dans une véritable unité. Elle l'invite à approfondir cette découverte de lui-même, non en se retirant du monde, mais par un élargissement de sa conscience quotidienne par lequel il libérera ses forces créatrices dans un meilleur ajustement à toutes les situations de la vie et un enrichissement de sa personnalité et de sa réalité sociale », (Alexander, p. 25).

dans l'espace, les sens et les sensations, les dépassements et la prise de risque du corps, ceci dix heures par jour[11]. Pour lui, une préfiguration du travail qui rendra Grotowski célèbre, un prolongement de la pensée d'Artaud. Non le masque, non le mime, mais la recherche d'un « corps primitif, d'un corps intégral ». Il en retient un principe essentiel pour les futures activités du Théâtre-Création : pas de dissociation entre le corps et le texte. Et la respiration, primordiale, qui doit permettre que cohabitent une activité physique intense, voire débridée, et la diction d'un texte, sans halètement. Toutes choses que nous retrouverons dans la conception des entraînements du Théâtre-Création : « Il faut une certaine souplesse, et un souffle qui, quelles que soient les sollicitations du corps, reste disponible, à son intégrité, à ce qu'il doit porter, pour la voix ». Il reste beaucoup plus sceptique sur l'expérience communautaire, qui amalgame recherche artistique et recherche de nouveaux modes de vie – une idée qui, avec des groupes tels que le Living Theatre, deviendra en vogue la décennie suivante.

Knapp reste trois ans à l'École d'André Voisin, à la suite de quoi celle-ci doit fermer, faute de moyens. Pendant ces trois années, il travaille comme régisseur au Théâtre Marigny, et y joue quelques fois, sur la grande scène, de petits rôles. Un comédien du Théâtre Marigny, Christian Marin, avec qui Knapp s'était lié, le pousse à aller à Saint-Étienne rejoindre la troupe de Jean Dasté. Après un passage éclair chez Roland Petit comme danseur, il rejoint donc Dasté à Saint-Étienne en 1959 pour jouer Thomas Diafoirus dans *Le malade imaginaire* et assurer les intermèdes dansés. Avec le Centre dramatique de la Cité des mineurs, ils jouent partout : dès son premier jour, on lui montre sa salopette. Les comédiens et le technicien montent le plateau dans la journée, y compris l'installation électrique et les lumières, jouent le soir et démontent dans la foulée. Les filles font le repassage. Discipline et éthique du théâtre.

On retrouvera dans le Théâtre-Création des caractères artistiques proches de cette famille française de la décentralisation : Knapp aura

11 Yvonne Berge relate l'expérience : « Mes élèves vivaient mal, et de peu. Ils trompaient leur faim avec des caramels mous dans la journée et, midi et soir, mangeaient des sandwichs au jambon, des frites, buvaient de la grenadine, du café... Ils étaient vite fatigués ! Je leur parlai d'Oshawa et de la macrobiotique, du principe des énergies Yin et Yang et invitai un groupe à venir tenter l'expérience pendant dix jours chez moi. Pendant ce stage en Bretagne, je travaillai avec eux sur les plages, dans les vallons et à la cuisine. Leur endurance augmenta de jour en jour, leurs gestes gagnaient en précision », (Berge, 1994, p. 73).

la volonté d'aller jouer en divers endroits pour conquérir le *non-public* (vocable qu'il n'utilise d'ailleurs pas lui-même), de monter des spectacles rapidement en travaillant d'arrache-pied ; la troupe se construira une sorte de tréteau qu'ils emmèneront partout avec eux et développera, dans l'ensemble de ses spectacles, une esthétique centrée sur le geste et la parole des acteurs, négligeant le décor. Mais quand on lui demande s'il se reconnaît de cet héritage de Copeau, Knapp est catégorique : « Pas du tout ! Ce qui ne me convenait pas tellement là-dedans, c'était le côté missionnaire. Il y avait incontestablement un côté "robe de bure et tonsure", les frères de la décentralisation envoyés en mission, pour apporter la bonne parole. Il y avait une très forte connotation religieuse, catholique ». Même s'il reconnaît tout ce qu'il leur doit, il reste très distant vis-à-vis de cette « sainteté » qui transpire des héritiers de Copeau, le caractère sacrificiel, sacerdotal de ces comédiens, le culte du maître – d'autant plus fort sans doute chez Jean Dasté, son gendre. Comme nous l'avons remarqué plus haut, Knapp a beaucoup lu et la critique facile. « Évidemment, pour moi le maître ce n'était pas Copeau, c'était Brecht ! ». Pour le résumer dans ses termes, tandis qu'il fait des tournées avec les scouts, il sait très bien que le messie est ailleurs.

1961-1968 : LA RÉSISTIBLE ASCENSION D'ALAIN KNAPP

Pendant toute cette période où Knapp vit à Paris, Brecht va considérablement gagner de l'influence dans le théâtre français. La revue *Théâtre populaire* est acquise tout entière au brechtisme, dont elle diffuse les idées dans l'Hexagone – ou du moins la vision de Barthes et de Dort : « Entre les mains de Barthes, la "doctrine" brechtienne devient un outil exceptionnel de démystification de la syntaxe sclérosée du théâtre bourgeois, un bistouri qui peut intervenir avec précision sur son corps atrophié » (Consolini, 1998, p. 71). Le *Verfremdungseffekt* ou « effet de distanciation » est analysé à longueur de pages, le « théâtre bourgeois » est attaqué et démoli sur tous les fronts, du texte à l'acteur en passant par les costumes et les décors.

Knapp lit toujours beaucoup, bien sûr non seulement la revue, mais aussi les pièces de Brecht, ses écrits théoriques, tout ce qui est publié autour et sur – et il assiste aux spectacles du Berliner Ensemble. À l'opposé des acteurs de la décentralisation française, imprégnés de catholicité, Brecht représente pour Knapp la pensée athée nourrie de protestantisme, de dialectique et de concret. Il se reconnaît davantage dans cet enseignement, qui correspond mieux à l'éducation qu'il a reçue en Suisse, dans une région largement protestante et une culture nationale de la conciliation. Il remarque chez les gens qui l'entourent alors en France une « vision gentille, crèche de Noël » de Brecht, qui tranche avec la sévérité et l'humour incisif qu'il voit dans l'œuvre du maître. Outre les créations en français des pièces de Brecht, par Vilar ou Serreau, il a assisté à plusieurs spectacles du Berliner Ensemble. C'est la grande époque du Théâtre des Nations, le festival de la ville de Paris qui aura fait venir les spectacles du Berliner Ensemble. Il se souvient de *Mère Courage*, *La vie de Galilée*, *Le cercle de craie caucasien*... Comme beaucoup de ses contemporains, il parle d'un choc. « L'intelligence, la clarté, le tranchant, l'évidence. Il n'y a pas le moindre détail qui ne soit absolument investi », s'émerveille-t-il encore. Il admire la perfection de la mise en scène, le jeu des acteurs intégralement intelligible et pertinent, la beauté et la simplicité des spectacles. Face à un tel choc, confronté à toute la mythologie brechtienne qui s'est développée ensuite, à la figure écrasante de ce maître indépassable, comment trouver sa voie en tant que metteur en scène ? De même que Barthes, soufflé par *Mère Courage*, cessa toute activité de critique théâtral, de même Knapp metteur en scène, condamné à se croire incapable, serait-il resté scotché sur place, s'il n'avait rencontré Benno Besson.

De retour en Suisse, il joue des pièces de Friedrich Dürenmatt et Max Frisch sous la direction de Charles Apothéloz, au Théâtre Municipal de Lausanne. C'est le début d'une relation de longue durée, qui tient probablement à des affinités artistiques, au moins au début, mais sans doute surtout à l'omniprésence d'Apothéloz dans le paysage du théâtre lausannois. Celui-ci n'a eu de cesse en effet, dans les années cinquante et soixante, de fédérer les forces de théâtre vaudoises (ce qui fonctionne), puis romandes (ce qui échoue), sous le label du Centre dramatique Romand, qu'il administre à partir de 1959[12]. Le CDR restera, de 1961 à 1968, l'unique structure de production et de subventionnement pour le théâtre

12 Source : Joël Aguet, « Charles Apothéloz », (Kotte, 2005, p. 57-59).

sur Lausanne et sa région, plaçant ainsi Apothéloz en situation d'absolu monopole. Afin de mieux saisir, pour la suite, la situation du théâtre en Suisse, en particulier à Lausanne, et l'importance de Charles Apothéloz pour la carrière puis la relative marginalisation d'Alain Knapp, nous proposons une petite digression.

CHARLES APOTHÉLOZ ET LE CENTRE DRAMATIQUE ROMAND : LE THÉÂTRE À LAUSANNE DANS LES ANNÉES SOIXANTE

Anne-Catherine Sutermeister nous décrit assez précisément, au prix d'une enquête historiographique fouillée, l'état et le développement du théâtre de création en Suisse romande, et en particulier à Lausanne, dans les années soixante. En premier lieu, dans les années cinquante et au début des années soixante, l'essentiel de la vie théâtrale en Suisse romande est organisée par des associations d'amateurs, surtout dans les zones rurales, qui promeuvent avant tout un théâtre de divertissement ou fortement identitaire. D'un autre côté, l'essentiel des productions professionnelles qui sont montrées à Lausanne, Genève, Neuchâtel ou la Chaux-de-Fonds, ne sont pas issues de la création d'artistes romands, mais des spectacles parisiens en tournées : d'après Sutermeister, les Galas Karsenty-Herbert[13] représentent encore, en 1970, malgré les efforts de Charles Apothéloz et autres directeurs farouches des troupes suisses pour faire naître un théâtre local, 51,4 % des encaissements professionnels de la SACD en Suisse.

Depuis les années cinquante, et à l'image de la décentralisation française, un vent de création souffle cependant sur la Suisse romande. Des théâtres de poche éclosent un peu partout, dans des villes parfois isolées, animés par des acteurs déjà importants de la vie culturelle dans leur région :

> L'essor des théâtres de poche révèle des aspirations nouvelles : celle, d'abord, de dépasser le cadre de la représentation purement artistique et d'exercer régulièrement d'autres activités culturelles qui permettent d'établir des liens plus concrets et continus avec la population locale ; celle, ensuite, de

13 Fondés en 1920, les Galas Karsenty fondent leur réputation après guerre sur l'authenticité parisienne des spectacles qu'ils présentent en tournée, garantissant à leur public « la distribution et les décors et costumes de la création à Paris », d'après Goubert, « Tournée » dans (Corvin, 2008, p. 1641). Ils fusionnent en 1965 avec les Productions Georges Herbert.

> se démarquer des entreprises de tournées ainsi que du théâtre professionnel et d'amateurs en présentant un répertoire essentiellement contemporain et avant-gardiste. (Sutermeister, 2000, 34)

Le Théâtre des Faux-Nez, à Lausanne, est de ceux-là. Charles Apothéloz l'ouvre le 3 mars 1953 dans une cave, rue du Bourg à Lausanne, et le dirige. Le nom est choisi d'après le titre d'un scénario de Jean-Paul Sartre qu'Apothéloz avait mis en scène en 1948 et avec lequel il avait été primé au Festival du Jeune Théâtre de Paris en 1949, événement fondateur de la compagnie. Arguant que les Faux-Nez « ont contribué à forger une image positive du théâtre suisse romand », notamment en s'intéressant aux auteurs locaux, en refusant d'aller à Paris, en luttant contre l'image normative d'une culture imposée par la France (*ibid.*, p. 49), Apothéloz parvient à l'automne 1959, grâce à l'élection de Georges-André Chevallaz à la syndicature de Lausanne[14], à se faire nommer à la tête du département dramatique du Théâtre municipal de Lausanne, jusqu'alors dirigé par l'agent suisse des tournées Karsenty. Là, il récupère la compagnie mourante de Paul Pasquier, le Centre dramatique Romand, et sous ce nom rassemble divers organismes de production lausannois, dont les Faux-Nez. Il devient vite « l'organisme de coordination des programmes et des budgets de la création théâtrale lausannoise (1960-1965), puis officiellement le Théâtre lui-même (1965-1969)[15] ».

À cette époque charnière (1960-1961) pour l'émergence d'un théâtre de création en Suisse romande, d'autres initiatives sont à mettre au crédit de Charles Apothéloz, véritable « père du théâtre romand », que l'on compare volontiers autour des lacs à Jean Vilar, et une personnalité bien trempée[16]. Il montre tout d'abord une volonté de fédérer les forces de production et de diffusion, en impulsant la création, le 8 octobre 1960, du Cartel des petites salles de Suisse romande, avec l'ambition de « coordonner les activités des entreprises exploitant une petite salle

14 À propos de Chevallaz : « Dès le début de son mandat, de grandes options sont prises en vue du développement économique et culturel de la ville. Un préavis favorable vient d'être donné à l'installation du futur siège de la Télévision Suisse Romande à Lausanne, qui se voit ainsi préférée à Genève. Le syndic estime que, dans ce cadre, les activités théâtrales de création vont revêtir une grande importance », (Apothéloz & Aguet, 1990, p. 49).

15 Joël Aguet, « CDR : Centre dramatique Romand », (Kotte, 2005, p. 365-366).

16 Parmi les particularités de sa vie antérieure à son engagement pour le théâtre romand, notons sa carrière en athlétisme, qui le consacre trois ans de suite champion de Suisse de relais 4 x 100 m, et plusieurs mois de prison purgés pour objection de conscience.

et de favoriser entre elles des échanges de spectacles à l'échelon de la Suisse romande[17] ». Le rassemblement qu'il opère au niveau du CDR est à ranger sous ce même combat de fédération des forces théâtrales romandes. Avec Pierre Walker, acteur, metteur en scène et en onde, Carlo Hemmerling, directeur du Conservatoire de Lausanne, et Géo H. Blanc, chef du département dramatique de Radio-Lausanne, il fonde l'ERAD, École romande d'art dramatique, la première formation professionnelle complète en Suisse romande. Enfin, il est à l'origine de la création d'un Fonds du Théâtre en Suisse romande (FTSR), organisme de subventionnement, qui permettra alors aux gens de théâtre suisses, et en particulier vaudois, de développer une activité de création : « Avec les premiers subsides réguliers, les artistes professionnels peuvent enfin se permettre d'accorder davantage de temps à la préparation d'un spectacle et de travailler de manière continue » (*ibid.*, p. 48). Une organisation qui, en premier lieu, favorise fortement Apothéloz. De fait, « à partir de 1961, le CDR n'est plus un organisme de production, mais une structure-cadre, englobant le Fonds du théâtre en Suisse romande, qui finance les spectacles, et la Commission de coordination théâtrale, qui les organise » (*ibid.*, p. 50-51), et Apothéloz siège évidemment aux deux commissions. Il tentera d'ailleurs de rassembler au-delà du canton de Vaud, d'étendre sa sphère d'influence dans toute la Suisse romande, mais se heurte à l'opposition des autres producteurs, de Neuchâtel et Genève – en particulier le Théâtre de Carouge, dirigé par François Simon – qui craignent d'y perdre leur liberté de création.

Faut-il y voir une volonté de toute puissance, une ambition sans mesure ? Sans doute, mais pas seulement : avant les efforts d'Apothéloz, et depuis la fin de la guerre, il n'y avait presque pas de théâtre professionnel Suisse. Et le directeur du CDR écrit :

> Oui, j'ai un intérêt personnel à défendre cette politique, parce que l'absence de coordination et l'anarchie actuelles de l'activité théâtrale romande compromettent mon travail, condamnent le théâtre que je dirige à une médiocrité provinciale et le privent des moyens d'en sortir. Mais ma situation est celle de tous les animateurs de Suisse romande. (Apothéloz & Aguet, 1990, p. 52)

Il semble d'ailleurs avoir fait preuve d'un dévouement et d'une énergie qui ont suscité une admiration que l'on sent toujours vive dans les esprits

17 *Statuts du Cartel des petites salles de Suisse romande*, cité par (Sutermeister, 2000, p. 38).

de ceux qui ont travaillé avec lui, à en juger par le ton de Jean Dufour et Jacques Bert, quand ils écrivent sur leur expérience aux Faux-Nez[18]. Ces différentes impulsions, dans l'organisation, dans le rassemblement et la définition d'une profession ont sans aucun doute possible permis l'émergence d'un théâtre de création spécifiquement lausannois, inexistant jusqu'alors. En particulier, les activités de recherche que Knapp entreprendra par la suite et les premières années de sa carrière de metteur en scène auraient été impossibles sans Apothéloz, de même qu'elles se retrouvèrent plus tard entravées par lui. Sutermeister remarque en effet : « Le regroupement des activités professionnelles et le développement d'une structure financière améliorent considérablement la situation de la profession. En revanche, le directeur du CDR jouit maintenant d'un monopole qui ne permet guère à d'autres metteurs en scène de s'exprimer hors du CDR » (Sutermeister, 2000, p. 53).

LE DÉCLIC BENNO BESSON

C'est donc au début des années 60, pendant que Charles Apothéloz assoit son empire sur le théâtre romand, que Knapp revient à Lausanne. Après une période de vide, il travaille d'abord comme acteur à l'incontournable CDR, puis se retrouve « enfin complètement de plein pied avec ce à quoi [il] aspirait depuis pratiquement huit ans » : quand Benno Besson vient à Lausanne, sur l'invitation d'Apothéloz, nouveau directeur du CDR, pour y créer pour la première fois en français *Sainte-Jeanne des Abattoirs* avec les comédiens vaudois, il devient son assistant. Il raconte : « C'est la rencontre qu'il fallait faire. Moi je rêvais de Benno Besson. J'avais tout lu. [...] Il arrive, et je suis son assistant. Génial ! ».

Sceptique dans un premier temps envers Brecht et l'enthousiasme effréné qu'il sent dans l'*intelligentsia* française *via Théâtre Populaire*, Apothéloz effectue un stage en 1958 au Schauspielhaus de Zurich qui éveille son intérêt pour l'auteur, et pour les dramaturgies de suisse alémanique. Il crée ensuite en français plusieurs pièces de Max Frisch ou de

18 « Charles Apothéloz incarne désormais la véritable orientation du théâtre suisse romand, à l'instar des pionniers de la décentralisation et du théâtre populaire en France ». Puis en guise d'épitaphe : « Pendant près de quarante années, de 1942 à 1982, Charles Apothéloz et ses compagnons ont œuvré sans relâche pour donner au théâtre une fonction artistique et culturelle directement issue d'une réalité populaire et ancrée dans les racines d'un pays », (Dufour & Bert, 2009, p. 32 et 43).

Friedrich Dürrenmatt, mais pas plus que François Simon au Théâtre de Carouge, il ne peut obtenir les droits pour les pièces de Brecht. Alors qu'il évince petit à petit du Théâtre Municipal de Lausanne les entreprises de tournée parisienne, il a sans doute besoin de faire un coup, de marquer une rupture artistique nette avec le théâtre bourgeois qui avait jusqu'ici pignon sur rue dans la capitale vaudoise. Inviter Benno Besson à créer une pièce de Brecht à Lausanne au début des années 60 était un risque, en même temps qu'un événement ; c'est aussi faire acte de manifeste. Knapp situe : « Brecht était très largement repoussé et mal considéré par le public qui fréquentait les théâtres à l'époque, c'est-à-dire la petite et la grande bourgeoisie ». Mais Apothéloz connaît bien Besson : en 1941, à Yverdon, c'est dans une troupe de théâtre d'étudiants dont il est le metteur en scène, la Troupe des Sept, qu'Apothéloz commence le théâtre, alors qu'ils ont tous deux 19 ans. C'est par hasard qu'il le croise, vingt ans plus tard, et obtient les droits pour la création en français de *Sainte Jeanne des abattoirs* : « Je l'ai rencontré dans la rue, par hasard. On a parlé de la pluie et du beau temps. Et puis de Brecht avec qui il avait travaillé. Il a touché un mot à l'agent de Brecht : ça a marché » (Apothéloz & Aguet, 1990, p. 56). C'est une première. Aucune pièce de Brecht n'avait jamais été créée en Suisse.

Quant à Besson, depuis ses débuts yverdonnois, il avait connu une carrière fulgurante : en 1947, ayant rencontré Brecht, ce dernier lui propose de venir travailler avec lui à Berlin en 1949. Au fil des ans, il devient l'une des grandes figures du Berliner Ensemble, le fils spirituel de Brecht, le seul qui ait signé avec lui des textes et des adaptations. C'est notamment son adaptation et sa mise en scène de *Dom Juan* de Molière qui fera l'ouverture retentissante de la nouvelle salle du Berliner Ensemble, le Theater am Schiffbauerdamm, en 1954. Brecht mort, Besson reste peu de temps au Berliner Ensemble :

> Après la mort de Brecht, quand les spécialistes du style brechtien déterminèrent le profil et la substance du Berliner Ensemble, les travaux de Besson furent dénoncés massivement [...] comme non-brechtiens et renégats. [...]
>
> De telles définitions étroites, Brecht n'en avait pas connu. Il voulait au contraire la grandeur et la multiplicité, la différence et l'altérité. (Cornaz, 1998, p. 11)

Ainsi il faut bien voir que le théâtre de Benno Besson n'est en rien un simulacre de celui de Brecht. Bien au contraire, il s'approprie ses principes, sa conscience du monde, selon une *ligne* qui lui est propre. Après son départ du Berliner Ensemble, Benno Besson « continue de mettre en scène une à deux grandes réalisations par année, festives et critiques, dénonciatrices et ludiques, présentant en particulier de nombreuses pièces de Brecht[19] ». Avant d'être invité au CDR pour la création en français de *Sainte Jeanne des abattoirs*, il monte notamment la pièce à Stuttgart et à Rostock en 1961.

Pour l'assister, Apothéloz cherche quelqu'un qui connaisse bien Brecht, quelqu'un qui sache de quoi on parle, qui ait un minimum de culture et de répondant. Knapp s'impose naturellement. Mais les débuts avec l'ancien metteur en scène du Berliner Ensemble ne sont pas simples : celui-ci tranche, dans sa rigueur, dans son souci de ménager un espace de répétition sérieux, avec la légèreté, la bonne franquette du théâtre suisse et français que Knapp avait connu jusqu'alors. Et très vite, il est décontenancé : « On fait deux ou trois jours de répétitions. On commence à travailler. Et pas question, à aucun moment, de distanciation. De *Verfremdungseffekt.* Pas un mot. Il répète ça comme d'autres répéteraient du Ionesco ou du Vinaver ». Il découvre alors l'envers de Brecht et du brechtisme : une pratique qui ne s'embarrasse pas de théorie, une vérité du plateau, un artisanat, précis et exigeant, mais qui tient à distance des comédiens une réflexion trop poussée, trop théorique dont ils n'auraient rien à faire. Besson interdit à Knapp de prononcer ce mot de distanciation, affirmant, à la stupéfaction de son assistant dopé à *Théâtre Populaire*, qu'il n'en avait jamais été question dans les répétitions au Berliner Ensemble : « Il n'y avait alors généralement aucun dogme – d'essence théorique notamment. Lors de répétitions au Berliner Ensemble – et j'en ai vécu de nombreuses avec Brecht – je n'ai jamais entendu prononcer le mot distanciation. Ça n'existait pas. On n'en a jamais parlé, on travaillait. Si j'ai appris quelque chose, c'est en travaillant » (Cornaz, 1998, p. 36). Et pour finir Besson assène à Knapp : « On fait la distanciation, mais on n'en parle pas ! ».

La création ne va pas comme prévu. D'abord le texte français, établi par Gilbert Badia, dont les droits sont détenus par les Éditions de l'Arche, ne convient pas à Besson, qui le compare sans cesse avec l'original et le retravaille en profondeur. Mais ceci ne convient pas à Robert Voisin, qui fait interdire les représentations trois jours avant la première, prévue

19 Joël Aguet, « Benno Besson », dans (Kotte, 2005, p. 186-187).

le 8 mars 1962. À la suite d'âpres négociation, Apothéloz et Besson réussissent à arracher à la maison d'édition le droit de faire une dizaine de représentations, confinées à Lausanne. Malgré cela c'est une mise en scène qui fait date dans l'histoire du théâtre en Suisse : « Elle fut pour bien des jeunes, comme moi, une initiation au théâtre contemporain », se souvient Pierre Jeanneret (Jeanneret, 2005, p. 77). Pourtant, même artistiquement, ce n'est pas une réussite totale :

> Pour ce qui est du travail, la direction d'acteurs de Besson se heurte à un même mur d'incompréhension de la part de la majorité des comédiens. En Allemagne de l'Est, Besson disposait des moyens offerts par un théâtre reconnu et rodé depuis de nombreuses années. À Lausanne, le CDR en est à ses débuts et ne constitue pas une troupe dont tous les éléments sont acquis aux mêmes méthodes. Des quarante-trois comédiens de la distribution, un bon nombre est encore attaché aux préceptes de l'incarnation totale des rôles. Les indications de Besson passent très largement au-dessus de leur tête ; au mieux, ils reproduisent sans comprendre ce que leur demande ce metteur en scène "exotique", en se promettant d'oublier bien vite cette expérience traumatisante. (Apothéloz & Aguet, 1990, p. 218)

Un problème qui reviendra tout au long des années 60, et qui conduira Alain Knapp à proposer, en 1967, un Atelier de recherche dramatique au sein du CDR. Mais nous y reviendrons.

LES DÉBUTS D'UNE CARRIÈRE DE METTEUR EN SCÈNE

Pour l'heure et pour Knapp, assister Benno Besson sur cette production est un déclic. Si l'envie de mettre en scène l'avait titillé jusqu'alors, il ne s'était pas lancé, faute d'opportunité peut-être, mais aussi faute de croire en lui. Avec Besson, il découvre surtout un rapport au concret qui lui parle et lui ouvre des pistes : « comment partir du texte, de la matière du texte, et faire que cette matière devienne acte », et l'évidence qui émane de l'exemple qu'il a eu devant les yeux pendant deux mois lui donne confiance. Pour lui, « mettre en scène » devient « mettre en actes » ; « le théâtre est une fête sensuelle », dit-il. Avec tous les sens, et non seulement les sens et le corps, mais l'intellect, l'esprit ; il faut que toutes nos facultés soient ravies, telle est la conception du théâtre que Knapp développe. Un théâtre *total*.

Six mois plus tard, alors qu'il répète au TML le rôle d'Andri dans *Andorra* de Max Frisch, qui sera créé le 19 mars 1963 et sera un immense succès pour l'acteur, il travaille avec le Théâtre universitaire de Lausanne (TUL) sur une mise en scène des *Coréens*, de Michel Vinaver. Lova Golovtchiner, alors qu'il débutait ses études universitaires et animait la troupe du TUL, avait été acteur dans des mises en scène d'Apothéloz dans la salle des Faux-Nez, puis sur cette fameuse mise en scène de *Sainte Jeanne des abattoirs*. Les occasions ne manquaient pas de rencontrer Alain Knapp. C'est donc Golovtchiner qui lui propose de mettre en scène *Les Coréens* avec la troupe d'étudiants. Pour une première mise en scène, c'est un projet ambitieux : de nombreux comédiens, des scènes qui alternent sans cesse entre plusieurs décors, une pièce fleuve à la façon de Vinaver et une dramaturgie qui n'a rien d'évident pour un public lausannois encore peu habitué…

> Plusieurs mois de travail intensif, une vingtaine de participants et trois représentations sur la scène du Théâtre Municipal, en février 1963 : c'est une incontestable réussite, saluée unanimement par la critique comme l'un des meilleurs spectacles de la saison ; le public découvre une grande œuvre contemporaine et l'auteur lui-même, venu assister au spectacle, déclare son enthousiasme. Faute de moyens, le TUL ne peut accepter diverses invitations en Suisse et à l'étranger[20].

Voici de quoi lancer une carrière. Marqué par cette mise en scène, Vinaver restera toujours en contact avec Alain Knapp, et lui témoignera une amitié qui se ressent dans la préface qu'il écrit pour son livre sur la création théâtrale ou d'autres de ses textes[21]. Mais surtout, ce spectacle lui permet de se faire admettre en tant que metteur en scène, et lui ouvre d'autres portes : dès 1963, peu de temps après la création des *Coréens*, Charles Apothéloz, que ses diverses fonctions et activités commencent à tenir trop occupé et sans doute poussé par son entourage, lui confie la direction du Caveau des Faux-Nez, petite salle de 120 places au cœur de Lausanne, la petite scène du TML, dont la taille permet l'expérimentation et un travail de création. Là-bas, il développe avec succès une carrière de metteur en scène, bien ancré dans l'institution. Il y monte plusieurs pièces de Brecht, comme *L'Exception et la Règle* et *Un jour mémorable pour le savant M. Wu* (1963), *La Noce chez les petits bourgeois*

20 Philippe Dahinden, président du TUL, « Bilan de l'activité des cinq dernières années », mai 1968, dans (Knapp, 1968b, p. 24).

21 On songe notamment à la courte analyse de *Rencontres* à laquelle Vinaver se prête, publiée avec la pièce à l'Avant-Scène. Voir également (Knapp, 1993).

(1965)[22] et *Les Fusils de la mère Carar* (1966), des pièces de Max Frisch (*La grande rage de Philippe Hotz*), des spectacles sur les poètes espagnols en exil. Une carrière bien dans les rails, qui n'avait aucune raison de s'arrêter. C'était sans compter sur sa « part expérimentale », comme il l'appelle lui-même : le Théâtre universitaire.

LE THÉÂTRE UNIVERSITAIRE COMME LABORATOIRE DE L'ACTEUR

> Un théâtre universitaire, à mon avis, ne peut être d'abord qu'un laboratoire expérimental où, dans une autonomie totale et avec la plus grande liberté dans les moyens de travail et d'expression, s'élaborent les langages scéniques, les recherches et les solutions dramatiques, le rapport « Théâtre-Société ».
> Paolo GRASSI, *Théâtre et Université*, n° 10, Numéro Spécial avril 1967.

Après l'événement des *Coréens*, la troupe du TUL se découvre une vocation à sortir du cadre du théâtre estudiantin : « la personnalité et la volonté d'un metteur en scène ont transformé [notre] curiosité et

22 Pour la création de cette pièce en français, l'histoire officielle ne retient d'ailleurs que la mise en scène de Jean-Pierre Vincent et Jean Jourdheuil, en 1968, qui a fait connaître le couple dans la France entière. Il semble bien au contraire qu'Alain Knapp soit celui qui ait créé la pièce en français, et ait d'ailleurs ouvert la possibilité à d'autres metteurs en scène francophones de la jouer. Il raconte : « J'ai obtenu, moi, les droits pour *La noce chez les petits bourgeois* de la bouche même d'Hélène Weigel, la veuve de Brecht. [...] [La pièce] est parue dans la revue Théâtre Populaire, sa première édition. Je lis cette pièce, et immédiatement j'ai envie de la monter. Il se trouve que cela correspond au moment de la mise à ma disposition des Faux-Nez. Très bien ! Premier spectacle des Faux-Nez : *La noce chez les petits bourgeois*. On fait une demande chez Voisin à l'Arche, qui dit : "Non, pas question. Helène Weigel ne veut pas qu'on monte les pièces du jeune Brecht, ce n'est pas un théâtre suffisamment clair, un peu flou sur le plan politique, Brecht anarchiste, un peu diffus dans sa pensée, elle ne veut pas". Donc je vais à Berlin. Ce n'est pas la première fois que je vais à Berlin, j'étais déjà allé voir Besson. Je vais au Berliner Ensemble, je rencontre Hélène Weigel, on parle, je lui donne des arguments pour lesquels je pense qu'il faut monter cette pièce... [...] "Moi j'ai l'âge, le même âge que Brecht quand il a écrit la pièce (25 ans). Je me sens très proche, totalement en adéquation avec ce que vous appelez des maladresses, et qui me paraissent des projections de ce que va être son œuvre. Moi aussi je construis une œuvre." [...] On discute pendant une heure. Et au bout d'une heure, pied à pied, elle me dit : "Je suis d'accord. Je vous donne les droits. À une condition : je veux ce paquet de Gauloises !" ». Robert Voisin, détenteur des droits pour la traduction française, n'apprécie pas la manœuvre. Il consent tant bien que mal à les lui accorder également, mais pour 45 représentations seulement et avec interdiction de tourner.

ces amusements d'étudiants en une découverte passionnante de l'art dramatique et des moyens d'expression qu'il peut offrir ». La troupe, peu à peu, va chercher à « à atteindre un certain niveau de qualité et à [...] présenter de nouvelles formes de théâtre ou au contraire des œuvres classiques dans une optique originale[23] ». Elle présente ainsi à la première Semaine suisse du Théâtre universitaire, à Saint-Gall, *C'est la guerre Arlequin*, de Carlo Goldoni, dans une mise en scène d'Alain Knapp. Si celui-ci la juge de peu d'intérêt dramatique, mais riche du point de vue des possibilités de jeu et d'investissement corporel, la pièce est bien accueillie par la critique lors de sa création au Théâtre Municipal de Lausanne, et elle triomphe au festival de Saint-Gall. C'est là qu'Alain Knapp rencontre Jack Lang.

En 1963, au sein du Théâtre universitaire de Nancy, Jack Lang avait créé le Festival international du Théâtre universitaire, un festival qui allait faire énormément parler de lui dans le contexte de renouveau théâtral et sociétal des années 60. Couplé dès 1965 au Centre universitaire international de formation et de recherche dramatique (CUIFERD), une école de théâtre où les élèves suivaient aussi bien des cours pratiques que des séminaires théoriques (avec des professeurs tels que Dort ou Grotowski), il « a renouvelé l'expression théâtrale, le mode de fonctionnement des troupes, leur rapport au public. Il a bousculé les habitudes, contribué au brassage des cultures et révélé la plupart des gens de théâtre les plus célèbres d'aujourd'hui[24] ». Citons notamment, pour les français, Patrice Chéreau, Jacques Nichet, André Benedetto ou encore Philippe Adrien... Outre l'invitation qu'il fera au TUL de venir présenter son prochain spectacle au Ve festival en 1967, Lang demande à Knapp de le mettre en scène dans une pièce d'Henry Monnier, *La famille improvisée.* Celui-ci hésite, car il a déjà beaucoup de travail à Lausanne, entre ses activités aux Faux-Nez et celles avec le Théâtre universitaire. Mais devant l'insistance de Lang, et du fait de sa boulimie de théâtre, il accepte de faire, tous les week-ends, l'aller-retour en train de nuit pour Nancy. Une vague réminiscence de ses débuts chez Blanche Derval, mais cette fois-ci il n'est plus à vélo, ni tout à fait clandestin : à Nancy, Lang le reçoit dans l'Hôtel de France, place Stanislas. Grâce à la fougue entrepreneuriale du futur ministre de la culture de François Mitterand,

23 Dahinden, *op. cit.*, p. 24-25.

24 Raymonde Temkine, « Festival de Nancy » dans (Corvin, 2008, p. 647).

le spectacle, qui fait intervenir plus de 30 personnes, se joue à Nancy, en Belgique, et au Mexique pendant un mois...

Le spectacle que le TUL présente au Festival de Nancy, en plus de la création sur un thème imposé[25], est *Le rêve d'un émigré*. Premier essai de création collective, c'est surtout un moment clé dans l'évolution de la troupe, de ses méthodes et de ses convictions. D'abord ses activités s'intensifient : pendant une année, la saison 1965-1966, Alain Knapp anime deux fois par semaine un « séminaire pratique d'art dramatique », terminologie qu'utilise Philippe Dahinden, le président du TUL, et qui montre bien la dimension de recherche et d'expérimentation qui régnait alors ; y participent des étudiants, mais pas seulement. Ensuite, le TUL travaille quotidiennement, pendant quatre mois, à l'élaboration du spectacle, grâce au soutien du CDR : ils répètent au Faux-Nez et y joueront une trentaine de représentations, à l'issue desquelles des dialogues sont organisés avec le public. Une occasion exceptionnelle pour du théâtre d'étudiants, et une rupture radicale avec le mode conventionnel de production et de diffusion des spectacles.

La formation que Knapp dispense à ces étudiants est d'ordre physique, mais comme on l'a vu plus haut à travers la formation qu'il a reçue d'Yvonne Berge, ce physique-là ne se dissocie pas d'un travail sur la voix et le psychisme. Anne-Lise Balimann raconte : « La prise de conscience du corps apte à évoluer dans l'espace, de l'importance de la respiration, m'a enseigné la valeur expressive du mouvement ». La création collective se fait selon une méthode qui est nouvelle à cette époque, mais qui nous est maintenant familière : d'abord la collecte et l'étude de différentes sources sur le « monde sous-développé, tant sous l'aspect économique que politique, sociologique et psychologique[26] », puis sur l'émigration (livres, statistiques, films, conférences...) ; ensuite la création des personnages,

25 Le Festival, en 1966 et 1967, impose à chaque compagnie qui participe au festival de réaliser un « court-métrage théâtral » sur un thème proposé, pour « favoriser les processus de création collective au sein de chaque groupe, pour mieux révéler, à partir d'un dénominateur commun l'originalité de chaque style scénique, l'imagination propre de chaque compagnie ; mais aussi pour faciliter l'expression de préoccupations politiques, sociales, économiques, esthétiques », (Lang, 1978, p. 59). L'exposé des thèmes en question, qui prend tout un paragraphe, serait trop long à reproduire ici, mais le thème en 1967 est proche du canevas de *Roméo et Juliette* : un couple face à la communauté dans laquelle il vit. Les Suisses, comme les Anglais ou les Italiens, choisissent de traiter le thème à travers le cas de la guerre du Vietnam.

26 Les deux citations précédentes : (Knapp, Balimann, & Dahinden, 1967, p. 67-68).

leur mise en relation, etc. Le thème de l'émigration, ou immigration selon le point de vue, est particulièrement fertile pour les créations collectives des années 1960/1970, mais le TUL est ici en avance : le Théâtre du Soleil ne fera son spectacle sur le sujet, *L'âge d'or*, qu'en 1975, et le Théâtre populaire de Lorraine de Jacques Kraemer présente *Les Immigrés* en 1972. La méthode en elle-même, pour nos regards du XXe siècle, ne semble pas en soi particulière, mais il nous faut remarquer deux choses : pour la Suisse de l'époque, c'était une première[27] ; d'autre part, pour Alain Knapp lui-même c'en était une, et il nous faut souligner l'importance du théâtre universitaire dans cette évolution.

Rappelons que Knapp, jusqu'ici, mène depuis assez peu de temps, trois ou quatre ans tout au plus, une carrière remarquée de metteur en scène. Peut-être pour cette raison d'ailleurs, il est alors hors de question, pour lui, de faire avec le Théâtre universitaire de Lausanne ce qu'il fait avec la troupe du CDR, dont il remarque que « l'instrumentalité des acteurs était déficitaire par rapport à ce qui était souhaité par le répertoire[28] ». Sans doute voit-il dans sa relation avec le TUL une opportunité de développer son propre langage scénique, et de former les acteurs en conséquence – lesquels trouvent là une occasion de suivre un enseignement qui tranche avec celui que proposent les écoles de théâtre conventionnelles. Un sentiment qu'ils ne sont pas les seuls à avoir à l'époque : énumérant les principaux animateurs du théâtre français de la fin du XXe siècle et leur lien à la Fédération nationale du Théâtre universitaire, Evelyne Ertel écrit : « Ils voyaient [dans le théâtre universitaire] un lieu de formation, intellectuelle et pratique, une formation qu'ils ne croyaient pas pouvoir trouver en ce temps dans le cadre des écoles professionnelles (publiques ou privées), qui leur paraissaient trop bourgeoises, conventionnelles et académiques[29] ».

Mais Knapp n'est pas étudiant lui-même, il n'est pas un membre normal d'une troupe de théâtre universitaire ; à presque trente ans, c'est un acteur accompli, et un metteur en scène qui a déjà rencontré une belle renommée. Ainsi il ne s'agit pas tant pour lui de se former, que de dépasser le théâtre établi, d'aller chercher ailleurs ; il n'est pas lui-même

---

27 Hormis, donc, les spectacles du TPR de Charles Joris, *cf. infra*.

28 Cité dans (Sutermeister, 2000, p. 55).

29 Evelyne Ertel, « Grandeur et décadence du théâtre universitaire », dans (Mervant-Roux, 2004, p. 334).

pris par cette effervescence intellectuelle des milieux universitaires, mais son expérience lui permet d'en tirer parti et de savoir dans quelle direction il souhaite aller. Il écrit :

> Pour un théâtre universitaire, le problème de la « répartition » culturelle, dans le cadre d'une offre et d'une demande, ne se pose pas. Il choisit en tout liberté, sans pressions extérieures. Il est d'autant plus grave, alors, de voir la « sagesse », le manque d'audace et d'invention dont font preuve certains théâtres universitaires...
>
> Cette année, le Théâtre universitaire de Lausanne a cherché particulièrement, non pas à représenter ce qui, sur une scène, pourrait être le plus "non-conformiste", mais ce qui, par un travail méthodique, abordant avec scrupule chaque phase du processus créateur au théâtre, pourrait réellement représenter une réalité de notre temps. (Knapp, Balimann, & Dahinden, 1967, p. 66)

On reconnaît la rigueur que sa rencontre avec Benno Besson lui avait inculquée, et on voit que le metteur en scène de l'institution lausannoise, même s'il s'occupe d'une petite salle où toute liberté lui est donné pour expérimenter, peut pousser avec les étudiants ses recherches à un tout autre niveau. Contrairement à ce qu'il laisse entendre, le théâtre universitaire est d'ailleurs dans ces années 1960-1970, un peu partout dans le monde, un lieu privilégié de recherche et d'expérimentation, et le Festival de Nancy en sera un des exemples les plus flamboyants. Ainsi comme l'écrit Béatrice Picon-Vallin : « Si le Théâtre des Nations a "remis à l'heure" les connaissances des Français sur le théâtre, le Festival de Nancy les propulse à l'avant-garde. J. Lang a une ligne directrice précise. [...Il] fonde ses choix sur la radicalité des remises en cause et sur l'engagement. À la fois soucieux de l'identité de ce festival et peu enclin à se faire l'écho de rumeurs et de malentendus, il donne à ses éditoriaux dans l'organe du festival, *Théâtre & Université*, un ton de manifeste » (Picon-Vallin, 2009, p. 263). Et Knapp, qui écrit dans ce journal, ne dépareille pas avec les éditoriaux de Lang, en posant, comme un premier programme de ce qui deviendra plus tard le Théâtre-Création, un certain nombre de questions, dont celle qui fâche :

> 4) Au départ, l'auteur n'est-il pas une limite à l'imagination ? Ne vaut-il pas mieux, d'abord, replacer le jeu libre de toute contrainte, de tout préalable, au centre de la scène ? L'obsession du texte n'est-elle pas devenue une sorte d'obstacle à l'invention créatrice de l'acteur ? (Knapp *et al.*, 1967, p. 66)

Voilà l'auteur enfin attaqué, remis en cause dans sa suprématie, et l'acteur qui devient créateur, le jeu qui redevient libre, au centre de la scène. Il insiste bien, déjà : « il ne s'agit pas de faire n'importe quoi, mais plutôt de mettre chaque participant dans une situation d'engagement, et chercher à ouvrir toujours plus de voies inventives » (*ibid.*, p. 67).

Et le spectacle, *Le rêve d'un émigré*, est un succès. Le sociologue Jean Duvignaud réalise un documentaire pour la télévision suisse sur ce travail de création[30]. Grâce au soutien de la fondation *Pro Helvetia*[31], le spectacle peut voyager à l'étranger. Outre le festival de Nancy, le TUL ira jouer à Liège, Wrocław et Varsovie – mais doit refuser les invitations de Prague et de Paris. À Nancy, à côté des spectacles du Guild Theatre Group de Birmingham ou de l'Ylioppilasteatteri d'Helsinki, qui semblent ravir toute la presse, le spectacle suisse passe presque inaperçu. L'enjeu était pourtant de taille, et aurait pu ouvrir à Knapp des portes que celui-ci regrette toujours de ne pas avoir pu franchir : Jean-Louis Barrault, alors président du Théâtre des Nations, avait proposé d'inviter les lauréats à l'Odéon pour ouvrir ce festival parisien. Mais *Le rêve d'un émigré* ne fait pas partie du palmarès et n'est pas cité parmi les moments forts du festival par les principaux articles de presse qu'on a pu lire. Seul Émile Copfermann en parle en détail dans *Les lettres françaises* :

> Avec courage, le Théâtre Universitaire de Lausanne choisit de traiter des travailleurs émigrés. L'ethnographie sociale, plus la sociologie, pourquoi pas ! Une enquête : des travailleurs étrangers en Suisse, comment ils s'intègrent – et on les intègre – en niant leur passé. La mise en scène éclate la chambre d'émigrant ; nous voici au pays. Ici se mêlent les réminiscences culturelles des auteurs de cette création collective. Une bonne part des techniques du choc sur le spectateur, incantations, courants actuels du théâtre moderne se succèdent ; chœurs, etc… C'est bientôt le monde entier qui passe sur scène, mais quoi, nous ne savons plus qui est qui, quoi[32].

Une forme de théâtre visiblement déroutante pour l'époque, que le journaliste dépassé tente de rattacher à ce qu'il connaît. Mais il nous faut nuancer une telle impression : si les extraits auxquels nous avons

30 Si grâce à Claude Zurcher et Delphine Zimmermann des archives de la Radio télévision suisse nous avons pu accéder à un bref sujet sur le spectacle passé aux informations, nous n'avons pas retrouvé trace de ce documentaire, mentionné dans (Knapp, 1968b).

31 *Cf.* p. 98.

32 Cité dans (Lang, 1964, p. 7, n° 11, septembre-octobre 1967.)

eu accès aux archives de la RTS mentionnent l'utilisation de la vidéo, notamment pour creuser un écart entre la chambre de l'émigrant et le monde développé dont il rêve, elles montrent des acteurs masqués qui, dans leurs costumes, ressemblent à des poupées de chiffons. Ces poupées parlent, gémissent presque, et répètent leur litanie[33]. Nous sommes bien dans une forme théâtrale tout à fait spécifique.

Au festival de Wrocław, « super festival où sont présentés les spectacles sélectionnés déjà à d'autres concours » (Duguet, 1970, p. 73), en revanche, le spectacle fait sensation. Le critique théâtral Bolesław Taborski écrit : « spectacle le plus agressif dans son expression morale et sociale [...] l'un des plus intéressants du festival [...] d'une technique impressionnante. Projection de films, audacieux effets lumineux, sonores, scénographiques[34] ». Pendant cette tournée en Pologne, le TUL présente également, au festival du film de Varsovie, un long-métrage, *Situations provisoires*. Projeté une première fois à la Cinémathèque Suisse lors d'une soirée mouvementée, dans le souvenir de Knapp (« Cela s'est terminé à coups de poing »), le film se veut démystifiant sur les belles idées des années 60, la bonne conscience, les gentils petits bourgeois, dans une esthétique très éclatée qui n'est pas sans faire penser, de par son utilisation du jazz en bande-son et un caractère très improvisé, à *Shadows* de Cassavetes.

En 1966-1967, au moment de la participation du TUL au festival de Nancy avec *Le rêve d'un émigré*, Alain Knapp anime un stage sur la création collective au CUIFERD Le n° 10 de *Théâtre & Université* fait paraître un compte rendu. L'auteur remarque : « À l'hétérogénéité du groupe venaient se superposer d'autres divisions : les uns étaient exclusivement tournés vers des recherches dramaturgiques, les autres vers le jeu physique de l'acteur[35] » (Lang, 1964, p. 87). Knapp décide alors de fonder la dynamique de travail sur ces contradictions. Chaque séance s'ouvre sur des exercices pour « trouver ce rythme respiratoire, cette conscience flottante de la vie physique au repos, ce bien-être et cet abandon à partir desquels les facultés libérées sont mobilisables », puis on commence par discuter, faire des exercices pour se connaître ; les

33 *Cf.* http://www.rts.ch/archives/tv/culture/quinzaine-des-arts/5310017-alain-knapp-1967.html (consulté le 24/10/2013).

34 Cité dans (Waszczuk, 1978, p. 29).

35 Rappelons que le Centre accueillait des étudiants boursiers venus du monde entier : Australiens, Japonais, Polonais, Haïtiens...

étudiants racontent un événement vécu. Et à partir de là ils dessinent petit à petit les contours d'un personnage, celui qu'ils incarneront. Mais l'exigence qui est posée d'emblée est assez originale, et s'inscrit directement dans la lignée de la méthode sociologique que Knapp a expérimentée avec le TUL : « L'important est de créer un personnage cohérent, précisément situé dans le monde contemporain. Il est indispensable de bien connaître son milieu ethnique et social : le personnage doit donc appartenir au pays d'origine de l'acteur ». Après avoir raconté son personnage, chaque étudiant rencontre les personnages des autres, qui l'aident en retour à construire le sien. Ce sont des rapports entre les personnages qui s'instaurent ainsi, des opinions les uns sur les autres, qui s'inscrivent ensuite dans des situations. Pour les faire naître, Knapp encourage à faire appel à des associations libres de pensées, à de l'écriture automatique. La fable, propre à chaque personnage, se construit ainsi progressivement, par rencontre avec les autres et un certain nombre d'exercices. Ceux-ci alternent entre l'écriture ou des moments solitaires, où l'étudiant se concentre sur les moments de sa vie personnelle et de celle de son personnage fictif, et des exercices dans l'espace où Knapp semble insister avant tout sur la justification du mouvement : « chaque geste doit être motivé et vérifié dans l'espace [...] les gestes sont conscients et contrôlés. Le choix des actions est fait en les considérant comme éléments de la narration » (*ibid.*, p. 90).

Ainsi a-t-on pu voir apparaître doucement, tout au long de ce parcours personnel, les caractéristiques d'une pratique du théâtre originale, à la fois synthétique, profondément ancrée dans une histoire du théâtre, aux influences assumées, et expérimentale, tournée vers l'exploration de nouveaux territoires. Ce goût de la recherche sur le travail de l'acteur, et donc sur l'improvisation, Knapp l'a sans doute hérité de ses lectures, de sa curiosité, mais il s'est affermi dans l'ombre de Dullin, *via* André Voisin ; cette attention portée à l'ensemble du processus créateur et de la représentation, à la cohérence et à la clarté des signes, on y voit bien sûr l'influence du brechtisme et de Benno Besson ; mais d'où vient cette émancipation soudaine vis-à-vis de l'auteur, et ce saut vers la création collective ? Car pour tous ces maîtres, le théâtre reste l'affaire d'un auteur, interprété par un metteur en scène et des acteurs. D'où vient cette approche sociologique apportée au théâtre ? Comment en est-il venu à revendiquer pour l'acteur et son imagination une place centrale dans le processus de création théâtrale ?

Cette évolution nous étonne, car nous n'avons pas vu, jusqu'ici, dans le seul parcours d'Alain Knapp, ces mutations se faire. Cette remise en cause du statut de l'acteur, qui précède irrémédiablement une remise en cause de la position des spectateurs, est semble-t-il nouvelle ; nul doute que le théâtre universitaire est pour cela déterminant. Non seulement pour l'espace d'expérimentation qu'il offrait, hors des contraintes de production et d'efficacité, mais aussi parce que c'est à travers la jeunesse et les milieux universitaires que se sont développées et popularisées les idées révolutionnaires caractéristiques d'un climat et d'une époque dont nous allons maintenant faire le bref portrait : les années soixante.

L'EUROPE DES ANNÉES SOIXANTE ET LE THÉÂTRE CONTEMPORAIN

La littérature est florissante sur cette période de l'histoire contemporaine. Les années soixante, que l'on appelle fréquemment les *sixties*, tant le monde anglophone est devenu à cette époque culturellement et politiquement dominant dans l'occident, évoquent immédiatement un cortège de sensations et de couleurs : expériences des drogues, courants musicaux et vestimentaires (yéyés, hippies, rock et pop...), mouvements contestataires, de l'opposition à la guerre au Vietnam jusqu'aux mouvements du printemps 1968...

Mais 1968 et les événements de mai n'auront que très peu d'importance en eux-mêmes dans l'histoire du Théâtre-Création, dont la fondation, si elle en est concomitante et participe à la même fête de l'esprit, n'en hérite rien de façon directe. Il ne s'agit donc pas ici de revenir longuement sur cet événement, ni de faire un travail d'historien exhaustif sur les inerties et mouvements de cette génération. Plutôt que de tenter de construire une histoire cohérente, linéaire de cette période, nous donnerons seulement quelques points de repère afin de bien situer dans quel contexte socio-culturel le Théâtre-Création a vu le jour : nous ferons un point rapide sur les mouvements contestataires en Europe et dans le monde (batailles pour l'égalité homme-femme, contre le racisme, l'homophobie, contre les guerres...), dresserons un portrait des notions et idées qui ont fécondé les pratiques théâtrales de cette génération (engagement, création collective, etc.), ferons le portrait de quelques groupes de théâtre marquants qui ont fortement influencé leur époque, et soulignerons en particulier la situation de la Suisse, enclave naturelle marquée par le dialogue des culture et des langues, la conciliation mais aussi un conservatisme, voire un créationnisme bien ancré.

CHAMBOULEMENTS DES ANNÉES SOIXANTE

> Ils se moquaient des retraites avancées, des vacances allongées, des repas de midi gratuits, des semaines de trente heures. Ils voulaient la surabondance ; ils rêvaient de platines Clément, de plages désertes pour eux seuls, de tours du monde, de palaces.
> Georges PEREC, *Les Choses*.

Les années soixante, c'est d'abord la dernière décade d'une période, celle de l'immédiat après-guerre, celle qu'on appellera plus tard les Trente glorieuses, où l'Europe connaît une croissance qui fait, sur le papier, pâlir d'envie notre génération de la crise des *subprimes* : plein emploi, hausse du pouvoir d'achat, grâce notamment à une politique de l'investissement menée par les États-Unis suite au plan Marshall de reconstruction de l'Europe. Avec la signature du Traité de Rome en 1957, la libéralisation de l'économie et l'ouverture des frontières marquent les premiers pas de la construction de l'Union Européenne. À des années de privations succède un idéal de vie basé sur la consommation et le bien-être matériel, que la conjoncture économique paraît pouvoir accorder à tous. En voici un tableau :

> Dans les années 1950, une société de consommation commence à se développer sur le modèle américain. Disposant grâce à l'augmentation des salaires réels de plus d'argent pour acheter des biens de consommation, les individus ont également davantage de loisirs, grâce à la réduction graduelle des heures de travail, et donc plus de temps pour consommer. Au même moment, les milieux économiques et industriels voient dans la consommation de masse un ressort décisif de la croissance économique. Des secteurs économiques comme la publicité, les divertissements, l'alimentation et l'industrie des articles ménagers progressent prodigieusement, s'épaulant les uns les autres. (Skenderovic & Späti, 2012, p. 14)

Alain Knapp se souvient surtout d'avoir ainsi profité, dans sa jeunesse, d'une grande facilité d'entreprendre ; il y avait une insouciance et une confiance absolue dans l'avenir. On pouvait tenter de nouvelles expériences, se tromper, et retomber sur ses pieds. Cela est particulièrement manifeste dans son parcours en France, où un metteur en scène tel que Jean Dasté l'engage alors qu'il ne le connaît pas, ne l'a jamais vu, sur la simple recommandation d'un ami. Mais cela se retrouvera également plus tard, à Lausanne, où les pouvoirs publics, même s'ils ne sont pas suffisamment organisés pour soutenir les initiatives artistiques au niveau dont ils ont besoin, accordent tout de même à Knapp et au Théâtre-Création des aides qui leur permettent de tenir la tête hors de l'eau.

BALAYAGE CATHODIQUE

Les années soixante apparaissent donc, pour qui est né dans les années quatre-vingt, comme l'époque où tout est possible, et où chacun est aux prises avec un vertige de consommation tout à fait inédit, que le roman de Perec, *Les Choses*, raconte avec ironie. Le succès du livre montre à quel point ses contemporains se reconnaissent dans Jérôme et Sylvie, qu'ils se sentent à l'étroit dans leurs rêves de grandeur, de richesses et belles choses, et sans passion pour leur métier qui n'existait même pas quelques années auparavant. Alors que les années cinquante voient se développer cet idéal de vie dans un enthousiasme presque généralisé, on se rend compte dans la décennie suivante que les Trente glorieuses ne le sont pas pour tout le monde. Une illusion que les événements de 1968 vont révéler, sans qu'elle soit fondamentalement bousculée pour autant : « Mai 68 est venu. Rien n'a changé, mais tout est devenu clair. L'imposture a croulé, avec la singerie de sa grandeur. Toute une culture mise en question, radicalement, dénoncée dans l'œuvre d'aliénation à laquelle on l'a fait servir », écrivait Gilles Sandier (Sandier, 1970, p. 9).

Mais ce que cette effervescence économique va permettre à tous les foyers, c'est de se doter d'un appareil d'invention récente, et qui modifiera en profondeur l'organisation de la société : la télévision. En 1967, tandis que les premières télévisions en couleur sont commercialisées, la France compte plus de sept millions de récepteurs, et il y en a 200 millions dans le monde (dont 78 millions pour les seuls États-Unis).

Par la petite lucarne et sur les ondes, la culture américaine, principalement, se diffuse. Et dans les années soixante, il s'agira surtout de la culture des *baby boomers*, celle qui conteste la société de consommation électroménagère dont leurs parents raffolent, et tente d'en sortir par une consommation excessive de drogue et de sexe. Ainsi des contre-cultures émergent, telles que les *hippies* de Haight-Ashbury, avec elles un

« mode de vie fondé sur le partage communautaire, l'expérimentation sexuelle et l'exploration de nouvelles spiritualités et de nouvelles substances » (Chastagner, 2011, p. 89). Le rock'n'roll cède la place à la musique pop, plus coulante, représentée internationalement par les Beatles ou Bob Dylan, et le rock psychédélique fait son apparition, dans la fumée de marijuana et le LSD ; des artistes tels que Jimi Hendrix, Frank Zappa ou les Pink Floyd s'engagent dans ce mouvement. Mais les années soixante et ces contre-cultures portent aussi des revendications d'égalité, comme le Mouvement pour les droits civiques (contre la ségrégation raciale), la deuxième vague du féminisme, et plus tardivement les premières manifestations du mouvement LGBT (lesbien, gay, bi et trans). Le *Free Speech Movement* en 1964-1965 à l'Université de Berkeley, à l'origine du mouvement *hippie*, est emblématique d'une époque où la jeunesse se constitue en force politique et réclame plus de droits, notamment plus de liberté d'expression.

Grâce à la télévision, le monde entier peut aussi suivre la course à la conquête spatiale qui oppose les deux géants russe et américain, et aboutira en 1969 à ces images légendaires d'Armstrong posant le pied sur la Lune. De manière générale, « en France comme presque partout ailleurs dans le monde, et quel que soit le régime économique et politique, règne une confiance unanime dans les bienfaits des progrès de la connaissance scientifique » (Capdevielle & Rey, 2008, p. 30).

C'est un monde qui explore l'infini des possibles virtuels qui s'offre au téléspectateur européen, une multitude de pensées et de culture qui se déploie sur l'écran, que l'étroitesse des mœurs, relativement immuable depuis la seconde guerre mondiale, peine à amortir : « Les médias et l'industrie publicitaire donnent l'illusion de possibilités illimités, mais le microcosme des relations sociales, en particulier de la vie de famille, est encore très marqué par les conceptions petites-bourgeoises et conservatrices de la morale, de la sexualité et de l'autorité » (Skenderovic & Späti, 2012, p. 16). C'est probablement dans les milieux étudiants que se ressent ce clivage avec le plus de force. On sait qu'à Nanterre c'est une interdiction faite aux garçons de visiter les résidences universitaires des filles pendant la nuit qui va enclencher, de proche en proche, l'escalade des protestations menant à Mai 68. La production intellectuelle de l'après-guerre est effervescente : Deleuze, Foucault, Althusser, l'École de Francfort, Lacan, Bourdieu, et les débuts des situationnistes sont autant d'influences qui se diffusent largement et font bouillir les aspirations d'une jeunesse étudiante toujours plus nombreuse et muselée. L'exiguïté des esprits de la société française, incarnée par un de Gaulle paternaliste, se retrouve dans l'aménagement de leurs lieux de vie : « La population étudiante a crû dans des proportions importantes, multipliant par quatre ses effectifs en France en l'espace de quinze ans, rendant partout obsolètes et caricaturalement étroits à la fois les structures et les locaux des universités » (Capdevielle & Rey, 2008, p. 13).

Ce qui commence également à apparaître, c'est une conscience globalisée des événements, et on assiste à l'organisation de manifestations qui se répondent d'un point de la planète à un autre : la diffusion médiatique mondiale suscite une solidarité et un soutien mutuels. Elle donne aux acteurs l'impression de participer à un mouvement mondial, ce qui les renforce dans leur démarche, même s'ils sont marginalisés dans leur propre pays. Ainsi, les luttes s'organisent et se mettent à résonner les unes par rapport aux autres, la principale étant l'opposition massive contre l'intervention des États-Unis d'Amérique au Vietnam. Celle-ci s'inscrit d'ailleurs dans une continuité de conflits au cours des années cinquante-soixante, qui vont des guerres de décolonisation aux différentes tentatives de révolution dans les tiers-mondes, qu'encore une fois la télévision rapproche des familles européennes. Tout ce climat donne « à la frange politisée des étudiants le sentiment, l'illusion sans doute, qu'il est possible de nouer des enjeux politiques et théoriques dans une démarche révolutionnaire innovante, plus sûre de ses valeurs et de ses rejets que des buts qu'elle se propose d'atteindre » (*ibid.*, p. 14). Et pour résumer ce tableau, en tout cas pour ce qui concerne la France, Évelyne Ertel se souvient :

> L'urgence et la gravité des questions politiques dans ces années-là ont eu incontestablement pour effet de créer dans le milieu universitaire (beaucoup plus restreint et concentré qu'aujourd'hui) une effervescence intellectuelle (dont témoigne une abondante presse étudiante) – en dehors des cours dispensés à l'université et souvent contre eux (contre le cours magistral, l'autorité professorale et l'"université de classes"). Cette effervescence favorisait le goût des débats, de la réflexion et de l'action collectives, elle développait le sens des responsabilités et de l'engagement par rapport au groupe et par rapport à la société[1].

---

1 Évelyne Ertel, « Grandeur et décadence du théâtre universitaire », dans (Mervant-Roux, 2004, p. 333).

LE CAS SUISSE

La Suisse des années 1960 vit une période de haute conjoncture sans précédent, avec une croissance annuelle qui peut atteindre jusqu'à 5 %, mais « au contraire de la plupart de pays européens, la fin de la guerre ne marque pas une césure, ni d'un point de vue économique ni d'un point de vue politique » (Skenderovic & Späti, 2012, p. 25) ; la seconde guerre mondiale n'a pas fait qu'épargner la Suisse et ses structures de production, elle l'a dotée de capitaux importants. Si les Alliés lui reprochent sa coopération financière et commerciale avec l'Allemagne, elle s'en sort bien vite en épousant une politique clairement anti-communiste. Ce qui ne l'empêchera pas, durant ces années de troubles politiques, de continuer à nouer des liens douteux ; le pays a partie liée avec tous les régimes dictatoriaux de la planète : l'Afrique du Sud de l'Apartheid, l'Espagne de Franco, l'Iran du Shah, la Grèce, le Portugal... La Suisse fait ainsi office en Europe de « bastion réactionnaire[2] ».

Dans l'après-guerre, la Suisse développe son industrie grâce à une politique d'exportation favorable, une économie extrêmement libérale et des taux d'imposition très faibles. Pour faire face à ce développement, elle importe en masse des ouvriers d'Italie ou d'Espagne, qui représentent assez vite plus de 20 % de la population, ce qui ne manque pas de susciter des problèmes d'intégration et des protestations. Ceci fait fortement grimper la population, en particulier dans les villes, mais comme partout ailleurs c'est surtout la forte natalité du pays qui lui vaut de faire croître sa population de 30 % entre 1950 et 1970. Bien sûr, ceci se répercute dans la fréquentation des universités, et sur une jeunesse qui ne connaît que la stabilité et qui, avec la haute conjoncture, ne rencontre quasiment aucun souci pour trouver du travail.

Cette jeunesse suisse va également être influencée par la contre-culture venue des États-Unis, écouter de la musique pop, les Beatles, les yéyés (Johnny Hallyday et Sylvie Vartan y font fureur), mais « la plupart des jeunes ne se distinguent pourtant pas beaucoup de leurs parents bien pensants, ils sont soigneusement habillés, font du scoutisme et sont membres d'associations estudiantines et voient leur avenir dans le travail et la famille » (Skenderovic & Späti, 2012, p. 31). Ils subissent l'influence des non-conformistes, des intellectuels (dont Max Frisch

2 « Suisse » dans (Capdevielle & Rey, 2008, p. 399-403).

fait partie) nés entre les années vingt et trente, plutôt en Suisse alémanique, qui tentent de mettre le doigt sur les tensions qui imprègnent la Suisse conforme d'après-guerre, mais qui restent « convaincus qu'on peut trouver des interprétations et des solutions dans un cadre national et que les réformes nécessaires doivent se fonder sur des valeurs et des traditions helvétiques » (*ibid.*, p. 33). En Suisse romande ce courant est représenté par le supplément littéraire de la *Gazette de Lausanne*, où écrit Franck Jotterand, futur remplaçant de Charles Apothéloz à la direction du Théâtre de Vidy.

Ainsi Skenderovic et Späti, dans leur ouvrage dédié aux années autour de 1968 en Suisse, font le portrait de mouvements étudiants et ouvriers éclatés, le fait d'une minorité face à une majorité qui serait plutôt modérée, voire hostile à tout changement. À cela plusieurs raisons. D'abord le morcellement du pays en quatre zones linguistiques, qui subissent des influences culturelles différentes en fonction de leur langue. Ainsi la Suisse romande est-elle plus au diapason des événements français que ne peut l'être la Suisse alémanique. Cela limite l'unification des mouvements contestataires.

Mais aussi parce que la Suisse a une tradition de dialogue et de conciliation qui remonte à loin, et tranche avec notre pratique hexagonale de la grève : « dès les années trente, les organisations ouvrières et patronales de la métallurgie, bientôt imitées par d'autres, renonçaient aux armes de la grève et du *lock-out* et s'engageaient à résoudre leurs conflits futurs par voie de conciliation et d'arbitrage ; elles déposaient en garantie une forte caution » (Bouquet, 2011, p. 107). Cette disposition, adoptée par la plupart des entreprises, porte le nom de « paix du travail ». Un mode de fonctionnement qui touche également la vie politique, où tous les partis sont représentés au gouvernement, de façon proportionnelle, à partir de 1959 ; concordance et consensus sont à la base de la vie politique suisse. Comme le dit avec plus d'ironie et de mordant l'acteur Bernard Bengloan, « le consensus mou est une des grandes spécialités de ce pays » (Bengloan, 1994, p. 88).

Par ailleurs la Suisse apparaît comme un pays où la liberté d'expression est muselée, dans une période où l'anti-communisme, qui succède à l'anti-fascisme pour la définition de la défense nationale spirituelle[3],

3 « L'expression de défense spirituelle désigne le mouvement politique et culturel qui, des années 1930 jusque vers 1960, visa l'affirmation des valeurs nationales et la défense contre

mène les autorités policières à renforcer les contrôles et les répressions : Skenderovic et Späti comparent cette atmosphère à la chasse aux communistes qui eut lieu aux États-Unis dans les années 1950 sous l'égide du sénateur Joseph McCarthy. Ainsi la surveillance des opposants présumés est systématique : « la police fédérale constitue des dossiers sur quelque 700 000 personnes et organisations » (Capdevielle & Rey, 2008, p. 400).

Anne-Lise et Alain Knapp se souviennent de cette période dans le pays des Helvètes, et comment cela a pu influencer leur théâtre : « En Suisse la parole était très peu exprimée, très peu. Donc notre espace était un espace de parole, où les choses se disaient, où les choses se nommaient ». Les parents de Knapp lui avaient interdit le théâtre, ce qui l'avait stimulé à en faire ; de même, puisque c'est dans l'adversité que l'on s'affirme, il s'est sans doute plu à se confronter à cette société verrouillée : « Cette rigidité sociologique de la Suisse était stimulante. On avait envie de leur rentrer dans le lard », affirme-t-il. Et nous aurons tout le loisir de constater que le Théâtre-Création ne va pas s'en priver, tant dans les spectacles qu'ils va proposer au cours de ses cinq saisons, que dans le principe même de ses spectacles d'improvisation.

POLITIQUES CULTURELLES

Avant de faire le tour des pratiques et idées artistiques qui ont influencé le théâtre des années soixante au point de rejaillir, plus ou moins directement, sur le Théâtre-Création, il nous faut faire le lien entre ce contexte socio-politique que nous venons d'évoquer, et les conditions d'exercice de l'art pour les troupes vaudoises. Et cela passe par un détour du côté de la décentralisation à la française, dont les pionniers de la politique culturelle romande vont assez largement s'inspirer.

---

les totalitarismes fasciste, national-socialiste ou communiste. L'idée tire son origine de la Première Guerre mondiale, conflit moderne total qui avait révélé la nécessité d'élargir les efforts de défense à des domaines non militaires comme l'économie et la culture », *Dictionnaire historique de la Suisse*, http://www.hls-dhs-dss.ch/textes/f/F17426.php, version du 09/09/2010.

DÉCENTRALISATION EN FRANCE

La décentralisation est d'abord une idée avant d'être un effort politique. Nous avons déjà plus haut croisé la famille de la décentralisation théâtrale qui, depuis les années 20, parcourt la France : Léon Chancerel et les Comédiens Routiers, l'héritage de Copeau, Dullin, toute cette idéologie pétrie de scoutisme qui attribue une mission à la culture, et qu'Alain Knapp a côtoyée à travers les Grenier-Hussenot et Jean Dasté. Mais au-delà de l'histoire personnelle, il faut revenir sur ce qui a constitué, dans les années qui ont suivi la seconde guerre mondiale, et en particulier dans les années 1960, un modèle en matière de politique culturelle, notamment pour les réformateurs de Suisse romande, et une entreprise de démocratisation de la culture sans précédent[4].

L'immédiat après-guerre voit se définir politiquement des aspirations d'accès universel à la culture qui étaient déjà présentes depuis la Révolution française et reprises par le Front populaire : « En 1946, la Décentralisation théâtrale n'était pas neuve en tant qu'idée mais en tant que volonté » (Gignoux, 1984, p. 309). Un nouveau droit, l'égal accès à la culture, est reconnu dans les constitutions de 1946 et de 1958 ; l'UNESCO, en 1948, inscrit dans la *Déclaration universelle des droits de l'homme*, article 27 : « Toute personne a le droit de prendre part librement à la vie culturelle de la communauté, de jouir des arts et de participer au progrès scientifique et aux bienfaits qui en résultent ». 1947, c'est le début de la création des Centres dramatiques nationaux, sous l'impulsion de Jeanne Laurent, alors sous-directrice des spectacles et de la musique à la direction des Arts et Lettres, qui est encore sous la IVe République un département du ministère de l'Éducation nationale ; ce sont les CDN de Colmar / Strasbourg, Saint-Étienne, Rennes, Toulouse et Aix qui voient le jour à cette époque, et dont les directeurs sont largement empreints de l'héritage et de la pensée de Jacques Copeau (Saint-Denis, Dasté, Gignoux...). Cet effort de décentralisation est stoppé net avec le limogeage de Jeanne Laurent à peine cinq ans plus tard.

C'est seulement en 1959, avec la création du ministère des Affaires culturelles, sous la direction d'André Malraux, que l'action culturelle

4 Il faut entendre ici la *démocratisation* comme la mise à disposition du plus grand nombre des produits culturels. Nous verrons qu'Alain Knapp donne à ce mot un sens tout différent.

prend une place de première importance, qu'on lui connaît encore aujourd'hui.

> L'action culturelle se veut une intervention consciente, délibérée, globale, voire planifiée, des pouvoirs publics, au premier chef l'État, pour protéger, promouvoir et diffuser la culture dans les couches les plus larges de la population, en prenant appui sur quantité d'organismes publics, para-publics et privés. (Gaudibert, 1972, p. 7)

Il s'agit, à cette époque, de diffuser la culture et permettre l'accès à tout un chacun au patrimoine culturel français, de la même manière que la mise en place de l'enseignement laïque, gratuit et obligatoire sous la IIIe République avait pour objectif d'apprendre à tous les enfants français la lecture et l'écriture. Mais la culture s'est dans le même temps émancipée de l'éducation ; elle ne cherche pas à transmettre un savoir, elle poursuit des buts distincts : « l'art est ce qui répond aux questions fondamentales que pose la condition humaine et ce qui dresse l'homme face à son destin ; il est le seul à pouvoir rassembler une société d'où la religion s'efface » (Martin, 2011, p. 249). Il s'agit principalement, à travers la culture et la démocratisation des produits culturels et du patrimoine, de réaliser l'unité (gaulliste) de la nation, que les guerres et le recul de la religion avaient mise à mal. Pourtant Dort remarque dès 1965 un « malentendu : croire que le théâtre, par sa seule vertu, suffira à ressusciter l'unité là où celle-ci est rompue. Alors que c'est le contraire qui a été vrai : seule l'unité préalable de la Cité, l'accord profond d'un peuple ou d'une confession, l'intérêt commun d'une classe ont rendu possible ce théâtre-là » (Dort, 1967, p. 366).

Cette idéologie gaulliste s'exprime de façon éclatante dans la création des Maisons de la culture[5], qui synthétisent les grandes aspirations de cette administration :

> [...] l'aménagement du territoire, avec la construction de grands équipements culturels ; la présence au même endroit de plusieurs arts qui se fécondent mutuellement – même si le théâtre domine, y compris dans le choix des directeurs de ces établissements –, le refus des cloisonnements disciplinaires ; le choix de l'excellence artistique, le rejet de l'amateurisme et de l'animation socioculturelle ; enfin et surtout, l'utopie généreuse d'une culture partagée et le contact direct du public avec les œuvres dans ces « cathédrales des temps modernes » dont la réalisation architecturale doit, elle aussi, être « exemplaire ». (Martin, 2011, p. 250)

5 Seulement huit verront le jour avant le départ de Malraux du ministère.

Chargés de mettre en œuvre cette utopie, les directeurs français des théâtres de la décentralisation, qui trouvent dans le TNP de Jean Vilar « un véritable modèle d'organisation des rapports public-théâtre » (Loyer, 1997, p. 29), multiplient les interventions dans les comités d'entreprise, dans les écoles, à la sortie des usines, pour informer et faire connaître le théâtre à des gens qui, sans cela, n'auraient jamais l'idée d'y aller. Ils s'évertuent à faire naître le besoin du théâtre dans une population qui ne l'avait pas, jusqu'ici, ressentie – en tout cas pas sous cette forme. Une fois attirés dans l'enceinte du théâtre, le rituel d'accueil est entièrement revu pour que les spectateurs se sentent à l'aise, comme chez eux : le programme est distribué gratuitement, les vestiaires sont également gratuits et les pourboires supprimés. Au niveau du répertoire, c'est l'éclectisme et la haute culture qui prévalent : des pièces contemporaines sont jouées aux côtés des grands classiques, français ou étrangers ; quel que soit le texte, une exigence de qualité dramatique est affirmée, qui reste à la discrétion du metteur en scène.

Cependant ces efforts masquent mal que cette politique culturelle, ou action culturelle, charrie un certain nombre d'idéologies qui seront battues en brèche par le grand mouvement de contestation de Mai 68, l'occupation du Théâtre national de l'Odéon et la grand chambardement du Festival d'Avignon. Pierre Gaudibert le relève :

> [U]ne partie de ce discours essaie de refouler l'idéologie et les classes sociales : consensus de l'unanimisme culturel et technicité scientifique, besoins culturels, innocence culturelle, chaque fois on essaie d'effacer les moindres traces de l'existence de la lutte des classes ; l'autre partie du discours correspond à des idéologies plus explicites : démocratisation culturelle, populisme culturel, salut culturel, religion de la culture. (Gaudibert, 1972, p. 13)

On sent dans cette analyse une influence marxiste à laquelle nous n'avons pas besoin d'adhérer aujourd'hui, et nous ne pourrions vraiment accuser les acteurs de la décentralisation et du théâtre populaire de populisme, tant leurs choix de répertoire et esthétiques s'en éloignaient fondamentalement. Mais l'art est considéré par les responsables politiques comme ce qui réunit, « un domaine transcendant les divisions, les particularismes, les avatars de l'histoire[6] ». Demeure alors un constat : il y a une tension entre cette idéologie qui souhaite à tout prix réaliser

6 *Perspectives pour le Ve Plan*, cité dans (*ibid.*, p. 15).

l'unité du public, l'unité de la nation, derrière un patrimoine culturel qui n'est commun pour personne, et la confrontation à des publics variés qui subissent toujours ces avatars de l'histoire. Bien sûr il ne s'agit pas de proclamer, de but en blanc, que la culture est la même partout et pour tous ; mais sa raison d'être est de devenir universelle, et ce principe totalisant est ce qui guide la politique culturelle de la France dans ces année soixante. L'idée de *démocratisation* culturelle qui est ainsi défendue par les institutions – la position des artistes concernés n'est sans doute pas aussi simpliste, mais ils doivent composer avec ce climat politique et cette idéologie – est à mettre au même niveau que la démocratisation des friteuses et des grilles-pains : des conditions d'accès équivalentes aux produits culturels dans les quatre coins de France.

Ces grandes idées, dont on sent bien aujourd'hui comme elles sont fallacieuses, volent en éclat lors du grand mouvement étudiant de Mai 68, qui prend le théâtre pour espace de contestation privilégié ; à partir du 15 mai, l'Odéon est occupé par les étudiants qui proclament : « Plus jamais Claudel ! ». Il devient le centre du mouvement, une agora où les étudiants expriment nuit et jour leurs angoisses et leurs malaises, et le lieu d'une remise en cause profonde de la politique culturelle. À l'issue de l'occupation de l'Odéon, Emmanuelle Loyer écrit que « la profession se retrouve sommée de réfléchir sur elle-même, sur l'objet et la fin du théâtre dans la société contemporaine[7] ». Une remise en cause qui se fera notamment à huis clos à Villeurbanne où, à l'invitation de Roger Planchon, du 21 mai au 14 juin, une quarantaine de directeurs d'institutions culturelles telles que des Maisons de la culture et des Centres dramatiques nationaux se réunissent pour faire leur auto-critique : « la simple "diffusion" des œuvres d'art, même agrémentée d'un peu d'animation, [apparaît] déjà de plus en plus incapable de provoquer une rencontre effective entre ces œuvres et d'énormes quantités d'hommes et de femmes », écrivent-ils dans leur *Déclaration du comité permanent de Villeurbanne*. L'histoire a montré que leurs résolutions n'ont pas tenu longtemps…

Si d'autres pionniers de théâtre suisses, comme Charles Apothéloz à Lausanne, ou encore Bernard Liègme et Charles Joris au Théâtre populaire Romand de la Chaux-de-Fonds, s'inspirent sans aucun doute de l'idéologie du théâtre populaire, de cette vision d'un théâtre unifié

---

7 Emmanuelle Loyer, « Odéon, Villeurbanne, Avignon : la contestation par le théâtre en mai, juin et juillet 1968 », dans (Artières & Zancarini-Fournel, 2008, p. 397).

derrière le répertoire pour partir à la conquête du « non-public », Knapp, qui se nourrit davantage à la source brechtienne, ne peut que s'en distinguer ; la critique qu'il fait d'un art qui prend de haut les spectateurs, et qui prétend unifier en lénifiant, derrière des œuvres prétendument universelles, mène directement le Théâtre-Création à proposer des créations collectives, qui trouvent un aboutissement dans les improvisations sur des thèmes proposés par le public. D'emblée, le Théâtre-Création souhaite « démocratiser la culture en révélant les moyens de créations plutôt qu'en cherchant à mettre à portée de tous un répertoire éclectique » (Roy, 1970, p. 2). Dans le programme de la saison 1972-1973, Knapp affirme : « Démocratiser la culture, c'est avant tout élargir le champ, divulguer les moyens d'expression, faire que chacun crée au lieu qu'il subisse, c'est l'action contre la passivité, la parole contre le silence » (Knapp, 1972, p. 6). Attention : en écrivant cela, il ne s'agit pas pour Knapp de faire l'apologie de la participation du public pendant le spectacle, dont il se méfie comme du loup blanc, ainsi que nous le verrons plus loin. Cette révélation, cette divulgation, elle se fait d'abord par l'exemple, par le risque que prennent les acteurs à exprimer les soucis d'une communauté – quitte à se tromper – et ensuite par l'animation et l'implication auprès des milieux scolaires et associatifs, qui prendra au fil du temps une place de plus en plus importante dans les activités du Théâtre-Création. Ainsi, il conçoit le théâtre, en reprenant l'expression de Jean Vilar, comme un *service public.* Mais pour Knapp, cela ne veut pas dire exiger, comme lui, « une relation étroite avec l'État, considérant que celui-ci a des devoirs face à la culture, et en particulier face au théâtre » (Loyer, 1997, p. 50). L'État n'a rien à voir, du moins dans un premier temps, dans sa définition de théâtre comme service public ; cela engage davantage la démarche des artistes eux-mêmes, dans ce qu'ils placent sur la scène. Il s'agit surtout de jouer des textes qui *concernent* le public conquis par les nouvelles conditions d'accueil, que le théâtre représenté le soit réellement *pour lui*, et pas un autre. Déjà en 1962, à la suite de sa collaboration avec Benno Besson, il écrivait :

> Le théâtre populaire ne se fait pas uniquement en baissant le prix des places, il passe d'abord par le répertoire, par un répertoire qui concerne la majorité, un répertoire où la pensée brechtienne joue un rôle de premier plan[8].

---

8 Knapp, dans *Panorama*, n° 5, février 1962, cité dans (Apothéloz & Aguet, 1990, p. 218).

Quelques années plus tard, cette conception aura fait sa révolution copernicienne : le répertoire en question ne concerne plus une *majorité* abstraite, idéale, mais la majorité des personnes réellement présentes, le soir de la représentation, face aux acteurs. Le théâtre que Knapp réalise avec le Théâtre-Création veut être « un instrument capable de s'adapter aux besoins réels d'un public, [...] de s'appliquer aux conditions spécifiques de la vie d'une communauté ou d'un événement » (Knapp, 1968a, p. 6). Nous verrons, en examinant le processus créateur chez Knapp, que cela n'implique pas pour autant que le répertoire et les grandes mythologies fondatrices soient absents de la scène. Ainsi il écrit :

> La culture que nous voulons défendre est une culture de l'intérieur, vérifiée par l'expérience personnelle et libérant des valeurs originales. La confrontation avec le répertoire pourra se faire plus activement dès lors que la création théâtrale, à quelque niveau que ce soit, aura été éprouvée par l'aventure créatrice. Exemple : est-il plus important aujourd'hui pour un groupe théâtral composé d'émigrés de représenter une pièce de Lope de Vega ou de rendre compte de leur expérience intérieure à la communauté dans laquelle ils vivent ? (*ibid.*)

Ici apparaît clairement que, dès le début du Théâtre-Création, il ne s'agit pas simplement de jouer pour une communauté, mais de divulguer aussi les moyens de jouer.

POLITIQUE CULTURELLE SUISSE

Concernant la Suisse, état fédéral, il ne saurait être question à première vue de décentralisation. L'autonomie des cantons est grande, et la culture et l'éducation font notamment partie de leurs prérogatives, largement prises en charge également au niveau des villes. Ainsi toute politique culturelle en Suisse se définit à trois niveaux : la Confédération, le canton et la ville, ces deux dernières instances étant en définitive les principales promotrices de la politique culturelle en Suisse.

La principale manifestation fédérale pour promouvoir et surtout défendre la culture suisse est la fondation *Pro Helvetia*. Créée dans le contexte incertain et angoissé de l'immédiat avant-guerre, quand la Suisse se sent menacée culturellement par la montée des totalitarismes et leur propagande dans les pays qui l'entourent et décide de mettre en place une défense nationale spirituelle, la fondation, dont les membres du conseil et le président sont nommés par l'État, est chargée de :

- maintenir et préserver les caractères originaux de la culture du pays ;
- encourager la création culturelle en se basant sur la situation dans les cantons ainsi que dans les régions linguistiques et les milieux culturels ;
- promouvoir les échanges culturels entre les régions linguistiques et les milieux culturels du pays ;
- encourager les relations culturelles avec l'étranger. (Gillabert, Hauser, Kadelbach, & Milani, 2011, p. 452)

De fait, avec le budget restreint qui lui est alloué, elle se contente de répondre aux demandes de subventions qui lui sont faites, et n'impulse pas de réelle politique culturelle. C'est grâce à son aide, notamment, que le Théâtre universitaire de Lausanne pourra présenter son *Rêve d'un émigré* au Festival de Wrocław, et que le Théâtre-Création, invité internationalement, pourra présenter ses spectacles et ses improvisations en Pologne, Belgique, Hongrie, Tchécoslovaquie, Finlande…

La défense spirituelle est abandonnée au début des années 1960, et si celles-ci voient apparaître des courants littéraires et cinématographiques qui commencent à critiquer la société helvétique, le conservatisme est la règle. La culture dominante est bourgeoise et patriotique, et pourtant l'influence des pays limitrophes se fait partout sentir. Les principales subventions étant attribuées par les cantons ou les villes, ceux-ci peinent à définir une politique culturelle de poids par rapport aux grands pays qui les entourent et influent fortement sur la culture de chaque région linguistique.

Ainsi la Suisse romande subit fortement l'influence de Paris et de la France. Il n'est alors pas étonnant de voir apparaître dans les années 1960 des discours et des troupes de théâtre qui s'inspirent des efforts de la décentralisation française : le Théâtre populaire Romand, le Centre dramatique Romand disent autant, par leurs noms, le besoin de la Suisse romande de s'affirmer comme le lieu d'une production artistique authentique, comme autre chose qu'une province culturelle de Paris, que leur grande dépendance vis-à-vis des schémas idéologiques développés en France. C'est dans ce contexte qu'il faut comprendre les efforts de Charles Apothéloz, qui fustige cette médiocrité provinciale à laquelle il est condamné et dont nous avons déjà largement parlé, pour créer des structures de production et de diffusion des spectacles qui aient un poids au niveau romand, et non seulement au niveau du canton de Vaud[9].

9 *Cf.* p. 67 et *sq.*

Mais c'est aussi à la lumière de ce bref survol de la politique culturelle suisse, mise en relation avec les échecs et les illusions de la décentralisation à la française, que nous pouvons mieux comprendre l'initiative du Théâtre-Création : défendre une production théâtrale locale, tellement locale qu'elle se définit avec les publics et les auteurs d'aujourd'hui, et non en rapport avec un patrimoine culturel supposé commun. Une démarche d'avant-garde.

IDÉES ET INFLUENCES ARTISTIQUES

Si ce contexte politique et culturel dont nous avons déjà défriché les grandes lignes aurait pu suffire pour comprendre, en partie, la singularité de la démarche qu'Alain Knapp va mettre en œuvre avec le Théâtre-Création, ce parcours serait incomplet sans une revue des principales notions, mouvements et idées qui marquent le théâtre de ces années-là. La diversité des pratiques est telle qu'il nous faut opérer des choix : ainsi nous retiendrons celles qui nous paraissent les plus pertinentes dans l'objectif d'éclairer les choix du groupe de Lausanne. Un groupe qui n'en est pas un, qui crée collectivement en cherchant à redéfinir l'acteur comme *créateur*, qui est expérimental, d'avant-garde, révolutionnaire et en même temps fortement ancré dans une tradition, pour qui l'engagement de l'acteur dans son acte est premier et guide l'ensemble de la création.

ENGAGEMENT ET THÉÂTRE POLITIQUE

Bernard Dort raconte comment les rapports du théâtre et de la politique, avec l'avènement de la modernité, sont devenus problématiques[10]. Dans le théâtre classique, « ce qui se joue sur les planches, c'est l'histoire même de ceux qui sont là, de l'autre côté de la rampe » (Dort, 1967, p. 364). Ainsi y aurait-il un jeu de miroir entre la salle et la scène, celle-ci exprimant directement ce qui concerne l'ensemble de la communauté rassemblée. Mais pour qu'il y ait miroir, remarque

10 Il faut souligner que *politique* désigne ici tout ce qui prend part à l'organisation des affaires publiques ; il ne s'agit pas bien sûr du sens restreint du mot, à savoir la bataille pour l'exercice du pouvoir.

Dort, il faut « qu'aucun des deux miroirs ne soit brisé – comprenez : que la salle reste homogène et ne soit pas déchirée par de trop violentes contradictions » (*ibid.*, p. 367). Il ne s'étend pas sur les raisons d'une telle fracture dans le corps social, mais il voit la mise en scène comme une réponse du théâtre pour redonner du sens et de l'unité à ce qui en avait, jusqu'ici, naturellement ; et le metteur en scène comme un médiateur entre une écriture théâtrale qui devient de plus en plus particulière, de plus en plus centrée sur des individus, moins historique, et un public lui-même morcelé. À partir de là, le théâtre doit se choisir une raison d'être : « politique, apolitique ou antipolitique ».

Après la seconde guerre mondiale, selon l'analyse d'Olivier Neveux, trois tendances incarnent des formes de ce théâtre qui se choisit délibérément politique : Sartre, Vilar et Brecht[11]. Chacune de ces tendances impliquent un positionnement qui sera suivi, complété, critiqué par d'autres ensuite.

L'engagement selon Sartre découle directement de l'existentialisme qu'il s'acharne à penser : le refus de toute prédétermination, de toute notion de destin, la liberté complète de la volonté et la détermination de l'individu par ses actes impliquent aussi sa responsabilité pleine et entière. Dès lors tout artiste – Sartre s'intéresse d'abord à l'écrivain, mais nous pouvons facilement faire le saut –, à travers son acte artistique, se retrouve engagé, qu'il le veuille ou non. Engagé par son acte à se positionner face au monde, auquel est destiné son acte. Deux alternatives s'offrent alors à lui : accepter cet engagement et le revendiquer, le modeler consciemment ; l'ignorer, volontairement ou non, et alors donner implicitement raison à l'ordre établi.

L'engagement du théâtre et de la littérature de Sartre consiste surtout à expliciter le rôle politique de l'œuvre, à en mettre au grand jour les idées et ne s'accompagne pas d'une remise en cause des formes et des moyens de la transmettre : « la psychologie y est souvent reine, l'intrigue narrative et progressive » (Neveux, 2007, p. 16).

C'est cette ligne de pensée qu'incarne Michel Vinaver lorsqu'il écrivait à Albert Camus en 1952 :

> Il vaut mieux, puisqu'on l'est, être embarqué activement que passivement, consciemment qu'inconsciemment, volontairement qu'involontairement. C'est

11 « Le théâtre politique de l'après-guerre », dans (Neveux, 2007, p. 15-33).

> entre le refus ou l'ignorance d'une part, et l'activité *trop* militante, la volonté *trop* tendue ou la conscience *trop* nette d'autre part, que doit se situer l'attitude de l'écrivain. Son combat a besoin de se situer à une certaine distance du combat. (Camus & Vinaver, 2012, p. 60)

Ainsi l'essentiel est une question de dosage et de mesure, afin d'une part de ne pas se retrouver engagé malgré soi, d'autre part de conserver une indépendance d'esprit et de création. Quand un combat devient trop urgent, trop nécessaire, poursuit Vinaver, et qu'il faut alors que l'écrivain s'engage explicitement, alors il ne fait plus œuvre d'écrivain : il s'engage, simplement, comme citoyen.

Le théâtre épique de Brecht, qui se diffuse en France dans les années cinquante, propose une alternative : il ne se contente pas de mettre en cause le système à travers la parole et les idées qu'expriment les personnages, mais il inscrit l'homme dans l'Histoire, et s'attache à montrer comment celle-ci conditionne son action. La liberté de l'individu n'est pas complète dans le théâtre de Brecht, les personnages sont agis par un ensemble de conditions économico-politiques qui les obligent. Tout l'enjeu est donc de rendre perceptible cette inscription historique des enjeux et des comportements, en utilisant la parabole, en transposant les sujets contemporains dans des époques et des lieux différents, étrangers. Qu'on songe à sa dernière pièce, *La vie de Galilée*, qui raconte non seulement les luttes – contre l'Église, contre lui-même – que le scientifique du tournant du XVIIe siècle a dû mener pour faire reconnaître ses découvertes ou sous contrainte les abjurer, mais aussi la situation de tout intellectuel, homme de science ou de lettres, de Brecht lui-même, dans l'Allemagne nazie ; toute idée de censure au nom d'une idéologie dominante est mise à mal et interrogée dans cette pièce, à travers une transposition qui permet de prendre de la distance et que le spectateur reconnaît très bien.

Il s'agit ainsi de former les spectateurs à reconnaître les processus par lesquels l'Histoire agit sur eux : « Tout son théâtre est une formation à la dialectique : apprendre à percevoir les contradictions, à les étudier, à les appréhender dans leur mobilité, découvrir "que le concept de bourgeon est déjà le concept d'une chose qui s'efforce de ne pas être ce qu'elle est[12]" » (Neveux, 2007, p. 17). Ainsi le théâtre de Brecht fait entrer les spectateurs dans l'équation : l'engagement politique de l'artiste ne se

12 Il cite Brecht, *Me Ti. Livre des retournements*, l'Arche, Paris, 1978, p. 75.

manifeste pas seulement dans son rapport à l'œuvre qu'il crée, dans ce qu'il y met, mais aussi dans la manière dont il en transmet le contenu. Les affiches, encarts et les chansons permettent d'annoncer, dès le début de chaque phase, de chaque scène, ce qui va se passer ; ainsi l'intérêt n'est-il pas focalisé sur *ce qui* va se passer, mais bien sur *comment* cela se passe.

L'humour permet par ailleurs de se garantir l'attention et l'adhésion d'un public, venu là principalement pour se divertir. Le plaisir doit être présent, mais pas n'importe quel plaisir : celui qu'apporte la connaissance et avec elle la possibilité d'un renversement de l'ordre du monde. Ainsi n'y a-t-il, chez Brecht, aucune tentation de réaliser un consensus à travers ce divertissement, bien au contraire : le théâtre épique doit diviser, contraindre les spectateurs, engagés par la représentation dans une réflexion sociale et historique, à se prononcer pour ou contre les solutions qui lui sont proposées.

Une position que Jean Vilar, défenseur, dans l'élan donné par la Libération et les mouvements d'éducation populaire[13], d'un *théâtre populaire* vu comme unification d'un public hétéroclite autour d'un répertoire, pour qui « le théâtre ne prend toute sa signification que lorsqu'il parvient à assembler et à unir » (Vilar, 1986, p. 145), ne saurait complètement partager. L'engagement politique de ce dernier se manifeste surtout à travers les démarches qu'il met en œuvre pour permettre à un large public, à un public *populaire*, de se rendre au théâtre, et de s'y sentir bien accueilli : « L'abaissement du prix des places, la suppression des barrières psychologiques et, partiellement, géographiques, la volonté d'investir le public d'une fonction première dans l'acte théâtral définissent progressivement une nouvelle façon d'aborder ce problème du public populaire, qui reste certainement le grand apport du TNP de Jean Vilar » (Loyer, 1997, p. 100). Sur scène, la politique est également présente à travers son combat contre le réalisme, la nudité du plateau qu'il revendique dans son « Petit manifeste de Suresnes », et le choix de monter des œuvres exigeantes. Mais même s'il adapte volontiers les classiques pour les faire résonner face à l'actualité, sa vocation de « service public » lui impose de ne pas prendre parti dans le choix de ce qui est représenté, d'être indifférent à l'égard des querelles contingentes de l'époque. Enfin, si la politique culturelle qui s'attache à la notion de théâtre populaire vise un

13 *Cf.* « Le TNP, un mouvement d'éducation et de culture populaire », dans (Loyer, 1997, p. 101-117)).

bouleversement des rapports de certaines couches de la société vis-à-vis de l'art, l'acte artistique de Vilar ne cherche pas à changer le monde : « il n'est pas question d'éduquer, par le truchement de chefs-d'œuvre, un public. La mission du théâtre est plus humble, encore qu'aussi généreuse : il doit plaire, séduire, réjouir, et nous couper pour un temps de nos peines intimes et de nos misères » (Vilar, 1986, p. 147). Toute la question est donc principalement pour lui, au moins dans la période du TNP, de faire venir le public au théâtre, et de le confronter à des œuvres fortes. Pour le reste, « le théâtre populaire est le théâtre qui fait confiance à l'homme » (Loyer, 1997, p. 99).

Avec les années soixante, les protestations contre la guerre d'Algérie puis celle du Vietnam, qui se cristallisent autour de la période de Mai 68, le théâtre politique va prendre une tournure plus militante pour de nombreux artistes. Il faut noter l'influence grandissante d'un groupe tel que le Living Theatre, dont nous parlerons plus bas, qui prône un engagement total de l'acteur dans la représentation, lui donne un rôle chamanique, initiateur, pour faire la révolution directement dans la salle pendant la représentation. Sans aller toujours aussi loin, le théâtre marginal se radicalise, les pièces étonnent par leurs prises de position et leur virulence : « la contestation sociale des structures ou l'appel lyrique à un imaginaire en colère y préfigurent et anticipent, en quelque sorte, la révolte à venir » (Neveux, 2007, p. 67). Et c'est Mai 68 : un événement où le théâtre cède la place, cesse de crier la révolte sur les toits et regarde les étudiants crier dans la rue.

En Suisse, et en particulier en Romandie, comme nous avons déjà pu le voir à travers l'histoire de Charles Apothéloz, l'engagement politique des animateurs de théâtre s'exprime d'abord par la revendication d'un théâtre purement helvétique, contre la domination culturelle que la France exerce à l'époque. Ainsi sont-ils surtout attachés à défendre la vision d'un Théâtre populaire à la manière de Vilar, en garantissant la diversité du répertoire, en encourageant les nouvelles écritures et en tâchant de toucher des publics nouveaux. Les Kulturtäter (acteurs de culture) représentent, à leur ouverture en 1964, le plus virulent exemple de théâtre engagé :

> Cette association publie un manifeste, dans lequel elle plaide pour une culture moderne et expérimentale qui se distingue de la culture traditionnelle en ce qu'elle s'efforce de globalement tout remettre en question. Les Kulturtäter

> s'opposent à une conception élitaire de la culture et exigent une culture accessible à tous et qui s'ouvre au public par des *expériences* et des *happenings*. (Skenderovic & Späti, 2012, p. 80)

Anne-Catherine Sutermeister note également la rareté que constitue une parole engagée politiquement dans le paysage culturel de la Suisse d'alors : « à l'époque, l'indifférence de la Suisse face aux problèmes politiques et sociaux internationaux détermine à la fois l'apparente modération des spectacles suisses romands, comparés à d'autres, et les réactions parfois exacerbées de l'opinion et des pouvoirs publics » (Sutermeister, 2000, p. 199). Exacerbation qui sera en effet manifeste face au caractère politique, engagé, voire militant, de certaines pièces du Théâtre-Création.

Pourtant Knapp nie avoir jamais été militant : « J'ai toujours refusé toute forme d'embrigadement politique », nous disait-il, ajoutant : « Est-ce que l'artiste – celui qui se prétend tel, qui en a l'ambition – peut s'inféoder à une institution qui déciderait pour lui ses modes de pensée ? Non, la réponse est non ». Sutermeister écrit en effet plus loin :

> Le Théâtre-Création s'empare des thèmes actuels pour les questionner, les révéler à l'opinion publique sans vouloir forcément les interpréter idéologiquement. [...] Les acteurs du Théâtre-Création font preuve d'un engagement civique, critique, face à l'indifférence et à la passivité qui dominent alors la majorité de l'opinion publique. (*ibid.*, p. 199)

En réalité, la pensée d'un théâtre politique tel que le pratique le Théâtre-Création hérite des trois grandes figures que nous citions plus haut, même si l'exemple de Brecht reste, comme nous l'avons vu, la plus déterminante.

À Vilar, il emprunte ce refus de souscrire à une cause, ce non militantisme, en même temps que la notion de théâtre comme *service public*, même si cela recouvre quelque chose d'assez différent, comme nous l'avons vu. Ce qu'il retient, implicitement, de l'engagement selon Sartre, c'est surtout que cela ne concerne pas que l'auteur ou le metteur en scène, qui ne sont pas les seuls artistes du théâtre : « l'acte artistique des acteurs les engage vis-à-vis de la société tout autant que ceux des cadres habituels du théâtre. Chaque acteur porte l'entière responsabilité du jeu collectif » (Knapp, 1968b, p. 9). Cette notion d'engagement, le fait que l'acteur est engagé du simple fait de sa présence scénique, sera à la base de toute sa conception de l'art de l'acteur, de l'acteur-créateur, et en particulier de sa conception de l'improvisation. Cela le conduit naturellement à imaginer un mode de création en rond plutôt qu'en échelle, où toutes les personnes impliquées par l'acte commun de création (acteurs, auteur, décorateur, dramaturge, metteur en scène – devenu coordinateur) collaborent au même titre, sont responsables de l'ensemble au même niveau.

Enfin, de l'engagement politique selon Brecht tel que nous l'avons défini plus haut, il hérite de tout. De l'humour et du plaisir du jeu, d'abord, car nous verrons que le Théâtre-Création sera souvent loué (ou détesté) pour tordre le cou au snobisme, à l'élitisme, et pour user sur scène d'un sens aguerri de la farce (dans les créations surtout) et de l'humour cinglant (dans les improvisations). Du sens de la transposition et de la fable, qui est manifeste dans les créations collectives[14], mais s'exprime aussi dans les improvisations, où la transposition du thème proposé par le public demeure un des objectifs premiers, pour éviter une illustration pure et simple, sans âme et sans réflexion. Un acteur raconte :

> À partir du moment où il entre au Théâtre-Création, l'acteur se familiarise quotidiennement avec l'information. Ce travail est à la fois personnel et collectif; mais dans les deux cas, il est pratique. C'est dans et par le jeu que se forme la conscience politique (au sens large du terme) individuelle. Le fait d'être sensibilisé à un thème, à un environnement, etc., devient rapidement une **attitude permanente**, une sorte de *seconde nature* qui fait partie de la démarche personnelle de l'acteur. À partir de là, il s'agit de trouver, dans la représentation, les degrés de transposition d'un thème. (Knapp, 1970a, p. 6)

Ce travail contraste avec l'attitude que Peter Brook remarque chez certains acteurs, ce qu'il relie justement à l'héritage de Brecht : « Ce que Brecht a introduit, c'est l'idée de l'acteur intelligent, capable de juger de la valeur de sa contribution. On trouvait, et on trouve toujours, des acteurs qui se vantent de ne rien comprendre à la politique et qui prennent le théâtre pour une tour d'ivoire », écrit-il en 1968 (Brook, 2001, p. 104).

Ainsi la dialectique, la mise en relation d'enjeux antagoniques pris dans le mouvement de l'Histoire, tout cela s'incarne naturellement dans les procédés de mise en jeu de l'improvisation : par l'engagement de chaque acteur dans son acte créateur, le développement d'individualités

14 *Les Bobacs*, par exemple, qui illustre l'histoire de ces rongeurs célèbres pour se suicider en masse en cas de surpopulation, et par la même occasion dénonce les sacrifices consentis par une population pour que la paix se maintienne. *Cf.* p. 136 et *sq.*

fortes, il met en présence des personnages en opposition, en dialogue ; la transposition assure la dimension épique du traitement des thèmes proposés, l'inscription de l'histoire quotidienne et immédiate des spectateurs dans une Histoire plus large ; enfin en demandant un thème au public, et parfois même une histoire entière lorsqu'il faisait des animations scolaires, le Théâtre-Création s'assure que tout le monde, acteurs et spectateurs, partira du même point, et sera attentif à la manière dont les événements s'enchaînent, non aux événements eux-mêmes. Ce dernier point mérite cependant discussion : s'il est vrai que les spectateurs, ayant proposé le thème, savent de quoi il va être question, le déroulement de l'improvisation, sa trame, sa fable, ne peuvent pas être connus à l'avance. Force est de constater que, dans l'improvisation, les spectateurs s'intéressent à *ce qui* va se passer, et s'attachent à l'anticiper. Mais précisément, par cette anticipation, les spectateurs devinent, mieux qu'ils ne le savent, ce qui va se passer ; ainsi, leur attention étant toute entière arrimée à l'attente de voir advenir ce qu'ils imaginent, le *comment* apparaît avec d'autant plus de force[15].

En fait d'engagement politique, Knapp se considère plus volontiers *dissident*, rejoignant en ceci Vinaver, dont il a longtemps été proche. Les milieux théâtraux l'appellent Knapp l'anarchiste, et celui-ci reconnaît l'influence de journaux satiriques tels que *Hara-kiri* ou *Charlie Hebdo*, fondés respectivement en 1960 et 1970, sur le groupe du Théâtre-Création, son indépendance vis-à-vis d'une quelconque chapelle politique et sa façon de regarder l'actualité avec un humour corrosif et parfois graveleux.

THÉÂTRE EXPÉRIMENTAL ET AVANT-GARDES

Le théâtre indépendant de Suisse romande est fortement marqué par certains groupes ou innovateurs qui parcourront l'Europe dans les années 1960 et auront une influence particulièrement importante en France. Le Théâtre Onze, à Lausanne, qui est issu en grande partie de l'Atelier de recherches dramatiques qu'Alain Knapp anime en 1967-1968 au Centre dramatique Romand[16], s'inscrira très largement dans la lignée de Grotowski, et sera le point de chute d'Eugenio Barba et

15 Voir la notion de « cercle des attentes » chez Keith Johnstone, que nous discuterons dans un chapitre ultérieure et mettrons en relation avec l'improvisation selon Knapp, en particulier p. 272.

16 *Cf. infra*, p. 128.

autres disciples pour des stages et des conférences en Suisse. Quant aux Tréteaux Libres de Genève, c'est le Living Theatre qui leur sert de modèle et inspire leur démarche.

Le Théâtre-Création sera donc obligé de se situer face à ces deux tendances, proches et pourtant aux antipodes l'une de l'autre. Obligé de définir ses particularités, ses points de ralliement et ses divergences profondes. De la même manière, nous ne pouvons que nous sentir obligés de faire un détour du côté de ces avant-gardes, afin de mieux caractériser la spécificité de la démarche qu'Alain Knapp développera.

Jerzy Grotowski

> Grotowski est unique. Pourquoi ? Parce qu'à ma connaissance personne d'autre au monde, personne depuis Stanislavski, n'a exploré la nature du jeu, le phénomène qu'il constitue, son sens, la science de ses processus, tant psychiques que physiques ou émotionnels, aussi profondément et pleinement que Grotowski.
>
> Peter Brook

Knapp rencontre Jerzy Grotowski à plusieurs reprises. D'abord à Nancy, lorsqu'il met en scène *La famille improvisée* d'Henry Monnier et donne un stage, dont nous avons parlé au chapitre précédent, au CUIFERD. Grotowski y est alors également maître de stage. En 1962, c'est grâce à Eugenio Barba, qui était alors l'assistant de Grotowski, et à la faveur d'un congrès de l'UNESCO à Varsovie que la France commence à découvrir son travail. Les efforts de Jack Lang au Festival de Nancy en 1964 et d'Arman-Maistre Julien au Théâtre des Nations en 1965[17] parviennent à faire venir Grotowski en France pour présenter *Le prince Constant* et donner plusieurs stages et conférences. À Nancy, Knapp et lui discutent le soir, pendant les repas. La tournée du Théâtre-Création au Festival de Wrocław en 1969 offre à Knapp une autre occasion de revoir Grotowski et d'échanger avec lui. Celui-ci reconnaît Knapp dans la rue, envoie ses acteurs voir les improvisations du groupe suisse (qu'il ne voit pas lui-même) et organise pour eux, en guise d'échange, une

17 Sur la rivalité de ces deux festivals qui se targuent tous deux d'avoir fait, les premiers, venir Grotowski en France, voir (Picon-Vallin, 2009).

représentation privée d'*Apocalypsis cum figuris*[18]. Ils sont encore tous les deux présents au Festival de Wrocław en 1973.

Grotowski fonde le Théâtre-laboratoire de Wrocław en 1963, un institut de recherches sur le jeu de l'acteur, inaugurant ce que Georges Banu appellera « un grand mouvement occidental d'ouverture de laboratoires[19] ». Même si l'artisanat, le tâtonnement, y tiennent une place importante, comme dans toute entreprise artistique, la démarche employée conjugue ici les efforts de plusieurs disciplines pour appréhender le jeu : psychologie, anthropologie, sémiologie, phonologie…

Le mythe, en tant qu'héritage culturel qui imprègne le subconscient collectif, que la rationalité positive du monde moderne met en crise, est la préoccupation centrale de la recherche de Grotowski. Pour mieux faire apparaître « cette aire commune à tous les membres d'une société, [ce] lieu de la survivance et de la crise des croyances » (Jacquot, 1970, p. 22), il suit la *via negativa.* Il commence par dépouiller la scène de tous ses artifices superflus, pour la recentrer sur l'acteur. Faisant la critique du Théâtre Riche, un théâtre de Cleptomanes sans caractère ni unité, il érige en face le modèle du Théâtre Pauvre, un théâtre qui « récuse la notion de théâtre en tant que synthèse de disciplines créatrices disparates – littérature, sculpture, peinture, architecture, jeux de lumière, interprétation (sous la direction d'un *metteur en scène*) » (Grotowski, 1971, p. 17). Il rejette ce théâtre qui ne serait qu'un accessoire utile de la littérature, pour lui attribuer un rôle sacré, un moyen de connecter l'homme à sa transcendance, un rituel physique et psychologique.

Dans le théâtre pauvre, l'acteur et sa relation avec les spectateurs, intime et sacrificielle, sont au centre, ainsi que le raconte Serge Ouakine :

> Au Théâtre Laboratoire, l'acteur n'apprend pas « à faire » et, de ce point de vue, son activité a changé de nature. La seule chose vraie que l'acteur peut communiquer, c'est lui, en tant qu'identité humaine, révélateur de la société dont il est déjà le signe avec ses manques, ses conflits et sa richesse personnelle. (Jacquot, 1970, p. 34)

---

18 Il raconte : « C'était absolument fascinant. On était, nous, sous des fils de fer barbelés, des lignes à haute tension – on était à Auschwitz, on était au camp. Les acteurs étaient très proches. C'était fascinant ; parce que des acteurs qu'on connaissait, qu'on avait vu le soir précédent à la cantine du théâtre en train de boire de la vodka, tout à coup ils avaient quinze kilos de moins, ils étaient squelettiques, totalement broyés par la machine nazie… La transfiguration absolue des acteurs ! Tout l'être était absolument investi du haut en bas, tout l'écrasement de l'être était là ».

19 Cité par (Warnet, 2005, p. 357).

Ce que confirme Peter Brook, en soulignant, dans ce parcours de l'acteur vers lui-même, l'importance marginale que le rôle, la pièce et la représentation peuvent avoir :

> Le domaine d'action de l'acteur, c'est sa propre personne. Ce domaine est plus riche que celui du musicien, car, pour l'explorer, il doit faire appel à tous les aspects de son être. Sa main, son œil, son oreille et son cœur sont ce qu'il étudie et ce avec quoi il étudie. Vu de cette façon, le travail d'acteur est l'œuvre d'une vie : pas à pas, l'acteur étend la connaissance qu'il a de lui-même à travers les situations douloureuses, toujours renouvelées, que créent les répétitions, et les extraordinaires signes de ponctuation que sont les représentations. (Brook & Banu, 2008, p. 21)

À travers cette recherche, l'acteur vise donc une redécouverte de lui-même, un dépouillement intégral par lequel il se débarrasse de ses résistances, qu'elles soient physiques ou psychiques, et découvre ce qui le fonde comme individu et ce qui, par là, le connecte à l'ensemble des humains auquel il s'adresse : « Ces laboratoires ne vivent plus l'utopie du théâtre s'adressant à la masse, et leur recherche tend à creuser au plus profond le l'individualité de l'acteur. Mais au bout de cette quête individuelle, ils espèrent retrouver ce qui constitue les universaux du genre humain » (Warnet, 2005, p. 363).

Plaçant toujours comme préalable que l'être est une unité physique et psychologique, ce dépassement, cette bataille contre les résistances passe par des exercices physiques (de yoga, d'acrobatie...) qui, en les poussant à bout, par leur dangerosité même, deviennent également des exercices psychiques. Dépasser la peur, dépasser la fatigue sont des moyens de faire tomber les barrières à l'intérieur même des acteurs, d'outrepasser les blocages de tout type. Le travail sur la voix est aussi une dimension importante de la recherche de Grotowski :

> [On attend de l'acteur] la possibilité d'une expression vocale qui ne passe pas seulement par un larynx généralement fermé, mais engage tout le corps et la vie psychique ; faire en sorte que toute la personnalité puisse vibrer avec le son et parler... aussi avec la bouche.
>
> Grotowski a décelé environ vingt-deux lieux sensibles du corps qui, éveillés par un entraînement progressif (l'acteur doit d'abord intégrer sa personnalité psychique et physique avant de développer sa voix), peuvent engager la totalité de la personnalité dans une expression vocale. (Jacquot, 1970, p. 36)

Si le but recherché est à ce point une mise à nu de l'acteur, s'il s'agit d'exhiber sa personnalité plus que de faire voir, à travers lui, des personnages factices, les notions de rôle et de représentation, leurs fonctions pour lui et pour les spectateurs, se trouvent fondamentalement chamboulées. À partir d'un scénario de base, qui est en fait un matériau de textes groupés par le metteur en scène à partir d'un texte original, généralement classique, la création du rôle se fait par auto-pénétration et par contact avec les autres acteurs. Plus concrètement, il s'agit pour l'acteur de créer, par des improvisations pendant lesquelles il note non le résultat, non le texte, mais le schéma de ses motivations et de ses impulsions, une partition organique, structure de maintien pour la spontanéité au moment de la représentation. « L'acteur n'a pas un personnage à mener d'un point de vue psychologique, mais une somme de situations variées, diversement motivées, dont la totalité épouse une ligne organisée et organique propre à l'acteur, unifiée dans la totalité supérieure que forme la partition générale du spectacle » (*ibid.*, p. 38-39).

L'aboutissement de cette partition, qui doit permettre à l'acteur de traverser plusieurs couches de connaissance, c'est la *translumination* : « État d'éclairement intérieur de l'acteur à la limite extrême d'un processus de dépouillement psycho-corporel » (*ibid.*, p. 41). Un état de révélation et de lumière que le spectateur peut partager, à travers l'authenticité maximale que révèle l'acteur.

Contrairement à d'autres formes théâtrales qui iront également chercher dans le rituel, la transe et une certaine communion spirituelle avec le public la source d'un renouvellement de l'art de l'acteur, chez Grotowski il n'y a pas d'adresse directe au spectateur, et s'il y a intégration de sa présence physique dans l'espace même de la représentation, c'est pour lui permettre de sentir au plus près l'ascèse et le martyr de l'acteur et de s'en inspirer :

> Bien qu'il ne s'adresse pas au spectateur, il n'en agit pas moins sur lui par son exemple, qui peut être reçu comme une invitation à s'engager dans un processus de dépouillement analogue au sien. Le spectateur qui se contracte, qui lutte pour conserver son masque risque de n'éprouver que trouble et déséquilibre. Il n'en est pas de même de celui qui, apportant avec lui son inquiétude, cherche la vérité sur lui-même et sa mission dans l'existence. C'est à un tel spectateur qu'est destiné ce théâtre qui vise à atteindre une minorité qui ne doit pas être confondue avec une élite sociale. (*ibid.*, p. 23)

Tout comme Peter Brook, qui se détache de Grotowski en affirmant qu'il n'a pas « pour objectif de créer une nouvelle messe » (Brook & Banu, 2008, p. 19), Alain Knapp se méfie fortement de cette tendance sacrificielle de la pratique de l'acteur, de son aliénation à la figure du maître, et de la disparition du corps au profit de la volonté : en niant notamment la douleur, en la dépassant par la volonté de l'esprit, du psychisme, la démarche de Grotowski dévoile une conception finalement plus dualiste qu'il ne le dit lui-même. Le corps est mis à mal, scarifié, épuisé, jusque dans son rapport au psychisme, pour le triomphe d'une dimension spirituelle et éthérée, dans la *translumination* – ce qui n'est pas sans rappeler un mythe fondateur de nos civilisations. Nous l'avons déjà souligné plus haut lorsqu'il s'agissait du Théâtre populaire et de la décentralisation, Knapp ne se reconnaît dans aucun théâtre qui puiserait ses références culturelles dans le catholicisme, et comme le remarque Jean Jacquot :

> La religion catholique est incontestablement au cœur des mythes avec lesquels [Grotowski] s'est mesuré. Il considère le dépérissement de la foi comme une tendance irréversible de notre époque, et il se dit lui-même incroyant. Cependant il reste profondément marqué dans son psychisme par cet héritage mythique. (Jacquot, 1970, p. 21)

La critique que Knapp adresse à Grotowski est donc liée à son rapport à la religion et aux mythes ; ceux-ci ne doivent pas pour lui dicter seuls la production artistique, qui court ainsi le risque d'être tautologique, mais être mis en relation avec les « gestes sociaux » auxquels Knapp, en bon disciple de Brecht, s'intéresse plus particulièrement. Ne pas couper l'art du monde et de la société dans lequel il s'inscrit :

> La création de l'acteur doit permettre [...] un instrument adapté à la nécessité sociale du théâtre, c'est-à-dire aux possibilités de représentations, dans des cadres et des lieux variables, d'événements connus du public où la lecture du signe artistique est en relation directe avec les faits consciemment vécus. Pour cela l'acteur doit pouvoir aller jusqu'à l'invention du texte et non pas s'appuyer sur des valeurs exclusivement archétypales ou traditionnelles propres à une communauté, mais, sans négliger celles-ci, imbriquer dans le processus de représentation les gestes sociaux qui caractérisent les temps présents. (Knapp, 1968a, p. 5)

Suite à la tournée du Théâtre-Création en Pologne en 1969, où ils présentèrent *La Paix* et pour la première fois des improvisations collectives, Knapp remarque d'ailleurs, à propos de Grotowski : « On lui reproche surtout d'être anachronique, de faire un théâtre peu en prise directe avec des problèmes concrets polonais pour lui préférer un théâtre en soi. Presque de l'art pur[20] ». Pour lui, le retour aux sources de l'acteur n'implique pas d'en retourner au rituel, à la possession, à la transe : « Dans l'histoire de l'art occidental connue, ce qui est premier c'est le jeu, et la fascination de ce jeu. C'est la re-présentation ». Pour qu'il y ait art, il faut du plaisir et des nuances.

Il lui adresse par ailleurs une deuxième critique, beaucoup plus pragmatique : même si Jean Jacquot, cité plus haut, souligne bien que ce petit nombre auquel s'adresse le théâtre de Grotowski ne doit pas être confondu avec une élite sociale, Knapp remarque : « il ne peut y avoir de théâtre réservé à un petit nombre sans que cela crée à nouveau un certain type de privilège qui, par le prix des places qu'exigerait ce genre d'expérience dans le pays où nous vivons, serait automatiquement un privilège de classe » (*ibid.*). Car la Suisse à la fin des années soixante, ce n'est pas la Pologne, et les acteurs du Théâtre-Création ne sont pas ceux de Grotowski, qui ont « tout abandonné, sauf leur propre corps », selon l'expression de Peter Brook – même s'il faut noter que le Théâtre Laboratoire, en tant qu'Institut de recherche pour le jeu de l'acteur, était subventionné par l'État communiste.

Cependant, Knapp retient de Grotowski une idée qui marquera profondément les premiers temps du développement de son propre laboratoire : « Il y a une chose qui m'intéressait, que j'ai d'ailleurs reprise dans l'Atelier de recherche et ensuite au Théâtre-Création, qui était la "partition physique" ». Telle qu'il nous en a parlé, cette partition physique se résume pour Knapp à un ensemble de mouvements, de contrôle des énergies, de musculation, ou d'acrobatie, qui mette le corps dans un état de grande disponibilité. Il n'a pas mentionné, dans nos entretiens, la partition par laquelle l'acteur crée son rôle, comme dans *Le prince Constant* et les autres spectacles du Théâtre Laboratoire. Et pour cause : il ne s'agit pas dans le Théâtre-Création de créer un spectacle immuable, perpétuel, et d'assurer que les acteurs soient capables de renouveler leur performance physique comme à l'heure de la création, puisque la création doit se faire sur le plateau, directement. Mais on retrouvera dans les pages qui vont suivre quelque chose qui s'en approche

20 Entretien avec Patrick Ferla, *Gazette d'Yverdon*, novembre 1969.

tout de même : Martin Roy, acteur du Théâtre-Création, évoquera une structure objective : « La structure est une sorte de lien commun par lequel s'opèrent la synthèse et l'échange des différentes personnalités créatrices en présence. [...] Grâce à la structure, lorsque l'acteur est appelé à retrouver les éléments d'une improvisation, il est à même de les restituer, et dans un processus de répétition, de les enrichir. Au cours des répétitions, l'acteur élimine certains éléments, en précise d'autres et peu à peu parvient à maîtriser sa création[21] ». Nous reviendrons sur cela dans les chapitres suivants.

Le Living Theatre

> Le théâtre est comme un bateau, il n'est pas si grand, mais le soulèvement est le renversement du système, et la révolution le changement des marées.
> Julian BECK

Le Living Theatre a profondément marqué les esprits des années 1960, au point qu'il est régulièrement cité dans la presse quand il s'agit de comprendre la démarche du Théâtre-Création[22]. Nous ne pouvons donc faire l'économie d'un point rapide sur ce groupe qui a marqué le théâtre de cette époque en bousculant les cadres de la représentation, renouvelant le langage théâtral et l'entraînement de l'acteur.

Julian Beck, né en 1925 à New York dans la moyenne bourgeoisie, et qui avait commencé par une carrière de peintre extrêmement productive mais peu remarquée, rencontre Judith Malina en 1945 lors d'un stage avec Erwin Piscator. Celle-ci est fille de rabbin, et sa mère est actrice ; ils fuient la Pologne en 1927, et s'installent à New York. En 1947, alors qu'ils sont encore jeunes, sans argent et sans lieu de répétition ni de représentation, mais déterminés à percer dans le métier, Judith Malina et Julian Beck fondent le Living Theatre avec un projet relativement habituel pour une jeune troupe : « Ce sera un théâtre vivant, qui jouera surtout des pièces contemporaines, d'une manière qui touche les hommes de notre temps » (Biner, 1972, p. 13). Ils se marient un an plus tard.

---

21 Dans un article intitulé « Le travail de l'acteur à l'atelier » dans (Knapp, 1968a, p. 7). L'article n'est pas signé, mais Alain Knapp attribue ce texte à Martin Roy.

22 Un critique dans *Voix ouvrières*, le 11 février 1969, à propos des *Bobacs*, regrettera par exemple que le Théâtre-Création emprunte plus au Living Theatre qu'au Piccolo Teatro...

La prédilection de la troupe pour des auteurs et des sujets marginaux, tels que les drogues et les drogués avec *The Connection*, ou la prison et l'armée avec *The Brig*, lui vaut assez vite une réputation dans l'avant-garde new-yorkaise. Dès les premiers spectacles, ils veulent changer la façon de jouer, mais ce changement passe d'abord par le langage, par le choix d'un répertoire contemporain et résolument poétique. La poésie est vue comme un outil pour sortir les spectateurs du langage quotidien et lui faire accéder à la connaissance, à la compréhension intime de lui-même.

En 1958, *Le Théâtre et son double* d'Antonin Artaud est traduit en anglais. Tout, avant cela, rapproche déjà le Living d'Artaud : « leur rapport à la poésie, au langage, leur référence à l'art oriental, leur critique radicale de la société de mort/consommation, leur souci d'agir sur les *nerfs*, en même temps que sur *l'esprit* des spectateurs » pour que le théâtre ne soit plus un petit plaisir de débauche d'un soir (Biner, 1972, p. 48).

> À la limite, le Living aurait pu se passer d'Artaud. Il lui eût suffi de suivre sa pente naturelle. Mais la découverte de l'œuvre d'Artaud eut une valeur de stimulant irremplaçable. De confirmation, aussi. D'encouragement. L'avant-gardisme du Living, dans les débuts, était relativement rationnel. Artaud, c'est l'invitation au voyage : il y a encore des terres inconnues, la perception contrôlée n'est décidément pas tout. (*ibid.*, p. 50)

De cette rencontre avec Artaud, mais aussi par leur pente naturelle, les spectacles du Living vont de plus en plus envahir l'espace privé des spectateurs, et les mettre à contribution, les invectiver, les regarder en face…

Dès 1961 le Living fait des tournées en Europe, où le groupe rencontre très vite un retentissement important. En 1964, suite à la confiscation de leur théâtre et une condamnation qui fera passer à Judith et Julian respectivement 30 et 60 jours en prison, la troupe du Living devient itinérante en Europe, où leur travail expérimental rencontre un accueil beaucoup plus encourageant qu'aux États-Unis.

Cette rencontre avec l'Europe est essentielle pour le groupe qui, à distance de sa culture d'origine, va plonger toujours plus dans la recherche. C'est en Europe qu'ils commencent à présenter des spectacles créés collectivement, à partir d'exercices qu'ils font régulièrement. C'est notamment *Mysteries et Smaller Pieces*, qu'ils présentent pour la première fois au Centre américain pour étudiants et artistes à Paris, boulevard Raspail, en remerciement pour la mise à disposition de salles pour les répétitions des pièces de Jean Genet qu'ils montent alors[23] : « Nous avions créé des mystères sans savoir ce que c'était. Nous avions fait notre première expérience de création collective sans le savoir. Nous sentions organiquement les chemins du travail » (Beck & Guérin, 1978, p. 120). Déjà ce spectacle se termine, dans sa première version, par une zone franche, laissée à l'improvisation des acteurs, mais qui sera remplacée par un épisode inspiré de la description par Artaud de la grande peste de Marseille en 1720. L'idée germe cependant progressivement, faire un « Théâtre libre : pas de lois, pas de fin. Il se termine quand chacun s'en va, quand chacun a envie qu'il se termine » (*ibid.*, p. 116). Le *free theatre* est bien sûr une référence au *free jazz.* Judith Malina raconte : « Ce premier *free theatre* de l'histoire du Living dura environ trois heures. Un grand nombre de spectateurs y participèrent. [...] Certains spectateurs opéraient des choix vraiment très beaux et pleins d'intérêt ; parfois il y avait des choses tout à fait extravagantes, plus délirantes qu'horribles. Mais si vous faites du *free theatre*, vous ne pouvez dire : ceci est mauvais, ceci est bon. C'est toute la difficulté, d'ailleurs, l'absence de critère[24] ». Après un premier essai en 1966 en Italie qui se termine par la venue de la police, le Living fera quelques créations collectives, dont *Frankenstein* et surtout *Paradise Now*, qui marque en 1968 un certain achèvement de la démarche du groupe et de ses fondateurs vers l'implication des spectateurs dans un rituel qui dépasse le cadre de la représentation théâtrale :

> Le but n'est pas la création d'une œuvre dramatique mais le déclenchement d'un processus. Si *Paradise Now* doit avoir une forme, c'est celle d'un rite d'initiation dont les étapes correspondraient à une illumination progressive du spectateur. Celui-ci, guidé par les comédiens, entreprendra un voyage, et s'il le poursuit jusqu'à son terme il sera converti à une vie nouvelle et deviendra, dans son milieu, une force de changement. (Jacquot, 1970, p. 246)

Knapp reconnaît une similitude fondamentale dans le travail du Living et celui qu'il ouvre au Théâtre-Création, celle de l'engagement profond et total des acteurs dans ce qu'ils font, mais il souligne que l'éthique de travail et les buts qu'ils se sont fixés sont tout à fait différents : « Je ne pense pas que le théâtre doive être un moyen de libération immédiate, mais bien un moyen de "véhicule" d'idées, d'action dans la vie

23 *Le Balcon* et *Les Bonnes*, *cf.* (*ibid.*, p. 82 et *sq.*)

24 Citée dans (Biner, 1972, p. 91).

des individus eux-mêmes[25] ». En particulier, il fustige dans l'entreprise du Living sinon l'impréparation des acteurs, du moins leur manque de technique de comédien, leur manque de rigueur, de critères, la violence et le niveau très faible du langage, qui éloigne pour lui l'expérience du Living de la pratique d'un art complexe et exigeant tel que le théâtre. Il défend l'idée de l'improvisation et de cette souplesse des acteurs, mais prétend qu'il est possible d'y parvenir avec une technique proprement théâtrale. Ailleurs, il écrit :

> Il ne peut y avoir d'intervention de l'acteur dans la création dramatique sans qu'il se soit au préalable soumis à un travail extrêmement long et complexe. Ce qui différencie à l'heure actuelle certaines recherches consiste bien en ceci que, dans certains cas, l'acteur, après avoir détruit les carcans qui l'emprisonnaient n'a pas été à la hauteur de sa revendication créatrice et, faute de moyens maîtrisés, n'a pu qu'offrir au public une gesticulation désespérée, peut-être émouvante, mais trop anarchique pour déboucher sur un langage artistique accessible au spectateur, auquel pourtant cet holocauste s'adresse[26].

On sent bien qu'il s'agit là d'une critique directe adressée à la « gesticulation » du Living Theatre. On retrouve aujourd'hui dans les paroles de Knapp une idée également défendue par Brian Clark : « *It fight fascism by the agressive shouting of simplistic slogans ; that is, it adopts the methods of a fascist propagandist* » (Clark, 1971, p. 28).

En réalité, l'entreprise d'Alain Knapp nous apparaît comme un anti-Living Theatre. Les combats ont des sources proches : le besoin de renouveler la pratique du théâtre en modifiant en profondeur la relation entre acteurs et spectateurs, et en redonnant à l'acteur les moyens de maîtriser sa création. Mais les solutions sont aux antipodes : le Théâtre-Création ne cherche pas la vie en communauté, aurait même tendance à la fuir, mettant en avant par là qu'un anarchiste est avant tout un individualiste ; tout en affirmant la liberté des corps et de la parole, il veut aller au cœur du théâtre, celui-ci étant vu essentiellement dans sa dimension dramatique, et non rituelle – il ne s'agit pas de faire table rase du passé, de regarder vers les formes spectaculaires orientales ou primitives, en oubliant l'histoire culturelle propre à notre civilisation. Ce qui l'intéresse, c'est la nuance, la dialectique ; la distance à combler entre les acteurs et les spectateurs n'est pas physique, sensible, ou spirituelle : elle est de l'ordre

25 Entretien avec Patrick Ferla dans *Le Journal d'Yverdon*, 29 juillet 1969.

26 « Quelques points de repère » dans (Knapp, 1968a, p. 5).

des idées, de la réflexion, les spectateurs étant respectés dans leur fonction de spectateurs, spécialistes du regard[27]. Le Théâtre-Création ne mène pas d'action collective et politique dans l'espace public comme a pu le faire le Living Theatre lors de la grève mondiale pour la paix en 1963, et si prises de position ou engagement il y a en faveur de telle ou telle cause, c'est un choix individuel, ou bien sur scène, par la mise en jeu. Enfin si le Théâtre-Création, en tant que groupe de théâtre profondément ancré dans son époque, critique les mœurs, l'obsolescence du théâtre institutionnel et la société de consommation, il ne remet pas fondamentalement en cause comme les Beck le pouvoir de l'argent[28], et souhaite se garantir un mode de vie décent. En témoignent les nombreux appels à don qui figurent dans les *Bulletins de l'association des amis du Théâtre-Création*, et les demandes de subvention constantes. « Pas de raison de vivre mal parce qu'on est artiste », dit volontiers Knapp. « D'abord la bouffe, ensuite la morale », chantait Brecht dans *L'Opéra de quat'sous*…

ACTEUR-CRÉATEUR

Dans les différents programmes des spectacles du Théâtre-Création, ainsi que dans les interviews qu'il donne à la presse entre 1968 et 1975, Alain Knapp insiste beaucoup sur la notion d'acteur-créateur, qu'il oppose à celle d'acteur-interprète (ou même, le plus souvent, de *comédien*-interprète). Là encore, cette notion d'acteur-créateur, d'acteur en création ou de création de l'acteur, n'est pas née avec Knapp et le Théâtre-Création, mais ceux-ci lui donnent une acception particulière, plus radicale que ce que la tradition théâtrale entend par là depuis la fin du XIXe siècle. Nous éprouvons donc là encore le besoin de faire un bref retour sur ce que la notion de création de l'acteur recouvre depuis lors, et comment les vaudois s'en distinguent – cela nous permettra en outre de comprendre en quoi parler d'improvisation pour évoquer la variabilité dans l'interprétation des textes est sans doute une erreur.

27 Pour eux, l'improvisation permet justement de fonder « une réelle participation du spectateur au spectacle sans que celui-ci soit en rupture avec sa fonction ; ni voyeur, ni faux acteur », (Knapp, 1969b, p. 5).

28 « Tout le système monétaire doit disparaître, dit Julian Beck, nous devons abolir le travail inutile ; cependant, même cela n'est pas suffisant. On n'y peut rien, il faut désobéir à la loi. Un point c'est tout. Tout le monde le sait. Chacun (ou chacune) sait qu'il (ou elle) est contre l'esclavage, les préjugés raciaux, la violence – mais il (ou elle) ne le *sent* pas suffisamment », cité dans (Lebel, 1969, p. 242).

Comme le remarque et argumente Denis Guénoun[29], l'histoire de la pensée du comédien, de l'acte du comédien sur scène, commence, peu ou prou, avec Diderot. Dans son si fameux *Paradoxe sur le comédien*, il défend que le comédien, pour jouer, doit être insensible à son rôle, que le grand comédien « n'est pas le personnage, il le joue et le joue si bien que vous le prenez pour tel : l'illusion n'est que pour vous ; il sait bien, lui, qu'il ne l'est pas » (Diderot, 2001, p. 80). Ainsi fait-il le portrait d'un homme gardant bien à distance de lui-même les passions dont son rôle est traversé, les observant et allant chercher dans cette observation les moyens de les *imiter*. Il n'est pas ici question de création, mais d'*imitation*.

On sait l'influence de Stanislavski et autres grands metteurs en scène russes, Meyerhold en particulier, sur le développement de l'art du comédien au XXe siècle. À partir du Théâtre d'art, il ne sera plus question pour le comédien de rechercher la vérité d'un rôle qui lui préexisterait dans les mots de l'auteur, mais de *créer* le rôle. Celui-ci doit résulter d'une rencontre entre les mots d'un texte et la personnalité de l'acteur, entre son imagination et celle de l'auteur : « Ce qui a le plus de valeur chez un acteur, c'est l'individualité. À travers n'importe quelle incarnation, même la plus habile, la personnalité doit transparaître » (Meyerhold, 2005, p. 90). Si le grand comédien de Diderot se doit de pouvoir recommencer cent fois l'exécution de son rôle à l'identique, ou au moins en progression constante, dans le sens d'une plus grande finesse, pour Meyerhold un bon acteur se distingue justement d'un mauvais acteur dans sa capacité à réinventer son rôle différemment tous les soirs.

L'improvisation devient un mode de travail, de recherche pour le rôle. Si elle ne tient qu'une place relativement marginale dans les premières définitions du *système* de Stanislavski, elle deviendra centrale dans la nouvelle méthode de répétition par *études*, qu'il initiera à la fin de sa vie et qui sera développée ensuite par Maria Knebel[30]. Mikhaïl Tchekhov note, en allant légèrement plus loin, que « le désir profond de tout artiste véritable, quel que soit le domaine dans lequel il exerce son art, c'est de satisfaire son besoin de s'exprimer librement et totalement », et

29 « Du paradoxe au problème », (Guénoun, 2005, p. 159-172).

30 Il s'agit « d'exécuter les actions du personnage comme si elles venaient de nous, alors même qu'on ne connaît pas encore le texte par cœur mais qu'on connaît déjà les principaux événements, les actes accomplis par les personnages et le cheminement exact de leurs pensées », (Knebel, 2006, p. 75). Voir aussi *infra*, p. 359.

que pour l'acteur « son besoin d'expression ne peut s'assouvir que dans l'invention, c'est-à-dire dans l'*improvisation* libre » – mais il ajoute immédiatement : « ceci ne veut pas dire, évidemment, qu'il doive improviser de nouvelles répliques ou transformer la mise en scène » (Tchekhov, 1980, p. 59-60). Une étape qui sera franchie, cette fois, par Vsevolod Meyerhold, dont on connaît l'intérêt pour la *Commedia dell'arte*, quand il écrit : « L'acteur du futur trouvera devant lui, dans une partie déterminée du spectacle, une tâche précise proposée par le metteur en scène, mais il disposera également de certains vides, de blancs, de moment pour le jeu *ex improviso*, qu'il devra remplir non pas avec un jeu préparé d'avance, mais avec son jeu d'aujourd'hui » (Meyerhold, 2005, p. 94). Pour lui, la relation théâtrale entre le metteur en scène et l'acteur passe par un double sacrifice : celui de l'acteur et de son individualité au profit du spectacle, celui du metteur en scène au profit de l'improvisation. Les bases d'une collaboration saine.

Ainsi, grâce à de telles approches de l'art de l'acteur, qui ont largement influencé le XXe siècle, l'idée de la création qu'il assume se trouve cantonnée à celle du rôle ; tout son travail, tout son entraînement vise à atteindre une plus grande adéquation de sa personne et des moyens de sa personnalité avec les cadres fixés par l'auteur et le metteur en scène, éventuellement le dramaturge. Grotowski s'inscrit pleinement dans cet héritage. Ainsi, plus qu'à sa véritable faculté de création, c'est davantage à la *créativité* de l'acteur à laquelle on fait appel, de la même manière que les entreprises modernes encouragent la créativité de leurs employés, sans qu'il leur soit possible de remettre en cause l'organigramme. Telle est en tout cas la critique que vont formuler certaines franges de la profession théâtrale à partir des années soixante, identifiant l'acteur à un prolétaire exploité par ses patrons. Knapp va fortement s'inscrire dans cette critique : « Le comédien-interprète est *soumis* aux directives d'un metteur en scène et aux impératifs d'une distribution, il est *prisonnier* d'un emploi, d'un type, et il est *contraint* par l'appareil théâtral[31] » (Knapp, 1969a, p. 9). Il faut ajouter à cela que la Suisse, à l'époque, voit certainement peu souvent d'acteurs qui seraient créateurs même selon la tradition russe, et que l'acteur moyen trouve sans doute son orgueil à n'être qu'*au service*, d'un texte, d'un metteur en scène ou autre. Ainsi, dans les caractéristiques du comédien-interprète tel que les isole Knapp

31 C'est nous qui soulignons.

en 1969 dans le texte que nous citions, on retrouve des éléments qui n'apparaissent pas, ou ne devraient pas apparaître, chez des acteurs qui ont été formés avec un minimum de méthode : un certain nombre de mécanismes (tics, procédés), les emplois et les types cités plus haut, etc.

Acteur-créateur, pour Knapp, cela veut dire qu'il l'est pleinement, au même titre que le metteur en scène ou qu'un auteur, quand auteur il y a. Cela veut dire qu'il peut se passer d'eux, comme il peut travailler avec eux. Cela ne veut pas simplement dire qu'il crée le texte ; c'est une éthique globale de l'acteur, qui le rend indépendant de toute contrainte de production :

> L'éthique que nous souhaitons pour l'acteur est dans la participation de sa personnalité réelle à la création sans soumission aux fluctuations du marché, sans obligation d'accepter des rôles ingrats par nécessité de gagner son mois. Bref, un acteur maître de ses moyens, libre de son expression, capable seul ou avec des partenaires de vivre de sa vie créatrice. (Knapp, 1969a, p. 9)

C'est une vision de l'acteur, que les précédentes contenaient en germe, qui implique pour lui une capacité de s'intégrer dans une démarche de création à plusieurs dans laquelle interviennent metteur en scène et auteur, mais sans se *soumettre* à eux, sans être dépendant d'eux, autant artistiquement que financièrement – ce qui, pour les acteurs, va souvent ensemble. Une vision qui influence donc la façon singulière par laquelle Knapp va aborder la question de la création collective.

LA CRÉATION COLLECTIVE

> D'où peut venir ce renouveau ? [...]
> En bref, de quelques fous qui n'ont rien à perdre et qui ne craignent pas un dur labeur.
> Jerzy Grotowski

Lorsqu'il fait un panorama, assez proche de la tentative qui est mienne dans ces pages, du chambardement que constituent, pour la vie culturelle et politique de la deuxième moitié du XXe siècle, les événements de 1968, David Bradby remarque immédiatement : « le malheur pour l'écrivain de théâtre à l'époque est de faire partie des valeurs et hiérarchies traditionnelles contestées » (Bradby, 2007, p. 22). L'époque engage en effet tout le monde à vouloir se prononcer directement, à se trouver en prise directe avec le monde, sans l'entremise d'un porte-parole. Ainsi dans les années soixante et plus particulièrement dans les années soixante-dix, de nombreuses compagnies choisissent en même temps de se tourner vers la création collective, et la recherche de lieux non théâtraux pour les représentations.

Il serait extrêmement complexe de démêler les raisons de cette synchronicité, et cela déborderait le cadre de ce travail. Dans un sens, elle est toute naturelle en considérant les quelques caractéristiques de la pratique de l'art théâtral dans les Trente glorieuses, à savoir l'engagement des artistes, la notion d'acteur créateur qui, nous venons de le voir, est apparue bien avant les années soixante. Il faut sans doute y voir aussi l'influence d'Artaud, qui considérait la mise en scène « non comme le simple degré de réfraction d'un texte sur la scène, mais comme le point de départ de toute création théâtrale » (Artaud, 1964, p. 144). Marie-Ange Rauch dit d'ailleurs qu'à cette période « *Le théâtre et son double* devient une sorte d'évangile » (Rauch, 2008, p. 135). Le Living Theatre marque également fortement les esprits, à travers son éthique de la communauté et son *théâtre libre*. On retrouve aussi sans doute la marque de Jacques Lecoq ou d'Hubert Gignoux qui, à travers leurs écoles respectives, diffusent, à la suite de Copeau, des pratiques de théâtre chorales et promeuvent l'éthique du groupe[32]. Et enfin, bien sûr, il faut y voir un effet du climat politique dans lequel progressent les années soixante : « La contestation de toutes les hiérarchies si caractéristique des débats de mai semble trouver une issue logique dans une méthode de travail dont le principe de base est que chacun à droit de décider de la forme et des modalités de l'œuvre en cours » (Bradby, 2007, p. 49).

Tout comme c'est l'université qui sera en 1968 le moteur de la contestation dans les rues, c'est, semble-t-il, avant tout dans les milieux universitaires, en France, que se développe ce besoin de recourir à des écritures collectives. « Découverte d'un répertoire, créations collectives, théâtre militant, méthodes de travail originales où la notion de groupe est essentielle, sont le plus souvent les fruits d'expériences universitaires », confirme Anne-Marie Duguet (Duguet, 1970, p. 9). Les deux troupes françaises qui ont connu les plus grands succès à travers leurs spectacles

32 Le Théâtre du Soleil sera très fortement influencé par Lecoq, quant à Gignoux à Strasbourg il inspirera les créations collectives du Théâtre universitaire de Strasbourg présentées au Festival de Nancy, ainsi que Charles Joris pour la création du Théâtre populaire Romand à la Chaux-de-Fonds.

collectifs, le Théâtre du Soleil et le Théâtre de l'Aquarium, sont issues respectivement de la Sorbonne et de l'École normale supérieure. De fait le théâtre professionnel n'est pas le lieu d'une telle contestation des formes, si on en croit Jack Lang :

> Je crois qu'il faut rappeler ce qu'est le théâtre français à l'époque : partagé entre le répertoire classique, dont la Comédie-Française célébrait le culte, et la tradition boulevardière. L'expérience de Planchon reste encore en marge. La révolution vilarienne semble n'avoir touché que la surface des choses. Le théâtre français reste encore apolitique, anhistorique, fondé sur le dialogue, le gag, la joliesse décorative : un théâtre de texte où le procès de notre système social et moral est rarement entrepris. (Lang, 1978, p. 45)

Il faut bien sûr nuancer de tels propos et reconnaître la radicalité du créateur du Festival de Nancy, qui manifeste à cette époque un goût certain pour l'expérimentation[33], mais force est de constater que le théâtre étudiant cherche, à cette époque, à se construire un répertoire qui s'intéresse plus explicitement aux problématiques qui lui paraissent urgentes. Et non seulement un répertoire, mais aussi une manière de faire du théâtre qui inscrive celui-ci plus profondément dans son milieu. Nous avons déjà pu noter à quel point le théâtre universitaire, qui n'obéit pas aux contraintes de rentabilité auxquelles le théâtre professionnel est soumis et réunit des individus éduqués et engagés, peut être le lieu d'un laboratoire pour la recherche de nouvelles pratiques de la scène. Ce sera le cas pour Alain Knapp, et ce sera le cas pour tous ceux qui auront participé, dans ces années-là, au festival de Nancy.

Mais pour l'ensemble des compagnies qui se consacrent à la création collective, celle-ci n'est pas seulement une façon d'aborder la création théâtrale, de renverser le système des valeurs qui fonde sa tradition ; le groupe représente également un idéal de vie. « Nous sommes une communauté de travail et d'esprit un peu à la manière d'une tribu indienne », écrit par exemple Gérard Gélas à propos de Théâtre du Chêne Noir[34]. En ce sens, l'approche qu'Alain Knapp va développer

---

33 Il écrit plus loin, avec militantisme : « Comme le comédien de la *commedia dell'arte*, l'acteur saura qu'il peut chanter, danser, sauter, loin d'être enfermé dans un emploi que commandent son visage, sa voix, il deviendra polyvalent. Loin d'être un interprète docile et soumis, il deviendra lui-même créateur ; il participera à l'œuvre commune par son improvisation, par son intelligence, par sa sensibilité, par sa culture. Il sera libéré de la dictature du texte », (*ibid.*, p. 47).

34 Cité par (Bradby, 2007, p. 113).

de la création collective nous paraît tout à fait singulière. Car pour lui « toute création est d'abord un acte personnel, subjectif et dans une large mesure narcissique » (Knapp, 1977, p. 34). Ainsi pour lui la création collective n'existe que si chaque acteur est capable, seul, de développer et maîtriser sa propre création. Sans cette condition première, tout groupe qui se lancerait dans une création collective tomberait dans l'un des trois écueils qu'il isole, et qu'il connaît bien pour y être lui-même tombé (*ibid.*, p. 31-33) :

- les participants cherchent à élaborer leur spectacle autour d'une table de discussion, et ainsi le spectacle risque de ne jamais voir le jour, empêtré dans les conflits et la confrontation des points de vue ;
- une personne ou un groupe de personnes prennent en charge les participants dès le début de la création, ils s'appuient sur le groupe pour mettre en œuvre leur propre création, sur un sujet et avec des objectifs de forme et de contenu qu'ils ont déjà fixé par avance. La création alors n'est pas à proprement parler collective ;
- un groupe de personnes se réunit pour faire de la création mais nie les compétences de chacun, abolit les particularités individuelles et engage le processus de création sur un égalitarisme abstrait, qui évite certes les écueils précédents mais ne produit rien de particulièrement intéressant.

Ainsi Knapp va-t-il poser, dès la mise en œuvre du Théâtre-Création, des principes qui visent à rompre l'utopie du groupe, et à engager la création individuelle, pour mieux préparer la création du collectif. Et nous pouvons conclure avec David Bradby, qui analyse rétrospectivement les pratiques de la création collective et remarque que peu de troupes ont mis en place une démarche de répétition aussi rigoureuse que le Soleil ou l'Aquarium (et nous ajoutons le Théâtre-Création) :

> Pratiquée d'une manière pure et dure, elle entrave plutôt qu'elle ne facilite l'éclosion d'une créativité partagée. Dix ans après 1968 très peu de compagnies pratiquent encore une véritable création collective. Son influence sur le théâtre ultérieur est plutôt d'avoir appris à une génération d'acteurs et d'artistes du théâtre une pratique interdisciplinaire où ils devaient non seulement maîtriser leur spécialité, mais aussi – et surtout – prendre une responsabilité totale pour

> le spectacle. Certaines compagnies continuent à se réclamer de ces principes, mais ce sont sans exception des compagnies régies par une forte personnalité qui dirige effectivement le travail tout en préservant les formes de la création collective pour les avantages qu'elle confère : un investissement accru de chacun dans le travail et l'exemple d'une pratique politique égalitaire où l'avis de chacun compte dans l'élaboration du projet commun. (Bradby, 2007, p. 113)

Au terme de ce parcours, nous sentons bien comment le contexte socio-culturel a pu agir sur Knapp, particulièrement impliqué dans les milieux étudiants, déjà féru de recherche, dans un processus constant de redéfinition de l'art de l'acteur, pour que lui-même entre de plein pied dans le théâtre d'avant-garde et fasse le choix d'une carrière à la marge. Car en 1967, d'autres voies s'ouvraient à lui – il rêve encore aujourd'hui avec regret à la carrière institutionnelle qu'il n'a pas pu avoir, ou qui ne s'ouvrira pour lui que sur le tard, et timidement : au terme de son expérience à Nancy et du stage qu'il y avait donné, Jack Lang lui propose la direction du CUIFERD[35]. À l'époque, il s'est déjà engagé dans un processus de recherche avec d'anciens comédiens du Théâtre universitaire de Lausanne et certains du Centre dramatique romand, lequel s'effondre ; par fidélité pour son équipe et pour le processus engagé, il refuse la proposition de Lang et reste à Lausanne, où il fonde le Théâtre-Création.

35 D'après ce qu'il a pu nous dire.

GRANDEUR ET DÉCADENCE DU THÉÂTRE-CRÉATION (1968-1975)

La fondation du Théâtre-Création tient autant d'un contexte culturel et politique effervescent, d'un contexte de contestation et de remise en cause globale des traditions et des hiérarchies, que du parcours individuel de son animateur Alain Knapp – mot que nous pouvons sans crainte prendre au sens étymologique tant celui-ci a véritablement insufflé son énergie et sa vision du théâtre dans la définition des objectifs du groupe. La ligne que nous avons suivie jusqu'à présent a dessiné les contours d'une esthétique théâtrale, d'une éthique de l'acteur et d'une conception de l'improvisation qui ne s'y arrête pas. Dans le chapitre suivant, nous examinerons en profondeur les implications de cette démarche dans la définition, plus restreinte, de l'improvisation selon Knapp, et nous la mettrons en perspective avec d'autres approches, et notamment un des courants de l'improvisation théâtrale les plus influents pour les groupes qui la pratiquent aujourd'hui, le système de Keith Johnstone.

Mais il serait injuste de réduire le discours et la pratique d'Alain Knapp et du Théâtre-Création à la seule improvisation, tant la démarche qu'ils ont mise au point, même si elle tourne toute entière autour de cette capacité, en déborde le cadre. Il nous faut donc écrire, dans le détail, l'histoire de ce groupe singulier. Passer en revue, en nous attardant surtout sur les premiers spectacles, leurs créations et leurs activités, et ainsi explorer leur façon de travailler. Faire l'examen des conditions d'exercice du groupe, de ses objectifs politiques, économiques et sociaux, et de sa réception par la critique et les publics. Replacer également ce groupe d'avant-garde dans les grands mouvements réformateurs de l'époque, et en saisir l'importance et l'audience. Tout ceci nous permettra de mieux saisir, lorsque nous en parlerons, le concret des grands principes de l'art de l'acteur développés par Alain Knapp.

Il nous faut également nous interroger sur un point crucial : comment une démarche artistique d'avant-garde et dont la renommée internationale, nous le verrons, a été importante, peut être aujourd'hui quasiment oubliée, très peu étudiée et commentée ? Une question à laquelle, disons-le tout de suite, il ne nous sera possible que de répondre par hypothèses. Celles-ci se rencontrent tout au long d'un parcours qui n'a jamais été pensé pour s'installer.

> « Je n'ai jamais su ce qu'était une carrière », vous confie Alain Knapp lorsqu'il évoque cette période au cours de laquelle il préfère s'investir auprès des enseignants ou des psychiatres, en intervenant dans les écoles et les cliniques. C'est l'époque des paris, du risque, de l'audace. De la générosité aussi, de la dépense de soi qui peut aller jusqu'au gaspillage jubilatoire et délibéré. (Mancel, 1988, p. 37)

Nous allons maintenant écrire cette histoire gaspillée, en la prenant à la racine, pour poser la première pierre d'une réhabilitation du Théâtre-Création dans l'histoire du théâtre du XXe siècle.

PRÉMICES : L'ATELIER DE RECHERCHE DE VIDY

> Ce n'est pas d'aujourd'hui que je me suis aperçu que, dès mes premières années, j'ai reçu quantité de fausses opinions pour véritables, et que ce que j'ai depuis fondé sur des principes si mal assurés ne saurait être que fort douteux et incertain ; et dès lors j'ai bien jugé qu'il me fallait entreprendre sérieusement une fois dans ma vie de me défaire de toutes les opinions que j'avais reçues auparavant en ma créance, et commencer tout de nouveau dès les fondements.
> René DESCARTES

Si elle puise ses sources dans le Théâtre universitaire de Lausanne, et notamment dans l'expérience de création collective du *Rêve d'un émigré*, l'aventure du Théâtre-Création naît d'abord au sein même du Centre dramatique Romand, que dirige toujours Charles Apothéloz.

Celui-ci, comme nous l'avons vu dans un chapitre précédent, avait confié à Knapp la direction du Théâtre des Faux-Nez, pour en faire un lieu d'expérimentation et de recherche. Knapp le prend au mot en y animant, dès la saison 1966-1967, un Atelier de Recherches et d'Informations Dramatiques, à destination des comédiens comme des simples curieux. L'année suivante, « à la demande de comédiens insatisfaits du théâtre et de l'enseignement théâtral tels qu'ils sont pratiqués en Suisse romande[1] » (Knapp, 1968b, p. 2), Apothéloz charge Alain Knapp d'animer sur la scène du Théâtre de Vidy un nouvel atelier, cette fois destiné aux comédiens professionnels et financé par le CDR. Nous avions déjà noté plus haut l'insatisfaction de Knapp et d'autres jeunes metteurs en scène face à la formation des comédiens romands. Son objectif est donc de « préparer dans le cadre d'une méthode, une nouvelle orientation du répertoire et des productions du CDR » (*ibid.*, p. 3).

FONCTIONNEMENT DE L'ATELIER

L'Atelier est gratuit mais la présence quotidienne est exigée. Il entre en fonction le 4 septembre 1967. Des 21 membres qui le fréquentent en novembre 1967, 13 partiront au terme d'un premier bilan de travail, dont Jacques Gardel et les 10 autres acteurs qui fondent le Théâtre Onze[2].

L'Atelier n'est pas un laboratoire dans le vague. Knapp sait très bien ce qu'il recherche, même s'il ne sait pas comme y parvenir. Et de même, les comédiens savent très bien qu'ils s'en remettent à lui :

> Au départ, c'est moi qui posais les bases. Ce n'était pas collectif. Les gens sont venus pour travailler avec moi. Je me suis entouré de gens qui étaient d'accord de faire une expérience avec moi, donc qui étaient d'accord d'accepter

1 Jean-Martin Roy nous a confirmé qu'à l'époque lui et quelques jeunes acteurs, issus du CDR et de l'École romande d'art dramatique, avaient rédigé un « Manifeste pour un théâtre qui corresponde à nos préoccupations », document aujourd'hui perdu. Les auteurs y demandaient une formation continue sur des bases solides qui leur permette de pratiquer leur métier de façon plus autonome.

2 C'est parce qu'ils ne croient pas qu'une telle structure de recherche puisse se développer au sein du CDR que ces acteurs quittent l'Atelier, et la suite prouvera qu'ils avaient raison. Jacques Gardel et Jacqueline Morlet, les fondateurs et animateurs du Théâtre Onze, vont ensuite découvrir Grotowski et puiser là l'essentiel de leur recherche. *Cf.* François Marin, « Théâtre Onze » dans (Kotte, 2005, p. 1928-1929).

> mes directives. [...] J'avais envie d'en savoir davantage, au fond des choses, sur la pratique de l'acteur, sur la pratique de la dramaturgie, au sens d'écriture théâtrale, et puis le rapport entre l'écriture théâtrale et l'acteur, c'est-à-dire : dans quelle mesure l'acteur, s'il improvise, peut arriver à un niveau où il côtoie une forme d'écriture spontanée. Et faisant cela, qu'est-ce que cela lui apporte pour jouer des auteurs comme Shakespeare, Brecht, Marivaux, Tchekhov ou autres. C'était ce rapport là qui m'interrogeait, ajouté à cela : l'improvisation – c'est la période des années 60 – comme moyen de liberté d'expression, à la fois sur le plan éthique, artistique et économique.

Certes cette parole intervient longtemps après, en 2013, quand Knapp a déjà eu le temps d'effectuer une réinterprétation rétrospective de ses objectifs d'alors. Soulignons cependant un enjeu qui va effectivement être au centre de la recherche et conduire Knapp très naturellement sur la voie de l'improvisation théâtrale, que nous voyons toujours comme la conjonction de la composition et de l'exécution : le besoin de mieux connaître les rouages de l'écriture. Ainsi, si l'Atelier est un laboratoire d'acteurs, qui a pour vocation de rechercher les moyens d'accomplir l'interprétation la plus pure, la plus personnelle et la plus riche d'un rôle, il souhaite y parvenir en développant chez l'acteur non ses simples capacités d'expression et d'imagination, mais aussi ses facultés d'écriture. Alors seulement l'acteur sera en mesure de tutoyer l'auteur, de le comprendre intimement.

Alors qu'il ne crée rien, aucun spectacle, aucune présentation publique, l'atelier fait parler de lui. Daniel Jeannet, collaborateur de Knapp depuis quelques années, fait paraître un article dans la *Tribune de Lausanne* où il expose les principes de l'atelier ; Louis Chauvet écrit dans le *Figaro* qu'il « a découvert une avant-garde suisse ». Le rapport d'activité de l'atelier en 1968 mentionne encore des articles dans *La revue Suisse du Théâtre* et *Sie und Er*, ainsi que des émissions de la Télévision Romande et de la Télévision zurichoise.

Quels en sont les principes ? D'abord, il s'agit d'une anti-école, d'une école qui cherche à désapprendre, à déformer plutôt qu'à former. « Au début, nos réunions ressemblaient à des séances de rééducation davantage qu'à une pratique théâtrale[3] ! », se souvient Knapp. Selon la méthode déductive employée à l'atelier, le metteur en scène « est moins un *tyran* qu'un accoucheur (au sens socratique du terme), qui cherche

3 Interview avec Henri-Charles Tauxe dans *La Gazette de Lausanne*, 4 février 1969.

non pas à dicter des comportements, mais plutôt à susciter, à provoquer les réactions des participants, à canaliser une sensibilité qui leur est propre » (Jeannet, 1968). Ainsi les acteurs sont-ils invités à aller à la rencontre d'eux-mêmes. « Où allons-nous, demandent les comédiens ? Nous allons où vous allez vous-mêmes, répond Knapp », écrit Jeannet. Retrouver la force créatrice de l'acteur, seul, sans la béquille du texte, voici donc la première ambition de l'enseignement de Knapp. Jeannet comme Chauvet insistent sur ce point : il s'agit, dans un premier temps, de ramener l'acteur à un degré zéro – ce qui n'est pas sans rappeler Grotowski : « Nous essayons de l'isoler (de ses artifices) pour mieux lui faire comprendre que tout travail créateur est un combat. Seul sur le plateau, démuni de tout accessoire, privé de textes, il est alors ramené, par la force des choses, à son "degré zéro" » (Chauvet, 1968).

Ce dépouillement de l'acteur fait peur à certains, et la liberté les contraint[4]. Il faut dire que Knapp ne ménage pas ses participants, selon le terme volontairement vague qu'ils utilisent alors : le premier exercice est une improvisation libre, sans consigne, sans contrainte, sans guide. Jeannet raconte qu'un participant est resté 3h sur scène sans qu'on l'interrompe, ni qu'il s'interrompe lui-même. Il essaie, s'empêtre, échoue, recommence… À l'issue de la séance, on discute et on analyse : pourquoi ça n'a pas marché ? Qu'est-ce qui a marché ?

Cet atelier pose l'engagement de l'acteur comme un de ses premiers principes : « La sincérité, l'engagement des participants, l'acceptation, pour chacun, d'être son propre maître : voilà résumés les principes de base de l'Atelier ». Par engagement, il n'entend bien sûr pas un engagement politique, un militantisme, une inféodation à un quelconque parti ou à une cause précise (guerre du Vietnam, etc.), ce que certains participants à l'atelier souhaiteraient pourtant affirmer davantage. Comme nous l'avons vu au chapitre précédent, l'engagement dont il est question ici se situe dans la lignée de la pensée existentialiste de Sartre, l'affirmation selon laquelle l'acte de créer nous engage d'emblée, et qu'il faut en tirer toutes les conséquence, politiques ou autres : « Être "engagé", pour un créateur, quel qu'il soit, c'est être engagé tout entier dans son œuvre »

---

4 « Certains participants ont été embarrassés par une si grande liberté, qu'ils ne concevaient d'ailleurs pas comme telle. Ils avaient l'impression de jouer les cobayes dans une expérience dont ils ignoraient la clé ; ils auraient voulu qu'un censeur leur dictât leur conduite, leur expliquât préalablement une démarche qui, par définition, veut être une aventure artistique, tentée par chacun », écrit Jeannet.

affirme alors Knapp. Ce tout entier implique aussi l'homme social, le *zoon politikon.* Ainsi, bien que ce type d'expérience naisse et se développe le plus souvent dans les marges, elle participe d'une conception de la culture comme « une école d'énergie et de participation à la société », ainsi qu'il le dit encore.

L'Atelier naît et se développe donc d'abord dans le cadre de l'institution, et ses premiers pas sont riches, suscitent la curiosité et l'enthousiasme ; il aurait pu y rester, dans une symbiose avec les autres activités du CDR, offrant ainsi à Knapp un terrain solide et fertile pour le développement futur de ses projets…

L'ÉCLATEMENT DU CENTRE DRAMATIQUE ROMAND

> Travaille pendant ta vie pour mériter de vivre après ta mort, mais cache-toi de ton vivant, et ne montre pas tes ouvrages, de peur d'exciter l'envie.
> Vieil adage.

Malheureusement, malgré, et sans doute à cause des débuts prometteurs, un intérêt évident dans la presse et à la télévision, l'atelier doit cesser ses activités au sein du CDR. Le 13 mai 1968, Charles Apothéloz en informe les participants. Les raisons qu'il invoque sont d'abord d'ordre budgétaire : l'occupation à plein temps du plateau de Vidy par l'atelier et des comédiens qui y participent représente un investissement, sans offrir de spectacles en contrepartie, ce qui l'aurait contraint à « présenter une saison assez maigre par rapport aux années précédentes » (Apothéloz & Aguet, 1990, p. 97). Par ailleurs, l'Atelier ne cadre plus avec la nouvelle politique que le CDR souhaite observer pour les cinq prochaines années. Jusqu'ici, celui-ci était un organisme de redistribution des subventions et de coordination des productions ; à partir de l'automne 1967, Charles Apothéloz formule l'ambition de former une troupe au sein du Centre dramatique Romand, dont les membres ne seraient plus engagés à la production, mais de façon permanente. Cela implique également une disponibilité totale des comédiens, avec interdiction pour eux, sauf dérogation, de travailler ailleurs (à la télévision ou à la radio, par exemple). Cette ambition, qui se comprend tout à fait dans le parcours de Charles Apothéloz de par la vision du théâtre romand qu'il n'a cessé de développer, soulève une forte opposition, que Maurice

Meylan, conseiller municipal de Lausanne, exprime en ces mots : « Les comédiens seraient ainsi remis pieds et poings liés à M. Apothéloz, seul maître de leur gagne-pain[5] ». Devant la levée de bouclier, celui-ci doit abandonner son projet.

Cet événement coïncide avec le départ de l'atelier des onze acteurs qui formeront, avec Jacques Gardel, le Théâtre Onze, et avec un mémoire que Lova Golovtchiner, fondateur du Théâtre Boulimie, remet aux autorités de Lausanne pour dénoncer le monopole culturel d'Apothéloz : « Le "cas Boulimie" révèle les revers d'une structure aussi centralisée que l'est alors celle du CDR. Les conditions sont définies de manière à limiter le nombre d'acteurs professionnels et à empêcher tacitement le développement de toute activité dramatique professionnelle en marge du CDR » (*ibid.*, p. 57). Boulimie obtient dès 1968 les subventions demandées auprès de la municipalité de Lausanne, et c'est un signal d'émancipation pour les autres troupes en quête d'indépendance : outre le Théâtre Onze, le Théâtre Boulimie et bientôt le Théâtre-Création, issu de l'Atelier de recherche de Vidy, Paul Pasquier crée les Producteurs indépendants, et demande lui aussi des subventions à la ville. Le théâtre indépendant à Lausanne se définit donc à l'époque non dans un rapport contestataire vis-à-vis des pouvoirs publics, dont il recherche l'appui et les financements, « mais *vis-à-vis du CDR* qui gère jusqu'à cette date l'ensemble de la production dramatique lausannoise » (*ibid.*, p. 142).

Knapp et l'Atelier se situent pleinement dans ce mouvement de contestation du monopole dont jouit le directeur du Centre dramatique Romand. Knapp, qui commence par ailleurs à voir et maîtriser les possibilités de l'acteur-créateur, semble assez peu regretter cette séparation de l'institution : « les exigences de l'Atelier étaient telles au point de vue de la pratique du métier qu'elles devenaient incompatibles avec la méthode de travail généralement appliquée dans les mises en scène du CDR[6] ». Et pourtant, c'est bien Apothéloz qui met l'Atelier à la porte. Sur ce mouvement d'humeur assez soudain[7], Anne-Catherine Sutermeister écrit :

5 Cité par (Sutermeister, 2000, p. 58).

6 Interview avec Mireille Küttel, *Construire*, 25 septembre 1968, cité dans (*ibid.*, p. 58-59).

7 Le rapport d'activité de l'Atelier fait paraître une circulaire du 1er février 1968 où Apothéloz affirme la place de l'Atelier au sein du CDR, quand sa décision de les en chasser intervient trois mois plus tard.

> Officiellement, [Apothéloz] expliquera qu'il ne peut plus soutenir financièrement un projet qui ne débouche sur aucune production ; il reprochera aussi à Alain Knapp d'avoir créé des conflits au sein de l'équipe technique et artistique du CDR (d'après le Procès-verbal de la Commission de coordination théâtrale du 9 juillet 1968). Mais les arguments d'Apothéloz trahissent d'autres enjeux : les activités d'Alain Knapp risquent aussi de porter ombrage aux futurs projets d'Apothéloz. (*ibid.*, p. 58)

C'est ainsi que l'Atelier s'émancipe du CDR et devient le Théâtre-Création. À la date de la publication du Rapport d'activité que nous avons cité plusieurs fois, en juin 1968, il est fait mention que l'ex-Atelier de recherches de Vidy « est décidé à se choisir une *raison sociale* correspondant, de façon plus précise, à ses structures et aux buts qu'il s'est fixés » ; le nom de Théâtre-Création n'apparaîtra que plus tard. On sent en revanche, après les années du Théâtre universitaire où Knapp et son groupe d'acteurs ont développé une méthode pour la création collective, qu'une nouvelle étape est sur le point d'être franchie :

> L'Atelier se présente comme un théâtre *ouvert*, susceptible de répondre à l'immédiateté de l'événement, ce terme étant compris dans son sens large. Notre travail tend à avoir des contacts directs avec le public, en cernant un fait social à l'endroit et au moment où il se produit. *L'Atelier n'est donc pas un théâtre fermé, mais un service public.* (Knapp, 1968b, p. 6-7)

Et nous avons vu plus haut ce que ce terme de service public recouvre pour Knapp. Même si la désignation d'improvisations en public n'apparaît pas encore, et si on trouve à la place de prudentes « démonstrations des techniques de travail mises en œuvre », on sent bien que le projet est présent. Ce que Knapp confirme : « L'hypothèse première, et le but, c'était faire de l'improvisation un spectacle à part entière ». L'improvisation, à travers la liberté, la légèreté et en même temps l'exigence qu'elle implique, était vue comme un outil théâtral idéal, permettant de s'engager, en prise directe, dans l'actualité et les besoins d'une communauté. C'est à ce sens, comme nous l'avons vu précédemment, qu'il faut comprendre ce terme de « service public ».

Le projet dans son ensemble est cependant d'emblée plus ambitieux : ils annoncent deux créations collectives par an, des ateliers en université, en école et en maison de jeunes. Toutes choses que fera, à peu de choses près, le Théâtre-Création.

1968-1972 : LE THÉÂTRE-CRÉATION, PREMIÈRE PÉRIODE

Ils sont sept à vouloir continuer la recherche avec Alain Knapp, et à se lancer dans une aventure qui n'était pas prévue pour durer : Anne-Lise Balimann, Gérald Bloch, Jean-Marie Jolidon, Michèle Ody, Martin Roy, Joëlle Stagoll et Arnold Walter. Certains viennent du Théâtre universitaire (Balimann, Bloch, Stagoll et Walter), d'autres sont de jeunes acteurs du CDR issus de l'École romande d'art dramatique (Bloch, Ody, Roy). Quant à Jean-Marie Jolidon, Alain Knapp le décrit comme un aventurier dans le genre de Blaise Cendrars qui passait par là et voulait tenter l'expérience… Tous font partie de cette nouvelle génération d'acteurs qui souhaite tout remettre à plat et trouver de nouvelles voies. Tous acceptent de suivre les lignes tracées par Alain Knapp, dont nous avons déjà largement parlé : engagement total de l'acteur dans l'acte créateur, exploration des écritures dramatiques, enquête sur l'individu et sur ce qui fonde ses relations aux autres.

Les règles qui régissent le fonctionnement du groupe sont édictées dès le début, la première portant justement sur la nature de l'ensemble d'acteurs qu'ils constituent : « le Théâtre-Création n'était pas un groupe. On était des individus. La notion de collectif, de pensée collective, était déjà exclue chez nous ». Une posture qui tranche de celle des nombreuses communautés artistiques du XXe siècle, où « le groupe est vécu comme naturel, permanent, antérieur et supérieur à l'individu qui y vit » (Autant-Mathieu, 2013, p. 14), le Théâtre-Création est la somme des individus qui le compose, et rien de plus. Pour les rapports de travail, pas de ritualisation, mais une organisation contractuelle : les horaires sont fixes, chacun est tenu de se présenter à l'heure, et à la fin de la journée on ne s'éternise pas, tout le monde s'arrête de travailler. Pour le reste et en-dehors, chacun fait ce qu'il veut : « En tournée, on ne se voyait pas. On évitait le phalanstère, on évitait la vie en groupe ». Tout est mis en œuvre, dès le début, pour éviter la pesanteur de la communauté. Pour éviter aussi que le groupe construise son mouvement propre, son utopie, qu'il devienne un contre-modèle de société – au risque, peut-être, de le rendre fragile et sujet à l'effritement.

1968-1969 : *LES BOBACS*, CRÉATION COLLECTIVE

> Il vaut mieux viser la perfection et la manquer que viser l'imperfection et l'atteindre.
> Bertrand RUSSELL

Si le programme de l'Atelier au sortir du CDR porte déjà, en filigrane, le projet de présenter des soirées d'improvisation, il faudra attendre l'année 1969-1970 pour que cette idée trouve une réalisation concrète. Car à partir de juillet 1968, le Théâtre-Création n'a plus de lieu fixe où travailler. Grâce à Georges-André Chevallaz, alors syndic de Lausanne dont nous avons déjà pu souligner l'intérêt pour les arts, qui connaît bien le travail de Knapp, l'apprécie en tant qu'acteur et metteur en scène et ne souhaite pas le voir partir, ou bien par compensation dans un contexte où de nombreuses troupes veulent s'émanciper du CDR, la troupe arrive à obtenir une subvention de la ville qui lui permet de garantir aux acteurs un salaire minimum de 750 francs (CHF) par mois. Même si c'est suffisant pour que les acteurs du Théâtre-Création puissent travailler à temps plein, c'est assez peu : dans le budget prévisionnel qu'ils font paraître en 1968 pour demander ces subventions, ils demandaient 1 250 CHF par mois et par acteur, et 1 660 CHF pour l'animateur. Pour subvenir à leurs besoins et se garantir un niveau de vie, il leur faut donc créer un spectacle, dans l'urgence. Il faut en même temps que ce spectacle soit un manifeste, une émanation de l'identité du groupe et de ses combats : ce sera donc une création collective, *Les Bobacs*.

Ils répètent dans un vieux temple protestant désaffecté. Pour travailler, Alain Knapp et ses acteurs font construire une scène, qui sera celle du Théâtre-Création pendant les sept prochaines années : une scène « construite comme un fond de bateau en acajou laqué[8] », un plateau de bois de sept mètres sur cinq mètres cinquante, qu'ils font construire dans un atelier naval, qui résonne, qui est beau à voir, et sur lequel les acteurs se sentent chez eux, en confiance. « Les acteurs, disait Knapp, en prennent possession par un acte de travail physique. Ils le lavent chaque jour, comme une baignoire. Le plaisir d'y être les met à l'aise. Il correspond au socle que se prépare le sculpteur afin d'y poser la statue. Une harmonie s'établit entre les acteurs et l'espace qui les entoure. Nous valorisons le jeu par un

8 Heidi Eschler dans la *Feuille d'avis de Vevey*, 17 février 1969.

espace qui reste toujours le même[9] ». Dans nos entretiens, Alain Knapp et sa compagne, Anne-Lise Balimann, ont fortement insisté sur la première importance, pour les improvisations et pour la création, de ce cocon, de cet espace dont les acteurs maîtrisaient les moindre recoins[10].

Les Bobacs est créé à Sainte-Croix le 29 janvier 1969, puis au TML, loué pour l'occasion, le 6 février, alors qu'une tournée est prévue dans toute la Suisse romande (cantons de Vaud, Genève, Valais, Neuchâtel, Berne, Fribourg). La scène reste nue pour le spectacle, dont une toile de fond blanche constitue le décor, avec des accessoires pendus pour les besoins du jeu ; tout passe par le jeu des acteurs et les costumes. Sutermeister décrit : « Sur scène ne figure aucun décor fixe. Tous les accessoires sont amovibles et souvent polyvalents : un trône, deux potences, des bannières. Les mouvements des acteurs sont stylisés et la puissance expressive de la voix (cris, râles) joue un rôle fondamental. L'esthétique, très épurée, correspond à leur volonté de se limiter à l'essentiel » (Sutermeister, 2000, p. 155).

La fable des *Bobacs* est inspiré d'un essai de Barjavel, *La faim du tigre*. Il y décrit le comportement de ces rongeurs de Sibérie méridionale qui, comme les lemmings, sont célèbres pour se suicider en masse s'il n'y a pas assez à manger pour tout le monde. Dans le spectacle du Théâtre-Création cela devient « une parabole ironique sur la surpopulation dans le tiers-monde et les enjeux économiques de la guerre dans les sociétés industrielles » (*ibid.*, p. 153). Les *Bobacs* sont une civilisation primitive, avec ses dieux, son tyran, ses guerres interminables : après avoir fait appel à Alphéola, la déesse de la paix, pour calmer les guerres et les hécatombes qui ravagent périodiquement leur civilisation, la population des Bobacs prolifère dangereusement, jusqu'à saturation. « Papatélos[11], pour maintenir la hiérarchie instituée dans les temps anciens, propose aux Bobacs une *solution* civique particulière : le sacrifice annuel, joyeusement consenti, d'une partie de la population » (Knapp, 1968a, p. 11).

9 Cité par Eschler, *op. cit.*

10 Un aspect qui fait écho au conseil de Yoshi Oida : « Une partie de votre préparation doit aussi être consacrée à la familiarisation avec l'espace de travail. Vous devez d'instinct saisir la taille du théâtre et savoir comment votre énergie va pouvoir remplir cet espace », (Oida, 2008, p. 60).

11 Le tyran qui règne sur les Bobacs. Ce nom fait autant penser à celui de Yeóryos Papadópoulos, qui mena le 21 avril 1967 un coup d'état militaire en Grèce et y instaura ce qui sera connu comme la Dictature des Colonels, qu'à celui de Charles Apothéloz…

Cette fable, dont le caractère parabolique peut en soi rebuter, apparaît sur le papier relativement simpliste et schématique. C'est le constat qui est fait partout dans la presse, le reproche le plus courant. Ainsi, même s'il soutient et reconnaît l'intérêt de la démarche, Henri-Charles Tauxe[12] relève que « la pauvreté de contenu se révèle vite consternante ». Dans la *Feuille d'avis de Lausanne*, un article intitulé « Les pièges de l'improvisation » le 7 février 1969, parle d'« un texte d'une convention et d'une banalité gênantes », tout en soulignant des effets de déjà vu, entre *Le rêve d'un émigré*, Brecht ou Grotowski – ce qui, si le journaliste s'était donné la peine d'en tirer les conséquences, aurait dû forcer son admiration. « Une pièce d'une rare indigence de pensée, une cascade de truismes et de vérités premières, tous les poncifs du théâtre social y compris le recours à la fausse poésie champêtre », écrit pour sa part Jacques Aeschlimann dans *La Suisse*. « On s'acharne à représenter ce qui a été très vite compris », s'agace Georges Gros dans *Le Courrier*[13], en soulignant le caractère militant et démonstratif du spectacle, qui ne dure qu'une heure et paraît pourtant, selon lui, beaucoup plus long. Chacun s'interroge sur les motivations du spectacle, sur ce que cela veut dire exactement, sur ce qui est dénoncé précisément, tout en ayant l'impression d'avoir déjà entendu cela mille fois…

Le même Georges Gros décrit l'atmosphère sonore du spectacle : « Par des recherches vocales, qui surprennent de prime abord, on a voulu un ton collectif. Le cri, lui-même, prend de l'importance, afin de capter, nous est-il dit, la pensée à l'état d'étincelle. Comme c'est souvent le cas pour les troupes qui aimeraient trouver la forme nouvelle du théâtre de demain, l'expression corporelle prend le pas sur la parole ou, plus exactement, elle devient parole ». Une approche primitive du théâtre et de la voix qui en exaspère plus d'un. Il n'y a guère que Bernard Liègme[14], dans une lettre adressée directement à Alain Knapp et que celui-ci publie dans le Bulletin de l'association des amis du Théâtre-Création, pour défendre la qualité d'écriture : « J'ai été surpris par la qualité du texte, souvent très beau. Je dirais – mais c'est une manie d'écrivain – qu'il souffrait quelquefois de boursouflures et tout à coup de banalité. Des trous ici et là, dans une texture généralement solide et souvent très belle » (Knapp, 1969b, p. 6).

---

12 *Gazette de Lausanne*, 7 février 1969.

13 Un rêve en forme de cauchemar, *Le Courrier*, 24 mars 1969.

14 Ancien comédien des Faux-Nez, auteur et co-fondateur en 1961 (avec Charles Joris et Roger Jendly) du Théâtre populaire Romand à la Chaux-de-Fonds.

En revanche, tous ou presque s'accordent pour reconnaître à ce spectacle un achèvement plastique extraordinaire. Le *Jura Bernois* du 15 mars nous décrit l'impression que font les acteurs : « échantillons d'une sous-humanité, personnages sans cheveux, vêtus d'habits noirs rembourrés », et Aeschlimann, dans l'article cité plus haut par ailleurs très violent vis-à-vis du spectacle, reconnaît l'art du mime des acteurs. Mais en fait de mime, c'est bien l'expression physique pure des relations entre les personnages, la maîtrise des corps et de leurs rapports dans l'espace, leur utilisation des accessoires qui semblent toucher l'ensemble des critiques. Un critique qui signe C. St. dans *Le démocrate* du 17 mars écrit : « la stylisation des mouvements, nullement exagérée, suscite instantanément l'attention du spectateur sur un comportement, une situation, la relation entre deux personnages », appelant cet effet l'*expression-image*. A. B., dans la *Feuille d'avis de Neuchâtel*, reconnaît là un des plus beaux spectacles qu'il ait jamais vu, dont il admire la rigueur et la richesse : « l'enchaînement des différents tableaux, d'une précision de chronomètre, est réalisé grâce à des accessoires simples ou par des déplacements de groupe, d'attitudes ou de ton ». Certains pourtant, particulièrement vexés, ne voient dans cette perfection plastique que « des exercices d'ensemble de la société fédérale de gymnastique[15] ».

La revue de presse est impressionnante, et surtout laisse voir une critique qui ne sait plus selon quels critères juger le spectacle : là où les opposants, qui s'en prennent à la prétendue prétention de Knapp de vouloir se passer d'auteur, ce qui n'a jamais été le cas, se laissent aller à des diatribes violentes contre l'ennui et la bêtise de ce qui est représenté, les partisans, qui bien souvent s'intéressent à la démarche artistique plus qu'à l'objet fini du spectacle, en reconnaissent la validité et excusent les maladresses du texte face à la beauté plastique et la maîtrise des acteurs. Michel Wallis, même s'il n'a été qu'intéressé par la proposition, mais « ni ému, ni bouleversé, encore moins scandalisé ou irrité », remarque d'ailleurs que la démarche de Knapp a de quoi dérouter la critique : « Le malheur est qu'il n'existe actuellement aucun critère pour juger un tel spectacle. Il serait possible évidement de parler séparément du texte, du jeu, de la mise en scène, des costumes, etc. Mais le Théâtre-Création conteste précisément ce démembrement du théâtre en plusieurs activités indépendantes[16] ».

---

15 André Marcel, Crispations, dans la *Nouvelle revue de Lausanne*, 4 février 1969.

16 *Journal du Jura*, 13 mars 1969.

La création collective, selon Alain Knapp, implique en effet que tous les créateurs en jeu soient engagés à part égale dans la mise en œuvre de la totalité du spectacle, et ne soient pas responsables de leur seule partie : la pertinence du texte, par exemple, ne peut pas être considérée en-dehors des corps par lequel il prend acte, en-dehors d'une volonté d'ensemble. Mais cette contradiction que l'on relève ainsi dans l'attitude de la critique souligne sans doute en premier lieu que la démarche entreprise par le Théâtre-Création n'en est qu'à ses débuts et ne peut pas prétendre à la maîtrise : en 1968, l'unité de pensée, d'écriture et de jeu à laquelle ils prétendent n'est pas encore solide, leurs talents d'acteurs semblent bien au-delà de leur capacité d'écriture collective.

Au-delà de la seule réception par les critiques, il est difficile de savoir comment le public, dans sa majorité, a reçu le spectacle. Si dans le *Journal de Sierre et du Valais Central*, le 4 février, on parle d'un succès total : « Le public, pas du tout agacé par la nouveauté du spectacle, mais en prise directe, a longuement applaudi le Théâtre-Création », le public de Lausanne semble assez réticent. *Les Bobacs* est un spectacle qui divise et suscite des débats passionnés, des débats esthétiques, et en ceci il fait date dans l'histoire du théâtre romand. Des intellectuels et artistes vont s'opposer à la critique, faisant faire au débat plusieurs allers-retours dans les pages des quotidiens. Gilbert Brodart et Jacqueline Viguet s'indignent dans la *Feuille d'avis de Lausanne* du 14 février que la critique ne reconnaisse pas l'essentielle nouveauté de ce spectacle. Le lendemain, même feuille, Charles-Albert Reichen (agrégé de l'Université) parle d'une « œuvre certes pas toujours parfaite, mais émouvante, voire fascinante à la manière de ces enluminures médiévales, naïves et gauches, mais dont les teintes plates et heurtées font vibrer en nous on ne sait quelle corde profonde et spécifiquement humaine ». Le 17 février, dans la *Gazette de Lausanne* cette fois, ce sont six personnalités qui publient une lettre ouverte intitulée « Légèreté et désinvolture de la critique lausannoise » où ils fustigent une « mise en vedette du critique au détriment d'une information objective et loyale », des « arguments conventionnels sans rapport avec l'actualité de la création », et proclament « l'originalité de ce groupe à l'échelle internationale ; le pouvoir révélateur et le caractère hygiénique de ce théâtre, au niveau de la personne ; l'honnêteté, la force et le bien-fondé de la démarche[17] ». Nous apprécions particulièrement le caractère *hygiénique*...

Même si Knapp reconnaîtra plus tard « une absence de maturité dans l'élaboration du langage scénique, un manque de cohésion interne[18] », laissant par là voir l'urgence de créer dans laquelle le groupe s'est trouvé après son expulsion du CDR, il remarque que cette forme était nécessaire dans le chemin qu'ils étaient en train de parcourir. Un chemin de renouvellement des méthodes de l'acteur, une recherche de liberté, de maîtrise physique, dramaturgique et vocale, quitte à le faire au détriment du verbe dans un premier temps. Peu importe en effet : le débat est lancé, la prise de position affichée, et l'on glose sur l'acteur-créateur de feuille en gazette. Et quand on lit que « rarement sur scène je n'ai vu des acteurs donnant à tel point le sentiment d'être parfaitement maîtres de leur création[19] », on se dit qu'une première étape, nécessaire et décisive, avait été atteinte.

1969-1970 : *LA PAIX* ET PREMIÈRES IMPROVISATIONS EN PUBLIC

> Jamais tu ne feras qu'un crabe marche droit.
> ARISTOPHANE

Ce chemin de l'acteur-créateur n'est pas de tout repos : les membres du Théâtre-Création travaillent 11 mois sur 12, à horaires fixes. Malgré la somme de travail, ils sont toujours dans une situation précaire : aucune garantie de déficit pour la création des *Bobacs* n'a été accordée par le Fond de subvention du théâtre romand, au motif que « le but du FSTR est de subventionner des pièces, et non des créations collectives » (Sutermeister, 2000, p. 235), contraignant la troupe à vivre sur ses recettes, et prouvant au passage la nécessité du combat esthétique et idéologique que menait Knapp dans les programmes. La mairie de Lausanne continue bien à leur consentir un budget de fonctionnement qui assure une rémunération minimale aux acteurs, mais comme nous avons déjà pu le constater celle-ci n'est pas suffisante. Dès la rentrée 1969

17 Alain Knapp se rappelle que les auteurs de cette lettre étaient des peintres, mais nous n'avons pas assez d'éléments pour le vérifier. Leurs noms sont : Schneider, Jacquier, Ryffel, Wolfgang, Firmann et Petitmermet.

18 Entretien avec Antoine Schouchzer, *Gazette de Lausanne*, 28 décembre 1970.

19 Georges Gros, *op. cit.*

est créée l'Association des amis du Théâtre-Création, dans l'espoir de récolter des fonds qui permettent de compléter ce que le FSTR n'accorde pas pour travailler aux productions. Ils publient alors régulièrement un *Bulletin*, dont le premier exemplaire est daté de la rentrée 1969. Y figurent les nombreux projets de la compagnie pour la saison à venir, parmi lesquels un projet nouveau, étrange et ambitieux : présenter enfin des « improvisations faites à partir de propositions venues du public et commentées par celui-ci » (Knapp, 1969b, p. 4).

Après *Les Bobacs*, Gérald Bloch et Arnold Walter s'en vont : ils sont remplacés par Christiane Delay et Christian Jolibois, qui à partir de cette année et jusqu'en 1972, formeront le noyau dur du groupe avec Anne-Lise Balimann, Michèle Ody, Martin Roy, Joëlle Stagoll et bien sûr Alain Knapp. Depuis le 1er avril 1969, la troupe s'est installée au Casino de Chavannes-Renens – rien à voir avec un établissement luxueux de machines à sous et tapis verts : « Il s'agit d'une salle de fête, disposant d'une scène frontale. Comme la plupart des salles communales, celle-ci a l'avantage d'avoir une architecture sobre et fonctionnelle, ce qui permet à la troupe d'adapter librement l'espace en fonction des spectacles. En revanche, le lieu, situé dans l'agglomération lausannoise, est difficile d'accès, et les acteurs ne peuvent l'aménager que sommairement, vu que la salle doit rester disponible pour d'autres associations et événements culturels » (Sutermeister, 2000, p. 172). Ce sont eux, en réalité, qui y installent des modulables et dotent l'endroit d'un équipement technique, et leur scène de bois leur permet de trouver là comme ailleurs un sol propice au laisser-aller indispensable pour leur entreprise. En revanche, l'éloignement de la salle par rapport au cœur de Lausanne, s'il leur apportera le soutien des Cercles de l'Ouest de Lausanne pour des animations et des improvisations dans les écoles et les usines, restera tout au long des années suivantes un problème pour la pérennisation économique de leur activité.

Le refus de la part du FSTR de subventionner des créations collectives, outre qu'il souligne une certaine inertie chez les autorités romandes face à la modernité, oblige le Théâtre-Création à revoir ses objectifs, à les adapter en les retardant, et à créer une pièce classique qui lui « assure momentanément une survie économique » même si, pour les objectifs qu'ils se sont fixés, elle « leur a fait perdre un temps précieux[20] » (Knapp, 1969a, p. 17). Cette « expérience annexe » sera la création de *La Paix*

20 Les citations suivantes proviennent de la même source.

d'Aristophane, et ce retour au texte classique leur assurera un soutien financier du FSTR, certes inférieur à ce qu'ils avaient demandé, mais qui constitue un fait positif.

Retour aux classiques : La Paix

La pièce est assez fortement adaptée, dans une forme de mise en scène collective qui cherche à tenir compte de la démarche créatrice dans laquelle les acteurs sont maintenant engagés. Le fait de se confronter à nouveau à une pièce de répertoire est en effet vécu par ceux-ci comme un retour en arrière et une contrainte. Il leur faut donc inventer une façon de faire qui leur permette d'utiliser leurs acquis, leur indépendance créatrice, tout en la mettant en dialogue avec la pièce, sa composition plutôt que ses mots – ce qui rappelle, au moins au lointain, l'analyse du rôle par les actions physiques développée par Stanislavski et Maria Knebel. Les acteurs se sentent cependant plus à l'aise pour créer en-dehors des scènes déjà écrites, dans la partition physique, en prenant notamment appui sur des sensations : « le support du jeu réside dans des *valeurs concrètes*, connues de chacun ». Toucher (sexe), odorat (bousier), goût (nourriture), etc., sont mis à forte contribution dans la pièce d'Aristophane et permettent aux acteurs de trouver physiquement leur chemin dans le texte. Des scènes se trouvent ainsi développées : « la préparation du sacrifice, le repas de noce, la visite de Hiéroklès » ; on ponctue la représentation d'allusions à l'actualité[21].

Le spectacle est créé au Festival de Wrocław qui se déroule du 18 au 26 octobre 1969. Outre le précédent de la participation du TUL à ce festival à la suite de celui de Nancy en 1967, le directeur et fondateur du Festival, Bogusław Litwiniec, connaît bien Knapp, pour avoir joué pendant ses études en France dans *La famille improvisée* que celui-ci avait mise en scène au Théâtre universitaire de Nancy. *La paix* y est accueillie avec enthousiasme : le journal hebdomadaire *Wspolczenosc* (L'époque contemporaine) parle d'un spectacle « plein d'esprit et de drôlerie,

21 Les marchands d'armes qui protestent contre le retour de la paix dans la pièce d'Aristophane deviennent ainsi les représentants de l'entreprise Oerlikon-Bührle, qui se sont distingués pendant la seconde guerre mondiale en fournissant l'Allemagne nazie et en faisant plus tard parvenir illégalement des armes à l'Afrique du Sud de l'apartheid et au Nigéria, où s'enchaînent les coups d'État. Le président et directeur du groupe Dieter Bührle est, au moment de la création du spectacle, en procès, et sera condamné en novembre 1970.

merveilleusement mouvementé et sonore, d'une parfaite cohérence[22] » ; « représentation d'une étonnante légèreté, d'un charme incomparable, beaucoup de fraîcheur juvénile mais basée sur un métier d'acteur mûr et intelligent. Beaucoup de vie et de gaîté », affirme pour sa part la *Gazeta robotnicza* du 25 octobre 1969. Dans la revue *Teatr* du 16-31 décembre 1969, Tadensz Burzynski classe le Théâtre-Création parmi les trois meilleures troupes présentes au Festival de Wrocław, aux côtés de la Nouvelle Compagnie d'Avignon d'André Benedetto et du Bread and Puppet Theatre.

En Suisse par contre, où ils jouent dès novembre 1969 après une tournée en Pologne (Wrocław mais aussi Gdansk, Varsovie, Cracovie) et à Prague, l'accueil est beaucoup plus mitigé, même s'il est globalement plus enthousiaste que pour *Les Bobacs*. Si certains reconnaissent dans ce spectacle un progrès, voire un achèvement de la démarche du Théâtre-Création, et parlent d'une « *Paix* régénérée : poésie, humour vif et actualité[23] », ou encore d'un « spectacle généreux, dans le sens qu'il était beau, esthétique[24] », d'autres n'hésitent pas à user d'artillerie lourde (sans doute fournie par Bührle). Henri-Charles Tauxe, dans la *Gazette de Lausanne*, le 3 décembre 1969 : « L'interprétation eût gagné à être tout bêtement mise en scène, la coordination d'Alain Knapp n'allant pas au-delà des intentions brouillonnes. Seul Martin Roy ne réussit pas à nous masquer entièrement qu'il est un comédien doué » ; on lit dans la *Nouvelle revue de Lausanne* du 6 décembre : « c'est fou ce qu'on peut s'ennuyer à voir des gens se forcer à s'amuser, à gambader, à gambiller, à se goûter, à faire alternativement la foire et l'amour. Il ne manquait que le LSD… » ; quant à Géo-H. Blanc, dans *Le Peuple*, le 13 décembre : « la mise en scène "collective" et l'interprétation semblent inachevées, imprécises, pesantes, maladroites, balbutiantes, entachées de partis pris. On se complaît dans la laideur gratuite et dans le grotesque facile », écrit-il avant de conclure : « cette jeune troupe allie la candeur à la prétention ».

Un désaveu complet, dont la virulence étonne après l'accueil chaleureux des Polonais, et qui fera signer à Patrick Ferla un article intitulé « De la grande solitude d'être suisse ». Mais ce rejet de la

22 *Wspolczenosc*, Varsovie, 19 novembre 1969.
23 *Feuille d'avis de Vevey* du 13 novembre 1969.
24 *Journal d'Yverdon*, 5 novembre 1969.

presse spécialisée qui, par définition, aime rendre compte du théâtre conventionnel, du théâtre qui se fait déjà, et de ce fait subit plus qu'elle n'attend toute proposition nouvelle, s'explique sans doute en partie par l'activisme de Knapp, qui ne cesse d'écrire partout la nécessité de réformer le théâtre et d'inventer de nouvelles voies pour l'acteur. Henri-Charles Tauxe, dans l'article déjà cité, avoue ne rien comprendre au texte du programme de *La Paix* : « Je serais sans doute moins sévère si le galimatias doctrinal ne relevait d'une prétention indéfendable. Tout ce que je souhaite, sincèrement, au Théâtre-Création, c'est d'oublier ses théories fumeuses, ses vues simplifiées et grotesques sur notre époque, et de se mettre à la recherche de son expression propre, sur le plan concret de l'art dramatique ». Un paradoxe, un comble, quand on songe que c'est justement ce que s'acharne à développer le Théâtre-Création.

En quoi consistent ces théories fumeuses ? Bien sûr H.-C. Tauxe, en bon journaliste, ne prend pas la peine de les relever et d'y répondre. Mais le programme de *La Paix* fait paraître un texte d'Alain Knapp, « Situation et options », où celui-ci fait justement le point sur l'époque contemporaine, sur les tentatives théâtrales qui ont été menées pour y faire face, sur leur inachèvement et enfin sur les solutions que le Théâtre-Création entend apporter. Ce texte s'ouvre ainsi :

> Qui peut nier qu'aujourd'hui le rythme de nos mutations équivaut à la valeur d'une décennie pour un siècle ? Devant cette accélération du mouvement des idées, quelle affirmation humaine peut franchir le seuil du temps sans être aussitôt infirmée par les faits qui opèrent comme un boomerang et détruisent les schémas les mieux élaborés ? [...] Quel moyen donner à la création théâtrale pour qu'elle rende compte des fluctuations des temps présents sans rompre avec ce qu'elle a de fondamental dans l'esprit de l'individu[25] ? (Knapp, 1969a, p. 4)

On sent déjà, dans ces questions, que la nécessité de produire un art engagé dans son époque figure en préalable. Il ne suffit pas que l'œuvre elle-même soit engagée, qu'elle trouve une forme de prise directe avec l'époque, avec les gens auxquels elle s'adresse ; cet engagement concerne l'acteur lui-même. Engagé dans la création, car c'est l'unique forme d'engagement que reconnaît Knapp, tout embrigadement politique étant exclu – la rôle de l'artiste est pour lui de faire jaillir des questions,

25 Nous continuerons dans la suite à emprunter à cet article.

de découvrir et mettre en évidence des problèmes et des contradictions, et non d'y répondre avant même de les avoir explicités. L'éphémère de la représentation théâtrale, et avec lui l'impossibilité de construire une relation prolongée à l'œuvre, obligerait l'acteur qui ne veut pas subir cette intermittence à rechercher un sens plus profond dans l'exercice de son art, que seule la relation aux spectateurs peut lui apporter. Il explique ainsi, par ce besoin de reconstruire des liens entre le créateur de théâtre et ceux auxquels il destine sont art, des formes de théâtre participatives, derrière lesquelles on reconnaît le Living Theatre, où les acteurs « descendent dans la salle et, criant leur révolte, appellent au changement ». Une telle participation et un tel mélange des fonctions est exclu pour lui : l'acteur est un artiste et il a pour lieu la scène ; en face, si le spectateur est un partenaire de jeu et le destinataire de la création, il reste spectateur : « Il faut admettre que l'acteur, s'il est créateur, doit avoir les possibilités d'aller au bout de l'exploration de ses moyens, ce qui suppose que lui soit reconnue la place qui est la sienne. [...] S'il faut en finir avec le spectateur passif, celui qui ne trouve pas dans la représentation de motifs d'agir au-delà d'elle, il faut également détruire le mythe du *spectateur-acteur* ».

De là, il développe quatre schémas possibles pour la création théâtrale. En premier lieu, le « système hiérarchique traditionnel menant à la représentation », où la création n'arrive dans les bras des acteurs que déjà mâchée par l'auteur, le metteur en scène et son dramaturge. La part de créativité de l'acteur ou des autres agents du spectacle (costumier, décorateur, etc.) s'exprime dans les limites définies par la triade divine, et le public, face à un objet immuable qu'il ne peut qu'accepter ou rejeter, pourra juger séparément de leurs actions respectives – chacun n'étant, au final, responsable que de la part qui lui incombe, c'est-à-dire pour les comédiens la justesse de leur expression. Deuxièmement, pour la création d'un texte de répertoire par une troupe d'acteurs-créateurs, comme ce sera le cas pour *La Paix*, il propose un fonctionnement qui met le texte au cœur d'un processus plus global, où « l'acteur intègre le texte à sa démarche créatrice personnelle tout en tenant compte de la structure collective » : « les différents participants ne se cloisonnent plus dans leurs spécialités mais travaillent ensemble à partir de la première répétition, et c'est globalement qu'est conçu le spectacle ». Ainsi, dans cette approche, celui-ci est toujours susceptible de se modifier au contact des spectateurs et de leur jugement, qui ne se fait plus sur des éléments détachés, mais sur un ensemble cohérent[26].

Knapp reconnaît cependant que « le choix d'une pièce préexistante à la création collective risque de faire naître, quand bien même l'on tentera une adaptation aux conditions de la troupe, des contradictions à la longue difficilement surmontables ». S'ensuit un plaidoyer pour un troisième schéma pour la création théâtrale, la création collective, plaidoyer dont la nécessité est vivace en cette Suisse où les subventions ne sont accordées que pour des pièces d'auteur. L'aboutissement de la démarche collective sera atteint avec les improvisations en public, le quatrième stade. Dans le schéma que Knapp propose de la création collective, celle-ci naît d'une rencontre entre un groupe d'acteurs maître de ses techniques et un public, en tant que communauté à laquelle le spectacle s'adresse. Dans les projets du Théâtre-Création pour l'année 1969-1970 figure notamment celui de créer plusieurs spectacles collectifs, en réaction à des événements ou pour des collectivités données, rapidement répétés (en 10 jours) et commentés par les spectateurs, instaurant une relation réciproque entre la scène et la salle : « Le public assiste à un spectacle qui lui est directement destiné. [...] Le public apprend du spectacle, l'acteur apprend du spectateur, aux plans de l'art et de la société ». Ce projet ne semble pas avoir abouti, puisque nous n'en trouvons de trace nulle part ; peut-être les conditions économiques ont-elles poussées le Théâtre-Création à l'abandonner au profit des seules improvisations.

Nous avons en effet mentionné plus d'une fois que le FSTR refuse, en 1969, de subventionner des créations collectives. Le Théâtre-Création se trouve donc dans une situation financière difficile. Il en est souvent question, que ce soit dans les programmes des spectacles ou dans les *Bulletins de l'Association*, à travers lesquels le groupe lance des appels aux dons. Paradoxalement, cette situation semble l'obliger à se concentrer sur une forme qui était pourtant dans son nature : « *Il est totalement exclu pour nous d'investir une quelconque somme d'argent dans des répétitions, des décors, des droits d'auteur, etc.* Nous sommes par conséquent placés à un niveau

26 Qui semble tout relatif et peut-être un peu théorique en ce qui concerne *La Paix*. En témoigne un article de François Truand dans *La Gazette de Lausanne*, le 5 décembre 1969, où il ne reconnaît là qu'un spectacle « de facture assez classique, un collage de morceaux qui marchent plus ou moins bien et non un élan collectif ». En réponse, le 20 décembre, René Rapin parle du « plaisir communicatif des comédiens à jouer ensemble », ce qui ne saurait pour autant constituer un gage de cohérence.

financier zéro. Il nous reste une solution qui s'inscrit dans la logique de notre entreprise : nous allons quotidiennement créer un spectacle nouveau ».

Le Théâtre-Création s'achemine ainsi vers la réalisation concrète de l'objectif qu'Alain Knapp avait posé dès les débuts de l'Atelier du CDR. En proposant des improvisations sur des thèmes que choisit le public, des thèmes d'actualité, des préoccupations communautaires, le Théâtre-Création réalise la critique et la conjonction de deux idées maîtresses du théâtre du XXe siècle : d'une part la distanciation brechtienne, en exhibant au grand jour le processus de la création à partir d'un point et d'une histoire que le public connaît ; d'autre part, le Théâtre populaire, en réalisant une certaine unité du public, une unité qui n'est pas supposée comme un préalable, mais se crée dans la confrontation, et où le dissensus fait œuvre politique :

> Il n'y a plus ici unité abstraite du public – réunion autour du « répertoire-culture » – mais démarche et réflexion de chaque individu. Le débat intérieur suscité par la représentation débouche sur des prises de position face à la collectivité. Quant à l'acteur, il montre par son art ce qu'il sait de la réalité, et la communauté lui apprend ce qu'il ignore d'elle. Le théâtre redevient ici politique, miroir vivant de la société, capable d'exprimer les préoccupations collectives et personnelles des individus.

Il faut reconnaître cependant que l'analyse livrée dans les pages de ce programme, si elle nous est familière plusieurs décennies plus tard, pouvait à l'époque paraître absconse, voire hermétique, et avait de quoi dérouter et agacer une critique dramatique à l'aise avec le système hiérarchique traditionnel du théâtre et qui venait assister à un spectacle, *La Paix* d'après Aristophane, que tout semblait rapprocher de ce qu'ils avaient l'habitude de voir. Encore faut-il donc que le Théâtre-Création donne à la critique de quoi discourir sur des spectacles en pleine phase avec sa philosophie. Un tel but sera atteint, enfin, avec les improvisations sur des thèmes proposés par le public.

Les premières improvisations en public

Comme pour *La Paix*, c'est en Pologne, à Wrocław puis en tournée, que le groupe donne ses premiers spectacles d'improvisation. Il joue pour le festival dans des lieux de théâtre, mais aussi lors de rencontres avec les ouvriers et les écoles de la région.

Le protocole des soirées d'improvisation semble avoir beaucoup changé d'un soir sur l'autre, n'avoir presque jamais été le même. Il faut bien voir que le Théâtre-Création était une troupe en recherche permanente. Aussi arrivaient-ils le soir d'une représentation avec un esprit disponible à l'expérience, à la nouveauté, et une maîtrise de leurs facultés de comédiens à laquelle ils pouvaient faire confiance. Le déroulement de la soirée dépendait de l'endroit où ils s'implantaient, du public, de ce qui s'était passé dans la journée, du nombre de joueurs... Ils n'avaient pas besoin d'un protocole très défini, d'un cadre ou d'un *format* qui serait leur signature[27] ; celui-ci était précisé dans la journée, ou bien juste avant le spectacle. Ainsi il pouvait leur arriver de tenter des expériences en se basant sur des auteurs et en tâchant d'adopter leur style, ou encore organiser des soirées avec des musiciens ou des peintres ; plus tard, ils développeront des *canevas* sur lesquels se construiront l'improvisation... Parfois, dans les premières périodes, les spectacles commencent par des exercices physiques de placement dans l'espace, des jeux sur les formes des corps, sur les distances. D'autres fois, notamment quand les thèmes sont trop étroits ou qu'ils les choisissent dans les journaux du jour, ils font ce qu'ils appellent des « actions paniques », des improvisations courtes pour illustrer un sujet d'actualité, des caricatures. Mais la plupart du temps les improvisations durent, dix, vingt minutes ou trois quarts d'heure ; quand le sujet est épuisé, ils s'arrêtent.

Cependant, la présence des spectateurs, l'importance de s'adresser à eux spécifiquement, de toucher des points sensibles de la communauté qu'ils représentent implique une constante : leur demander des thèmes sur lesquels improviser. Pour cela, même si les articles que nous avons pu lire laissent entendre que cela se faisait de vive voix, et dynamiquement au cours de la représentation (certains thèmes pouvant ainsi faire écho à ce qui s'était passé avant), Knapp se rappelle surtout avoir utilisé des bouts de papier, distribués à l'entrée et mis en vrac dans un panier. Selon lui, le choix des thèmes oralement « déconcentre le public ; il faut quand même qu'il y ait un minimum de sacralisation au théâtre[28] ». Une fois

27 Aussi appelés *concepts*, ils représentent l'ossature des spectacles d'improvisation et règlent notamment les modes de communication entre les acteurs et le public, l'ordre et l'enchaînement des scènes ou des jeux, les principes directeurs. On peut en trouver une liste sur http://www.improticket.com/concepts. Voir aussi, pour un point de vue plus conceptuel sur la structuration des improvisations, (Zaunbrecher, 2011).

28 Entretien du 24 juin 2013.

le thème tiré au sort, annoncé dans un souci très brechtien d'assurer un point d'origine commun entre la salle et la scène, les acteurs, assis sur des bancs sur le bord du plateau, le toujours même fond de bateau quand cela était possible, sans se concerter, commencent l'improvisation. Là encore, rien de fixe, mais des tendances : un monologue souvent d'abord qui installe un cadre, puis un dialogue, puis d'autres personnages font leur entrée, l'improvisation gagne en profondeur et en complexité...

D'emblée, l'habileté des comédiens est admirée. Dans *Wspolczenosc*[29], on remarque que « les improvisations furent parfaitement exécutées, elles furent peut-être même meilleures que la représentation préparée de longue date ». Jan Skotnicki, dans la revue *Teatr*[30], analyse plus profondément ce qui se passe. Il décrit pour commencer le plateau : nu, avec des bancs sur le côté où sont assis les comédiens, en blue jean, chemise et pieds nus. Quand le thème est choisi, « les exécutants se concentrent. Ils ne communiquent pas entre eux. Au bout d'un moment, deux actrices commencent à esquisser, à esquisser seulement, mais c'est déjà l'improvisation du conflit opposant la mère et la fille (le thème est Maternité) ». Après cette esquisse, les thèmes apparaissent avec plus de netteté, peut-être trop, le critique remarquant que « le dessin général des situations et des dialogues reste schématique » : « l'improvisation est plus faible quand le texte prend trop d'importance, certains acteurs paraissent d'ailleurs en souffrir. L'improvisation est intéressante lorsque les acteurs, tels des musiciens de jazz, peuvent à tour de rôle développer un thème de diverses manières, souvent de façon très amusante. Ils sont vivants, ils vivent au centre, dévoilant finalement leurs propres conflits ». Apparemment, à ce stade de l'évolution du Théâtre-Création, chaque acteur maîtrise ses propres outils de création, sa partition, mais les dialogues n'échappent pas encore au piège de la discussion, ne construisent pas encore pas à pas les identités des uns sur les autres.

Dès les débuts, il semble que les spectateurs doutent du caractère réellement improvisé de ce qu'ils voient : « La troupe, ayant préparé des schémas des situations les plus courantes pouvait immédiatement répondre aux désirs du public, par un jeu souvent humoristique » (Waszczuk, 1978, p. 33). Mais Knapp, de retour en Suisse affirme à Patrick Ferla dans l'article de la *Gazette d'Yverdon* cité plus haut que

29 Varsovie, 19 novembre 1969.

30 n° 24, 16-31 décembre 1969, Varsovie, p. 11.

« [leurs] improvisations sont tout à fait spontanées ». Ce dont ne semble d'ailleurs pas tellement douter la presse suisse, qui s'intéresse beaucoup à ce nouveau type de spectacle et le commente abondamment.

Dans la lignée de l'article polonais, un certain Cl. Vn. remarque, dans *L'impartial* de la Chaux-de-Fonds du 7 novembre 1969, que les comédiens ont une technique parfaite, un bon fonctionnement de groupe, une efficacité et une souplesse remarquables. Mais si lui aussi considère que le Théâtre-Création fait appel à des schémas pré-établis, ce n'est pas dans le sens d'une béquille qui assurerait à l'improvisation une cohésion et une qualité, mais comme un écueil qui fait pencher le spectacle vers du simple divertissement : « Qu'on ne s'y méprenne pas pourtant : improvisation ne dit pas forcément création ou même composition. C'est ici peut-être que surgit le malentendu. Les comédiens vaudois ramènent en effet tous les sujets qu'on leur demande (petit livre rouge helvétique, l'obsession de la mort, le Club Méditerranée, le vote des femmes) à première vue à divers schémas dramatiques et rythmiques du même type où temps forts et faibles alternent de manière finalement monotone ». Une critique qui se retrouve presque partout dans la presse dans la première période des improvisations publiques, en ce novembre 1969. À la même date, la *Tribune* de Neuchâtel écrit également : « La formule [...] semble néanmoins assez mince pour soutenir l'attention du spectateur pendant une soirée entière. [...] Très rapidement les moyens deviennent les mêmes, les idées font figures de poncifs, les attitudes de redites », mais l'auteur de l'article reconnaît que ce type de spectacle intéresse les spectateurs au théâtre en les faisant participer à la création, et remarque déjà la liberté communicative des acteurs : « cette liberté d'expression fait appel à des audaces, au travail du corps et de la voix. C'est une sorte de libération dans laquelle les acteurs communiquent leur faculté de s'engager totalement non point politiquement, mais humainement et moralement ».

Au fil de la saison, dans les commentaires de presse, c'est cette vision d'une nouvelle forme de théâtre qui implique les spectateurs et possède une force d'engagement et d'émancipation exceptionnelle qui s'imposera peu à peu, soit que le Théâtre-Création s'améliore au fur et à mesure des représentations et de ses contacts avec le public[31], soit que les conceptions évoluent et que les idées pénètrent petit à petit.

31 Pierre-Étienne Heymann : « On n'apprend pas le théâtre en vase clos : le public fait partie du groupe de chercheurs », cité par Yannick Mancel dans (Mancel, 1988).

Ainsi Charles Biber décrit longuement, dans *La vie protestante* du 13 février 1970, la soirée d'improvisations qui a eu lieu le 7 novembre au Théâtre de Poche de Neuchâtel : cela commence par un travail corporel, muet, qui « inquiète les spectateurs ». Les premiers thèmes qui sont proposés, « rêve de fou » et « conscience professionnelle », reflètent la réticence des spectateurs à se laisser embrigader dans un théâtre trop expressionniste : ils exigent de n'être pas venus pour rien, et de s'entendre dire quelque chose. Les acteurs du Théâtre-Création prennent ces thèmes avec humour, en mettant en jeu des êtres parfaits « aux perfections génératrices de drames », et désamorcent ainsi la situation. *Le timide amoureux* est un thème qui fait rire aux éclats, *Le célibat des prêtres* un peu moins. Mais ces hauts et ces bas dans la création, les spectateurs semblent prêts à les accepter. Il conclut :

> Il est certain qu'à ce théâtre on réagit ; on reparlera un peu partout de cette soirée. Les surprises du moment cachent des découvertes plus durables et ainsi le spectacle, après une première phase quelque peu frustrante, éveille la conscience et le jugement. [...] Sans du tout rendre superflu un théâtre plus concerté, celui qui plonge ses racines dans une œuvre écrite, le Théâtre-Création aide à remporter une victoire sur l'isolement spirituel du spectateur-consommateur.

On sent tout ce que ces remarques peuvent révéler de préoccupations protestantes pour la progression des âmes. Mais face à la même soirée d'improvisations, un commentateur païen du *Journal du Jura* s'enthousiasme tout autant : « Enfin quelque chose de sérieux ! Enfin un peu d'art au milieu de cette frénésie de "recherches" avant-gardistes "socio-érotico-politico-psychologiques" – et nous en passons. [...] Quelqu'un a tout de même compris qu'on ne faisait pas du théâtre en hurlant et en déplaçant du vent sur scène ». On s'étonne tout de même de ces commentaires, tant ils sont aux antipodes de ce qui avait été reproché au même Théâtre-Création pour des spectacles répétés, tels que les *Bobacs*, ou encore pour *La Paix* ; soit qu'ils aient tiré les leçons de l'accueil de ces spectacles, soit que ceux-ci faisaient partie d'un parcours prévu de longue date, Alain Knapp et son groupe semblent avoir petit à petit accordé moins de place au travail sur le corps et les résonateurs pour se consacrer à la production du texte et l'élaboration de personnages[32].

32 Philippe Adrien va dans le même sens : « Sur le plan de la recherche d'un langage, Alain Knapp et les acteurs du Théâtre-Création m'ont semblé avoir effectué une découverte majeure :

Peut-être y a-t-il là aussi un effet spécifique à l'improvisation telle que l'entend Knapp, qui envisage toujours la parole et le geste dans leur rapport à une narration, ainsi que nous le verrons au chapitre suivant.

Mais pour l'heure ce n'est pas ce qui retient l'attention de la presse, celle-ci préférant se concentrer sur la jubilation des spectateurs. L'article du *Journal du Jura* se conclut par un appel pour que tous aillent voir ce spectacle où les spectateurs se trouvent à égalité avec les acteurs – non une égalité factice, de position dans l'espace et d'expression, mais une égalité critique, intellectuelle, une « confiance réciproque » : « Le Théâtre-Création fait chanceler le snobisme avec intelligence », envoie-t-il pour finir. *L'Express de Neuchâtel*, quant à lui, remarque à propos de cette même soirée : « Au cours des trois représentations qu'ils ont données au théâtre de Poche, Alain Knapp et sa troupe nous ont prouvé de façon éclatante qu'un spectacle improvisé peut être excellent du point de vue technique et riche en invention tant sur le point de l'expression corporelle que sur celui de la création du texte », laissant entrevoir par là le niveau de maîtrise auquel les acteurs étaient arrivés.

Bien sûr il y a des ratés, des soirs où la mayonnaise prend un peu moins et où, du fait de ce manque de condiment, le public reste sur sa faim, et les critiques davantage encore. « On ne peut que le considérer que comme un peu. Un peu génial, mais un peu quand même », écrit D. Piota avec beaucoup de condescendance dans *Le Journal du Haut-Lac* le 21 février 1970 ; le *Démocrate de Delémont* évoque un spectacle de 2h30 devant 140 spectateurs où « le noir était bienvenu » après l'échec de certaines improvisations. Qu'importe ? L'échec fait partie du jeu, et permet même d'ailleurs encore plus de participation active du public : « l'erreur voire l'échec du jeu ne porte pas directement à conséquence mais engendre une réflexion » (Knapp, 1971, p. 5).

Il reste que cette démarche, absolument novatrice même si elle est parallèle à celle de Keith Johnstone, suscite un intérêt, voire un engouement qui dépasse le seul cadre du théâtre et des thèmes abordés, pour toucher à une fonction politique et sociale : « Le théâtre-création nous introduit dans une société où toute transcendance est ramenée à sa dimension humaine, dans un univers qui est terriblement nôtre.

à savoir que les hommes se distinguent des autres espèces animales par la station debout sur deux pieds et la parole (poétique ou non). Aussi marchent-ils et parlent-ils comme vous et moi, faisant au borborygme et à la reptation la part minime qui leur revient », (Knapp, 1970a, p. 3).

Théâtre de l'homme social, le Théâtre-Création est aussi le seul théâtre révolutionnaire de Suisse », lit-on dans le *Journal du Jura* en février 1970. L'engouement du public pour cette forme de théâtre, qui délie les langues et offre des opportunités de débat dans une Suisse qui s'auto-censure énormément[33], se ressent également dans la fréquentation des salles, et à travers les invitations que les différentes villes de Suisse, de tout bord politique, leur font : ils jouent plusieurs fois à Neuchâtel, Saint-Aubin et Bienne, passent à Fribourg, Delémont, Tavannes, Monthey ; en moyenne, les salles sont remplies à 80 %, ce qui veut dire que « dans l'ensemble, on peut constater que les improvisations ont été plus suivies, et de loin, que *La Paix* d'Aristophane » (Knapp, 1970b, p. 3).

Les thèmes abordés reflètent les préoccupations de la population, et n'hésitent pas à être politiques, montrant par là que le public lui-même était plus engagé et soucieux de la vie sociale qu'il ne l'est dans les spectacles d'improvisation aujourd'hui. La démocratie directe telle qu'on la pratique en Suisse n'y est peut-être pas pour rien. Bien sûr il y en a d'indémodables, de frivoles, comme le *timide amoureux* cité plus haut, ou le club-med. Mais en Pologne, le Théâtre-Création improvise sur le socialisme ou le niveau de vie ; un des thèmes qui revient le plus lors des soirées d'improvisation en Suisse est l'initiative Schwarzenbach[34], à quoi un critique réagit en ces termes : « les acteurs instinctivement l'ont racontée comme la ressentiront dans quelques semaines la majorité des électeurs helvétiques : non pas comme une entreprise économico-patriotique visant à faire diminuer le nombre des étrangers résidant en Suisse, mais comme le moyen d'exprimer par un bulletin de vote une aversion viscérale de tout ce qui est à la fois proche, étranger et déroutant, cristallisée sur l'Italien[35] ».

Dans cette saison 1969-1970, extrêmement riche et productive, le Théâtre-Création multiplie ses activités, les rencontres et les expériences :

33 « Une culture de taiseux », dit Anne-Lise (Balimann) Knapp.

34 Ou encore appelée initiative contre la population étrangère, l'initiative Schwarzenbach est une initiative populaire fédérale lancée en 1968 par James Schwarzenbach et son parti, l'Action nationale (contre l'emprise étrangère). Dans la démocratie suisse, quiconque possédant le droit de vote peut proposer à la votation populaire, sous réserve d'un certain nombre de soutiens, un article pour modifier la constitution. L'initiative en question visait les populations étrangères, essentiellement des Espagnols et des Italiens : elle souhaitait limiter cette population à 10 % de la population de chaque canton, ce qui aurait impliqué le renvoi de 300 000 personnes. Le 7 juin 1970, l'initiative est soumise au vote : elle est rejetée par 54 % de la population.

35 *Feuille d'avis de Neuchâtel*, 28 mars 1970.

il propose des soirées d'improvisation à Chavannes-Renens et à Bienne avec des peintres (Francine Simonin, Marc Kuhn et Manfred Hölzel), des poètes (Jean-Jacques Daetwyler) et des musiciens (l'ensemble de musique expérimentale Neue Horizonte de Urs Peter Schneider[36]) ; ils donnent des cours auprès de l'École d'études sociales de Lausanne, et des stages à l'école d'ergothérapeutes de Lausanne, à l'Union française des centres de vacances et de loisirs (UFCVL) et au Centre national de formation à l'animation de Fublaines (CNFA) : Martin Roy met en scène *Celui qui dit non, celui qui dit oui* de Brecht avec les Tréteaux de Renens, une compagnie d'amateurs ; ils font une première expérience d'animation scolaire avec une classe d'élèves de 11 à 12 ans à Renens, et commencent à appliquer leurs méthodes dans le travail en hôpital psychiatrique.

Ils sont enfin invités à présenter leurs improvisations au Festival Rencontres Internationales de Bordeaux. La presse locale, face au spectacle, ne sait pas mieux réagir que la presse suisse, mais dans l'ensemble admire la troupe de jeunes acteurs : « l'interprétation était, cette fois-ci, à la hauteur avec des trésors d'invention dans les gestes et les allégories ; des éclairs jaillissaient des poitrines criblant notre sensibilité de mille traits vengeurs, admirablement ajustés et vibrant encore[37] ». Du fait de cette perfection, la plupart doutent d'ailleurs d'avoir assisté à une véritable improvisation : « Hier soir, ce sont les spectateurs qui ont proposé aux acteurs le thème de leur représentation. Alibi pour les comédiens qui ont présenté un spectacle qui semblait en réalité préparé de toute pièces[38] ». Ou encore :

> Il faut bien dire que s'il s'agissait là d'une véritable improvisation (des naïfs se posaient la question), il y aurait matière à crier au miracle. Car tout dans le rapport des volumes sur le plateau où évoluaient huit acteurs, dans celui des couleurs (pantalons blancs, pulls pastels), dans la montée dramatique, dans la percée de l'émotion, tout était indiqué par des jeunes gens qui ne se lâchent pas une seconde[39].

---

36 D'après P.V., dans *Le journal du Jura*, février 1970, si les improvisations avec peintres et poètes sont fortes et intéressantes, celles avec les musiciens sont décevantes. Ceux-ci ne se prêtent pas au jeu de l'improvisation et présentent des pièces de musique aléatoire : c'était le dialogue du sémaphore et du piéton, nous dit l'article.

37 Claude Garnier, *Sud-Ouest*, 18 avril 1970.

38 *Sud-Ouest*, 17 avril 1970.

39 S. Pereuilh, *La France*, 18 avril 1970.

Mais surtout à cette occasion la troupe rencontre Philippe Adrien, que la France commence à connaître comme jeune auteur, repéré à l'Université du Théâtre des Nations et dont Antoine Bourseiller crée *La Baye* au Festival d'Avignon 1967. Celui-ci décrit la révélation qu'a constitué pour lui la découverte des improvisations du Théâtre-Création :

> Sur la scène six acteurs – rien à voir avec des pantins, des perroquets, des singes – six personnes présentes en totalité qui, sur un thème proposé par les spectateurs, créent immédiatement un jeu dramatique structuré... défini en peu de mots, c'est en quoi consistait le travail présenté par le Théâtre-Création de Lausanne, dans le cadre des rencontres internationales de théâtre de Bordeaux.
>
> Mon impression fut aussitôt que cette troupe avait mis au point un mode de relation entre ses membres, et entre ceux-ci et le public, qui répondait de matière radicale et positive aux questions les plus urgentes que nous nous posons aujourd'hui à propos de théâtre[40].

Ces questions sont bien sûr celles du dépassement du théâtre comme divertissement bourgeois, de la cérémonie bourgeoise du théâtre, liées à une ambition révolutionnaire. Il fait siennes les conclusions de Knapp, qui sont d'ailleurs courantes à l'époque et sont partagées par de nombreux groupes, à savoir que pour faire un art qui remette véritablement en cause les structures hiérarchiques de la société, il faut commencer par remettre en cause celles du théâtre même et faire en sorte que l'acteur cesse d'être la créature de l'auteur et du metteur en scène et devienne lui-même créateur. Mais là où la démarche du Théâtre-Création, si elle est radicale, est aussi positive, c'est dans sa volonté de construire à partir de ce constat et de dépasser la simple contestation. Il admire également la souplesse du dispositif, sa capacité à s'adresser réellement et concrètement à une population donnée, et non de la même manière à tout le monde, partout et tout le temps, que ce soit en Suisse la veille, à Paris ou à Niort le lendemain :

> De cette manière, il semble que le théâtre puisse trouver (ou retrouver) une fonction nécessaire, comme pôle ludique de la vie sociale, jeu complexe mais intelligible d'une réalité inanalysable, lumière jetée sur le monstre qui nous habite et dans lequel nous logeons. Enfin nous sortirons des eaux mortes de la culture et du piège dans l'idéologie dominante sans pour autant nous abandonner à quelque prosélytisme frénétique. (*ibid.*, p. 3)

40 « Les improvisations sur des thèmes donnés par le public. L'opinion d'un auteur : Philippe Adrien », dans (Knapp, 1970a, p. 3).

Cette rencontre débouchera, à l'automne 1971, sur la création de *M. Ducommun a peur des femmes*, un spectacle aléatoire constellé de textes de Philippe Adrien. Après la création collective des *Bobacs* et l'adaptation d'un texte classique avec *La Paix*, le Théâtre-Création va en effet utiliser l'improvisation pour enrichir encore sa palette, et se consacrer, au fil des saisons suivantes, au travail avec des écrivains, développer un processus de création qui les intègre et permette un dialogue entre une pluralité de créateurs, une pluralité d'auteurs. C'est parallèlement dans l'animation, scolaire ou autre, que le Théâtre-Création va trouver de plus en plus d'applications concrètes de sa méthode.

1970-1971 : *CLYTEMNESTRE*, IMPROVISATIONS ET ANIMATIONS

> Il faut des négociations et un travail collectif pour trouver l'équilibre réaliste des intérêts sur lequel seulement peut se fonder une paix solide.
> Mikhaïl GORBATCHEV

Pour la saison 1970-1971, le Théâtre-Création fait paraître ses projets : *Clytemnestre*, d'après Eschyle avec la collaboration de Pierre-Louis Péclat ; une création collective inspirée de l'initiative Schwarzenbach (qui ne verra pas le jour, à ce qu'il semble) ; des improvisations ; un spectacle de cabaret sur des thèmes d'actualité, pour les petites salles (ce sera *Panique* 70) ; des animations scolaires.

Écritures collectives

Ainsi le groupe et « le terrible Monsieur K. (un tyran)[41] », que la presse suisse, lors de la création des *Bobacs*, écharpait à cause de sa prétention à se passer d'auteur, qu'on accusait d'en proclamer la mort, invitent un auteur à travailler avec eux. L'initiative vient des deux côtés : à 23 ans, en mars 1970, alors qu'il n'a publié que des ouvrages de poésie, Péclat fait lire aux acteurs du Théâtre-Création une courte nouvelle qui est un monologue d'Électre méditant sur son mythe et sa tradition théâtrale. À partir de ce premier matériau, les acteurs font des improvisations sur

---

41 Pierre-Louis Péclat, « Un auteur dans une création collective », dans (Knapp, 1970a, p. 7).

les Atrides, sans rien s'imposer de particulier[42]. Émergent une figure centrale, Clytemnestre, et un mode de travail nouveau pour l'auteur : à partir de notes, d'enregistrements vidéo des improvisations, de la lecture des tragiques grecs ou de Goethe, il écrit, corrige, efface, recommence, et le texte se noue. Le processus qu'il nous décrit est un processus où chacun intervient à part égale, les acteurs, l'auteur et le coordinateur Alain Knapp, pour que s'établisse le texte au fur et à mesure. Péclat avait commencé par parler de la déception de l'auteur, inévitable, face à l'interprétation de son texte par des comédiens : ceux-ci ne peuvent que trahir l'image idéale qu'il s'était faite des personnages dans la solitude de son écriture. Ici, « l'auteur n'est pas déçu. D'ailleurs, il n'est plus *l'auteur*, mais fait partie de l'auteur au même titre que les acteurs et leur directeur » (*ibid.*). Une idée que l'on peut rapprocher de celle d'auteur en collectif, forgée par Jean-Louis Weissberg pour décrire les modes d'existence de la figure de l'auteur dans un contexte de création numérique : ni auteur individuel, ni disparition de l'auteur au profit du collectif, mais « renforcement simultané des deux pôles individuel et collectif » (Weissberg, 2000). Au final, le texte est un condensé des aspirations de chacun des participants, et donc un assemblage baroque qui fait appel à tout le spectre des possibilités d'expression : « Dans le texte s'entremêlent différents types de discours : aux éléments épiques (prologue et épilogue, narration de certains faits, présentation des personnages, discours à la troisième personne) se mêlent des séquences dramatiques où la parole n'est que poésie et n'appelle pas d'action ; chargée d'émotions, de symboles et d'images, elle sert d'exutoire aux personnages » (Sutermeister, 2000, p. 162). Le spectacle semble plutôt bien accueilli. Le *Dauphiné Libéré* écrit, par exemple : « L'impact des attitudes est grand dans le jeu des comédiens, qui ne jouent pas un personnage, mais font bel et bien corps avec lui. [...] Tel quel, avec sa perfection gestuelle, le spectacle est une réussite incontestable, même si le public est peu préparé à un tel festin, avec un estomac habitué à des sauces plus digestes ».

42 Il s'agit des six acteurs du noyau dur dont nous avons parlé, plus Mireille Rubeli. Jean-Marie Jolidon a quitté le groupe après *La Paix*, incapable selon Knapp de tenir l'exigence des horaires qui étaient fixées, et désireux de voguer vers de nouvelles aventures. À chaque saison, le groupe est à géométrie variable : autour des six acteurs et d'Alain Knapp, des curieux, des intéressés viennent regarder ce que le groupe fait, assistent aux répétitions et aux entraînements, lesquels sont ouverts et libres, pendant plusieurs semaines, et puis certains sautent le pas, essaient, et sont intégrés à la troupe. Il semble que Joëlle Stagoll n'ait pas participé aux autres spectacles du Théâtre-Création après *La Paix*.

Mais ce qui demeure la marque de fabrique et l'originalité du groupe, qui le fait voyager et entreprendre des tournées, ce sont toujours les spectacles d'improvisation. Tous les matins, les acteurs continuent à s'entraîner à diverses techniques, multiplient les expériences et les types de contrainte. Dans le cadre de leur laboratoire, ils s'essaient à l'improvisation *sur le mode* d'un auteur (Tchekhov, Claudel…), ou selon des contraintes formelles (comme les alexandrins), en tentant de s'imprégner d'une métrique, d'une scansion, pour couler dedans leur propre élan créateur… L'objectif étant toujours de multiplier les possibilités de l'acteur, sa gamme d'expression et son langage, et d'explorer le théâtre. C'est en ce sens, verrons-nous, qu'ils pourront développer une improvisation véritablement « libre », c'est-à-dire non rattachée à un idiome particulier.

Ils commencent la journée à 8 h par un *training*, pour la mise en œuvre duquel Alain Knapp reconnaît l'influence de Grotowski, mais aussi celle d'André Voisin et d'Yvonne Berge : « ce qui était premier, c'était libérer le corps de ses codes sociaux ; créer un corps de l'acteur, désinhibé, avec une réelle liberté d'appréhension de l'espace : tout ce que son désir le pousse à faire, immédiatement et sans difficulté il le fait, dans n'importe position du corps, et sans jamais altérer la respiration[43] ». Un but que chaque acteur poursuit pour lui-même. Ensuite c'est le rapport des corps entre eux, des corps comme formes que les acteurs éprouvent : « il s'agit de remplir l'espace, de donner à l'espace une signification plastique, vivante, comportementale, mais non anecdotique : on ne cherchait par spécialement à raconter quelque chose, on ne racontait rien de particulier – le corps en tant que forme, le corps en tant que volume dans l'espace, comme une sorte de sculpture qui se serait déplacée. […] Et puis créer des mouvements, des rythmes, des variations sonores, gestuelles – qui ne représentent rien de particulier ». Ce sont ces exercices qui sont parfois repris en ouverture des spectacles d'improvisation. Sont aussi présents Talal Droubi, qui « joue autant de ses surprenantes ressources vocales que de sa batterie, et même le décorateur Kurt von Ballmoos qui dessine ses croquis, qui aménage des décors improvisés avec les accessoires les plus saugrenus[44] ». Un travail quotidien qui permet d'aboutir à la perfection plastique que remarque encore Françoise Labé après une soirée d'improvisation en avril 71 : « Les improvisations démontraient la qualité exceptionnelle de ces comédiens

43 Entretien avec Alain Knapp.

44 Jacques Pilet, *Feuille d'avis de Lausanne*, 28-29 août 1971.

qui, à l'instar des troupes de Barba et de Grotowski, se soumettent à une intense préparation psycho-physique, analogue sous certains aspects aux exercices de yoga. Le résultat est bouleversant : plastiquement, par la beauté du geste mené à son terme[45] ». Toute la question était cependant de retrouver cette plasticité, développée ici pour elle-même, sans texte, sans enjeux et sans personnages, dans une construction plus dramatique.

Assez vite, la troupe, même si elle continue à faire des improvisations sur des thèmes du public, base de plus en plus ses spectacles improvisés sur des canevas, pour « faire l'économie de ce risque supplémentaire » que constitue l'improvisation sans cadre[46]. Par *canevas*, il ne faut pas entendre ici ce que la tradition de la *Commedia dell'arte* nous a appris à entendre : un déroulé précis des différentes phases narratives et des rebondissements. Chez Knapp, le canevas est un cap, au sens de la navigation : « À partir du moment où on a un cap, on peut dériver ». Ici, contrairement à la *commedia*, où les acteurs incarnent des types bien définis, les personnages n'existent pas préalablement à l'action ; Knapp définit d'ailleurs l'improvisation comme la quête identitaire des acteurs sur les personnages qu'ils ont à jouer. Il n'est donc pas possible de définir les phases de la narration, la suite des enjeux et des situations préalablement à l'improvisation ; il n'est pas possible de savoir ce qui va se passer tant qu'on ne sait pas entre qui cela va se passer. Le canevas selon Knapp est un ensemble de mises en jeu possibles à partir d'un cadre de départ : un lieu, des objets, une occasion particulière. Nous examinons au chapitre prochain en détail ce dont il s'agit.

Animations

Tant les exposés d'intention du Théâtre-Création depuis les premiers spectacles insistent sur la longueur et la complexité du chemin à parcourir, on pourrait croire que leur démarche serait inaccessible à des amateurs, à des enfants, à des personnes qui ne souhaitent pas s'engager dans le dur et exigeant chemin de la création artistique. Mais il n'en est rien,

45 *La Suisse*, 28 avril 1971.

46 La seule source dont nous disposons pour évaluer cet « assez vite » étant la mémoire d'Alain Knapp, il ne nous est pas possible de dater précisément quand le Théâtre-Création s'est mis à utiliser ces *canevas*. Mais il est raisonnable de penser que ceci n'est pas intervenu dès la première année, pour le goût du risque et de l'expérimentation que l'on reconnaît dans leur démarche. Du reste, Alain Knapp nous disait ailleurs que c'est à Meymac, que nous relaterons plus tard, qu'ils ont commencé à utiliser cette méthode.

et il apparaît au contraire que l'animation devient une vocation à part entière dans l'itinéraire du Théâtre-Création, et ce à plusieurs niveaux. Comme l'écrit Michel Grodent[47] : « le Théâtre-Création de Lausanne apparaît vite comme un étonnant animateur au sens étymologique, c'est-à-dire un extraordinaire moyen de redonner un nouveau souffle vital à un théâtre figé dans son train-train quotidien, et toujours pressé de recourir à des formules rigides en dépit des avancées qu'il ne manque jamais de consentir à une idéologie prétendument subversive ». Suite aux expériences que nous avons déjà notées plus haut, des stages ainsi que des animations en milieu scolaire, Alain Knapp et ses acteurs sont convaincus que « le Théâtre-Création a une tâche éducative à accomplir dans le cadre de ses activités » (Knapp, 1970b, p. 5).

Ainsi, contrairement à Keith Johnstone et Viola Spolin, qui tous deux travaillèrent d'abord avec des enfants pour expérimenter ensuite leurs idées avec des adultes[48], le Théâtre-Création développe d'abord sa méthode auprès d'acteurs mûrs pour ensuite en faire profiter les enfants. Après leur première expérience avec la classe de Renens, ils présentent à la Commission de coordination théâtrale scolaire de Lausanne un projet, qui est retenu face à celui des Artistes associés et du CDV[49] pour mener des animations scolaires entre le 25 janvier et le 8 mars 1971. Comme l'écrit Anne-Catherine Sutermeister en citant Michel Simonot[50] : « L'animation, comme la pratique le Théâtre-Création, est *socioculturelle*, car elle propose des activités dont l'objet est le processus d'expression des participants » (Sutermeister, 2000, p. 159), contrairement à des animations simplement *culturelles*, qui partiraient des œuvres pour proposer une sorte de vulgarisation. En effet, le Théâtre-Création, qui prétend ainsi pouvoir s'adresser à tout type de classe, sans distinction d'âge, affirme lui-même que son but n'est pas exclusivement théâtral, mais plutôt qu'il cherche à « susciter [chez les élèves] le besoin de s'exprimer » et « une création collective spécifique » (Knapp, 1971, p. 5). La subvention accordée, encore limitée, ne permet aux acteurs du groupe vaudois de se

47 *Le Soir*, Bruxelles, 10 novembre 1971, cité dans (Tialens, 1971, p. 3-4).

48 « Both *Spolin and Johnstone were working independently of each other, but both were attempting to create a method of spontaneity. Both first used children and later applied the ideas to adults* », (Leep, 2008, p. 11).

49 Centre dramatique de Vidy, la nouvelle dénomination du Centre dramatique Romand de Charles Apothéloz.

50 Michel Simonot, La culture en débat, in *La décentralisation théâtrale*, p. 29.

consacrer à ces animations, pratiquées auprès d'une trentaine de classes de la région (quand cent-trois l'avait sollicité), que 4 h par classe. Les classes se trouvent majoritairement à Lausanne, mais aussi en banlieue proche ainsi que dans le reste du canton, et l'animation s'adresse au primaire autant qu'au secondaire, couvrant une tranche d'âge entre 6 et 16 ans.

L'animation se déroule en trois temps. Pendant une première séance de 2h, les animateurs commencent par proposer des exercices, mettant directement les enfants en position active. Ici il ne s'agit pas simplement de briser la glace et de faire quelques exercices physiques, mais d'éveiller l'imagination en la considérant comme « une *matière vivante non abstraite* qui ne peut se développer que si elle dispose de supports concrets de jeu » (*ibid.*, p. 7) ; ainsi, les comédiens arrivent avec une valise qui contient un certain nombre d'objets simples, que les élèves appréhendent individuellement, dans un premier temps, afin de se créer des personnages et un environnement de jeu. Ensuite les propositions d'exercices qui sont faites visent à leur apprendre à entrer en contact. Tout comme à l'Atelier ou dans les entraînements des acteurs, un principe essentiel est de ne pas couper les différentes modalités d'expression de la personne les unes des autres : d'un côté le corps, de l'autre le langage. Cette première étape étant franchie, les enfants sont sollicités pour la création d'une histoire « selon un système relais : un enfant commence le récit, un de ces camarades le poursuit et ainsi de suite jusqu'à la conclusion de la narration », un exercice qui « permet d'être d'emblée confronté avec certaines lois simples de l'échange et de la construction cohérente, bien que très libre, d'un propos » (Knapp, 1970a, p. 9). Les acteurs improvisent ensuite cette histoire, l'incarnent immédiatement devant les élèves-auteurs. À l'issue de cette improvisation, ceux-ci critiquent l'histoire qu'ils ont créée collectivement, ainsi que la façon dont les acteurs l'ont jouée.

Le deuxième temps est le temps intermédiaire entre les deux séances proposées par les acteurs. Pendant ce temps, toute liberté est donnée aux élèves de réaliser ce qu'ils veulent à partir de l'histoire qui a été créée : d'autres histoires, des improvisations, des dessins, des collages… Mais cette étape n'est pas obligatoire : le Théâtre-Création insiste sur le fait que la démarche doit venir de l'élève et ne pas lui être imposée de l'extérieur – même si les professeurs sont mis à contribution en encourageant les enfants dans les périodes de dessin ou d'expression écrite. Cela dépend bien sûr des enseignants.

Enfin les acteurs reviennent pour une deuxième séance de 2 h. Celle-ci s'ouvre sur des exercices plus difficiles, qui impliquent la construction d'une relation et le langage. Les élèves qui ont préparé quelque chose le montrent ou le jouent, et leur production est critiquée. Des exercices sont proposés à ceux qui n'ont rien préparé afin de les aider à jouer une partie de l'histoire racontée en première séance. Dans la notion d'animation, Anne-Marie Gourdon[51] relève ce qu'il peut y avoir de mystique, notamment en remarquant l'étymologie du mot : « donner la vie ». Il peut en effet paraître étonnant d'accoler ces deux mots, « animation » et « scolaire », laissant par là entrevoir ce que le scolaire peut avoir de mortifère, et le besoin qu'il a d'être toujours ramené à la vie. La critique d'un système scolaire qui tue la créativité de l'enfant à travers un système hiérarchique trop étroit et un rapport à l'erreur traumatisant, même si elle n'est pas directement faite par Knapp dans ses écrits théoriques, sera faite par d'autres acteurs de l'improvisation théâtrale (Keith Johnstone notamment), et le fait que le Théâtre-Création s'attelle de plus en plus à cette tâche trahit bien l'existence d'une préoccupation. Mais cette fortune du mot et de l'activité révèle également les bouleversements d'une société, où la consommation généralisée fait subir à l'école le même sort qu'à n'importe quelle entreprise : de lieu de vie qu'elle était, avec son internat où déboulaient les enfants des campagnes alentour, elle devient lieu de passage ; les méthodes tendent à se normaliser, avec des exigences de plus en plus marquées de rendement et d'efficacité ; l'irruption de l'audio-visuel dans les foyers commence à développer une sorte d'*éducation parallèle*...

La notion d'animation devient donc particulièrement vivace au cours des années 60, et s'applique à toute forme d'activité humaine : artistique, commerciale, sociale... « La vulgarisation du mot, et de la chose, l'a amené à supplanter dans des circonstances précises, d'autres termes comme ceux de responsable, d'attaché aux relations publiques, de chef d'équipe, ou, comme dans le domaine de l'enseignement, celui d'éducateur » (Toraille, 1973, p. 10), révélant ainsi la perte de repères que traverse la société. Pourtant le rôle de l'animateur en milieu scolaire ne se confond pas avec celui de l'éducateur : au contraire, il le complète, l'animateur étant intégré à une démarche que l'éducateur choisit d'un bout à l'autre. Reste que celui-là, en tout cas pour ce que proposent Knapp et sa troupe, apporte quelque chose de radicalement différent,

51 « Animation », dans (Corvin, 2008).

et que l'enseignant, dans le cadre strict de ses programmes, n'a pas le temps ni les moyens de faire : une initiation à la création.

Il est là encore surprenant de s'entendre dire qu'un enfant ne crée pas spontanément et naturellement. Il faut bien se rappeler ce que *créer* veut dire pour Knapp : ce n'est pas être spontané, ce n'est pas faire preuve d'une imagination débridée ou d'une pure originalité ; c'est l'utilisation active des éléments déjà présents dans une construction, c'est la faculté de bâtir une cohérence d'ensemble avec le jeu des autres. Ainsi le jeu d'un enfant, pour Knapp, pour imaginatif qu'il soit, vise à ce que « le moi s'affirme dans la satisfaction instantanée de son désir » (Knapp, 1993, p. 53) ; si dans le jeu enfantin l'objectif peut résulter de compromis, « ceux-ci découlent de la seule nécessité de conserver la collectivité du jeu et n'ont pas de rapport avec la situation imaginaire qui se crée » (Cuenoud, Glauser, & Lavanchy, 1975, p. 28). Autrement dit, conquérir une faculté de création pour l'enfant ne veut pas dire selon Knapp développer l'imagination et le pouvoir de transformer le monde par son jeu, ce qu'il fait très bien tout seul ; cela veut dire faire en sorte de construire son jeu et son imagination en s'appuyant sur ceux des autres.

Mais le besoin d'animation scolaire se fait ressentir à un niveau encore plus minimal : Raymond Toraille nous fait en effet le portrait, en ce début des années 1970, d'un système scolaire en pleine décrépitude et en perte de repères, où les rapports humains se distendent, où les enseignants pas plus que les élèves ne savent ce qu'ils font là[52]. L'animation intervient donc ici plutôt comme une réanimation d'un centre de vie qui a perdu toute vitalité. Et où tout le monde s'ennuie.

Meymac

Ainsi, l'animation n'est pas un besoin propre au milieu scolaire ; cela peut se faire partout où l'ennui est la règle. « Or justement les petites villes de province françaises souffrent d'un mal grave : l'ennui[53] ». À l'invitation de Maurice Gorce, maire radical-socialiste de Meymac, Corrèze, et de l'UFCV[54], avec lesquels le Théâtre-Création avait déjà collaboré dès la première saison, les acteurs vaudois dirigent un stage du 4 au 21 août auprès d'une vingtaine de jeunes animateurs. Ils en profitent

52 Dans (Toraille, 1973).

53 Jacques Pilet, *Feuille d'avis de Lausanne*, 28-29 août 1971.

54 Union française des Centres de loisirs et de vacances.

pour faire de nombreuses animations dans le village, dans l'église, sur la place principale. Il s'agit, là encore, de « démystifier le théâtre et lui redonner sa vocation de fête populaire qu'il devrait toujours avoir », lit-on dans *La Montagne* en août 1971. Jacques Pilet écrira, à propos de cette expérience, que c'est notamment « sur la place du bûcher de Meymac, [qu'il a] acquis la conviction, en dépit de toutes les maladresses et les imperfections, qu'il se passait quelque chose d'important[55] ».

Que se passe-t-il alors ? En plus de ce stage de trois semaines avec les animateurs, le Théâtre-Création investit le village et les alentours pour proposer un spectacle en plusieurs épisodes, qui s'écrit de jour en jour par improvisations, à la suite de discussions avec les spectateurs. « Animer c'est un peu plus que distraire. C'est offrir aux gens un spectacle qui les touche en les faisant sortir d'eux-mêmes, c'est leur donner envie de participer à son élaboration, à la discussion qui le prolonge », écrit encore Jacques Pilet. Les Suisses racontent en cinq épisodes l'histoire d'un fictif Eugène Bellac, originaire du coin, qui monte à Paris, fait fortune et une carrière politique, promet d'aider sa ville d'origine à se sortir du trou, mais n'y parvient pas, car soumis comme tout le monde au marché et aux lois de la concurrence ; « un mimodrame drôle, simple, direct où même le spectateur peu attentif pouvait reconnaître une histoire familière ». Tambours et trompettes, animateurs déguisés en clown rameutent tout ce qu'ils peuvent pour le spectacle, dont la scène est un simple tapis déployé sur la place de l'Église. Cela ne se fait pas sans mal, « sont lents et rétifs dans ce coin là, et peu enclins à la badinerie », comme dirait Jean-Luc Lagarce[56] et « la longue et épaisse tradition de passivité face au spectacle est difficile à secouer » renchérit Jacques Pilet. Il y a même quelques ratés, quand le groupe s'impose maladroitement au milieu d'un bal du club hippique. Mais Knapp insiste sur cette surprise première, sur l'importance de faire voir du théâtre à un endroit où les gens ne s'y attendent pas. Avec les enfants, cela marche mieux, d'emblée : « Émerveillés, ils marchent à fond : pour eux, c'est un petit miracle, un jeu passionnant ».

Le prêtre, maoïste, invite le groupe à faire un spectacle dans l'Église. Les animateurs parcourent le village et les campagnes alentour pour distribuer des invitations personnelles ; 400 personnes se pressent dans

55 Pilet, *loc. cit.*
56 *Music-Hall*, Les solitaires intempestifs, 1992.

la maison de Dieu, transformée pour l'occasion en temple théâtral. On donne un spectacle d'improvisation ni religieux, ni profane, sur des thèmes bibliques. Le prêtre est bougon : le langage n'était pas assez combatif pour lui. Jacques Pilet conclue son compte rendu : « Ici, les gens s'extériorisent peu. [...] Mais ils comprennent fort bien les allusions. Et ils en parleront... pendant des mois ».

Pendant qu'ils se trouvent à Meymac et présentent en tout une vingtaine de spectacles, les acteurs du Théâtre-Création, qui ont la fièvre du travail, répètent leur prochaine pièce : *M. Ducommun a peur des femmes*, création collective avec la collaboration de Philippe Adrien. La pièce sera créée le 8 octobre 1971 à la Biennale de Paris, au Parc Floral de Vincennes, où le Théâtre-Création fait partie des représentants de la Suisse.

1971-1972 : *M. DUCOMMUN, DJAKARTA*, BIENNALE DE PARIS, VERVIERS, DOURDAN

> Il y a en toi, maintenant, tant de femmes différentes que tu perds tout ton prix à ne pas être partagée.
> Marcel ACHARD

> Dans ce monde à l'esprit pourri, une femme ne saurait être que l'épouse ou la putain d'un homme – du moins ne tarde-t-elle pas à devenir l'une ou l'autre.
> John IRVING

La démarche de création en collaboration avec un auteur, initiée avec Pierre-Louis Péclat et sa *Clytemnestre*, devient le mode de fonctionnement privilégié pour la création de spectacles lors de cette nouvelle saison. Outre Philippe Adrien, qui à presque 32 ans est déjà un auteur remarqué, Claude Frochaux se prêtera également à l'exercice pour écrire *Djakarta*, demeurée sa seule pièce éditée.

La femme – les femmes

Le Théâtre-Création avait rencontré Philippe Adrien lors de leur passage à Bordeaux en juin 1970, où ils avaient présenté des improvisations. On se souvient que cette soirée avait marqué Adrien, qui a exprimé son intérêt et son admiration pour cette démarche dans un texte reproduit dans le programme du spectacle *Clytemnestre*. *M. Ducommun a peur des femmes* constitue un tournant dans l'œuvre littéraire et théâtrale de l'actuel directeur du Théâtre de la Tempête. C'est à partir de 1972, d'ailleurs, qu'il se tourne de plus en plus vers la mise en scène, parcourant un répertoire hétéroclite, et n'écrit plus qu'à partir des répétitions et des improvisations[57]. Le projet qu'il met sur pieds avec le Théâtre-Création, auquel se sont adjoints pour cette saison Pierre Buchet et Rodrigue Leigh, un transfuge du *Bread and Puppet*, part d'un questionnement, très ancré dans les années soixante-dix, sur le rôle et les pouvoirs des femmes dans la société d'alors – c'est d'ailleurs le 7 février 1971 que le droit de vote sera accordé aux femmes suisses au niveau fédéral. Initialement intitulé *La femme – les femmes*, ce spectacle se fixe pour objectif d'interroger le mythe de *la* femme, produit de l'imaginaire des hommes, de la projection de leurs fantasmes sur une multitude d'individus, une idéalisation qui justifie les oppressions dont elles sont victimes. En résumé : « il s'agit de dévoiler en les dramatisant, les processus qui fondent à travers la mythologie, l'histoire, l'actualité, la culture et nos propres phantasmes, la condition actuelle des femmes occidentales » (Knapp, 1971, p. 3). À l'origine de cette démarche et de cette problématique, l'envie de Philippe Adrien de « prendre un sujet, un sujet au sens scientifique du terme, et le traiter dramatiquement, le traduire dramatiquement. [...] Deux possibilités se présentaient : la première aurait consisté à faire un spectacle-collage qui aurait répondu assez bien à cet objectif de départ scientifico-théâtral. Alain Knapp fut plus attiré, contrairement à moi, par le phénomène dramatique plus traditionnel, non point dans le sens négatif du terme mais dans celui de la ligne "grande tradition". [...] J'ai alors proposé une fable, des éléments tenant de la fiction[58] ».

Cette fable se met à tourner autour des « aventures cocasses de Monsieur Ducommun, honnête père de famille, dont la masculinité aiguë a toujours avalisé l'oppression sociale, économique, politique des femmes. Mal lui

---

57 « Le travail de Philippe Adrien reposant sur la capacité de tous les artisans du spectacle à proposer eux-mêmes les enjeux de la représentation théâtrale, il se donne donc lui aussi en tant que metteur en scène et auteur dramatique la possibilité d'intervenir pour ordonner et formuler le propos diffus de l'équipe de création. C'est ainsi qu'un certain nombre de textes sont des adaptations du matériau extrait en cours de répétitions, et sont élaborés à partir d'un travail dramaturgique et littéraire effectué à chaud lors de travaux d'acteurs et d'improvisations en commun », dans le *Répertoire des auteurs de Théâtre*, Centre national des écritures du spectacle, Chartreuse de Villeneuve-lez-Avignon, http://repertoire.chartreuse.org/auteur360.html.

58 Entretien avec Patrick Ferla, *H*, Lausanne, 2 trimestre 1971.

en a pris : sa chère campagne brandit l'étendard de la révolte[59] ». La pièce semble un feu d'artifice et tord le cou à des notions telles que femme-objet, femme-démon, femme au foyer, femme-enfant, femme fatale, femme-mère… Du point de vue de la structure, c'est une pièce aléatoire au même titre que la musique de John Cage peut l'être, sans toutefois la rigueur mathématique de celui-ci : Philippe Adrien a écrit des îlots de textes entre lesquels les comédiens naviguent à coup d'improvisations. Une œuvre *ouverte* telle que l'a définie Umberto Eco : « Elle est une invitation, non pas nécessitante ni univoque mais orientée, à une insertion relativement libre dans un monde qui reste celui voulu par l'auteur. […] L'auteur offre à l'interprète une œuvre à achever » (Eco, 1965, p. 34). Du point de vue de la scénographie, on retrouve le même plateau nu, l'attention est portée sur la suggestivité des gestes et l'utilisation ingénieuse des accessoires. La scène est placée au milieu des spectateurs.

La pièce est donc créée à la Biennale de Paris, le 8 octobre 1971, où le Théâtre-Création présente également des improvisations. Sur cette première, nous avons peu d'éléments : Knapp se souvient que Colette Godard, déjà journaliste au *Monde*, est venue les féliciter après le spectacle, ainsi qu'un journaliste des *Lettres françaises* ; mais la durée d'exploitation était trop courte et les blogs inexistants, tous deux n'écrivent rien sur le spectacle. Le Théâtre-Création part ensuite en tournée en Belgique, dans les mois d'octobre et novembre. Au spectacle s'adjoignent, comme dorénavant dans tous les déplacements du Théâtre-Création, des stages, des animations dans les écoles, des soirées d'improvisation. Mais cette tournée en Belgique donne lieu à un épisode particulièrement mouvementé à Verviers, dans la banlieue lointaine de Liège, qui illustre la force subversive des improvisations telles que les pratiquait le Théâtre-Création. Cet épisode nous est relaté par Richard Tialens, à grand renfort d'articles de journaux, dans une revue qu'il faisait éditer à l'époque à ses frais, l'Aarevue, et dont Knapp nous a transmis une copie. Nous y emprunterons toutes les citations.

L'affaire Verviers

En janvier 1971, Alain Knapp s'était déjà rendu à Verviers, une ville située dans une région populaire fortement industrialisée de Wallonie, pour l'inauguration de la Maison de la Culture, où il avait organisé

59 Michel Grodent, cité dans (Tialens, 1971, p. 4).

un stage ayant pour titre « Animation par un moyen d'expression ». Pour ceux qui avaient pu y assister, nous indique un journaliste local[60], « Alain Knapp est resté une révélation et un espoir » ; une révélation de par ses qualités personnelles (intelligence, ouverture, sensibilité, lucidité, etc.), et un espoir pour l'émancipation de chacun et de tous – s'il m'est permis de résumer ainsi son propos. Il termine en engageant ses lecteurs à courir assister à *M. Ducommun*, qu'il a lui-même pu voir pour la première représentation le lundi 8 novembre dans une simple salle de cours de l'Institut provincial d'enseignement technique de Verviers (IPET). C'est encore à l'invitation de la Maison de la Culture que la pièce se joue là, en dialogue avec des ateliers, et doit encore s'y jouer le vendredi suivant. Or, ce même auteur remarque, quelques jours plus tard : « La révélation, l'espoir salués ici même avec tant de conviction, il se trouve que quelqu'un ne les a pas partagés ». De qui s'agit-il ? D'un professeur de lettres et de philosophie, qui alerte la direction de l'école.

Une deuxième représentation devait en effet avoir lieu au même endroit, le vendredi 12 novembre. La direction l'interdit au motif qu'une « jeune fille qui dévoile son buste en cours du spectacle, cela n'a rien de culturel ». Dans une lettre que le directeur adresse le 23 novembre au *Courrier*, pour se justifier, celui-ci détaille ses griefs et s'enfonce : outre cette jeune femme qui montre ses seins, l'ont choqué « un jeune homme qui se déshabillait et laissait tomber la culotte pour exhiber les poils de son sexe, [et] un garçon qui en embrassait un autre à pleine bouche et faisait des allusions favorables à l'homosexualité ». Il semble que M. Ducommun n'ait pas seulement peur des femmes, mais des corps sexués, avec leurs aspirations pas forcément normées.

Au lieu de l'IPET, c'est donc le *Carrefour*, une autre salle, qui doit accueillir la pièce. Mais las ! Les scellés y sont également posés pour, officiellement, des raisons de sécurité. Les soutiens du Théâtre-Création sont nombreux et déchaînés, ils les emmènent enfin à la Maison de la Culture, où ils ont l'autorisation de représenter la pièce à la condition, fixée par M. le Procureur du Roi (sorte de préfet de police), d'en supprimer les passages jugés inconvenants. Visiblement remontés, les acteurs décident alors non de livrer la pièce amputée, mais de jouer un autre spectacle : devant le public venu les soutenir, ainsi que face aux deux inspecteurs de la police judiciaire venus vérifier que personne ne se

60 André Blavier, dans *Le Travail*, 12 novembre 1971.

dépoitraillait, ils improvisent sur le thème de la censure, en dédiant le spectacle à Galilée, « victime de la censure imbécile de ses concitoyens ».

Le journal *La Cité* du 15 novembre, qui reconnaît le péché de provocation dont faisait preuve la pièce et se montre favorable à l'interdiction du spectacle pour atteinte aux bonnes mœurs, relate ainsi l'événement :

> Que l'on soit d'accord ou pas avec l'optique défendue par le Théâtre-Création, il faut bien reconnaître que cette soirée, tout axée sur le problème de la censure, fut une suite d'improvisations absolument remarquables, un véritable festival d'humour, une mordante contestation de la réaction provoquée par le premier spectacle.

La situation semble avoir donné du dragon à manger aux acteurs, dont toute la presse admire la verve. Elle a par ailleurs fédéré un public venu en masse pour voir ça. Les improvisations évoquent le Living Theatre, utilisent le langage d'Ubu pour parler de sexe et de poitrines d'une façon franche et directe, mais ne montrent rien ; rompant pour cette fois le principe habituel de leurs improvisations, où la scène ne s'adresse pas directement au public, ils apostrophent à plusieurs reprises les inspecteurs de police, lesquels, dans leur impuissance, n'essaient même pas de stopper la déferlante de ridicule qui s'abat sur eux. La presse en parlera encore pendant plusieurs semaines, tandis que le Théâtre-Création poursuit sa tournée en Belgique – en ayant malgré tout, semble-t-il, remanié les passages qui avaient déclenché le scandale. Faut bien vivre...

Si nous mentionnons cette affaire, c'est parce qu'elle nous semble emblématique de l'aspect politique de la démarche du Théâtre-Création. Il s'agit bien là d'une forme ultime de théâtre profondément engagé, puisqu'il peut réagir dans l'immédiat à des situations nouvelles que l'espace politique fait surgir devant lui. Cette immédiateté même le met à l'abri d'une censure exercée par une quelconque autorité. Déjà en 1970, Knapp remarquait, en insistant sur le caractère irrécupérable de l'improvisation :

> Dès lors que les spectateurs proposent le contenu de la représentation et que les acteurs le prennent en charge, il y a unité entre les préoccupations des uns et des autres, ce qui exclut la mainmise réelle d'une censure, car elle devrait se faire d'abord sur le public. De plus, les spectacles étant renouvelés chaque soir, il ne peut y avoir d'interdiction s'exerçant sur un contenu variable. Tout part du contact public-acteurs, acteurs-public. La censure n'a plus prise, tout

au moins selon ses schémas habituels, à moins qu'elle ne s'en prenne aux personnes physiques, acteurs et publics, mais ceci est une autre histoire[61]...

L'épisode Verviers est presque anecdotique, même s'il est révélateur d'une époque dont on a peine à imaginer le conservatisme aujourd'hui – même si l'on a assisté récemment à des épisodes équivalents autour du spectacle de Roméo Castellucci, *Sul concetto di volto nel figlio di dio*, interrompu par des manifestations d'extrémistes religieux au Théâtre de la Ville de Paris en 2011, ou encore de Rodrigo Garcia et *Golgota picnic* au Théâtre du Rond-Point la même année. Mais que l'on songe seulement aux tournées que le Théâtre-Création a pu faire dans les pays de l'Est, encore à l'époque sous domination soviétique : Pologne, Tchécoslovaquie, Hongrie... Ils ont joué à Prague seulement un an après le fameux Printemps... Il n'y a malheureusement aucune source, autre que les vagues et partiels souvenirs de Knapp et des autres participants encore vivants, capable de nous renseigner sur la force subversive de leurs interventions, sur les conséquences pour les organisateurs (ont-ils été poursuivis ?), sur le contenu même de leurs improvisations. Reste que d'un point de vue de contestation politique, l'improvisation est un outil dont on sent bien le potentiel : chacun étant responsable de la représentation dans son ensemble, il devient plus difficile de trouver un coupable si celle-ci convoie un sens malvenu. Et s'il n'est pas possible d'identifier clairement l'auteur d'une infraction, il ne peut y avoir de sanction ; punir un groupe plutôt qu'un individu est toujours plus complexe, plus lourd à mettre en place et plus exposé à la révolte. C'est une technique bien éprouvée dans les cours d'école. Si alors les spectacles improvisés du Théâtre-Création dans les pays communistes dépassaient les bornes, aucune administration n'avait prise sur eux : la censure arrivait trop tard, et les organisateurs ne pouvaient être tenus responsables d'un spectacle dont ils ignoraient tout avant qu'il se crée. Le Théâtre-Création était par ailleurs trop malin, et comme beaucoup d'artistes muselés, il avait pris l'habitude de rechercher la transposition, de mettre en place des fables pour ne pas aborder des thématiques frontalement.

Nous citons les pays du bloc soviétique comme exemples terribles de répression et de censure, ce qu'ils étaient sans doute, qu'on se souvienne

61 « L'improvisation : un spectacle *non récupérable* », dans (Knapp, 1970a, p. 5).

que la censure en Angleterre interdisait purement et simplement les spectacles d'improvisation jusqu'en 1968, ce qui influa notamment sur la carrière de Keith Johnstone.

Les rencontres internationales du théâtre de Dourdan

Avant d'aller en Belgique, entre Meymac et la Biennale de Paris, le Théâtre-Création a été invité par l'Institut international du Théâtre (ITI), alors dirigé par Jean Darcante, à participer au premier et sans doute dernier Atelier international du théâtre expérimental, qui s'est tenu à Dourdan, en Essonne : « Sept troupes théâtrales venues de Suisse, d'Italie, d'Angleterre, des États-Unis, de Pologne, de Suède, et même de France (mais ceux-là ne sont pas restés), se sont réunis pendant quinze jours, du 17 septembre au 2 octobre, sont demeurés ensemble, à travailler, et à se regarder travailler, théâtre en cercle fermé[62] » (Godard, 1971).

L'Institut international du théâtre (ITI), une branche de l'UNESCO inaugurée en 1948 qui vise à promouvoir les échanges internationaux de savoirs et de méthodes dans le domaine des arts performatifs, stimuler la création et accroître la coopération entre gens de théâtre, trouve en 1971, après avoir activement participé à l'aventure du Théâtre des Nations, qu'elle s'occupe un peu trop de tradition et pas assez de recherche et de renouveau : « Que sera le théâtre dans cette époque qui s'ouvre à nous et qui, pour la première fois, au fil des siècles, ne ressemble en rien aux époques précédentes[63] ? », telle est la question à laquelle les organisateurs souhaitent tenter de répondre, à travers le rassemblement de Dourdan. Ils y invitent des artistes de théâtre expérimental du monde entier à se rencontrer, pour les sortir de leur isolement et susciter des échanges :

> Outre leur désir d'innover, tous les comédiens présents avaient en commun l'isolement au milieu duquel leurs troupes doivent se débattre, par rapport au public, à la profession, à la presse même. Mal connus, mal compris, mal vus parfois, il leur faut établir une communication avec un monde extérieur qui, la plupart du temps, les refuse, les récuse ou les rejette[64].

62 Colette Godard ouvre son émission sur France Culture en prévenant : « Cette émission est strictement réservée aux gens de théâtre ».

63 La plupart des citations viendront, sauf mention contraire, du document (« Dourdan (dossier) », 1972, p. 35) édité par l'ITI, où chacun des metteurs en scène des groupes invités écrit un court bilan. Nous n'y renverrons donc pas systématiquement.

64 Monique Hecker, « Par les yeux des autres…, *Unesco Features* », cité dans (*ibid.*, p. 63-64)).

Ainsi pour ces groupes, à cause de cet isolement, « la notion de discussion, la notion de connaissance, de comparaison, d'échange amical, rien de tout cela n'existe » (Godard, 1971). Le Théâtre des Nations inscrit cette rencontre à son programme, et finance ainsi en partie l'aventure, l'autre partie des fonds provenant de l'ITI et de l'UNESCO.

L'ITI choisit donc le Théâtre-Création pour rejoindre d'autres groupes du théâtre d'avant-garde de ces années-là. La volonté de recherche, la qualité des expériences menées et « l'honnêteté intellectuelle » font partie des critères de sélection. La distribution complète est assez impressionnante : La Mama de Londres et la Mama-Plexus de New York ; le Teatro Uomo de Milan ; le Théâtre Cricot (Tadeusz Kantor) de Cracovie ; le Traverse Theatre d'Édimbourg ; le Pistolteatern de Stockholm. Des individuels sont également invités : Daniel Gallegos, metteur en scène du Costa Rica ; l'animateur du Théâtre de la Mer, à Alger, Kaddour Naïmi ; Aldo Nicolaj, auteur dramatique romain ; Philippe Adrien, que nous connaissons ; et enfin, *not the least*, Robert Wilson, qu'on ne présente plus. En plus de ces artistes, sont admis quelques témoins, parmi lesquels des journalistes et auteurs, dont Claude Frochaux – qui travaillait déjà sur *Djakarta*. Chaque troupe est par ailleurs accompagnée d'un assistant, chargé de faciliter son installation et les échanges avec les autres langues – ceux-ci se sont vite retrouvés à participer aux ateliers. À part ça, pas de public ; les rencontres se déroulent à huis clos, « avec l'approbation farouche des participants » ; juste quelques journalistes qui passent, sporadiquement, et un groupe de retraités qui passaient leurs vacances à côté.

Car cela se passe dans un centre façon Village de vacances : « un théâtre en plein air, un grand pavillon central pourvu d'un restaurant et de diverses salles où nous pouvions travailler, un terrain de jeu, des courts de tennis et des terrains de football et de basket-ball », décrit l'auteur Michael Kustow, et des bungalows qui portent des noms de lacs ou d'étoiles. « L'ensemble tient du motel et du campus », remarque Colette Godard.

Mettre tous ces individus ensemble et les laisser discuter, c'était à peu de choses près tout ce qu'avaient prévu les organisateurs. Loin d'eux l'envie d'intervenir ou de diriger quoi que ce soit : il faut laisser faire cette jeune garde. « Rien n'est obligatoire. Faites ce que vous voulez, mais faites quelque chose », leur dit Darcante. Ce n'est pas sans appréhension :

« S'installer dans la discussion !… à soixante-quinze, en quatre ou cinq langues… », remarque-t-il en laissant aux points de suspension la charge d'illustrer l'incertain que cela représente.

Les premiers jours, cela ne va en effet pas de soi : les groupes, habitués à la dissidence, qu'ils ont choisie et qu'ils revendiquent, n'ont accepté cette invitation d'un organisme officiel qu'avec méfiance ; personne n'est d'accord sur quoi faire ni comment ; certains proposent que chacun présente une démonstration aux autres de leur travail, à quoi Kantor s'oppose, plus intéressé ici par la parole que par l'action[65] ; Gérard Gelas et ses acteurs, du Théâtre du Chêne Noir d'Avignon, mettent le feu à leur bungalow pour protester contre la dictature de Pompidou, puis quittent les lieux. « Est-ce que cela va ressembler à un congrès comme les autres, avec motions et arguties pour savoir quel délégué devra parler au nom de telle troupe ? », s'inquiète Renzo Tian. Virgilio Bardela, le metteur en scène du Teatro Uomo de Milan, explique d'où viennent ces difficultés : « Nous sommes pauvres, et de ce fait nous avons peur de perdre le peu que nous avons. Ceci vaut pour l'argent comme pour les idées. Les groupes sont jaloux les uns des autres ». Tout le monde est venu pour échanger, oui, mais en marchant sur des œufs, en considérant les autres ni comme des camarades ni comme de potentiels concurrents, mais avec un peu des deux.

Au bout de quelques jours, cela commence à prendre forme. Il semble que le groupe d'Alain Knapp, qui « regrette au final qu'une proposition de départ plus précise n'ait pas été faite, pour gagner du temps », ait joué un rôle dans la mise en marche d'une réflexion et d'un mouvement d'ensemble, en désamorçant les discussions pénibles et les prises de becs du conclave par une improvisation intempestive – nous connaissons l'aversion de Knapp et de ses acteurs pour les longues palabres. Renzo Tian raconte :

> Soudain, coup de théâtre : une fille grande et très mince saute au milieu du cercle, enlève ses chaussures, jette autour d'elle des regards accusateurs et pique une crise d'hystérie. Elle s'en prend à tout le monde et surtout à ses compagnons du groupe suisse. Ceux-ci interviennent et entrent dans le cercle et l'on comprend alors qu'il s'agit d'un *happening* en règle.

S'en suit une *jam session*, comme dit le journaliste italien, où chacun sort son instrument, mais où surtout « les Suisses se déchaînent ». Dans

65 « *We came here not to perform a certain thing that we do in Sweeden, but we came here to work with other people* », dit également Peter Kneip à Colette Godard.

les jours qui suivent, tout ce petit monde du théâtre expérimental est en « vacances studieuses », comme le titre Colette Godard dans son compte rendu pour *Le Monde*[66] : un jour ils vont visiter la cathédrale de Chartres, un autre Kantor fait une performance d'après *La leçon d'anatomie* de Rembrandt. Une autre fois c'est Wilson qui propose un rituel à l'issue duquel tous les participants (ceux qui acceptent de rester) observent une heure entière de silence... Tous les jours, chacun propose des ateliers aux autres, tandis que chaque groupe continue à travailler pour son propre compte – le Théâtre-Création est, à ce moment-là, en pleine répétitions de *M. Ducommun*, qu'il présentera quelques semaines plus tard à Paris[67].

Michael Kustow, auteur et metteur en scène venu d'abord comme témoin, propose de travailler sur un thème commun : il suggère « Les paradis artificiels[68] ». C'est finalement « La Chine à l'ONU » qui est le thème choisi, à une période où l'ONU doit se prononcer sur l'accession de la République populaire de Chine maoïste dans ses rangs. Des improvisations collectives sont organisées, relate Kustow :

> La musique semble détendre tout le monde et nous nous laissons aller à des improvisations libres. Plus tard, Alain, le directeur du groupe suisse, critiquera cette improvisation, disant que certains acteurs restaient trop enfermés dans leurs inventions et ne laissaient pas la situation antérieure se développer et s'épanouir. Je trouvais pourtant le niveau de sensibilité mutuelle assez élevé, et tout à fait remarquable si l'on considère que les scènes se jouaient par-dessus la barrière des langues.

On reconnaît bien là la rigueur et l'exigence de Knapp qui, pour fructueuses qu'elles soient, ne manquent jamais de décevoir les enthousiasmes. Mais peu importe : « *the process of creating something is more important than something actually being created* », dit un anglophone inconnu au micro de Colette Godard[69].

---

66 Paru le 30 octobre 1971.

67 Knapp raconte, au micro de Colette Godard, comment cette ambiance de travail a été bénéfique pour eux : « il y a un climat de liberté de l'esprit, de l'invention, de l'imagination, qui permet aux acteurs de se recharger en permanence dans la perspective de l'improvisation. [C'est] extrêmement enrichissant et dynamique pour l'évolution même de notre travail, de notre spectacle ».

68 Knapp raconte qu'on y fumait beaucoup, ce qui n'était pas le genre du Théâtre-Création ; « si les jeunes Anglaises ont des cheveux longs et des jupes bariolées, les Suisses sont sérieux et toujours à l'heure au petit déjeuner », raconte Lynn Tatcher.

69 « Le processus de création est plus important que de créer vraiment quelque chose ». Godard, dans cette émission radiophonique par ailleurs très bizarrement montée, ne

Ce qui saute aux yeux des participants, observateurs et assistants, ce sont les similitudes dans les différentes approches, et les différences qui en naissent selon les milieux socio-culturels. « Ce qui m'a paru le plus intéressant c'est de voir combien, en usant au départ de méthodes similaires, le style de chaque compagnie s'avère différent à la fin », dit Max Stafford-Clark, du Traverse Theatre. La place centrale du corps, bien sûr, et des recherches sur la voix, les dote d'un « vocabulaire commun [...] bien que ne parlant pas la même langue », remarque Anne Moreau. Mais pour Claude Frochaux, qui titre « L'empire de l'acteur » son bilan pour *La Gazette de Lausanne*, c'est surtout l'accession de celui-là aux statut d'auteur que toute cette avant-garde cherche à mettre en jeu, ou encore « la remise en question de la hiérarchie traditionnelle au sein du groupe théâtral » :

> Au triomphe du metteur en scène omnipotent et omniprésent tend maintenant à se substituer le règne auto-créateur et un peu aveugle du comédien enfin maître de son espace scénique et reléguant, après l'auteur, le metteur en scène au rang subalterne d'ordonnateur des festivités. La révolte de la base, du comédien prolétaire montre jusqu'à quel degré de remise en cause fondamentale le théâtre est aujourd'hui l'objet et l'on ne peut que s'en réjouir et applaudir ceux qui sont aux avant-postes de la recherche immédiatement opératoire.

Au micro de Colette Godard, Frochaux affirme que l'auteur est un acteur comme les autres, renversant la proposition habituelle, et que cette révolution, si elle veut se partager, se faire entre plusieurs acteurs-auteurs, demande une technique spéciale ; pour lui, le Théâtre-Création est le seul à l'avoir mise au point. Mais ce qui frappe Lynn Tatcher, « c'est que la différence entre les groupes est surtout due à leurs conditions sociales » : ainsi le Teatro Uomo, dans une situation plus précaire que les autres, et en particulier que les Suisses (en apparence), s'engage dans plus de virulence, et dans une mise en jeu plus métaphysique, moins concrète, de la destinée de l'homme ; *idem* sans doute pour le théâtre de Kantor ; les Américains, de leur côté, au niveau de vie assuré, « ne peuvent pas concevoir cette angoisse fondamentale de la destinée humaine ».

Tous les participants reconnaissent l'importance de ces deux semaines de rencontre et d'échange. Virgilio Bardella insiste sur la nécessité de

---

nomme en effet pas les personnes qu'elle interview, et nous sommes contraints de le deviner d'après ce qu'ils disent et d'après leur accent...

la réitérer pour pouvoir constituer une véritable alternative au théâtre officiel, « sinon, tout le monde continuera de nous prendre pour des gens qui jouent à faire du théâtre », ce qui, pour des raisons inconnues, ne se fera pas. Martin Brenzell a « eu le sentiment que nous étions tous dans la source et la source même ». Quant à Kantor, même si l'inventeur du *Théâtre zéro* regrette tant de professionnalisme chez tous ses camarades, il écrit : « Grâce à cette rencontre nous avons pensé toute la journée aux mêmes thèmes pendant quinze jours, aux conflits entre nous et les autres, aux conflits en nous-mêmes. Nous avons pensé, vraiment pensé, c'est rare ». De son côté, Alain Knapp, qui était venu avec la ferme intention d'intégrer ce qu'ils auraient appris à leur travail à Lausanne, tire son propre bilan :

> Cette rencontre a été d'abord un moyen, pour ceux qui y ont participé, de se communiquer certains points de vue et cela non pas exclusivement sur les techniques de théâtre mais aussi sur la vie de nos groupes, les relations des acteurs avec leur public, la façon dont s'organise la vie d'une compagnie aujourd'hui, les difficultés auxquelles elle a à faire face, la réévaluation des rapports metteur en scène-acteurs-auteurs. Et tout cela me paraît beaucoup plus important que les échanges d'idées sur de vagues notions formelles.

Finalement « l'idée d'inviter sept groupes expérimentaux dans un lieu donné, sans prévoir ni de protocole, ni discours, ni programme de travail si elle était inattendue et inhabituelle a été clairvoyante... », remarque Max Stafford-Clark, d'Édimbourg.

Quel a été l'impact de ces rencontres sur le Théâtre-Création ? Il est assez difficile de le définir précisément. Monique Hecker, dans un article du dossier cité, remarque que certains acteurs du groupe souhaitent des modifications. Elle ne dit pas qui, et on peut se demander la valeur exacte de cette mention journalistique, de l'ordre de la rumeur. Quant à Knapp, il ne se souvient d'aucune discussion particulière, aucune revendication ; tout ce qu'ils ont vu à Dourdan, ils en parlent, l'analysent, le critiquent, et l'intègrent sans doute, mais sans heurts, sans éclats, sans révolution, dans un large esprit de conciliation tout à fait helvétique. De fait si les questions posées par d'autres troupes se rapprochent de celles qui donnèrent naissance au Théâtre-Création, les réponses apportées et les pistes explorées sont vraiment différentes, et tout notre travail consiste à expliciter en quoi.

Suite de la saison

Après la tournée de *M. Ducommun* en Belgique, le Théâtre-Création revient à Lausanne. Interrogé par Henri-Charles Tauxe, Knapp remarque alors que « la nécessité de tourner à l'étranger, ce qui est, d'un côté, très enrichissant pour la troupe, risque à la longue de provoquer une certaine usure[70] ». Pour se développer localement, ils manquent toujours d'un lieu situé plus au centre de la ville et capable d'accueillir du public, malgré une réputation grandissante et une reconnaissance internationale dont nous venons largement de discuter. Même en Suisse, les choses commencent à bouger :

> Patiemment, malgré les ricanements du début, les jalousies, le Théâtre-Création s'est forgé une arme scénique originale qui conciliait les tendances du théâtre nouveau – abstraction du décor, expression corporelle privilégiée, langage absurde, philosophie militante – avec l'instinct libertaire des acteurs, avec leur soif d'authenticité livrée sans barrières, comme spontanément[71].

Mais les subventions ne suivent pas : « Les acteurs et leur animateur sont obligés, pour vivre, de se vouer à des tâches annexes. [...] D'autres comédiens font du jardinage ! La situation financière du groupe est donc précaire », écrit Daniel Jeannet[72]. Et la reconnaissance, si elle est internationale, n'entraîne pas pour autant un soutien plus marqué et plus franc des autorités lausannoises. C'est que les pouvoirs publics ne comprennent toujours pas la démarche originale du Théâtre-Création, et, débordées par les nouvelles prérogatives qui leur échoient depuis l'éclatement du CDR, veulent pousser les compagnies à rechercher la rentabilité : une lettre du 14 juillet 1970 de Me Philippe Dudan, du Fond du théâtre suisse romand, citée par Anne-Catherine Sutermeister (Sutermeister, 2000, p. 237), menace ainsi le groupe de ne pas leur accorder de garantie de déficit si leurs créations ne touchent pas un plus grand public. Mais ceci est paradoxal : car le Théâtre-Création touche un large public, et si ses salles sont parfois vides, c'est à Chavannes-Renens, ou dans la région de Lausanne, pas ailleurs. Nous avons pu remarquer à quel point la presse locale le soutient peu, voire le dénigre systématiquement. Il est donc pris dans un cercle vicieux, entre le FTSR, qui exige plus de

70 *Feuille d'avis de Lausanne*, 29 octobre 1971.

71 Antoine Scheuchzer, *Gazette de Lausanne*, 28 octobre 1972.

72 *Tribune de Lausanne*, 19 octobre 1970.

fréquentation, et la presse, qui la freine. Obligées par la conjoncture de se prononcer sur le contenu des spectacles qu'elles choisissent de soutenir ou non, mais ne voulant pas non plus affirmer des choix radicaux, les structures de subvention privilégient ainsi un théâtre conventionnel et consensuel face au théâtre de recherche, un théâtre qui s'appuie sur la notoriété des auteurs ou des vedettes, chouchous de la presse, plutôt qu'un théâtre de création.

Ce qui permet en revanche au Théâtre-Création de vivre en sa patrie, ce sont les activités d'animation en milieu scolaire. En marge de la création en janvier 1972 de *Djakarta*, écrit par Claude Frochaux selon un processus de création collective déjà éprouvé par les deux précédents spectacles de la compagnie, à la demande d'une centaine de classes, le Théâtre-Création s'y consacre cette fois à temps plein pendant deux mois, du 15 janvier au 15 mars 1972. Les financements, ce sont les écoles, une par une, qui les obtiennent, permettant à Alain Knapp et les siens de toucher 2 600 élèves. Nous avons déjà largement discuté de la méthode utilisée par le groupe vaudois dans ces animations scolaires. Ce succès grandissant et l'implication des écoles dans les demandes de subventions montrent pourtant l'assise que le Théâtre-Création trouve auprès de la population, et sans doute avec elle une certaine célébrité. Mais les bienfaits de la cure Knapp pour le développement de la personnalité créatrice ne s'arrêtent pas aux écoles : ils touchent aussi le domaine psychiatrique.

Application thérapeutique de la méthode du Théâtre-Création

Comme nous l'avons mentionné plus haut, le Théâtre-Création, à la suite de leurs représentations d'improvisations, avait organisé des stages avec des ergothérapeutes, et avait été invité à appliquer ses techniques auprès de patients d'un hôpital psychiatrique. Ce faisant, Knapp s'inscrit dans l'héritage de Jacob Levy Moreno, et découvre, comme l'a fait plus tard Augusto Boal, les possibles implications d'une démarche toute entière basée sur la construction de personnages et une spontanéité créatrice pour le traitement de troubles psychiques.

Dans leur mémoire présenté en juin 1975 à l'Université de Lausanne pour leur quatrième année de licence en psychologie clinique, Cuenoud,

Glauser et Lavanchy analysent la méthode utilisée par Alain Knapp lors de ses interventions cliniques, et la comparent notamment avec le psychodrame tel que Moreno l'a définit (Cuenoud, Glauser, & Lavanchy, 1975). N'étant pas spécialiste des questions psychiatriques, nous nous rapporterons à eux pour tenter d'isoler les spécificités des interventions d'Alain Knapp par rapport à d'autres formes d'applications thérapeutiques de méthodes théâtrales, et toutes les références proviendront de cette source. Leur rapport constitue en outre un outil précieux pour comprendre l'approche knappienne de l'improvisation, qui sera analysée ultérieurement.

Comme dans le cas des animations en école, l'approche de Knapp en milieu psychiatrique découle directement des principes utilisés pour définir une nouvelle approche de l'art du comédien ; ainsi « l'objectif vers lequel tendent les exercices est identique quel que soit le domaine dans lequel ils sont appliqués : parvenir à une meilleure réalisation de sa personne ». C'est là la spécificité principale que les auteurs reconnaissent à cette approche : contrairement au psychodrame, elle n'a pas été développée à l'endroit d'une population particulière, touchée par des maladies mentales ; si elle s'y adapte, et se pratique sous le contrôle de spécialistes, avec leurs propres méthodes et leur regard, le processus de développement personnel qui est ici proposé est le même qu'avec des enfants ou des adultes admis dans la normalité. Il ne s'adresse pas au traitement particulier de telle pathologie, de tel événement traumatisant (ce sur quoi se concentre le psychodrame), il vise la personne entière, avec ses particularités propres.

Comme pour l'improvisation et les animations, on retrouve un certain nombre de principes directeurs : unité psycho-physique de l'être, utilisation des objets pour l'imagination, nécessité de construire une cohérence pas-à-pas et la relation au partenaire...

Les auteurs cités soulignent l'importance des différentes étapes dans la construction de la démarche : il s'agit d'abord de se mettre en relation avec ce qu'ils appellent un « état intérieur ». En fait, il s'agit moins d'un *état*, mot qui donne un sentiment de stabilité, que d'une sensation, d'images nées de la libre association, issues de l'inconscient, non dans l'absolu, mais en rapport avec un objet précis. Bergson raconte un état de ce genre, en nous faisant sentir la nécessité de prendre un objet identifié : « Je respire l'odeur d'une rose, et aussitôt des souvenirs confus d'enfance me reviennent à la mémoire. À vrai dire, ces souvenirs n'ont point été évoqués par le parfum de la rose : je les respire dans l'odeur même ; elle est tout cela pour moi » (Bergson, 2011, p. 84-85). L'objet en question peut être significatif ou non, inductif ou non : il peut s'agir d'un crayon, d'une chaussure, qui *induisent* des comportements ou des images, ou d'un cube bleu, d'une figure géométrique simple avec une couleur franche, qui cette fois n'induit rien, mais *évoque*. Cet objet, particularisé, c'est-à-dire doté par l'imagination, par les souvenirs qu'il fait affleurer, par le comportement qu'il induit, d'une histoire et de spécificités, permet au participant de se concentrer hors de lui, de projeter sa conscience ailleurs et de laisser son inconscient l'assaillir d'images et de sensations. À partir de là, il peut exprimer, c'est-à-dire échanger avec l'objet ou avec des partenaires de jeu.

L'intérêt thérapeutique de la méthode se situe, pour les auteurs, dans la dynamique issue de l'expression, nécessairement tournée vers l'extérieur, de sensations internes. Ils définissent la capacité d'improviser comme une capacité d'adaptation à des conditions intérieures et extérieures toujours changeantes : en vertu du fait que l'individu n'est pas deux entités séparées, mais corps *et* esprit, l'état intérieur modifie l'expression, c'est-à-dire la relation à l'objet ou au partenaire, qui en retour fait évoluer l'état intérieur, en provoquant d'autres sensations, d'autres images. Improviser serait alors « exécuter des actions qui permettent à l'acteur de conserver la relation consciente entre son monde intérieur et le monde extérieur de façon à ce que toute modification, soit de l'un, soit de l'autre, puisse susciter les actions expressives qui permettent à cette relation de conserver son équilibre ». Une opération homéostatique, au même titre que la régulation de la température interne, de la glycémie ou que les émotions[73]. C'est donc par ce travail sur l'expression que la méthode est supposée fournir des résultats sur le psychisme des participants.

Les auteurs n'ont pas de données suffisantes, à l'époque, pour évaluer concrètement le succès thérapeutique d'une telle démarche et, joints par téléphone, ils avouent ne pas avoir continué à creuser la question

73 « Même les émotions proprement dites – le dégoût, la peur, le bonheur, la tristesse, la sympathie et la honte – ont directement pour but la régulation de la vie en conjurant les dangers, en aidant l'organisme à tirer avantage d'une occasion favorable ou indirectement en facilitant les relations sociales », (Damasio, 2003, p. 46).

beaucoup plus loin. Ils soulignent cependant dans leur mémoire à quel point il est important que cette approche soit directement issue d'une technique développée pour le théâtre, et non pour la psychiatrie : le rôle de l'animateur n'est alors pas d'analyser ce qui est produit par les participants, mais de travailler sur « la manière d'agir de celui qui crée, sur ses possibilités d'expression et d'utilisation optimale des instruments mis à sa disposition pour la création ». L'analyse, c'est le participant lui-même qui peut la faire, à travers l'action ; l'improvisation l'aide à structurer sa pensée, à équilibrer son expression et ses états intérieurs[74]. L'individu se construit alors « un meilleur usage de soi-même, c'est-à-dire une augmentation des possibilités de maîtrise du Moi permettant une meilleure adaptation aux exigences du monde intérieur et extérieur ».

1972-1973 : *ACHILLE LANCELOT*, UN BILAN SOUS FORME DE DERNIÈRE CRÉATION COLLECTIVE

Au début de la saison 1972-1973, la cinquième depuis la création du groupe, après une première création collective, trois spectacles en collaboration avec des auteurs et des centaines de spectacles improvisés, celui-ci se donne pour objectif de faire « une synthèse de cinq ans de recherches sur le jeu de l'acteur » (Knapp, 1972, p. 11). Ni « inventaire pur et simple des possibilités d'expression de la troupe », ni « démonstration », ce sera un spectacle écrit collectivement, en laissant une large place à l'humour, sur un « thème compréhensible par chacun » : « qu'arrive-t-il lorsqu'un héritier, qui n'est pas pour autant un dégénéré, refuse lucidement de continuer ? » (*ibid.*).

Le spectacle est intitulé *Avec Achille Lancelot ce sera différent*. Deux acteurs parmi les fondateurs du Théâtre-Création, qui faisaient partie des piliers de l'entreprise, sont déjà partis : Joëlle Stagoll attend un enfant, et Martin Roy vient d'aller s'installer en Allemagne ; suite aux représentations de *M. Ducommun a peur des femmes* à Hambourg, il avait en effet reçu une proposition pour aller y enseigner à l'Université de Musique et de Théâtre – mais semble-t-il ce sont d'abord des affaires de cœur qui l'ont poussé à s'y installer. Marcel Wynands et Michel Touret, des acteurs que Knapp avait rencontré dans les stages qu'il commence à donner de plus en plus fréquemment à l'étranger, rejoignent le groupe à leur place.

74 Ils disent aussi : « Cette création demeure sa propriété, elle n'est pas triturée (du moins pour le moment) et retournée à son propriétaire dans un souci d'explication psychanalitique ».

L'histoire du spectacle est au final légèrement différente du point de départ qu'ils avaient prévu. Achille Lancelot reste un héritier qui refuse son destin : il naît le jour de la mort de son père et est éduqué dans le sens de la responsabilité politique qu'il va devoir assumer plus tard. Son expérience du monde l'éloigne de ce destin, et fuyant la politique, il se lance dans le commerce. Malheur : son succès est tel qu'on lui propose le pouvoir !

La pièce tourne, comme les précédentes productions, en Belgique, en France, en Allemagne, et bien sûr en Suisse. Mais pour un bilan, le spectacle, qui connaîtra deux versions, est toujours assez mal reçu par la presse locale. « On regrette les auteurs et les improvisations », écrit Antoine Scheuchzer[75], et d'autres journalistes se plaignent que le Théâtre-Création les avait habitués à mieux. Le peu de données que nous possédons ne nous permet pas de faire une revue de presse plus nuancée, et cela n'aurait du reste plus aucun intérêt. La première période du groupe est passée, et avec elle la déflagration de nouveauté, les passions et les controverses qu'elle déchaînait se sont estompées. Certains acteurs commencent à partir, les autres ne tarderont pas à suivre ; cela sent déjà la fin.

Notons également dans cette saison 1972-1973 que le Théâtre-Création crée un deuxième spectacle, sur une pièce que Walter M. Diggelmann, auteur déjà célèbre de Suisse alémanique, écrite pour eux : *Le Triomphe du Soldat*. « Dix-huit dialogues à la manière de Brecht sur l'objection de conscience ». La création collective avec collaboration d'auteur est abandonnée pour cette fois-ci : Diggelmann, s'il comprend le français, ne le maîtrise pas suffisamment pour pouvoir écrire directement une pièce avec des acteurs romands. Il écrit donc en allemand des scènes non reliées entre elles par une histoire, mais qui abordent toutes le problème de l'objection de conscience[76]. Le projet se déroule sur le mode de la commande, avec une petite contrainte : Diggelmann accepte un temps d'écriture très court (trois semaines), auquel répond un temps égal de répétitions.

---

75 *Gazette de Lausanne*, 28 octobre 1971.

76 En Suisse, un service militaire est obligatoire pour tous les hommes. Depuis 2009, il est possible de réaliser à la place un service civil d'une durée une fois et demie supérieure. Avant cela, il fallait pouvoir *rendre crédible* aux autorités son objection de conscience, un flou dans la formule qui laisse imaginer de nombreuses situations dramatiques...

ÉCUMES

À partir de la saison 1973-1974, le Théâtre-Création entre dans une deuxième phase, qui signera aussi sa fin. Pas de brutalité, pas d'explosion ou de dispute violente. Simplement l'épuisement graduel d'une entreprise qui était née en parallèle des enthousiasmes et des espoirs de Mai 68, et qui comme eux a fait long feu.

D'abord, comme nous l'avons déjà vu, ce sont les acteurs du Théâtre-Création qui décident, petit à petit, d'abandonner la coque de navire pour se consacrer à d'autres taches. Nous savons qu'à la saison précédente déjà, Martin Roy est parti à Hambourg et que Joëlle Stagoll, enceinte, s'était également arrêtée, fissurant une première fois le noyau dur. Anne-Lise Balimann, qui est par ailleurs la compagne de Knapp depuis l'époque du Théâtre universitaire, souhaite faire une pause ; elle attend bien vite un enfant, et ne remontera plus sur les planches que pour le dernier spectacle du Théâtre-Création, *Genocide by the Window.* Michèle Ody, après *Achille Lancelot*, abandonne un temps la scène pour se consacrer entièrement à la gestion administrative de la compagnie, tache qu'elle assumera jusqu'à la dernière année. Quant à Christian Jolibois, il commence à s'intéresser à la bande-dessinée et souhaite s'y plonger. Des départs qui signent déjà la fin d'une aventure.

LES DERNIÈRES ANNÉES : 1973-1975

> Si vous voulez bien vous donner la peine de respecter les simples conseils qui vont suivre, vous saurez alors comment vous éteindre sans bruit, comme un réfrigérateur qui cesse de trembloter quand on le débranche.
> Pierre DESPROGES

Ces acteurs sont remplacés par d'autres, qui avaient vu le Théâtre-Création lors des tournées ou avaient participé à des stages animés par Alain Knapp, et le sollicitaient pour le rejoindre, depuis plusieurs années déjà. L'intégrité de Knapp vis-à-vis des comédiens qu'il engageait lui imposait d'avoir les moyens de les rémunérer pour leur présence ; ainsi, contrairement au Théâtre du Soleil, par exemple, dont la longévité exceptionnelle s'explique en partie par sa grande taille, le caractère optionnel des contrats et un renouvellement constant de l'équipe, le Théâtre-Création a toujours dû se limiter à n'engager que les sept comédiens que la subvention de la ville, restée inchangée depuis 1968, lui permettait de payer. Knapp avoue par ailleurs n'avoir jamais cherché à l'élargir, ne voulant pas non plus que le groupe devienne trop grand et ingérable.

C'est une troupe entièrement nouvelle qui s'engage avec Knapp dans la saison en 1973, et restera deux ans avec lui, presque jusqu'à la fin. Les noms de ces nouvelles recrues : Jean-Charles van Antwerten, Dominique Bérody[77], Mercedes Bravand, Marie-Françoise Duekerts, Max Faucherre[78], Geneviève Hesse, Jean-Luc Petitrenaud[79]. Avec les nouvelles recrues, en deux ans, trois spectacles sont créés, tandis que le groupe continue ses animations de toutes sortes et que Knapp travaille toujours plus avec l'hôpital psychiatrique du Valais : *Schmidt* en 1973-1974, *La valise bleue* et *Genocide by the window* en 1974-1975. Les deux premiers spectacles sont des créations collectives dont Alain Knapp signe le texte, quant au dernier c'est un texte de l'auteur tunisien Mokhtar Chorfi qu'Alain Knapp monte avec un groupe encore renouvelé, comme il avait monté *Les Coréens*, au tout début de son activité de metteur en scène. Le nouveau Théâtre-Création ne fait plus d'improvisations en public ; pas assez solides pour cela, les acteurs risquaient de décevoir, après les succès et la grande maîtrise de la première mouture. Les trois créations tournent en Suisse et internationalement, *Schmidt* retourne au Festival de Wrocław, « où les voix les plus décidées venaient des pays d'Amérique Latine, là où l'art engagé n'a pas d'autres solution que d'être profondément politisé, pour démasquer les cruautés des régimes réactionnaires », mais où « les autres troupes théâtrales, un peu moins concernées, ont confirmé ce que l'on pressentait en 1971 en donnant une image de "festival après l'orage" – les manifestations étudiantes de la fin des années 60 » (Waszczuk, 1978, p. 43-44)… Ainsi l'histoire du festival rejoint celle du Théâtre-Création : la grande époque est déjà passée, et même s'ils connaîtront ensemble de beaux succès, le groupe s'essouffle. Alain Knapp se souvient :

77 Aujourd'hui délégué général jeunesse et décentralisation en Yvelines, attaché au Théâtre de Sartrouville.

78 Directeur administratif et financier de la Chartreuse de Villeneuve-lez-Avignon.

79 Devenu un célèbre critique gastronomique, animateur d'émissions de télévision et de radio.

> Au bout de sept ans, nous avons décidé d'arrêter – c'était en 1975, la fête de 68 était finie, la fête de l'esprit surtout. Certains ont abandonné le théâtre. (Benhamou & Trotta, 2006, p. 154)

Ce sont aussi, et peut-être surtout, les difficultés financières qui signent la fin de l'aventure : 1974 marque la fin des Trente glorieuses, d'une époque de prospérité économique pour l'Europe et la Suisse, suite au choc pétrolier de 1973 ; Georges-André Chevallaz, syndic de Lausanne depuis 1958, qui était, nous l'avons vu, un soutien important au sein des pouvoirs publics vaudois pour le Théâtre-Création, quitte le poste en 1973 pour aller siéger au Conseil fédéral. Le succès, la reconnaissance grandissante du Théâtre-Création ne lui a pourtant pas permis, comme nous l'avons vu plus d'une fois, de pérenniser son activité, notamment en accédant à la direction d'un théâtre plus grand et plus central, où les efforts d'animation en milieu scolaire, les spectacles d'improvisation, les créations et les partenariats avec les hôpitaux psychiatriques auraient été d'une ampleur toute autre. Au contraire : leurs moyens se réduisent tellement qu'il n'est plus possible d'engager les acteurs à l'année, mais seulement sur trois mois. Alain Knapp s'en souvient aujourd'hui, semble-t-il avec regret :

> On était arrivés au point où on était tellement bons, tellement opérationnels, qu'on pouvait vivre ; qu'on pouvait aller faire des animations dans des écoles, qu'on pouvait faire des spectacles improvisés, qu'on pouvait faire des projets avec des auteurs... On avait une variété de possibilités, qui au fond nous aurait permis d'avoir un lieu de création très riche – et c'est là qu'on s'est séparés.

Il faut également replacer le Théâtre-Création dans le contexte plus large du théâtre lausannois : depuis l'éclatement du CDR en 1968, les moyens du Fonds suisse pour le théâtre romand n'ont pas vraiment évolué, et la multiplication des producteurs de théâtre ne s'est pas accompagnée d'un soutien plus marqué de la part des pouvoirs publics de Lausanne, d'un engagement plus net en faveur de la création, mais plutôt d'une fragmentation de l'aide qui existait déjà en 1968. Même le CDR devenu CDL en 1972, qui absorbe la majeure partie des subventions, est-il contraint de vivre avec des moyens insuffisants. Ainsi en 1975 également, Charles Apothéloz cède sa place à la tête du Centre dramatique de Lausanne. Il démissionne, et Joël Aguet raconte, dans un écho étrange à la parole de Knapp citée ci-dessus :

> Inutile d'insister sur l'aspect dérisoire d'une telle situation, si courante dans notre pays. Lorsqu'il obtient le théâtre que son acharnement lui a permis de faire construire à la taille qu'il fallait, puis de le conserver, de le ravaler, de le rééquiper et enfin de l'occuper et de l'utiliser, il a quinze ans de plus, a changé au moins trois fois d'optique théâtrale et se prépare à tourner définitivement le dos au théâtre en salle, pour s'orienter vers tout autre type de travail ! Pourquoi laisser s'user les énergies créatrices à de telles tâches ? Serait-ce justement, simplement, pour les user[80] ? (Apothéloz & Aguet, 1990, p. 117)

Bernard Bengloan consacre tout un livre à cracher sur la politique culturelle de Suisse romande, et peste : « depuis la fin de la seconde guerre mondiale, [...] il n'y a pas eu que le temps des vaches maigres et pourtant rien ou presque rien n'a été fait pour engager la Romandie dans une quelconque politique théâtrale un peu ambitieuse, un peu clairvoyante et à long terme » (Bengloan, 1994, p. 17). Nous ne pouvons guère tirer d'informations pertinentes d'un tel ouvrage, tant les faits rapportés sont la plupart du temps inexacts. Mais le ton acerbe et vengeur de cet auteur et ancien acteur des Faux-Nez de l'époque Knapp fait écho à ceux précédemment cités, et nous sentons assez à travers son témoignage à quel point la Suisse, et la Romandie en particulier, ne constituait pas un terrain fertile pour des entreprises théâtrales.

Ainsi on aurait pu croire, avec Bengloan, qu'après la démission (que celui-ci nomme licenciement légalement déguisé) d'Apothéloz, Alain Knapp aurait été un bon candidat à la succession. Nul doute que Knapp rêve en effet de cette promotion, de cette reconnaissance. Cela se sent dans les interviews qu'il donne à l'époque. Cela est aussi tout à fait naturel : quand il appelle de ses vœux un lieu plus central, plus fonctionnel pour développer ses activités, il n'y en pas des dizaines à Lausanne, il n'y en a qu'un, le Centre dramatique de Vidy. Mais la Municipalité et le comité de fondation du théâtre lui préfèrent un journaliste en vue : Frank Jotterand. C'est que Knapp n'est pas seul à briguer le poste : « Le départ d'Apothéloz ouvre une nouvelle période de crise. Tous les producteurs locaux, et bien d'autres, se mettent sur les rangs pour lui succéder. Au bout de quelques mois, les autorités de la Ville leur préfèrent la candidature de Franck Jotterand [...]. Cette nomination offre l'avantage de mettre d'accord le milieu professionnel

80 Pour rappel, le théâtre dont il est question est celui de Vidy-Lausanne, qu'Apothéloz avait sauvé de la destruction à la suite de l'exposition nationale de 1964.

autour d'une personnalité connue et qui n'a jamais été impliquée dans les querelles de l'après CDR » (Apothéloz & Aguet, 1990, p. 123). Il faut également voir, dans une Suisse toujours très conservatrice et où la police était très présente, qu'un artiste tel que Knapp qui n'appartient à aucun parti, ne s'est lié avec aucune branche politique et s'est construit une réputation d'anarchiste a de quoi inquiéter les autorités. Ainsi est-il naturel que dans ce contexte, qui dessinait pour Alain Knapp une impasse de carrière, qui lui fermait des portes et ne lui laissait espérer aucun développement, celui-ci ait décidé de partir, d'aller tenter sa chance ailleurs.

Mais là encore à ces raisons économiques, qui seraient sans doute suffisantes, s'adjoignent des raisons artistiques. N'ayant plus les moyens, même après sept ans, d'engager plus de sept personnes à temps plein, aucun roulement des comédiens ne peut se faire, aucune transmission des uns aux autres : si quelqu'un part, c'est toute son expérience qui part avec lui. Et former de nouvelles recrues aux techniques éprouvées par le premier groupe, sur de longues années et au prix d'un travail colossal pour en maîtriser les tenants et les aboutissants à la perfection, cela n'intéresse plus Knapp. Il est lassé. Ainsi s'interroge Henri-Charles Tauxe, remarquant que les conditions matérielles et financières dans lesquelles le Théâtre-Création doit monter ses pièces frisent l'indécence : « Comment un metteur en scène peut-il s'accomplir pleinement s'il doit, pour chaque nouvelle entreprise, bâtir sa troupe à partir quasiment de zéro ? [Il s'agit] de montrer les dangers du nivellement et de la lassitude lorsque le rocher de Sisyphe devient, pour un homme de théâtre, un exercice annuellement imposé[81] ». Pour l'homme de théâtre en question, l'aventure s'était déjà arrêtée, deux ans avant : « Il y avait eu ces 5 années. On bagatellise les difficultés, quand on en parle, mais il y avait quelque chose de très fort, de très dynamique. Les deux années qui ont suivi, c'était un peu les prolongations. On aurait pu s'arrêter deux ans avant, l'expérience avait été faite, le parcours avait été accompli », nous a-t-il confié.

Ainsi cette fête de l'esprit qui se termine alors, c'est avant tout celle de cette liberté d'entreprendre, de cette insouciance face à l'avenir, dont nous avons pu souligner dans les chapitres précédents l'importance pour le Théâtre-Création. Les différents acteurs, et Knapp lui-même, en ont

81 *Feuille d'avis de Lausanne*, 18-19 février 1975.

assez de l'incertitude et de la marginalité. Mais plus fondamentalement encore : ils ont le sentiment d'avoir trouvé ce qu'ils cherchaient. Non d'en avoir fait le tour, car le chemin de la création est sans limite, et ils le prouveront ensuite, individuellement. Mais d'avoir atteint les objectifs de leur recherche. Et comme le disait Serge, un jeune acteur de *La Mama* de Londres, à Dourdan : « Le danger de la recherche est qu'elle a un terme : si l'on trouve quelque chose, on s'arrête » (« Dourdan (dossier) », 1972, p. 58). Contrairement à beaucoup d'autres expériences de recherche sur l'acteur, qui partent sans objet défini, absorbent tout ce qu'on leur présente et continuent, ne sachant pas exactement ce qu'ils cherchent, Alain Knapp en avait une idée dès l'Atelier de recherches dramatiques du CDR, et avait proposé une méthode : il voulait donner aux acteurs les moyens d'être créateurs, et de maîtriser leur création spontanément devant un public. En 1975, c'était fait.

Ainsi peut-être par un jeu subtil entre le manque d'envie, le besoin d'entrer dans un mode de vie plus stable, le sentiment de prêcher dans le désert – ou plutôt dans les lacs et les montagnes, mais des montagnes sans écho –, entre le manque d'opportunités économiques et l'épuisement d'une démarche de recherche dont les objectifs n'ont pas évolué, contraint d'abandonner cette recherche sans pour autant pouvoir s'institutionnaliser, « las de tendre la sébile vers des autorités qui font la sourde oreille et se méfient de son travail » (Bengloan, 1994, p. 38), le Théâtre-Création s'est arrêté.

Tout simplement.

DISPERSION

Chacun des acteurs du Théâtre-Création, premier groupe, a ensuite continué son parcours, mettant à profit les quelques années de recherche passées avec Alain Knapp, et les transmettant, chacun à sa manière.

Michèle Ody, sur laquelle nous avons retrouvé peu d'éléments, semble avoir continué une carrière d'actrice en Suisse et s'être surtout dédiée à l'animation de stages d'écriture et à la transmission.

Joëlle Stagoll, qui avait rejoint l'équipe après des études de lettres et une première carrière dans l'enseignement, s'occupe à l'écriture de romans, tout en prenant un poste aux Archives cantonales vaudoises, et s'implique dans l'Association Lire et Écrire de Suisse romande, qui lutte contre l'illettrisme. Bien qu'elle se mette à écrire à partir des années 1970, elle garde ses manuscrits secrets, les faisant lire autour d'elle, et ce n'est qu'en 2004 que ses premiers romans sont publiés, aux éditions de l'Hèbe. Séduite, la maison d'édition publie quatre romans d'un coup, manifestant par là une certaine urgence à faire connaître cette œuvre. On y retrouve des caractéristiques (responsabilité, autonomie des personnages, ironie...) qui ne dénaturent en rien le travail du groupe vaudois[82].

Anne-Lise Balimann, qui était la compagne de Knapp avant même que ne commence l'aventure du Théâtre-Création, devient secrétaire puis assistante de direction au Théâtre national de Strasbourg à partir de 1983 ; elle travaille avec Jacques Lassalle, Jean-Marie Villégier et y reste jusqu'à la fin du mandat de Stéphane Braunschweig en 2008.

Christian Jolibois, qui était parisien, retourne à la capitale française où il rencontre Philippe Bouvard. À partir de là il participe à l'émission des *Grosses têtes*, devenue culte, et raconte à Bouvard son expérience au Théâtre-Création. Celui-ci, à partir de 1982, met à profit cette idée, sans évidemment en citer jamais les sources, dans son *Petit théâtre de Bouvard*, une émission télévisée sur feu Antenne 2 qui fonctionne, de façon feinte, comme les soirées d'improvisation du groupe suisse : un invité tire au hasard des thèmes dans un panier d'osier, sur lesquels les jeunes comédiens (les Inconnus, Muriel Robin, Mimie Mathy, etc.) improvisent. Jolibois quitte l'émission et Bouvard, et à partir de 1989 se consacre à la littérature pour enfants, réalisant des albums qui sont publiés chez Pocket Jeunesse, Albin Michel ou encore Flammarion[83]. Installé en Bourgogne, il écrit et joue par ailleurs toujours du théâtre, et anime des ateliers d'écriture et d'illustration.

Enfin celui qui s'est inscrit pleinement et le plus durablement sans doute dans l'héritage proprement théâtral de l'aventure lausannoise est

82 « Ce qui frappe, dans l'écriture de Joëlle Stagoll, c'est qu'elle arrive à être à la fois moraliste et anti-moraliste. Moraliste dans le sens philosophique du terme, parce que l'auteure est consciente de sa propre responsabilité éthique en tant qu'écrivain : elle nous convie à une table où sont servies les grandes questions existentielles. Pourtant, si la vie triomphe toujours (potentiellement) dans ses romans, cela se passe dans une grande liberté (anti-moraliste, justement), une liberté pour ses personnages avant tout, qui s'expérimentent, vivent et jouissent (et plus souvent se déchirent) sous sa plume impitoyable, mais non dénuée d'une ironie bienveillante », Culturactif.ch, http://www.culturactif.ch/livredumois/oct04stagoll.htm, consulté le 2 août 2013.

83 Voir la liste de ses publications jeunesse sur http://www.ricochet-jeunes.org/auteurs/bibliographie/2276-christian-jolibois.

Martin Roy (ou Jean-Martin Roy). Ayant quitté en 1972 le Théâtre-Création, il s'emploie à l'enseignement à la Haute école de Musique et de Théâtre de Hambourg, donne des stages dans toute l'Allemagne jusqu'en 1977, date où l'école fondée par le clown Dimitri à Verscio, dans le Tessin, l'engage comme professeur d'improvisation. Il y enseigne depuis, y enseigne toujours, l'ayant même dirigée pendant treize ans, de 1983 à 1996. Pour toute cette carrière d'enseignant, il reconnaît l'importance fondamentale de ces cinq années de recherche et d'expérimentation, et s'en réfère toujours aux mêmes grands principes. En particulier, celui qui veut que pour qu'une création collective soit possible, l'acteur seul doit être capable d'abord de gérer sa création personnelle, d'endosser la responsabilité du développement du jeu. La scrutation et le « par-rapport-à-quoi » se développe l'histoire restent des éléments essentiels de son enseignement, de même que ces improvisations collectives abstraites, que Jean-Martin Roy appelle « son et mouvement », par lesquelles le Théâtre-Création commençait ses journées et souvent ses soirées d'improvisation. En ce dernier point, il s'écarte de la progression qu'a suivie Alain Knapp dans les années après 1975, qui semble avoir, comme nous allons maintenant le voir, mis de côté cet aspect de leur travail pour se concentrer sur des procédés dramaturgiques.

KNAPP ENSEIGNANT :
QUÉBEC, PARIS, STRASBOURG, RUE BLANCHE

> L'École est le plus beau théâtre du monde, car l'École est un théâtre libre, exempt des contraintes, de toute production et surtout de tout accord avec l'opinion courante.
> Antoine VITEZ

La page du Théâtre-Création étant tournée, Alain Knapp se voue, sauf quelques exceptions dans l'écriture et la mise en scène, à l'enseignement. Cette activité, moins tapageuse, moins visible, mais tout aussi essentielle que la création de spectacles, va inspirer des générations d'acteurs, d'auteurs et de metteurs en scène, mais aussi des écrivains, des journalistes, des psychiatres, des formateurs divers. Nous allons, brièvement, en faire un tour d'horizon.

Stages et influence au Québec

En 1974, André Pagé, directeur de l'École nationale de Théâtre du Canada à Montréal, écrit à Alain Knapp pour lui proposer de donner un stage de deux mois dans son école. Le Québec se trouve alors dans une période d'affirmation de son identité nationale et culturelle[84], laquelle doit se démarquer à la fois de l'influence française et de celle des grands pays anglophones qui l'entourent, à commencer par le reste du Canada. Ceci passe par le renouveau d'une écriture théâtrale québecoise (Michel Tremblay, Réjean Ducharme, Claude Gauvreau, Jean-Claude Germain...), et à partir du début des années 1970 les créations collectives font fureur. C'est dans ce climat qu'il faut comprendre l'invitation de Knapp au Québec, quelques temps après la publication du dossier sur Dourdan dans la revue *International Theatre Informations*, qui a fait connaître outre-Atlantique Alain Knapp et ses idées sur l'improvisation ; André Pagé veut former des auteurs et des créateurs, pour raconter ce que le Québec est en train de vivre.

À partir de 1974, les voyages d'Alain Knapp outre-atlantique sont fréquents. Il y retourne régulièrement jusqu'en 1976, et donne à l'École nationale de Théâtre de Montréal des stages de deux mois, pendant lesquels il monte des pièces de Brecht avec les étudiants (*La noce chez le petits bourgeois* et *L'exception et la règle*), et anime des ateliers d'improvisation. Il a enseigné au département théâtre de l'UQAM[85] en 1986 et 1990, et y retourne enfin en 2000, cette fois non comme enseignant, mais pour mettre en scène *L'école des femmes* au Théâtre Denise-Pelletier.

Mais l'influence de Knapp au Québec ne se résume pas aux quelques stages qu'il y a animé. Claude Talbot, ancien élève de Knapp aux Ateliers de l'acteur-créateur, l'école qu'il ouvrira plus tard à Paris et dont nous parlerons, a réalisé un mémoire à l'Université du Québec à Montréal sur l'impact des enseignements de Knapp au Québec, en s'appuyant sur des entretiens avec Robert Lepage, Danièle Panneton, René-Daniel Dubois, Diane Ouimet, Robert Dion, Ghyslain Filion, Jean-Claude Côté et Knapp lui-même[86]. Nous rapportons ici ses conclusions.

84 Les années 1960 ont vu monter des mouvements indépendantistes tels que le Front de libération du Québec, qui organise des attentats et des enlèvements, ou le Parti québecois qui arrive au pouvoir en 1976, et l'on se souvient de l'exclamation de Charles de Gaulle lors de l'exposition universelle de 1967 à Montréal : « Vive le Québec libre ! ».

85 Université du Québec à Montréal.

86 *Cf.* (Talbot, 2015).

La première est que c'est lors de ces stages au Québec que Knapp, qui sort à peine de son aventure avec le Théâtre-Création, forge le cœur de la pédagogie qu'il appliquera ensuite à l'Institut pour la Personnalité créatrice et à son Atelier de l'acteur-créateur, l'école privée qu'il ouvrira à Paris à partir de l'automne 1976. Et la seconde est que c'est principalement dans ce cours à Paris que de nombreux comédiens ou auteurs québecois – Talbot en dénombre en tout une cinquantaine, dont certains avaient d'abord suivi les stages de Knapp à Montréal – vont venir perfectionner leur méthode de création et leur approche du théâtre. Il n'y eut pas une seule année où son cours parisien ne fut fréquenté par des élèves venus du Québec. À titre d'exemple, quand Claude Talbot s'y trouve (1981-1982), sur quatorze étudiants, cinq ont dû traverser l'Atlantique.

Pourtant si Alain Knapp n'a pas eu une quantité si impressionnante d'élèves québecois, il a inspiré des personnalités marquantes. Des auteurs en particulier : Marc Drouin, Marc Malenfant, René-Daniel Dubois, Sylvie Prégent ou encore Michelle Allen, qui écrit à la télévision... Talbot remarque ainsi que Knapp, au Québec comme en France, reste un nom très peu connu, mais que là où il est connu, on se souvient de lui comme d'un « prof d'auteurs ». Or le mémoire qu'il nous a transmis révèle que c'est d'abord à travers le jeu et le travail d'acteur que Knapp a marqué ces générations d'auteurs, et que de nombreux pédagogues influents dans les écoles de théâtre du Québec se réclament de son enseignement : ainsi en est-il par exemple de Ghyslain Filion, directeur de l'École de théâtre du Cégep[87] Lionel-Groulx, ou de Diane Ouimet qui précéda Talbot au Cégep de Saint-Hyacinthe. Et c'est par la vision spécifique du jeu d'acteur que Knapp marqua profondément, lors d'un stage de trois semaines à Paris qu'il sollicita lui-même à sa sortie du Conservatoire en 1978, l'un de ses anciens élèves les plus connus : Robert Lepage.

Knapp lui apprend d'abord à tirer partie de « la réserve, la pudeur, le non-jeu » (Fouquet, 2006, p. 14), le jeu distancié que ses professeurs du conservatoire lui reprochaient et que ce disciple de Brecht apprécie au contraire. Nul doute que celui qui reçut en 1984 et 1986-1987 le trophée Beaujeu de la LNI[88] a su pleinement intégrer ses leçons sur l'improvisation.

87 Les Collèges d'enseignement général et professionnel offrent une formation pré-universitaire ou technique, d'une durée respective de deux et trois ans.

88 Le trophée Beaujeu à la Ligue nationale d'improvisation récompense chaque année le joueur le plus étoilé.

Mais surtout, le travail de Claude Talbot semble démontrer que c'est bel et bien l'enseignement de Knapp pour la création théâtrale qui est le cœur et la source de la démarche artistique de Lepage, contrairement à une idée courante selon laquelle celle-ci proviendrait toute entière des Cycles REPÈRE[89]. La vision de l'acteur-créateur portée par Alain Knapp et le processus de création qu'il s'est acharné à découvrir et à transmettre s'incarnent entièrement dans l'écriture scénique et collective que Robert Lepage a développée. C'est donc probablement à travers son œuvre, laquelle se fait voir sur toutes les scènes du monde et inspire à son tour de nombreux artistes, que l'héritage d'Alain Knapp semble voué à s'inscrire durablement dans le paysage théâtral – et il nous faut le révéler.

Reste enfin à démêler les liens exacts qui relient l'enseignement de Knapp à la création par Robert Gravel, en 1977 à Montréal, du match d'impro et plus tard de la Ligue nationale d'impro. Knapp, dans nos entretiens, considère la LNI comme un avatar du Théâtre-Création ; le tirage au sort des thèmes proposés par le public, les règles telles que le refus de jeu ou autres sont pour lui directement inspirés des indications qu'il donnait lors de ses stages à l'École nationale de théâtre. Pour lui, Gravel lui a « piqué l'idée sans jamais citer ses sources ». Cette insistance qu'il met à souligner cette filiation étonne quand on sait par ailleurs qu'il déteste tout ce que Gravel et Leduc ont pu faire. Aujourd'hui, la simple évocation du match d'impro, qu'il découvre à Aubervilliers lors de la première tournée en France de la LNI en 1981, et à laquelle ses élèves sont invités à se confronter, le met encore en fureur[90]. Les recherches

89 Adaptés par Jacques Lessard des *RSVP Cycles* développés par Anna et Lawrence Halprin, respectivement chorégraphe et architecte, les cycles REPÈRE sont une méthode de création collective où le groupe traverse plusieurs cycles (Répertoire, Partition, Évaluation et Représentation) afin de créer, sélectionner et organiser de la matière scénique. « La grande nouveauté des Cycles, aux yeux de Lessard, réside d'abord dans cette notion d'architecture appliquée au théâtre : créer à partir du concret. C'est ce qui marque la rupture du Théâtre Repère avec les créations collectives de la décennie précédente, où les idées servaient d'éléments fondateurs de la création », (*ibid.*, p. 17). Voir également (Beauchamp & Larrue, 1990). Robert Lepage a créé ses premiers spectacles au Théâtre Repère avant de fonder sa propre compagnie Ex Machina en 1989, suite à des divergences d'opinions et d'ambition avec Jacques Lessard. L'idée que les cycles REPÈRE sont à la base du travail de Lesage est notamment présente dans l'essai de Ludovic Fouquet que nous avons cité.

90 Ce qui pourrait être en soi une preuve que Knapp n'était pas inconnu des fondateurs de la LNI. Lors de cette tournée parisienne, Carlo, Claude Confortès, Le Petit Atelier, Polygène et le Théâtre de l'Unité affrontent également les Québécois.

de Claude Talbot ne semblent pas avoir mis à jour une parenté directe entre Alain Knapp et la LNI. Robert Gravel n'a jamais été un élève d'Alain Knapp. Nulle preuve non plus selon laquelle il aurait assisté à des présentations publiques d'ateliers. Par contre, Talbot affirme que c'est pendant les spectacles que Knapp a réalisé avec ses élèves lors de son premier stage à l'ÉNT en 1974 que le Québec a vu pour la première fois du théâtre d'improvisation sur des thèmes fournis par le public – ce qui est vraisemblablement faux, car nous savons par ailleurs que le Theatre Machine de Keith Johnstone était présent à l'Exposition universelle de Montréal en 1967.

L'Institut pour la Personnalité créatrice

En 1975, suite à la dissolution du Théâtre-Création, Alain Knapp reste donc un peu à Lausanne, où il cherche en vain à trouver quelques ouvertures et envisage un temps, à la suite de ses excellents contacts avec les hôpitaux, de se lancer dans la psychiatrie. Mais sur le conseil de ses amis français, il part en 1976, avec femme et enfant, ouvrir à Paris un cours privé. L'Institut pour la Personnalité créatrice trouve ses premiers locaux rue de Sèvres, chez des Frères chrétiens, grâce aux contacts que Knapp s'était fait à l'Union française des centres de vacances, puis il déménage rue de la Glacière, vers la bibliothèque du Saulchoir, où il change de nom et devient l'Atelier de l'Acteur-Créateur. Il anime ce cours jusqu'en 1983, date de sa nomination à la direction de l'École du Théâtre national de Strasbourg.

Dans cette école, Alain Knapp applique directement les résultats des expériences mises en œuvre au Théâtre-Création. L'enseignement y est dispensé sur une seule année. Il ne s'agit pas de former les disciples d'un maître, il s'agit de mettre chacun sur la voie de sa propre démarche créatrice : « Les travaux proposés aux étudiants doivent être établis selon une gradation élaborée par paliers leur permettant progressivement de découvrir par eux-mêmes leur relation au théâtre, leur personnalité créatrice. Au terme du processus, ils devront être parvenus à développer une relation personnelle, intime, avec les textes qu'ils auront à jouer » (Féral, 1992, p. 56). Les groupes n'excèdent pas quinze personnes, et les frais d'inscription sont de 6 000 francs pour l'année (en tout cas en 1977-1978). Alain Knapp est le seul professeur, et il est là en permanence. Nous allons avoir un aperçu de comment se passaient les cours à travers l'expérience de Marc Malenfant, qui la raconte dans la revue *Jeu* (Malenfant, 1978).

Marc Malenfant, qui s'illustrera outre-Atlantique par une carrière d'auteur, se trouve, à l'issue de ses trois années de formation au Conservatoire d'art dramatique de Montréal, « comme beaucoup de jeunes finissants, [...] seul, désorienté, insatisfait ». On l'oriente vers Alain Knapp, qui, après les stages qu'il a donnés à Montréal, commence comme nous avons pu le voir précédemment à jouir d'une certaine notoriété parmi les acteurs québécois. Le groupe qu'il rejoint à Paris est assez maigre, et peu homogène : quatre femmes, un seul homme (lui), et seuls deux d'entre eux ont déjà suivi une formation théâtrale. C'est que l'individualité créatrice à laquelle Knapp veut former ne se résume pas au champ du théâtre : quiconque souhaite élargir ses capacités de création est bienvenu, à condition d'en avoir une utilité professionnelle.

Après les périodes du Théâtre-Création, où Knapp insistait beaucoup sur l'importance primordiale du jeu, où les longues discussions étaient bannies et où il fallait traduire immédiatement une idée en expression corporelle, on est frappé de ce que Malenfant relate de la méthode utilisée à l'Institut : « aucun élève ne monte sur scène durant les premiers mois de travail. La première étape en est une réflexion : jouer d'accord, mais quoi et comment ? ». Cela contredit ce qu'annonce par ailleurs le programme du cours : « Loin de proposer des recettes, nous cherchons à susciter par des travaux précis, basés sur des exercices concrets et dans une démarche méthodique la mise en valeur de la personnalité créatrice et une connaissance approfondie du théâtre. [...] Par la diversification de nos ateliers nous garantissons à nos étudiantes et étudiants la formation au théâtre la plus complète possible[91] ». Quoi qu'il en soit, ce qui est premier, c'est de poser les bases d'une création qui s'inscrive d'emblée dans un sens, dans une démarche consciente. Là où certains encouragent une expression débridée, tropicale, afin de pouvoir ensuite tailler dans cette jungle, Knapp privilégie la lente pousse au tuteur. Il s'agit surtout de ne pas se jeter sur scène, de ne pas partir, comme dans la plupart des cours de théâtre, dans une expression dramatique immédiate, dans une interprétation des textes ; il faut d'abord que l'acteur se construise une personnalité créatrice afin d'éviter les clichés, les stéréotypes et le premier degré.

91 Dépliant publicitaire cité dans (Talbot, 2015, p. 43).

Le premier trimestre est donc dédié à la création des personnages, à tout mettre en œuvre pour qu'ils puissent être créés ; cela demande au préalable une réflexion sur l'importance de chaque élément posé dans la création, sur la nature de l'acte créateur. Si les acteurs du Théâtre-Création étaient capables de partir immédiatement dans le jeu sur une simple proposition, qu'elle émane d'un auteur en vue d'une création collective ou d'un spectateur, c'est qu'ils étaient rompus à cette philosophie dans laquelle ils baignaient depuis des années. Cette réflexion s'incarne assez vite dans des exercices d'écriture, et dans des improvisations, qu'elles soient gestuelles ou verbales : « ici, l'improvisation est considérée comme une discipline artistique dont le résultat doit rivaliser avec celui du texte déjà écrit » dit Malenfant, ce qui contraste avec d'autres cours où celle-ci n'est qu'une façon d'échauffer le corps et l'imagination, et où tout est de ce fait permis. Pour cela, l'accent est mis, comme au Théâtre-Création, sur la transposition des idées dans une fable, et sur une économie des gestes et du langage. Petit à petit, les élèves de l'Institut arrivent ainsi à entrer en dialogue, à créer des personnages inscrits dans une réalité sociale, dans une histoire et un contexte précis.

Le deuxième trimestre est consacré à la mise en jeu, c'est-à-dire l'interprétation, et comment les principes de l'acteur-créateur peuvent s'appliquer à la mise en scène d'un texte écrit, ou à la création collective. Enfin le troisième réalise une synthèse, en organisant des improvisations collectives plus longues et plus complexes, en écrivant, en abordant la question de la transmission aux enfants, en recherchant le langage le plus clair et simple possible, la poésie la plus pure…

Knapp décrit le fonctionnement des cours, dont le programme est fixé par les objectifs, les grandes lignes que nous venons d'exposer, et selon les progressions de chacun :

> Je propose des exercices dont les énoncés sont en général assez brefs, j'expose les raisons de ces exercices, leur utilité et en quoi ils s'inscrivent dans la progression du travail de l'année. Les étudiants réalisent les exercices proposés, après quoi on les commente. Au début, je suis le seul à faire des commentaires mais au fur et à mesure que nous avançons, et que les bases de la méthode sont assimilées par les participants, les remarques et critiques deviennent plus collectives. (Christian Dutil, 1981, p. 180-181)

On voit ici condensé en quelques mois l'ensemble du parcours que le Théâtre-Création avait sillonné. Contrairement à d'autres pédagogies, plus flamboyantes, plus érudites et qui, ainsi, se transmettent mieux, inspirent mieux, l'approche que Knapp propose à ses élèves pendant cette année à l'Institut semble assez technique. Autrement dit elle est *concrète* :

> Les discours vaseux, les définitions compliquées à propos du caractère d'un personnage n'aident en rien le comédien à faire son travail. Il cherche à interpréter son rôle à tâtons, encombré de concepts intraduisibles concrètement sur scène. Dans le jeu, il importe de révéler le personnage par des signes : une suite de comportements et d'attitudes que le spectateur peut lire et comprendre, s'ils sont faits d'images claires. (Malenfant, 1978, p. 29)

Aussi se laisse-t-elle difficilement réduire à l'écriture, et est-elle moins *séduisante* que la pédagogie de grands formateurs tels que Jouvet, Vitez ou aujourd'hui Mesguich. Nous verrons, à travers l'examen plus détaillé de ce que Knapp propose comme approche de l'improvisation, la spécificité de sa pédagogie, qui ne s'arrête pas à ce qu'un individu peut produire sur le plateau, mais s'adresse aussi à la personne inscrite dans une société et une culture.

Parmi les anciens élèves, nous pouvons remarquer qu'il est assez peu fréquent, dans les traces que nous retrouvons, que ceux-ci soient restés de simples comédiens après leur passage chez Knapp. Il y a ceux qui ont doublé leurs activités d'une pratique de mise en scène (Jean-Christophe Barbaud, André Loncin, Julien Thévany, René-Daniel Dubois, Anne Danais, Henri Thomas...), d'enseignement (Laetitia Decker, Jean-Christophe Barbaud, Dominique Boissel, Didier Mauberty), d'écriture (René-Daniel Dubois, Anne-Marie Collin, Isabelle Genlis), ou les trois (Jean-Louis Levasseur, directeur du CRR de la Réunion). Un seul ancien élève, dont nous avons déjà parlé, est devenu vraiment célèbre, même s'il n'a passé que trois semaines avec Alain Knapp : Robert Lepage.

À son départ pour Strasbourg en 1983, qui le prend de court, ce sont deux de ses anciens élèves, André Loncin et Jean-Christophe Barbaud, qui assument pour une poignée d'années la direction de l'Atelier de l'acteur-créateur. Knapp le rouvrira, sous une forme moins moins intensive, lorsqu'il sera de retour à Paris en 1990, tandis qu'il donne des cours à l'École de la rue Blanche (ENSATT) et à l'Université Paris X.

L'École du Théâtre national de Strasbourg

Quand en 1983 Michel Vinaver présente Alain Knapp à Jacques Lassalle, qui venait d'être nommé par Jack Lang à la direction du Théâtre national de Strasbourg, et que celui-ci lui propose de prendre la direction de l'École du TNS, Knapp voit sans doute là un moyen, attendu depuis longtemps, de remettre enfin les pieds dans l'institution et le théâtre subventionné. Il ne se doute pas de ce qui l'attend.

L'école du Théâtre de Strasbourg, anciennement Comédie de l'Est, avait été fondée en même temps que le théâtre par Michel Saint-Denis. Celui-ci, neveu de Copeau, était déjà à l'origine de l'école du Old Vic à Londres, et à l'image de son maître, n'envisage pas qu'un théâtre puisse ne pas former en même temps les comédiens qu'il a vocation d'engager ; « l'art s'appauvrit ou s'affole, s'il ne s'appuie sur les principes de l'école », disait péremptoirement Copeau[92]. Ainsi, dans la lignée de celui-ci, et selon une pente tout à fait naturelle pour une école de province, celle-ci se place d'emblée sous le signe de la décentralisation, adopte les principes que la caractérisent (« mise en scène subordonnée au texte, économie des moyens scéniques, primauté de l'ensemble sur l'individu, valorisation des qualités morales de l'acteur... » (*ibid.*)) et vise à former des compagnies, des groupes ainsi qu'on appelle les promotions. Une telle vision qui perdurera quasiment inchangée, modulo les quelques variations de saison autour de 1968, par les successeurs de Saint-Denis, dont Hubert Gignoux :

> Pour Gignoux, l'École de Strasbourg a une destination claire : « former des acteurs pour la Décentralisation des années soixante », c'est-à-dire pour un théâtre de troupe, institutionnalisé, donc de service public, implanté en province, voué à tourner dans une vaste région et à présenter à un public large, dans des conditions parfois difficiles, un théâtre « socialement responsable », mais aussi de « distraction ». (*ibid.*, p. 166)

Les journées d'enseignement se divisent, traditionnellement, en deux périodes : le matin est consacré à l'apprentissage technique, et l'après-midi se tiennent des cours d'interprétation. Alain Knapp arrive à l'École du TNS à la suite des années de direction de Jean-Pierre Vincent, pendant lesquelles Claude Petitpierre assumait la charge de directeur pédagogique de l'École. À l'arrivé de Lassalle, Petitpierre aurait dû partir ;

92 Cité par Évelyne Ertel, « Histoire d'une école », dans (Benhamou & Trotta, 2006, p. 163).

mais son statut et son autorité particuliers, son attachement à l'École et l'aura dont il jouit auprès des élèves font qu'il y reste encore un an, entre 1983 et 1984, alors que Knapp prend ses fonctions de directeur[93]. Une année où la cohabitation n'est pas à l'avantage de celui-ci, où la nouvelle promotion, qui n'avait pas été choisie par lui, est divisée entre les partisans de l'un ou de l'autre.

Pendant la période Vincent, l'équilibre entre les cours techniques et les cours d'interprétation s'était brisé, ces derniers prenant de plus en plus de place ; dans un esprit typiquement soixante-huitard, les ateliers avec intervenant extérieur se mettent à durer plusieurs mois, on y discute passionnément, les cours débordent sur la nuit… et les cours techniques s'en trouvent diminués. Knapp, en bon héritier de la rigueur brechtienne, remet les pendules à l'heure : il fait nettoyer les salles de fond en comble, rétablit des horaires fixes, punit les retards. Un retour à la réalité des exigences de la profession qui n'est pas sans laisser une amertume dans la bouche des nouveaux élèves : « le groupe était dynamique, la collaboration entre les différentes sections était très riche, tout ce qu'on nous proposait nous faisait avancer, mais notre élan n'était pas de l'ordre de l'utopie théâtrale. Il y avait quand même un sévère contre-coup de l'époque Vincent, une nostalgie », raconte Hélène Schwaller (*ibid.*, p. 54). Une frustration que partage Jean-François Sivadier, en parlant de ses camarades partis chez Vitez au Théâtre de Chaillot : « Je voyais qu'ils avaient un espace de réflexion et de liberté que nous ne vivions absolument pas. Il y avait bien parmi nous un désir de sortir du cadre, je sentais cette envie d'une aventure théâtrale qui aurait placé les élèves dans la position de responsables, mais ça ne se faisait pas » (*ibid.*, p. 55).

Alain Knapp est très proche de ses élèves : il suit leur progression attentivement, les recevant régulièrement en entretien individuel. Fidèle à ses idées, rompant avec l'esprit de la décentralisation qui continuait à imprégner l'école depuis les années Saint-Denis, il cherche à développer l'individualité créatrice de chacun de ses élèves, et non du groupe : « par nature, je suis fondamentalement individualiste, tout ce qui est réaction de groupe me semble même inquiétant. Pour moi, un groupe c'est avant tout la réunion de personnes singulières » (*ibid.*, p. 156). Il assure la plupart des

93 Ancien élève du Groupe I où il reçoit l'enseignement de Michel Saint-Denis, Petitpierre se consacre très jeune à la transmission et, parallèlement à ses activités dans la troupe d'Hubert Gignoux, reste comme professeur à l'École, où il aura finalement passé presque toute sa vie.

cours d'interprétation, restant le seul enseignant permanent à s'en occuper ; pour le reste, il ouvre l'École à de nombreuses collaborations extérieures, afin de confronter les élèves au plus grand nombre d'expériences possible. Il fait ainsi venir des professeurs de tous les pays d'Europe, et fait travailler les élèves sur un répertoire très varié, d'Eschyle à Offenbach. Son rôle est de réaliser « la synthèse et la mise en perspective des exercices proposés dans le parcours individuel de chaque élève » (Mancel, 1988, p. 38).

On sent bien là une concession que la pédagogie idéale de Knapp, plus unitaire et centrée sur l'individu, fait aux exigences d'un métier de plus en plus protéiforme. Mais il est étonnant d'entendre Jean-François Sivadier parler d'un manque de responsabilisation des élèves, quand on connaît le caractère libertaire de Knapp. Celui-ci fait pourtant la différence, rarement ressentie dans les écoles de théâtre, entre des comédiens aguerris et les élèves : en tant qu'apprentis, il considère qu'ils ne savent pas jouer, et c'est par la rigueur qu'ils trouveront leur chemin ; on ne responsabilise pas quelqu'un qui n'en a pas les moyens. Sivadier est d'ailleurs un parfait exemple d'homme de théâtre qui a su s'accomplir pleinement après l'école, tant dans l'écriture, le jeu ou la mise en scène. Heureusement, cette position permet à Knapp de réaliser quelques mises en scène et de développer une vision de la pédagogie théâtrale que nous retrouverons plus tard dans son projet pour l'École supérieure de théâtre Romande.

Mais ses relations avec Jacques Lassalle sont sinon conflictuelles, au moins frustrantes ; si celui-ci paraît lointain aux élèves d'après Hélène Schwaller, il ne laisse pas non plus à Knapp une entière liberté – celle, par exemple, de mettre en scène des spectacles de fin d'étude –, ne lui accorde ni confiance, ni reconnaissance. Lassalle, qui jouit d'une double position officielle, mais impossible à tenir, de directeur du théâtre et de directeur de l'école, ne s'est, semble-t-il, jamais intéressé au parcours de son collaborateur, à ses options pédagogiques et artistiques ; il le considère, selon les mots de Knapp, comme un « sous-fifre ». Nous n'allons pas nous étendre sur des rivalités qui tiennent sans doute plus d'un contact humain impossible entre deux personnalités que de véritables différences artistiques et pédagogiques, qui existent par ailleurs. Ce qui importe, c'est que là comme à Lausanne quelques années auparavant, Knapp ne trouve pas les moyens de se développer, de s'épanouir. Au bout de sept années, alors qu'il est sous contrat pour une durée indéterminée, il quitte le TNS du jour au lendemain, pour n'y plus revenir.

ENSATT et projet d'École supérieure de Théâtre

Apprenant cela, Pierre Roudy, directeur de l'ENSATT, encore à l'époque un lycée technique sis à la rue Blanche, l'appelle pour l'engager. Pendant dix ans, qui voient l'école changer de statut et se délocaliser à Lyon sous la direction de Patrick Bourgeois, Knapp y est l'un des trois professeurs d'interprétation, aux côtés notamment de Nada Strancar et Denise Chalem. Nous nous éloignons de plus en plus de notre sujet, qui reste l'improvisation donnée à voir à un public ; aussi passerons-nous plus rapidement sur cette période, où le parcours d'enseignant de Knapp se révèle dans la continuité complète des grandes lignes qu'il avait dessinées jusqu'alors. Dans une école qui fonctionne, outre les cours techniques, en assignant les élèves pour une année à un professeur particulier, Knapp déploie sa pédagogie dans la lignée de ses grands principes directeurs : improvisation, écriture, culture dramatique. Une lettre de certains de ses élèves de première année adressée à l'Inspecteur de l'Éducation nationale, où ils réclament que soit organisé un atelier supplémentaire avec lui, atteste en effet d'une « formation très complète, [qui] contenait aussi bien la découverte de textes d'Eschyle à Thomas Bernhardt, qu'une épuration du travail de l'acteur faisant table rase de tous les *a priori* qui parasitent le théâtre, tant au niveau du jeu que globalement[94] ». Mais on sent bien, y compris dans cette lettre où les signataires expriment leur frustration de ne pouvoir poursuivre sous son enseignement, que l'approche pédagogique d'Alain Knapp, singulière en ceci qu'elle prend en compte la durée d'apprentissage et envisage une progression par paliers, trouve encore des limites dans une organisation des études fragmentée – alors que lui-même est éparpillé, entre l'ENSATT, son école privée ré-ouverte vers le canal de l'Ourcq, des stages ici ou là, et l'université de Nanterre où Robert Abirached, vieille connaissance de Nancy, lui avait confié un cours d'écriture.

Ainsi cette visée pédagogique trouve-t-elle sans doute sa formulation la plus aboutie, quoique théorique, dans un rapport que réalise Knapp en 2003 à la demande des services culturels des différents cantons romands, définissant les principes directeurs de ce qui s'appelle aujourd'hui la Haute école de théâtre de Suisse romande, plus connue sous le nom de Manufacture. Son projet, qu'il n'a pas souhaité mettre en œuvre

94 Document inédit, archives personnelles d'Alain Knapp.

lui-même à 67 ans, comportait plusieurs volets : les motivations pour créer une telle école au niveau romand, son implantation géographique ainsi que son architecture, ses besoins en équipement technique, et bien sûr un volet pédagogique. La scolarité y est organisée en gradation, où chaque notion s'inscrit dans une autre, pour assurer aux élèves un avenir professionnel probable. On y trouve, parmi les six disciplines envisagées, l'improvisation en bonne place avec l'interprétation et les techniques corporelles et vocales, mais aussi, et c'est une originalité qui mérite d'être soulignée, la mise en scène et l'écriture : ces deux composantes font partie intégrante du travail de l'acteur, considéré *a priori* comme un homme (ou une femme, bien sûr) de théâtre complet, qui aspire à un savoir en profondeur du théâtre. Il est ainsi prévu que certains élèves puissent se spécialiser après la deuxième année, notamment dans la mise en scène en effectuant des stages et des assistanats, mais l'important pour nous est de constater que ce choix n'est pas fait par l'institution, avant concours, mais par l'élève, au sein de son parcours personnel. Autre particularité, dont nous comprenons l'origine tant cette activité était indissociable de la diffusion des spectacles du Théâtre-Création : l'importance accordée à l'animation théâtrale, devenue fréquente dans les parcours de comédiens, pour mieux cerner les questions de conduite de groupes et de psychopédagogie.

Dans cet enseignement gradué de l'art théâtral, on ne commence pas, comme partout ailleurs, par aborder les grands textes de la littérature dramatique – chose dont Knapp fera largement la critique, et sur laquelle nous reviendrons. L'interprétation des texte n'intervient qu'à partir de la deuxième année, et c'est en fin de celle-ci que des metteurs en scène extérieurs sont invités à réaliser des exercices avec les élèves. C'est la création qui est première. D'abord, les élèves apprennent donc à improviser, à créer des personnages et des situations, à analyser les textes, à maîtriser leur corps, leur souffle et leur voix. Signalons également l'importance, qui nous paraît là encore une spécificité, accordée à l'histoire : non seulement celle des textes, mais surtout celle des courants de mise en scène, et non de façon théorique, mais pratique, par des exercices concrets. Ici le théâtre n'est pas considéré comme un absolu dont les nuances ne dépendent que de la personnalité d'un metteur en scène ou d'un professeur donné, mais comme un ensemble pris dans une histoire, un *processus*.

On peut s'interroger sur la possibilité pratique de mener à bien un tel programme, tant il paraît ambitieux, surtout dans sa composante historique. Nous ne le saurons pas : Alain Knapp ne l'a pas mis en œuvre lui-même, et Yves Beaunesne, choisi pour diriger l'École dès la première année, n'y a même pas pris garde.

KNAPP AUTEUR ET METTEUR EN SCÈNE

Toutes ces activités d'enseignement prennent beaucoup de temps, et en 1981, interviewé par Christian Dutil, Knapp se plaint de ne pas pouvoir se consacrer à la mise en scène :

> Je ressens la nécessité de revenir à la pratique théâtrale. Mais quand ? Et où ? J'ai fait des offres... Au Québec et ailleurs, pas de réponse ! Voilà quatre ans que je n'ai pas pu créer de spectacle. C'est très dur pour qui, comme moi, vit le théâtre intensément. Cette situation ne peut pas durer. Il faudra bien trouver une issue... Pour l'instant j'écris et viendra peut-être le temps de monter mes pièces... (Christian Dutil, 1981, p. 186)

Une occasion que sa nomination à la tête de l'École du Théâtre national de Strasbourg lui offrira en effet : *Rencontres* sera créée dans une mise en scène de l'auteur en 1988. Sa carrière d'auteur avait commencé par *Dans le jardin sous les tilleuls*, mise en onde sur France Culture en 1981, et en 1988 également, sont créées deux de ses pièces à Confluences à Paris, *Juste un mot* et *Le test du rat*. Par ailleurs, Strasbourg lui permet de remettre en route une carrière de metteur en scène. Outre *Rencontres*, il y crée en effet *Goethe en Alsace* de Jean-Paul de Dadelsen et Michel Deutsch (1985), *Voix* d'André Malraux (1986), et *Les riches heures de Villeneuve*, une création en anglais dont il est l'auteur, avec les élèves du TNS, et qui part ensuite en tournée en Inde, à New Delhi et Calcutta.

À partir de son départ du TNS en 1990, il a mis en scène une dizaine de spectacles, en France, en Suisse, au Québec, en Norvège... Parmi les auteurs, de grands classiques tels que Molière, Musset ou Marivaux[95], des auteurs contemporains où l'on retrouve Vinaver[96] et Christian Jolibois[97], lui-même, et bien sûr beaucoup de pièces de Brecht. Sa dernière mise en

95 *L'impromptu de Versailles*, *Les femmes savantes*, *L'école des femmes*, *Les caprices de Marianne*, *Le Legs*...

96 *La demande d'emploi* en 1994 au Théâtre de la Tempête.

97 *La Vie inventée de François Chalumeau*, interprétée par l'auteur et créée au Théâtre d'Antony.

scène remonte à 2009, mais a été jouée jusqu'en février 2011. Encore un Molière, *Le malade imaginaire*, avec la compagnie Opale dans le Valais, qui se spécialise dans les spectacles en plein air.

Il continue aujourd'hui à écrire et s'y consacre, ainsi qu'à la peinture pour laquelle il a délaissé la scène à partir des années 2000, exceptions faites de ces Molière en Valais. Ce n'est pas, là encore, notre objet d'analyser profondément la création théâtrale d'Alain Knapp, comme auteur ou metteur en scène, depuis la période du Théâtre-Création. Il nous semble cependant que cette période étant passée, le discours d'Alain Knapp s'est fait moins virulent, moins soucieux de parler du temps présent, de s'ancrer dans les besoins d'une communauté donnée et de répondre à des questions urgentes ; son théâtre s'est fait plus intime, plus esthétique, et moins directement engagé. Les préoccupations politiques qui étaient les siennes à la fin des années 60 et qui l'ont conduit à mettre en œuvre une pédagogie de l'acteur nouvelle, toute entière tournée vers la création collective, sont devenues moins manifestes, et il est difficile de trouver trace d'un quelconque combat, d'un quelconque engagement politique dans une pièce telle que *Rencontres*.

On y reconnaît pourtant l'attention à la moindre parole, une économie et une efficacité du langage qui en fait un théâtre profondément innervé, efficace et actif. Reste également que dans sa pratique de la mise en scène, demeurent vivaces les principes hérités du travail mené pendant ces cinq années sur l'improvisation. Pour l'illustrer, clore ce chapitre en même temps qu'ouvrir sur le suivant, je lui laisse la parole :

> Toute notion préalable au processus des répétitions doit demeurer suffisamment souple pour pouvoir être remise en question. Construire *a priori*, c'est-à-dire en dehors de toute expérience concrète de la création, des canevas de pensées, des concepts, ne mène la plupart du temps qu'à une vision réductrice de l'œuvre. L'idée, les idées contraignent l'exercice ouvert de l'invention. L'acharnement parfois obsessionnel que certains mettent à vouloir imposer leur point de vue limite la compréhension complexe du texte. Une mise en scène, à mes yeux, c'est une succession d'instants, d'attentions scrutatrices portées à la parole de l'auteur pour mettre en actes chacune de ses nuances[98].

98 Entretien avec Alain Knapp, mai 2009, compagnie Opale, http://cieopale.wordpress.com/entretien-avec-alain-knapp-mai-2009/, consulté le 6 août 2013.

LE MONDE SELON KNAPP

> Si l'on fait attention, écrivit Garp, à condition d'utiliser de bons ingrédients, et de prendre son temps, il est en général facile de réussir de l'excellente cuisine. Quelquefois, c'est la seule chose positive qui puisse racheter une journée désastreuse : ce que l'on prépare à manger. Pour ce qui est d'écrire, ai-je constaté, on peut fort bien disposer de tous les bons ingrédients, ne ménager ni son temps ni sa peine, et n'aboutir à rien.
> John IRVING

Après avoir taillé notre chemin dans l'histoire du Théâtre-Création, à travers laquelle se dessinent déjà certains principes fondateurs, certaines grandes lignes, des idées et des images sur ce que pouvait être l'esthétique du groupe, il nous reste à plonger au cœur de la pratique et de la théorie de l'improvisation que nous propose Alain Knapp. De voir ce qui, après plusieurs années consacrées à la recherche fondamentale sur l'acteur, à la définition d'un autre rapport scène/salle, d'un rapport à l'écriture théâtrale qui vise le tutoiement de l'auteur, ressort et éclaire encore aujourd'hui l'art de l'acteur, que Knapp conçoit avant tout comme un créateur. Ainsi nous mettrons pour cela l'accent sur ce point, en nous plaçant dans le champ non des théories traditionnelles de l'acteur, qui visent plus ou moins toutes dans la tradition occidentale l'interprétation des textes, mais des théories de l'improvisation théâtrale, en identifiant l'acteur-créateur avec un improvisateur. Jamais pourtant Alain Knapp ne distinguerait la formation d'un acteur, qui trouve dans la répétition la vocation de son art, de celle d'un improvisateur ; dans sa pratique, l'improvisation est à la fois la base et l'objectif de la formation des acteurs, et son exhibition sur scène la conséquence d'un certain aboutissement de cette formation, de la maîtrise des acteurs. Il est d'ailleurs significatif qu'il n'ait jamais, une fois la parenthèse du Théâtre-Création fermée, entraîné d'autre troupe d'improvisation ni créé de format qui aurait pu être reproduit par d'autres. Le livre où il synthétise son approche de la formation de comédien témoigne par son titre de la vision totalisante de l'art de l'acteur qu'il s'applique à définir : il s'appelle *Une école de la création théâtrale*, et non *Impro quelque chose*[1]...

Afin de donner du champ à cet examen, nous tâcherons donc de fréquemment comparer cette démarche avec celle d'un autre théoricien et praticien de l'improvisation théâtrale parmi les plus riches, Keith Johnstone. Nous ne nous interdirons pas, au besoin, d'aller piocher des comparaisons chez d'autres auteurs, mais nous choisirons Johnstone comme interlocuteur privilégié.

Pourquoi ? D'abord, pour l'âge, les coïncidences et la synchronicité : nous l'avons vu, Johnsonte est né en 1933 en Angleterre. À peu près au même moment que Knapp fonde l'Atelier qui deviendra le Théâtre-Création, il donne des cours au Studio d'acteurs du Royal Court Theatre d'où naîtra, en 1966, le Theatre Machine. Devine, directeur du RCT, avait par ailleurs été un élève de Michel Saint-Denis, neveu de Copeau. Ainsi plane, très indirectement dans les deux cas, le grand aigle Copeau au-dessus des premiers pas de Johnstone comme de Knapp ; mais comme Knapp, Johnstone ne s'inscrit pas volontairement dans cet héritage, s'en démarque même, afin de développer sa propre approche de l'improvisation. Nous avons également vu que le Theatre Machine a longtemps réalisé des démonstrations dans des écoles, des lycées et des universités – ce qui nous rappelle également la forte activité d'animation scolaire du Théâtre-Création[2]. Tout comme Knapp, Johnstone a ensuite principalement vécu une carrière de pédagogue, notamment à partir de l'invitation que lui fait l'Université de Calgary en 1972. C'est là qu'il crée,

1 Contrairement aux livres de Robert Gravel, Viola Spolin ou Keith Johnstone, pour citer les plus connus.

2 Pour une biographie plus détaillée de Johnstone, voir notre chapitre introductif, mais aussi (Dudeck, 2013). Un point qui attire notre attention, mais sur lequel nous ne pouvons pas enquêter pour le moment : il semble que le Theatre Machine ait joué en Suisse entre 1967 et 1971. Mais où précisément, quand, à quelle occasion, et comment Johnstone et Knapp ont-ils fait pour ne jamais se croiser, voilà qui reste mystérieux. En réalité, c'est probablement en Suisse alémanique que le groupe britannique est allé jouer, ce qui expliquerait en partie qu'il n'y ait eu aucun contact entre eux.

en 1977, le TheatreSports, un format sportif de théâtre d'improvisation qui s'est depuis très largement développé et a contribué à populariser les idées de Johnstone. Il constitue une alternative de plus en plus populaire au Match d'improvisation à la Québécoise, autre format sportif d'improvisation également inventé en 1977 au Canada, et qui s'inspire très vraisemblablement de l'enseignement d'Alain Knapp.

Ainsi ces quelques faits historiques, les similitudes que l'on peut reconnaître avec le parcours de Knapp, et la célébrité grimpante de la théorie de Keith Johnstone nous le font le choisir parmi tant d'autres pour mettre en place un dialogue. Le hasard joue également dans ce choix : nous avons participé de 2011 à 2013 au groupe de recherche sur Keith Johnstone animé à Paris par Ian Parizot[3]. Nous avons par ailleurs fait plusieurs stages avec Frank Totino, un des fondateurs du Loose Moose Theatre, et joué quelques fois dans l'équipe de TheatreSports de Paris, que Parizot anime également.

Mais au-delà de ces différentes données factuelles, c'est bien l'intérêt propre de cette démarche et les similitudes que nous remarquons entre ces deux approches de l'improvisation qui nous font choisir Keith Johnstone comme interlocuteur privilégié pour ce dialogue virtuel avec Knapp. Deux ambitions qui figurent à la base du développement de son TheatreSports figurent dans les raisons qui poussèrent le Théâtre-Création à réinventer la formation des acteurs : « *give the stage back to the performers; allow the audience to give direct input, or even to improvise with the performers, rather than sit trying to think up intelligent things to say in the way home*[4] » (Johnstone, 1999, p. 24).

---

3 Ian improvise depuis 2004, a participé à de nombreux spectacles, parcouru le monde, de festivals en stages et rencontres internationales, à la recherche du Graal de l'improvisation. Il enseigne régulièrement et anime donc, depuis 2011, un groupe hebdomadaire de recherche tout entier tourné vers la maîtrise du système de Keith Johnstone.

4 « Rendre la scène aux acteurs; permettre aux spectateurs de réagir directement, ou même d'improviser avec les acteurs, plutôt que de rester assis en essayant de trouver des choses intelligentes à dire sur le chemin du retour ». Martin Roy isole de même les deux objectifs de l'Atelier du CDR : « 1– Replacer l'acteur au centre du théâtre et lui donner les moyens d'être créateur. 2– Pratiquer une démocratisation de la culture en révélant les moyens de la création plutôt qu'en cherchant à mettre de tous un répertoire éclectique ». Évidemment, Knapp ne souhaite pas que les gens improvisent directement avec les acteurs pendant les improvisations. L'action des spectateurs pour lui se situe tout entièrement dans la faculté de juger, mais les stages et les animations que le Théâtre-Création propose engagent de non-professionnels à se saisir des moyens de la création.

Nous pouvons cependant dire d'emblée ce qui nous semble les séparer : l'engagement et l'éthique globale de l'acteur. Si pour Knapp, l'engagement de l'acteur dans son acte artistique est premier et doit déterminer l'ensemble de la création, Johnstone vise, dans un premier temps au moins, à une certaine déresponsabilisation de l'acteur, pour libérer ses capacités d'invention ; chez l'un, l'accent est mis sur le parcours individuel de l'artiste et le développement de sa personnalité créatrice, chez l'autre c'est davantage le plaisir du public, l'impact de l'improvisation sur celui-ci, qui sont au centre des préoccupations, et auxquels les improvisateurs se subordonnent. Les frontières ne sont pas aussi claires ni aussi rigides, et de fait nous verrons que ces deux hommes sont plus proches qu'il n'y paraît, prenant le même problème par deux bouts différents pour arriver à des solutions similaires ; il n'empêche que c'est là, résumé, un point de divergence qui nous semble fondamental.

IMPROVISER : UNE PRÉPARATION

L'improvisateur, une fois sur scène, s'il n'est jamais seul, car toujours en relation avec quelqu'un (public, partenaire de jeu, interlocuteur absent...), n'est souvent plus dirigé[5]. Plus de père ou mère, plus de référent, plus personne pour lui dire quelles doivent être ses actions, sinon lui-même. Certes dans tout théâtre l'acteur a le dernier mot, et se trouve maître de ce qu'il donne à voir et entendre – du moins le devrait-il : « l'enseignement des arts s'arrête au seuil de la manifestation créatrice et nul ne peut se substituer à l'être créant » (Knapp, 1992, p. 70). Mais l'improvisation pousse cette solitude de l'acteur-créateur au maximum.

Ainsi l'action d'un animateur d'improvisation théâtrale est-elle toute entière une action de pédagogue : il s'agit de préparer les acteurs à leur improvisation, de leur donner des outils qu'ils auront seuls à charge d'utiliser dans le moment du spectacle. Le plus paradoxal peut-être pour

5 L'improvisation dirigée est cependant assez courante, que ce soit par un *sidecoach* à la façon de Keith Johnstone ou Viola Spolin, un *joker* comme chez Augusto Boal, qui utilisent tous deux le langage pour intervenir dans les scènes, ou par un chef d'orchestre ou *signeur* comme dans le *soundpainting*. Nous en discuterons en deuxième partie les tenants et les aboutissants, *cf.* p. 348.

les défenseurs de la création individuelle tels que Knapp, c'est que tout en prônant l'engagement de l'artiste dans son œuvre, ils se désengagent totalement dans leur action de formateur : « enseigner le théâtre suppose une certaine suspension de l'instance du moi » (*ibid.*, p. 71). L'œuvre à créer ici n'est pas la leur[6]. Ainsi nous utiliserons, parfois indistinctement, les termes d'élèves, de participants, d'acteurs, d'improvisateurs pour désigner les personnes auxquelles s'adressent Knapp ou Johnstone.

Comme nous l'avons souligné dès l'entrée, la portée du travail d'Alain Knapp provient du fait qu'il ne cherche pas à former spécifiquement des improvisateurs, mais des acteurs, qui auront tout autant à interpréter des textes qu'à les créer sur scène. Ainsi s'agit-il pour lui de faire, dans un premier temps, la critique de la formation des acteurs. Critique qui débouche sur la mise en place d'idées préalables à l'entraînement qu'il dispense.

POUR UNE AUTRE FORMATION DES ACTEURS

La critique que Knapp adresse à la formation des acteurs telle qu'elle est pratiquée le plus souvent, et encore aujourd'hui, concerne la progression dans le temps, l'échelonnage de l'enseignement. Tout cela va trop vite, on veut tout faire tout se suite. D'une part, constate-t-il, les « aspirants acteurs » sont placés immédiatement face à des *scènes* tirés des plus grandes pièces, des plus grands auteurs – et souvent les scènes choisies ne sont pas les plus insignifiantes, mais les plus complexes en termes de jeu et d'implication émotionnelle. L'acteur se retrouve par conséquent dans la situation d'un élève pianiste à qui l'on demanderait de jouer un concerto de Rachmaninov dès la première année, au simple prétexte qu'il sait déjà lire les notes. Car si l'acteur débutant peut lire les mots, comprendre les phrases qui sont inscrites sur le papier, il n'est pas nécessairement en mesure d'en retirer tout le potentiel dramaturgique, et encore moins de l'exprimer :

> De deux choses l'une : ou ils sont capables de jouer ces scènes-là et, dans ce cas, ils n'ont rien à apprendre, ou ils ne sont pas en mesure de gérer le texte, d'élaborer le jeu, de construire le personnage, de prendre en compte la relation à l'autre. Dans ces conditions, il est peut-être raisonnable de penser que ce n'est pas par là qu'il fallait commencer. (Féral, 1992, p. 56)

---

6 Ils se rattrapent certes ailleurs. Alain Knapp comme Keith Johnstone ont tous les deux une activité d'auteur, de metteur en scène et de peintre.

On remarque au passage que les qualités que cite Knapp et qui permettraient à l'acteur de bien utiliser le matériau offert par le texte ne sont pas d'ordre technique : il ne s'agit ni de placement de la voix, ni d'aisance ou de plasticité corporelle, encore moins de maintien. Nous verrons la place que Knapp accorde à la technique ci-dessous, mais soulignons-le d'abord : les principales qualités qu'un comédien se doit d'acquérir, ce sont des qualités de jeu, en ceci que le jeu est avant tout jeu de construction dramatique. Jeu avec un partenaire, jeu avec lui-même et ses intuitions dans l'élaboration du personnage. D'où le recours à l'improvisation comme principal outil d'éveil de ces facultés de jeu.

Cette critique de la *scène* comme point d'entrée dans l'interprétation dramatique, il n'est d'ailleurs pas le seul à la faire. Bernard Dort remarque à quel point cette pratique est liée à une conception du théâtre que l'on croirait pourtant morte depuis près d'un demi-siècle :

> Dans un système de formation fondé sur la notion d'emploi ou de rôle, la scène occupe, en effet, la place centrale. [...] Il faut tout dire et tout montrer dans un minimum de temps et même d'espace. Elle repose ainsi sur une identification instantanée et postule une fusion immédiate de l'être et du faire. (Dort, 1992, p. 64)

Cette rapidité que le travail des scènes exige, la fulgurance de l'interprétation qu'elle demande, contraignent l'élève à choisir des textes qui lui ressemblent, dont il se sent proche, et à rechercher ainsi une adéquation complète entre le rôle et lui-même. C'est, comme le souligne Dort, un retour à la notion d'*emploi* – ou plutôt l'aveu que le théâtre français, en basant l'essentiel de la sélection des comédiens sur ce genre d'exercice, n'en a jamais vraiment fait le deuil.

Pour Knapp, cette formation à la *scène* produit une sorte d'effet pervers : car si cette adéquation entre le rôle et l'élève ne se trouve pas immédiatement réalisée, ce qui est tout de même probable quand il s'agit de jouer du Racine ou du Shakespeare, que se passe-t-il ? « L'élève n'étant pas en mesure de répondre à la demande du texte et du jeu, c'est le professeur qui va se substituer à lui. Le professeur va, dans la relation à l'élève, se positionner comme modèle » (Féral, 1992, p. 56). L'enseignement devient *palliatif*, le pédagogue n'étant plus là que pour combler les trous, les manques, donner des pistes comme autant de béquilles à des élèves perdus, condamnés à accepter et admirer. On assistera alors à un *effet Pygmalion*, dont l'élève ne pourra sortir qu'en se confrontant à une multitude de modèles.

Dans l'analyse de Dort, la *scène* ne trouve de justification pédagogique que dans la pratique d'Antoine Vitez, qui en fait un *exercice*. C'est de cette manière que la formation de l'acteur dans une institution pourtant assez surveillée et commentée telle que le Conservatoire d'art dramatique peut toujours recourir à celle-ci : c'est quand elle constitue un *exercice*, ou encore un *essai*, au même titre que des exercices techniques, de yoga ou de respiration, mais cette fois orientée vers la dramaturgie, qu'on peut reconnaître à la scène une vertu pédagogique.

Comme nous l'avons vu plus haut, lorsqu'il s'agissait de l'École du Théâtre national de Strasbourg qu'Alain knapp a dirigée, celui-ci reconnaît la nécessité d'introduire les élèves auprès d'une multitude de techniques, ainsi qu'auprès de plusieurs metteurs en scène, qui chacun portent une approche du théâtre spécifique, semblant ainsi souscrire « au mythe d'un savoir fondé sur l'accumulation d'expériences hasardeuses et contradictoires ». Les anciens élèves qu'Anne-Françoise Benhamou interroge dans son numéro spécial de la revue *OutreScène* pour les 50 ans de l'école citent notamment comme une révélation les cours de Fernand Simon, des cours de tir à l'arc. Mais là où beaucoup de directeurs d'école s'arrêtent là, laissant à l'élève tout le loisir et toute la charge de réaliser par et pour lui-même la synthèse de ces différents enseignements, Knapp, nous l'avons vu, accompagne les élèves. C'est qu'il préconise d'aborder le théâtre à la fois organiquement et par fractionnement :

> Détacher chacune de ses composantes pour l'éprouver, sans jamais perdre de vue que les parties sont reliées entre elles et constituent un tout. C'est dans ce cadre-là que l'étudiant aura clairement à la conscience la nécessité d'acquérir, entre autres, une bonne maîtrise corporelle et vocale. (Knapp, 1992, p. 72)

Nous avons également pu en envisager la mise en œuvre progressive dans le projet pédagogique que Knapp avait réalisé pour la Haute école de théâtre de Suisse romande. Une approche qui n'est d'ailleurs pas sans rappeler l'invitation faite par Edgar Morin vers la *pensée complexe* : « une pensée qui, à l'opposition de la pensée scientifique cartésienne qui a fait de la spécialisation et de la fragmentation son mode de description du monde, cherche à relier des éléments disparates entre eux » (Morin, 2005). Il y a en réalité un lien assez profond entre cette pensée et la pensée créatrice créatrice selon Knapp, qu'il oppose à la pensée analytique : « la pensée analytique part d'une œuvre achevée pour en décomposer les éléments essentiels afin d'en saisir les rapports, la logique interne, et donne un schéma de l'ensemble. La pensée créatrice procède d'une démarche inverse : elle part de fragments dont elle tire une succession de conséquences dynamiques » (Knapp, 1993, p. 30). C'est d'ailleurs un des problèmes que relève Morin dans l'éducation telle qu'elle est pratiquée à peu près partout aujourd'hui, lui qui souhaiterait que celle-ci « inculque un sens profond de l'esthétique conçu non comme un luxe, mais comme un domaine essentiel à la réalisation poétique de la vie de chacun » (Morin, 2012, p. 262) : « tant que nous ne relions pas les connaissances selon les principes de la connaissance complexe, nous restons incapables de connaître le tissu commun des choses : nous ne voyons que les fils séparés d'une tapisserie. Identifier les fils individuellement ne permet jamais de connaître le dessin d'ensemble de la tapisserie » (*ibid.*, p. 253).

« *It's not easy to kill the curiosity of an ape, but sitting it at a desk for year after year of organized boredom might do the trick*[7] » (Johnstone, 1999, p. 338). Cette critique directe et acerbe de l'enseignement scolaire que fait Keith Johnstone, Knapp n'y souscrit pas explicitement. Mais son implication dans l'animation, qu'elle soit scolaire ou autre, comme nous l'avons souligné au chapitre précédent, montre bien l'activisme dont il a pu faire preuve afin de combattre cet ennui qui imprègne toutes les couches de la société.

Chez Johnstone, cette critique est centrale, et guide l'ensemble de sa démarche : remarquant que « en grandissant, tout commence à devenir gris et monotone », et réalisant progressivement que ce n'est pas « une conséquence de l'âge – tout comme le cristallin est voué à faiblir graduellement[8] », il attribue cette évolution à l'enseignement qu'il a reçu. Aux injonctions des professeurs à se tenir droit, à parler clairement, à être toujours plus intelligent ou performant. À la pression sociale également, qui valorise des comportements normés, dans les clous, inexpressifs. Il conclue : « *I'd left school with worse posture, and a worse voice, with worse*

7 « Il n'est pas facile de tuer la curiosité d'un singe, mais l'asseoir à un bureau pendant des années d'ennui organisé, il est possible que ça fasse l'affaire ».

8 La citation complète, en anglais : « *As I grew up, everything started getting grey and dull. I could still remember the amazing intensity of the world I've lived in as a child, but I thought the dulling perception was an inevitable consequence of age–juste as the lens of the eye is bound gradually to dim* », (Johnstone, 1989, p. 13).

movement and far less spontaneity than when I'd entered it. Could teaching have had a negative effect[9] *?* » (*ibid.*, p. 17). La réponse est oui, évidemment.

De là sa démarche, qui n'a eu de cesse de renverser, systématiquement, les principes de l'éducation qu'il avait reçue : il est soudain permis, et même parfois imposé, dans ses classes, d'être ennuyant, de se tromper, de ne pas être concentré, de copier, de ne rien prévoir... Sa haine de l'enseignement traditionnel était telle qu'il est devenu professeur...

Ainsi la mission que poursuit Keith Johnstone est-elle de l'ordre de l'anti-éducation, pour tout le monde. Ce n'est pas sans rappeler la *via negativa* de Grotowski, ou le « degré zéro de l'acteur » dont parlait Knapp. À ceci près que cela ne s'adresse pas qu'aux acteurs, que cela n'a pas été développé pour les acteurs spécifiquement, et que cela ne s'érige pas non plus, comme chez Grotowski, en dogme ou sacerdoce. C'est une anti-méthode générale, que Johnstone a d'abord appliquée auprès de ses élèves, puis aux acteurs et écrivains, à l'inverse de Knapp, qui d'abord s'adresse aux acteurs, et adapte sa méthode à l'animation scolaire ou dans des hôpitaux psychiatriques.

BRÈVE CONVERSATION SUR LE CORPS

Nous remarquons que dans la pensée de Knapp sur la formation des acteurs, et en particulier sur la préparation des improvisateurs, le corps, la préparation physique et vocale n'occupent pas une place centrale ; nous avons pu cependant constater qu'elle était primordiale dans les spectacles et activités du Théâtre-Création. Nous avons maintes fois souligné, à la suite des articles de presse de l'époque, leur beauté plastique et la capacité des acteurs à utiliser l'espace d'une façon forte et pertinente. À cette relative absence de discours sur le corps, il faut voir une raison simple, qui tient toute entière dans cette déclaration d'intention : « Rompre avec la dichotomie corps/esprit. Inscrire la parole dans le corps. Se soumettre à la pesanteur du corps pour libérer l'inventivité gestuelle et verbale » (Knapp, 1992, p. 72).

Il est relativement courant, banal, de proclamer que corps et esprit ne font qu'un, que tout acteur doit jouer avec ces deux instances. Mais peu en tirent les mêmes conséquences que lui. Certains pédagogues des

9 « J'avais quitté l'école en me tenant moins bien, en parlant moins bien et en bougeant moins bien, et avec beaucoup moins de spontanéité que quand j'y étais entré. L'éducation pourrait-elle avoir de mauvais effets ? ».

plus intéressants vont au contraire insister sur le corps, sur la nécessité de développer une intelligence du corps, peut-être en réaction à une tradition de l'acteur plutôt centrée sur l'intellect et l'interprétation des textes. Mais cette insistance, si elle est mal comprise, peut conduire à ce qu'on voit souvent pratiquer dans les cours de théâtre : des cours techniques séparés les uns des autres, et une incapacité pour l'élève de choisir entre le tai-chi-chuan, le yoga ou l'aïkido, car après tout l'un vaut bien l'autre. Ne sachant pas quoi faire de ces techniques, l'élève les développera pour elles-mêmes, dans leur forme même.

À l'inverse, « l'improvisation, telle qu'entend la pratiquer le Théâtre-Création, ne donne priorité ni aux structures ou aux contenus, ni aux techniques ou aux formes, mais permet de respecter l'interdépendance de ces composantes de la création, ainsi que leurs inter-influences lors de l'acte créateur », nous dit Martin Roy (Roy, 1970, p. 6).

En particulier Knapp insiste davantage sur la réunion corps/esprit, et sur ce que cela implique du côté de l'esprit. Il n'y a pas réellement absence de discours sur le corps chez Knapp, il y a absence de discours sur le corps *seul*. De même que les différents exercices, dans la formation de l'acteur, doivent être reliés entre eux, la préparation du corps ne peut pas être séparée de sa finalité : l'expression dramatique.

> Les techniques physiques ne sont formatrices que si elles tendent à la conciliation de l'esprit et du corps. Pratiquer des exercices corporels pour eux-mêmes est inutile à l'expérience de l'acteur. Un comédien peut fort bien être délié musculairement et rester figé dans son jeu. Le passage de l'exercice corporel à l'interprétation ne s'établit pas mécaniquement. Un acteur qui ne parvient pas à conformer son esprit aux lois de ses nerfs, de ses muscles, de sa respiration, entache inexorablement son jeu de gaucherie. (Knapp, 1992, p. 72)

Il y a donc dans la vision de Knapp ce que nous pourrions appeler une *corparolité*, si l'on nous pardonne ce néologisme : l'imbrication entre corps et parole, la corporalité de la parole et la nature fondamentalement textuelle du corps dans un espace dramatique. Bien sûr, « du développement de l'instrumentation vocale, de l'articulation, de la souplesse du corps, dépendent des réponses dignes d'un haut niveau professionnel » (Féral, 1992, p. 63) ; comme un sportif accompli se doit d'être en pleine mesure de ses capacités physiques, un acteur doit maîtriser son outil. Le corps ne doit pas être une entrave, mais il ne faudrait pas réduire la pensée de Knapp sur ce point à cette idée relativement banale et admise. Car il ajoute que ce développement des capacités physiques ne doit pas se faire *trop vite* ni *trop lentement.* Dans la relation du corps à l'esprit se loge avant tout, pour lui, une question temporelle : l'esprit, la cognition, ont la faculté d'anticiper, de prévoir ; le corps, lui, doit se confronter à sa propre *pesanteur*, ne peut pas se projeter dans un état autre en l'espace d'une seconde. La conjonction du corps et de l'esprit se réalise donc sur une échelle de temps.

Deux voies sont donc envisageables pour travailler cette *corparolité*, qu'il vaut mieux parcourir de façon concomitante : d'un côté développer les facultés du corps pour que celui-ci soit capable de réagir immédiatement à toute sollicitation, qu'elle provienne de l'extérieur ou d'un mouvement interne ; de l'autre « soumettre son esprit à la pesanteur du corps » (*ibid.*), caler le rythme de sa pensée sur celui de son corps.

ÉLOGE DE LA LENTEUR

> Les biens les plus précieux ne doivent pas être cherchés mais attendus.
> Simone WEIL

Ainsi la préparation des acteurs à l'improvisation procède-t-elle chez Knapp d'un parcours, d'une progression maîtrisée dans le temps. Il faut « prendre le pas de mulet », dit-il en faisant l'analogie avec l'ascension d'une montagne : il vaut mieux économiser ses forces et arriver en haut en pleine possession de toutes ses facultés, que se presser et s'essouffler en cours de route.

Bien que nous ayons vu, lors du chapitre précédent, comme il est important pour Alain Knapp d'ancrer toujours l'enseignement dans l'action, de toujours mettre en actes les idées, il faut s'entendre sur ce qu'il signifie par là : les exercices qu'il propose à la fin de son livre sont pour beaucoup des exercices qui mettent d'abord en jeu la perception. Avant d'agir, il s'agit d'abord de lire, de *scruter*, dans son environnement ou son imagination, des éléments « activants ». C'est-à-dire des éléments qui vont permettre l'action. Cette scrutation a sa propre temporalité : elle demande du temps, un entraînement. Pour reprendre l'ascension de notre montagne, nous nous trouvons maintenant face à une falaise, qu'il faut escalader. Le mur de pierre se transforme, dans l'esprit du grimpeur, et cesse d'être une surface grise plus ou moins accidentée ; il y repère les prises, il anticipe le parcours et les efforts à fournir. Sa perception n'est pas simple contemplation : elle est active, en ceci qu'elle décèle les actions possibles dans ce qu'elle perçoit.

Si c'est un comédien qui se retrouve face au même mur dans son ascension de montagne, son action étant différente et dirigée vers la création de personnage et d'histoire, sa scrutation des mêmes données sera orientées différemment : il ne s'agit pas de passer l'obstacle, mais de « trouver la dynamique de la mise en jeu dans le développement de l'effet de contrariété » (Knapp, 1993, p. 191).

Ainsi le cœur de la préparation que Knapp propose aux acteurs réside-t-il presque entièrement dans l'entraînement de cette faculté de perception active. Ceci ne peut pas être brusqué. Knapp fait sienne la parole de Stanislavski qui préconisait que, pour que les mots de l'auteur ne perdent pas leur caractère actif, il faut que les acteurs se les approprient sans violence. Les exercices que Knapp propose se rapprochent d'ailleurs de ceux que proposaient celui-ci pour développer la mémoire émotionnelle, la communication, la caractérisation, le sens de la vérité et l'esprit logique[10]. Dans le cas de la préparation à l'improvisation, bien sûr, ce ne sont pas les mots d'un auteur qui doivent garder ce caractère actif dont parle Stanislavski ; mais cette attention à la dimension *activante* de chaque mot, de chaque signe, traverse toute la pensée d'Alain Knapp.

L'idée selon laquelle l'imagination ne devrait pas être brusquée se retrouve également chez Keith Johnstone : « *imagination should be as effortless as perceiving*[11] » (Johnstone, 1989, p. 79). Tout comme Knapp, il remarque que la perception induit de façon spontanée l'imagination ; que quand nous lisons un roman, par exemple, les mots ouvrent d'eux-mêmes un imaginaire. Mais c'est pour Johnstone l'objectif, ou un des objectifs de son anti-formation, non la condition préalable à la création : remarquant que l'imagination arrive sans effort à moins d'être entravée par des réflexes d'auto-censure hérités de notre éducation, il s'attache à détruire les blocages de l'esprit et de l'imagination, à questionner cette sensation selon laquelle nous aurions tort, et ainsi libérer la spontanéité. Cela passe, entre autres choses, par un appel à la réactivité, à la rapidité, à une certaine efficacité de l'action, mais aussi par un certain nombre

10 *Cf.* les exercices proposés qui figurent dans (Autant-Mathieu, 2007, p. 301-312).

11 « Imaginer ne devrait pas demander plus d'effort que percevoir ».

de contraintes qui ralentissent les scènes. Certains des *jeux* proposés par Keith Johnstone imposent une temporalité restreinte, une immédiateté[12]. Ainsi Johnstone aurait tendance à encourager ses étudiants à précipiter les réponses, à s'engouffrer dans une réactivité immédiate, quitte à réintroduire ensuite d'autres mécanismes dans le travail des scènes afin de les ralentir : des jeux tels que *No 'S' game*, où les joueurs ne peuvent utiliser le son /s/, a été développé afin que les étudiants (plutôt les débutants) accordent plus attention à ce qu'ils disent, ne se reposent pas sur des automatismes et s'ouvrent à un dialogue réel. Mais cela dépasse la seule question de la rapidité des scènes et de l'enchaînement des répliques : c'est une idée de la progression de l'apprentissage qui est ici en question. L'élève de Johnstone, stimulé par des contraintes formelles contradictoires, peut assez rapidement monter sur scène et s'exercer à ces contraintes, dans une progression en cercles concentriques, en reprenant et approfondissant les mêmes exercices ; chez Knapp, l'idée de progression est plus linéaire, et implique de passer certaines étapes avant d'en affronter d'autres. Dans un sens, cela constitue un avantage de l'approche pédagogique de Johnstone sur celle de Knapp quant à sa diffusion et sa capacité à être réutilisée par d'autres, mais en l'absence d'un pédagogue averti elle court le risque de devenir un recueil de *trucs*.

Même s'il remarque, avec des termes davantage issus de la psychanalyse que ceux de Johnstone, que « dans la création théâtrale il y a une mise entre parenthèses d'une conscience répressive du moi pour dissoudre ce qui forme écran à l'activité des personnages » (Knapp, 1993, p. 22), les exercices que Knapp propose ne cherchent pas à passer outre l'intellect et les gardes des portes de l'esprit dont parle Schiller[13], mais à les intégrer au processus, à jouer avec, consciemment :

> Mes exercices sont des mises en éveil et les transformations qu'ils opèrent se manifestent lentement, progressivement et selon des rythmes d'assimilation à la convenance de chacun. [...] Mes exercices contribuent doucement à l'essor de l'expression créatrice, sans nier la complexité de l'inconscient mais en l'apprivoisant partiellement.

---

12 Par exemple *Verbal chase*, *Word at a time*, *Seen enough*, que l'on retrouve décrits dans (Johnstone, 1999).

13 Cité par Keith Johnstone, dans (Johnstone, 1989, p. 79) : « *the intellect has withdrawn its watcher from the gates, and the ideas rush in pell-mell, and only then does it review and inspect the multitude* ».

> La consigne d'un exercice est un moyen de concentration du moi sur un jeu ouvert ; elle cherche à fournir à chacun des moyens de conquérir sa liberté créatrice. Je ne crois pas efficaces les provocations, les encouragements à l'excitation émotionnelle. (Knapp, 1993, p. 20)

Cette approche rejoint fortement celle développée par Viola Spolin par ailleurs, nous nous en rendons compte. Il ne s'agit certes pas d'excitation émotionnelle chez Keith Johnstone, et cette attention portée à la dédramatisation de la création, à la libération de la peur qui entrave l'imagination ne constitue que la première pierre de son système. Mais nous retrouvons ici une idée que nous avons déjà évoquée dans la pratique d'Alain Knapp : la solitude profonde du créateur, et le combat que représente la création. Il s'agit de la conquérir, cette liberté, pied à pied, de vaincre patiemment chacune des résistances que le Moi impose à l'inconscient. Il ne s'agit pas seulement de libérer la créativité et la spontanéité, mais *dans le même temps* de donner les moyens à l'acteur de développer des critères propres, et non hérités socialement, pour ordonner dans une esthétique cette spontanéité. Là encore les étapes ne doivent pas être séparées, mais procéder d'un tout, d'une démarche qui prend l'individu dans sa totalité.

L'ÉTHIQUE DE L'ATELIER

Cela implique de la part de l'animateur une certaine éthique, s'il veut en exiger une de la part des participants. « Ne pas anticiper sur les moyens créateurs des uns et des autres, ne pas leur imposer un rythme qui les contraigne, ne pas solliciter la sympathie [...], ne pas prendre les étudiants en otage pour revendiquer sa part de réalisation artistique » (Knapp, 1992, p. 70-71)... Il faut au contraire « assurer à chacun la possibilité de s'engager dans l'exercice et de découvrir ses propres moyens de création » (Roy, 1970, p. 20). Cela suppose, pour Martin Roy, deux choses : d'une part que les participants aient acquis une certaine confiance en eux, d'autre part qu'ils aient un certain sens de la responsabilité.

Cette confiance, Keith Johnstone l'obtient en dédramatisant au maximum l'échec, voire en l'encourageant : dans cette démarche de retournement quasi-systématique des procédés traditionnels de l'enseignement, qui valorisent les réussites et punissent les fautes et les échecs (par de mauvaises notes, par des commentaires désobligeants sur les bulletins de classe...), chaque faute est accueillie avec joie. En cas de malaise, de peur, de blocage, il encourage ses étudiants à lever les bras en l'air en criant *Again !*, à quoi le reste du groupe réagit en levant les bras en l'air et criant *Again !*, et tout le monde applaudit, souvent en riant. Cela peut sembler niais, mais cela permet d'atteindre un niveau de confiance assez efficace à peu de frais – il est d'ailleurs probable que cette niaiserie fasse partie de l'effet recherché, comme une façon de réduire l'aspect intimidant du groupe. L'acceptation de l'échec, de la progression, est quelque chose qui court dans l'ensemble de ses exercices :

> *How many times have you played this game? – Never! – And are you supposed to be god at it? – Well – not really... – So why shouldn't you screw-up? This makes students smile and cast off tension visibly*[14]. (Johnstone, 1999, p. 62-63)

Chez Knapp cette dédramatisation de l'échec est bien sûr tout aussi présente. Il faut que l'acteur soit libre de se tromper pour être libre d'essayer, ou plutôt il s'agit de considérer qu'il n'y a pas d'erreur *a priori* : « il faut laisser en permanence une ouverture à la découverte, car, comme on l'a vu, l'exercice et la pratique de l'exercice peuvent modifier l'intention de départ, la finalité de l'action créatrice » (Roy, 1970, p. 21). Mais le langage trivial qu'utilise Keith Johnstone, Knapp ne le ferait pas sien. Il y a une distance à conserver du pédagogue à l'élève ; au Théâtre-Création comme à l'*École de la création théâtrale* du livre, les comédiens et l'animateur se vouvoient. Celui-ci est très attentif à ne pas mettre en place de rapport affectif avec les participants d'un stage ; cette affectivité pourrait fausser le rapport de l'acteur à lui-même et ainsi lui faire perdre de vue la nécessité de son engagement personnel dans la création.

> C'est en travaillant dans un climat affectif non faussé que l'individu peut s'engager de façon responsable dans l'exercice et peut opérer en tout tranquillité ses propres réflexions sur l'échec ou la réussite de sa création, ainsi que sur ses motivations de jeu. Cela signifie par exemple qu'il ne faut pas stimuler extérieurement une personne, mais que celle-ci doit trouver en elle-même l'énergie nécessaire à la réalisation de sa construction. Elle obtiendra ainsi un degré de confiance, non parce qu'on lui donne confiance, mais parce qu'elle-même se fait confiance. (*ibid.*, p. 21)

---

14 « Combien de fois avez-vous joué à ce jeu ? – Jamais ! – Et êtes-vous supposé y être bon ? – Non, pas vraiment... – Alors pourquoi ne merderiez-vous pas ? / Cela fait sourire les étudiants et désamorce visiblement la tension ».

Aussi le pédagogue knappien doit-il bien s'attacher à une chose, et à une chose seulement : que les énoncés soient clairs, que les directions soient posées, et que des réponses soient apportées aux questions que les acteurs se posent. Choses que Johnstone ne considère pas suffisantes :

> *If you're going to teach spontaneity, you'll have to become spontaneous yourself. With a couple of exceptions, my teachers thought that the incentive should come from us, but the incentive has to be generated, or increased by the attitude of the teacher. [...] It's never enough just to explain the games carefully and correctly, and then – if the students are unenthused – wish that you had better students.* (Johnstone, 1999, p. 55)

Ici nous commençons à voir des dissensions entre Johnstone et Knapp, même si les résultats auxquels ils parviennent, notamment pour la création d'histoires, sont assez similaires. C'est que Knapp s'intéresse à l'individu, quand Johnstone va avoir une tendance à s'adresser à un groupe ; cela se remarque très bien autour de cette notion de confiance, qui est confiance *en soi* pour Knapp et davantage confiance *dans les autres* (leur bienveillance, leur secours éventuel) chez Johnstone. En ceci, nous sentons poindre une différence essentielle que nous développerons dans un chapitre ultérieur, à savoir que Johnstone et Knapp pourraient bien se rapporter chacun à une conception différente de la liberté : la liberté chez Knapp se conquiert seul, selon un chemin conscient et volontaire ; chez Johnstone, elle est davantage une affaire de consensus et d'espace laissé à l'individu au sein d'un groupe.

Bien sûr, les choses ne sont jamais blanches ou noires : ainsi Knapp ouvre-t-il sont livre par un exemple où il entre lui-même dans un jeu spontané et la construction d'une histoire, d'un drame, dès l'arrivée de ses élèves le premier jour[15]. Mais le reste du livre suppose toujours que les étudiants ont envie, qu'ils sont stimulés d'eux-mêmes – ou plutôt que la stimulation provient non d'un certain nombre de *trucs*, de mécanismes pour éveiller un intérêt, mais du simple fait que ce qui est proposé est effectivement intéressant, et donne confiance dans le fait qu'il existe des solutions, que chacun peut trouver pour lui-même. L'adhésion de l'élève à la démarche qui lui est proposée doit être *lucide*, en tout point.

15 Il croque dans la pomme qu'une étudiante avait prise avec elle pour jeter les bases d'une réflexion sur l'action et l'objet, *cf.* (Knapp, 1993, p. 25-27).

À cette condition seulement l'animateur est-il en mesure d'exiger un certain nombre d'attitudes de la part des participants :

> 1. *La participation active* : demande que l'on accepte les propositions d'exercices.
> 2. *L'engagement* : suppose que l'on utilise ses propres moyens et ses propres contenus.
> 3. *La déduction* : Demande une réflexion sur ses motivations de jeu, sur ce qu'on y a investi et sur ce qu'on peut y investir, ainsi qu'un repérage des raisons subjectives et objectives de l'échec ou de la réussite de l'exercice. [...]
> 4. *Aller vers la fiction* : il ne s'agit pas d'exposer de façon littérale les problèmes de son "moi", mais de les utiliser dans des constructions fictives. (Roy, 1970, p. 18)

Martin Roy remarque que, de ces quatre attitudes, seule la première est exigée par Alain Knapp dans le travail d'animation auprès des enfants, la compréhension de la nécessité d'une démarche intérieure en matière de création dépendant du degré d'exigence de chacun. Ainsi seule la motivation du participant doit le guider dans son exigence propre, et lui dire à quel point s'engager. Les didascalies dans le dialogue qu'est *Une école de la création théâtrale* mentionnent quelquefois des moments de flottement avant que quelqu'un ose se lancer dans l'exercice ; ce n'est pas ici le pédagogue qui doit faire office de stimulateur. Il ne faut pas croire pourtant que celui-ci reste inactif et à l'écart, au contraire : il s'implique, mais pour donner des instructions claires, et il guide la réflexion. Par ailleurs le corps, son bien-être et une certaine disponibilité d'esprit que ce bien-être apportent restent des éléments actifs par lesquels l'animateur knappien engage ses séances et permet aux élèves d'aborder le cours en toute ouverture ; « il s'agit en quelque sorte de désentraver les circuits, de rendre le courant ondoyant » (Knapp, 1993, p. 36).

VIE RÉELLE *VS* VIE SCÉNIQUE

> Le monde est dangereux et imprévisible, alors qu'on nous vend un monde confortable et sans surprise.
> John IRVING

Cette méfiance vis-à-vis d'un corps quotidien, engoncé dans ses habitudes, dans les restrictions habituelles que lui impose la société – penser aux dommages que peuvent causer sur la respiration les injonctions à prendre de grandes bouffées d'air en gonflant le haut de la poitrine – Johnstone la fait aussi ; toute son approche se nourrit fortement d'une recherche sur le un corps extra--quotidien, qui peut être simplement celui des grimaces, ou de façon plus poussée celui du masque et d'une transe. Il remarque « *if people are clamping their body together as if it might fall apart, perhaps the same is true of the mind*[16] » (Johnstone, 1999, p. 338). Ainsi, nous avons vu que son approche vise en priorité à désapprendre tout ce que des années d'éducations nous a appris.

Mais voici tout de même pour conclure ces prolégomènes un point au moins sur lesquels Knapp et Johnstone se retrouvent : que la vie quotidienne et la vie sur scène sont bien distinctes, et que nous avons pourtant la fâcheuse habitude à improviser sur scène avec les mêmes réflexes que dans l'espace de tous les jours. Pour Johnstone, cet espace est marqué par la peur : les cadres sociaux et notre éducation nous imposent de nous (re)présenter face aux autres d'une façon sûre, de nous protéger en permanence. Nous nous construisons une personnalité en prenant garde à ce que rien ne vienne l'altérer. Ainsi « *improvisers defend themselves against imaginary dangers as if these dangers were real* ». À l'inverse, sur scène il s'agit de jouer avec sa personnalité, de la révéler toute entière, dans des situations inédites. Il s'agit justement de faire en sorte que les personnages soient touchés par ce qui se passe : « *spectators want to see the actors in states of transition, and being altered by each other*[17] » (*ibid.*, p. 130).

De même chez Knapp cette notion d'engagement de l'acteur-créateur, si présente, lui intime de ne pas fuir, de ne pas se cacher derrière des personnages, mais de « créer le personnage à partir de lui-même », à la différence d'un acteur-interprète qui « n'est pas le personnage qu'il interprète » (Knapp, 1968a, p. 9). Cette altération de l'acteur par ses partenaires que réclame Keith Johnstone, Alain Knapp la réclame également en insistant sur le rôle de la parole : « on est dans une parole qui n'est pas du tout celle de la pratique ordinaire de l'échange social ; on est dans une parole débanalisée, une parole de création », nous disait-il en entretien. Pour lui « l'improvisation est un jeu de construction d'identité » : toute parole prononcée sur scène, tout acte révèle des

16 « Si les gens serrent les joints de leur corps comme s'il allait tomber en mille morceaux, peut-être est-ce pareil pour l'esprit ».

17 « Les improvisateurs se défendent contre les dangers imaginaires comme si ces dangers étaient réels. [...] Les spectateurs veulent voir les acteurs dans des états de transition, et affectés les uns par les autres ».

choses sur l'identité des personnes en jeu ; sur celui qui a produit la parole comme sur celui à qui il l'a adressée. Ainsi accepter les propositions faites par son partenaire, notion si centrale dans l'improvisation théâtrale, ne consiste pas à dire « oui » aveuglément, il faut surtout en tirer toutes les conséquences sur l'identité du personnage que nous sommes en train de créer.

Cela implique deux choses fondamentales : il ne faut pas partir d'une conception prédéterminée de la forme et du contenu de ce qui est à créer, le processus créateur risquant à tout moment d'être perturbé, faussé par cette image mentale arbitraire ; il ne faut pas non plus chercher l'originalité ni le résultat, ne pas se forcer à être bon, ce qui risquerait de faire intervenir des éléments étrangers.

Cela nous mènera à constater des résonances entre les approches knappienne et johnstonienne de l'improvisation, notamment à travers les concepts de *scrutation*, de *blocage* et de *cercle des attentes*, mais aussi l'injonction faite par l'un et l'autre de partir du banal et de l'exploiter : « *be obvious* » répète Keith Johnstone ; « on a toujours intérêt à partir d'un matériau élémentaire », concède Knapp.

EXERCICES

Maintenant que nous avons fait la critique de la formation des acteurs ou de l'éducation dans son ensemble, que nous en avons tiré les conséquences pour la place du corps dans la pédagogie de Knapp ainsi qu'examiné les principes éthiques et rythmiques qui guident le déroulement de ses ateliers, il est temps de plonger plus avant dans le concret des exercices que celui-ci propose afin d'atteindre à l'autonomie de l'acteur dans la création improvisée. Notre but n'est pas ici de dresser une liste complète des exercices du Théâtre-Création, tâche qui d'une part serait trop conséquente, d'autre part inutile[18], mais d'en décrire le fonctionnement, en nous appuyant sur quelques exemples.

Rappelons d'abord les quelques grands principes qui vont guider cette démarche :

18 C'est pour cette raison que le Théâtre-Création et Alain Knapp n'ont jamais publié de recueil d'exercices, qui aurait certes aidé à faire connaître et diffuser leur approche, mais l'aurait également coupée des fondements théoriques de leur démarche, laquelle se doit d'être en constante évolution, ce que des exercices bien codifiés ne pourraient faire sentir.

- la création est une affaire d'individu ; par conséquent tous les exercices proposés supposent de s'inscrire dans une démarche personnelle ;
- les autres permettent de « confronter et vérifier immédiatement sa création dans sa forme et son contenu par le jeu de la communication » (Roy, 1970, p. 7) ;
- structure, technique, forme et contenu ne sont pas séparés, mais abordés conjointement. Même si l'énoncé de l'exercice paraît se concentrer sur un aspect en particulier, l'analyse de l'exercice fera intervenir l'ensemble ;
- aucune structure, aucune forme, aucun contenu ne préexistent à l'exécution de l'exercice.

Pour bien comprendre ces deux derniers principes, explicitons ce que nous entendons par structure, technique, forme et contenu :

> STRUCTURE : Manière dont les éléments d'un tout sont disposés les uns par rapport aux autres. Dans le cas des exercices, il s'agit principalement d'une structure dramatique, d'une dramaturgie.
> TECHNIQUE : Ensemble des moyens intellectuels, sensibles et physiques mis en œuvre par le participant pour exécuter l'exercice.
> FORME : Aspect extérieur de la création. Par exemple : naturaliste, expressif, silencieux, mimé, etc.
> CONTENU : Ce qui est véhiculé (idées, sentiments, etc.) par la création.

Soulignons à quel point proposer des exercices qui relient ces quatre éléments, et s'adressent à l'ensemble de ces facultés, nous semble une particularité du travail de Knapp ; bien qu'il soit évident que de travailler sur la forme implique un travail sur le contenu, de même que la technique influe sur la forme et la structure sur le contenu (et *vice versa*), il est rare de trouver des approches de l'improvisation, et même de la formation des acteurs, qui lient ces quatre pôles en permanence. Ainsi Mikhaïl Tchekhov, lorsqu'il donne des exercices d'improvisation, s'intéresse uniquement à la capacité des acteurs d'entrer en relation les uns avec les autres ; le contenu et la structure sont déjà donnés par un canevas assez précis. La plupart des exercices, ou jeux, d'improvisation tels qu'on les trouve chez Viola Spolin ou Keith Johnstone, visent le développement d'une faculté particulière, d'un aspect particulier, la forme, la structure ou la technique à employer étant déjà prises en charge par l'énoncé. Seul le contenu est variable.

Structure des exercices

Ces éléments étant posés, les exercices sont le plus souvent exprimés simplement, et la consigne tient en quelques phrases. Le rôle du pédagogue consiste justement à faire en sorte qu'ils interviennent pour répondre concrètement à une question que la réflexion aurait fait naître, qu'ils s'inscrivent dans la démarche personnelle de l'acteur, et qu'ainsi la consigne ne soit pas comprise pour elle-même, mais dans le cadre global d'une recherche propre.

Par ailleurs, comme nous l'avons explicité plus haut, les exercices sont pensés pour ne pas déterminer une forme ou un contenu au préalable ; ceux-ci doivent dépendre entièrement de la personne qui exécute l'exercice. Martin Roy parle de « structure-genèse », c'est-à-dire que les exercices proposent une structure simple de départ qui, par libre utilisation et transformation permet la naissance et la formation d'une construction ayant sa structure spécifique, donc différente de la structure de départ, mais incluant celle-ci[19] (Roy, 1970, p. 8). Pour illustrer ce principe, il prend la métaphore d'un dessin qu'il faudrait faire à partir de trois points : la disposition des points peut être modifiée (alignés ou en triangle), les contours du dessin s'en inspirent mais ne lui sont pas subordonnés (trois points alignés n'impliquent pas nécessairement une droite ou un segment), les trois points seuls ne disent rien de la technique que l'on va utiliser (crayon, fusain, aquarelle), ni de ce qu'on va exprimer à travers eux.

Mais nous pourrions prendre un exemple narratif : mettons qu'il s'agisse de construire une histoire à partir de trois objets, un verre, un stylo, une veste. Quel verre, quel stylo, quelle veste ? Comment interviennent-ils dans l'histoire, dans quel ordre, comment sont-ils subordonnés

19 Jean-Martin Roy préfère aujourd'hui que nous utilisions le vocable de « structure créatrice », qui pour lui correspond mieux à ce que proposait le Théâtre-Création et, surtout, ne mésuse pas d'un terme qu'il avait emprunté aux recherches de Jean Piaget.

l'un à l'autre ? Nous pourrions multiplier les exemples à l'infini. On remarque cependant que le mot « verre » suffit à nous en faire imaginer un. Pas n'importe quel verre, un en particulier. Je vois par exemple un de ces verres-pots-de-moutarde, rainuré sur le bas. En regardant plus attentivement je pourrais même y remarquer des taches persistantes dans le fond, résultat d'un lavage bâclé pendant plusieurs semaines…

Un autre exemple de structure créatrice nous est donné par l'exercice de la boîte d'allumettes, qui permet de travailler sur l'efficacité du dialogue, sa clarté et sa concision : deux acteurs sont sur scène pour un dialogue, avec à proximité une boîte qui contient une vingtaine d'allumettes. Chaque allumette représente une réplique, et le dialogue doit être terminé à la fin de la boîte (Knapp, 1993, p. 198). Si une structure, un dialogue composé de vingt répliques, semble se dessiner assez précisément à l'énoncé de cet exercice, il n'en est rien : rien n'est dit sur la longueur des répliques, ni sur leur enchaînement (les deux acteurs ne sont pas obligés de parler l'un après l'autre, ni immédiatement), certainement pas sur leur contenu et leur forme.

Les exercices d'Alain Knapp, comme dans l'exemple des objets ci-dessus, vont ainsi souvent proposer ce que nous pourrions appeler, à la suite de Viola Spolin, un *point de concentration*. Comme elle le dit elle-même avec un enthousiasme typiquement américain :

> *The Point of Concentration releases group power and individual genius. Through Point of Concentration, theater, the most complicated of art forms can be taught to the young, the newcomers, the old, to plumbers, school-teachers, physicists, and housewives. It frees them all to enter into an exciting creative adventure, and thus it makes theater meaningful in the community, the neighborhood, the home*[20]. (Spolin, 1973, p. 21-22)

Qu'est-ce donc alors que ce Graal ? Tout simplement « *It is the "ball" with which all play the game* », dit-elle encore plus loin[21]. Chez Knapp, il s'agit souvent dans un premier temps d'un objet, comme nous avons pu le constater quand il était question des animations scolaires ou des interventions en milieu psychiatrique, mais cela peut très bien être un

20 « Le Point de Concentration déchaîne le pouvoir du groupe et le génie individuel. À travers lui, le théâtre, l'art le plus compliqué qui soit, peut être enseigné aux jeunes, aux grands débutants, aux vieux, aux plombiers, instituteurs, physiciens et femmes au foyer. Il les invite tous à entrer dans une aventure créatrice passionnante, donnant au théâtre un sens dans la communauté, le voisinage ou le foyer ».

21 « C'est la "balle" avec laquelle tout le monde joue ».

lieu, une circonstance, un fait divers, ou une contrainte structurelle telle que celle de la boîte d'allumettes ; « le point de concentration a pour effet de libérer l'acteur des influences extérieures. Nous irons même jusqu'à prétendre qu'il permet de les intégrer[22] » (Cuenoud, Glauser, & Lavanchy, 1975, p. 14).

Ce point de concentration, ou cet objet, Knapp engage les étudiants à en extraire les propriétés *activantes*, c'est-à-dire à isoler ce qu'ils révèlent de l'identité des personnages en jeu, et ce qu'ils peuvent produire comme action – c'est-à-dire comme réaction chez quelqu'un qui les voit ou les manipule. Knapp, dans son énoncé, va ainsi partir d'un point de concentration, vocable qu'il n'utilise pas lui-même, et ne pas donner plus d'indications sur la façon de l'utiliser dans le jeu et l'invention. Les autres indications sont implicites, et découlent directement de l'ensemble des principes qui ont été parcourus jusqu'ici : une exigence d'inscrire tout ce qui est proposé dans une cohérence, une continuité, en rapport direct à l'action des personnages. Il faut que ce qui se passe et ce qui est dit ne puisse pas être dit ou fait ailleurs, dans d'autres circonstances, par quelqu'un d'autre.

Objectifs des exercices

Les exercices proposés ont pour fonction de développer un certain nombre de facultés, dont Martin Roy nous donne la liste : se créer des contacts d'expression, intériorisation, expression, continuité, structuration et formulation, intégration et souplesse, crédibilité, clarté, autoargumentation, création de personnage, communication, conscience de jeu, cohérence, etc. (Roy, 1970, p. 14-17). Là encore, il avertit : « les facultés sont présentées de façon séparées pour faciliter leur compréhension. Leur énumération ne permet pas de rendre compte de leurs interdépendances ni de leurs inter-relations. Il faut donc ne pas perdre de vue qu'elles se complètent, qu'elles se renforcent les unes les autres et qu'elles se développent ENSEMBLE ». Pour être plus concrets, nous allons décrire un peu certains éléments de cette liste, puis prendre quelques exercices, que l'on trouve à la fin du livre d'Alain Knapp, et expliciter en quoi ils

22 Ils affirment comme Viola Spolin le pouvoir libérateur du point de concentration, quand il s'agit de défendre l'intérêt de cette démarche en milieu psychiatrique, où les peurs peuvent acquérir une connotation particulière, voire dangereuse.

permettent de développer chaque faculté, et lesquelles en priorité. Afin de bien faire sentir la différence avec une approche plus johnstonnienne, nous ferons subir le même examen à quelques exercices de celui-ci.

La liste proposée par Martin Roy semble être organisée de façon progressive, du moins complexe (Faculté de se créer des contacts d'expression, c'est-à-dire d'imaginer une chose suffisamment spécifique et concrète pour être maniable) au plus complexe (créer une cohérence d'ensemble avec des partenaires de jeu). Ainsi chaque faculté semble incluse directement dans la précédente, ou lui faire miroir. Mais il ne faut pas perdre de vue que nous sommes là plongés dans la description d'un système dynamique, où chaque élément est à la fois cause et effet ; le développement d'une faculté va irrémédiablement réagir sur le développement d'une autre. Par exemple la faculté de crédibilité, qui consiste en quelque sorte à se prendre au jeu, à croire en l'univers dans lequel on est en train de jouer, est nécessaire pour développer la faculté de clarté, où il s'agit de rendre évidents et crédibles pour les autres les contenus et les formes de sa construction fictive. Mais on voit bien en quoi l'inverse est également vrai : plus on cherchera une expression précise et crédible, plus cette précision et cette crédibilité agira sur nous pour que l'on se prenne au jeu.

Restons, pour illustrer le développement de ces facultés, sur l'exercice de la boîte d'allumettes. Il est clair que cet exercice s'adresse à la faculté de clarté, et aux facultés de communication et réception de la communication. Mais il serait absurde d'isoler ces deux facultés dans l'exécution comme dans l'analyse de l'exercice. Ainsi, la clarté et la concision des répliques sera d'autant mieux atteinte si les contacts d'expression sont précis et l'expression qui en résulte est maîtrisée. De même, la faculté de continuité, qui concerne une continuité personnelle, intime, dans une relation dynamique entre l'expression et l'intériorité, et celle de cohérence, qui cette fois prend en compte le partenaire de jeu et vise à la mise en place d'objectifs communs, sont nécessaires pour que l'exercice construise un dialogue qui s'achève à la fin de la boîte.

On le voit : les exercices doivent être pensés afin de permettre le développement de chacune de ces facultés dans une inter-dépendance complète. Mais on peut se dire, légitimement, qu'il en est de même avec tous les exercices qui visent à développer des facultés d'improvisation ; à partir du moment où l'on essaie de construire une histoire et de la jouer, toutes ces facultés sont mises à contribution. Essayons donc, pour voir, de soumettre un exercice de Keith Johnstone, à cette même analyse.

L'exercice que je propose d'examiner est « Un mot à la fois[23] ». Comme son nom l'indique, il s'agit de construire une histoire à plusieurs, ou en tout cas des phrases cohérentes et grammaticalement justes, en ne disant qu'un mot l'un après l'autre. Il y a plusieurs manières de le mettre en œuvre, mais le but du jeu est souvent de faire cet exercice en actant les personnages, en illustrant la situation, l'atmosphère. On remarque d'emblée qu'une forme est donnée à l'exercice : celle du récit – si le dialogue peut intervenir, et être la forme dominante, celui-ci sera joué comme un récit puisque les agents du dialogue ne sont incarnés par aucun joueur en particulier. C'est un jeu qui se concentre avant toute chose sur les facultés d'intégration et de souplesse[24] : « *Anyone who tries to control the future of the story can only succeed in ruining it. Every time you add a word, you know what word you would like to follow. Unless you can continually wipe your ideas out of your mind you're paralysed*[25] » (Johnstone, 1989, p. 131). Dans le jeu qui s'instaure entre les participants, la plupart des autres facultés seront également mises à contribution : clarté, intériorisation, création de personnage, communication, cohérence, conscience de jeu active-réceptive... Seules, évidemment, les facultés qui consistent à structurer l'improvisation seront mises à mal : Johnstone vise certes à démonter à travers lui cette tendance que l'on peut avoir à planifier les choses ; mais ici il devient particulièrement difficile de faire des choix de formulation qui permettent l'intelligibilité précise d'une impulsion intérieure. En particulier, l'exercice a une tendance à introduire des intonations mécaniques à chaque mot, en tout cas déconnectées d'une expression d'ensemble juste, cohérente avec l'histoire qui se tisse – cela n'est pas théoriquement impossible, mais difficile à atteindre.

Ainsi on ne peut que louer les intentions de Knapp, qui visent à développer l'ensemble des facultés citées en même temps, et ne pas en

---

23 Décrit dans (Johnstone, 1989, p. 130-138) ainsi que, plus succinctement, dans (Johnstone, 1999, p. 131-132).

24 « Savoir rester ouvert dans son processus de construction, y intégrer librement des éléments nouveaux, les utiliser tels quels ou les transformer pour enrichir sa construction », (Roy, 1970, p. 15).

25 « Quiconque essaie de contrôler le futur de l'histoire ne peut que le ruiner. À chaque fois que vous ajoutez un mot, vous savez quel mot vous aimeriez voir venir ensuite. Si vous ne pouvez pas balayer continuellement ces idées de votre esprit vous êtes paralysé ».

mettre en sommeil certaines pour en mieux révéler d'autres. Ce sont les besoins spécifiques de tel individu en jeu qui doivent dicter au pédagogue l'aspect de la création sur lequel insister, dans le cadre d'exercices dont la formulation est suffisamment souple pour pouvoir les aborder tous. Nous voyons là un des effets pervers des exercices à contrainte forte, tels qu'« Un mot à la fois » : les maîtriser n'implique pas nécessairement pour l'improvisateur la faculté de réutiliser la souplesse qu'il a acquise dans ce cadre dans une improvisation qu'il aura à construire seul ou avec d'autres, et surtout que cette souplesse sera un atout créatif. Un autre effort d'intégration est à réaliser, une fois l'objectif maîtrisé, pour en tirer tous les bienfaits.

LE CANEVAS

Développer cette faculté de souplesse et d'intégration en même temps que celles de structuration et formulation, par exemple, permet à Knapp d'introduire comme un élément central de la préparation à l'improvisation l'élaboration de canevas. Nous avons vu que le Théâtre-Création, à partir des trois semaines d'animation à Meymac, a développé cette technique et l'a de plus en plus utilisée dans ses performances improvisées. Son livre *A.K. : une école de la création théâtrale* est d'ailleurs presque entièrement centré sur cette activité.

De quoi s'agit-il dans la bouche d'Alain Knapp lorsqu'il parle de *canevas* ? Comme nous l'avons déjà souligné dans le chapitre précédent, il ne s'agit pas exactement de la même chose que dans la *commedia dell'arte*, à savoir un détaillé de l'action et de la fable scène par scène. Dans la *commedia*, l'existence *a priori* des personnages, codifiés par la tradition et ancrés dans les comportements des interprètes par des années de pratique du même, permettait en effet l'improvisation dans le cadre d'une fable précise. Après l'exposé de tous les principes que nous avons traversé, qui imposent que ni forme, ni contenu, ni structure, ni technique ne soient définis avant le jeu, nous voyons que le canevas knappien devrait à la fois permettre à une fable intéressante et riche de se développer (sinon pourquoi recourir au canevas ?), et aux acteurs d'être entièrement les auteurs de leurs personnages, maîtres de leur création – positivement libres.

Ainsi le canevas est-il principalement un ensemble de mises en jeu possibles, qui s'appuient sur des éléments précis : un lieu, une circonstance temporelle, des objets, des actions, des objectifs et des enjeux relationnels[26]... Nous remarquons pourtant que l'exemple de canevas qui figure dans *A. K.* est très fouillé : la vie des personnages, leur passé et leurs relations sont détaillés, leurs objectifs dans la scène à venir ainsi que la façon dont ils se considèrent, l'un par rapport à l'autre, leurs enjeux relationnels, l'ensemble des étapes du scénario...

Tous ces éléments tranchent *a priori* avec ce besoin de ne rien définir au préalable de l'improvisation. Mais d'une part le canevas en question est élaboré tout au long des pages du livre : il est l'aboutissement de la démarche, et non le point de départ. Celui-ci était la conjonction de deux actions qui n'avaient pas de rapport évident entre elles : « une femme joue du piano, un homme trie des médicaments ». Ainsi faut-il bien voir dans le canevas une façon de s'entraîner à la création, et pour ce qui nous intéresse à construire des improvisations mettant en jeu des personnages dans toute leur complexité et leurs contradictions, dans leur histoire personnelle, dans leurs relations sociales ou dans leur psychologie. Le maître mot est ici *scrutation* : une ouverture de tous les possibles en cherchant à tirer une conséquence du moindre signe, du moindre élément, de la moindre action. Une démarche qui n'est pas sans rappeler l'analyse par l'action de Stanislavski / Maria Knebel, laquelle, si elle fait appel à l'improvisation, commence par l'analyse des scènes – le jeu improvisé intervient pour *vérifier* l'analyse[27]. Cette notion de vérification est également fortement présente chez Knapp, pour qui inventer des personnages c'est avant tout enquêter sur leur identité. C'est en tentant d'élucider, avec patience et une certaine obstination, l'étrange qui transparaît derrière quelque chose de banal à première vue, que la création peut trouver son chemin.

Cependant, tout comme dans l'analyse-action, le canevas ou l'analyse ne doivent pas guider l'improvisation jusqu'à l'étouffer, le jeu étant toujours premier :

> Bien que le canevas définisse assez précisément le contenu des enjeux relationnels, ne vous contentez pas d'en suivre scolairement la trame. Le canevas est une liberté supplémentaire donnée à la pensée créatrice. Il balise un chemin pour éviter de s'égarer. Mais vous avez tout loisir de musarder, de dériver. (*ibid.*, p. 171)

---

26 « Les enjeux relationnels sont ce que des personnages engagent d'eux-mêmes dans une relation par rapport avec une situation et une circonstance données. L'enjeu suppose un gain ou une perte. Il y a donc risque encouru », (Knapp, 1993, p. 97).

27 Nous détaillerons cette méthode dans un chapitre ultérieur.

Le canevas offre une structure, très précise, mais dans la continuité des exercices dont nous avons parlé plus haut, il faut voir ceci encore comme une structure créatrice, une structure que la création peut ensuite modifier, faire évoluer. La forme, le contenu et la technique nécessaire pour les mettre en jeu, restent complètement à la charge de l'improvisateur, qui est libre, au sens positif, de faire dévier la structure s'il ne la sent plus *juste* au moment de l'improvisation, s'il ne la comprend plus. Ainsi un même canevas peut très bien ouvrir sur une comédie comme sur un drame : « La conversion du drame en comédie se fait lors de la création des dialogues. Le genre dramatique se détermine au moment de faire parler et agir les personnages. L'humour est une interprétation du monde, et une manière de jouer avec soi-même » (*ibid.*, p. 147). Quant au contenu, le canevas ne contient pas en soi une signification fixe, mais met en jeu une quantité de thématiques possibles que l'improvisation seule va permettre de développer et de privilégier.

Une fois les élèves passés maîtres dans la mise en place de canevas, il leur sera plus facile pour eux, sur scène, en improvisant, de rendre actifs, profonds, spécifiques, les actes et les paroles de leurs personnages. Et ceci, même s'ils partent de zéro – mais ce zéro n'existe pas – et se lancent dans une improvisation libre.

On trouve aussi, chez Keith Johnstone, quelques éléments permettant de structurer l'improvisation à venir, mais ils sont éclatés en plusieurs points de son système ; ils n'ont pas la concision ni le systématisme de l'outil knappien, et n'engagent donc que certains points au lieu de s'adresser, là encore, à la totalité de l'individu et de son comportement. S'ils s'approchent tous de la notion d'enjeux relationnels de Knapp, ils la fragmentent en plusieurs éléments dont la maîtrise demande autant d'exercices variés, mais nous permet peut-être en retour de mieux en comprendre le fonctionnement.

Les *attitudes* concernent par exemple une opinion du personnage, sur les objets, sur le lieu, sur les autres personnages – cette opinion va influencer le jeu, et les actions que le personnage sera amené à entreprendre. Là où Knapp laisse à l'improvisation tout le champ pour les révéler, Johnstone n'hésite d'ailleurs pas à définir les personnages par leur fonction (père, mère, enfant, employé, serviteur, collègue, etc.).

Dans son *Fast-Food Stanislavski*, il propose également de se donner des objectifs, tels que essayer de mettre un tel à l'aise ou faire en sorte qu'un tel me déteste, c'est-à-dire des objectifs qui mettent en jeu un rapport avec un autre personnage (Johnstone, 1999, p. 285-301). Cet objectif n'a pas nécessairement besoin d'être atteint : « *You've seen a lion-tamer removing his head from the lion's mouth and towelling off the saliva ? Well, il would have been a lot more memorable if he'd failed*[28] » (*ibid.*, p. 287), dit-il. L'important est que cet objectif permette de mettre en jeu une transformation du personnage, l'engage à une possible mise en péril, surtout lorsque il vient se heurter à une résistance, un objectif contradictoire. L'objectif de Morris, pour prendre exemple dans le canevas qu'élaborent les étudiants d'*A. K.* tout au long du livre, est de se faire aimer d'Olga. Cet objectif, chez Johnstone, demande à ce qu'un certain nombre d'actions soient réalisées – il en établit des listes, telles qu'employer des locutions étrangères ou siffler Bach pour avoir l'air intelligent…

Mais l'outil le plus puissant est sans doute la notion de *statut relatif* : l'idée que nous sommes en permanence engagés dans un processus de négociation avec nos interlocuteurs, ou simplement les gens que l'on croise dans la rue, et que cette négociation porte sur un rapport de domination/soumission. « *Drama is about dominance and submission* », va-t-il jusqu'à écrire (*ibid.*, p. 130). Ces négociations, il appelle cela des « transactions de statut ». Ainsi il développe des jeux dédiés à l'exploration de ces transactions, à la manipulation consciente de notre niveau de domination. L'enjeu sera par exemple de conserver son statut par rapport à quelqu'un (plus fort, plus faible), ou au contraire d'en changer. Cette domination n'est pas établie par l'ordre social, mais plutôt par une façon de se situer dans sa relation par rapport à quelqu'un : « *Status is a confusing term unless it's understood as something one does. You may be low in social status, but play high, and vice versa*[29] » (Johnstone, 1989, p. 36) – l'exemple typique est celui de la femme de ménage *jouant* d'un statut supérieur face à un président, ou du clochard qui houspille un PDG. Cela passe par le comportement : l'assurance du regard, de la parole, l'espace que l'on crée autour de soi ou que l'on prend… Ces transactions ne sont généralement pas importantes, n'impliquent pas les extrêmes, mais un personnage sera un peu plus au-dessus d'un autre, un peu

28 « Vous avez déjà vu un dompteur retirer sa tête de la gueule du lion et essuyer la salive ? Et bien, c'eût été beaucoup plus mémorable s'il avait échoué ».

29 « Statut est un mot ambigu à moins de comprendre que c'est quelque chose que l'on fait. Vous pouvez être d'un statut social inférieur et jouer un haut statut, et *vice versa* ».

plus en-dessous. Pour Keith Johnstone, le but de toute histoire est de renverser ces rapports de soumission : si au début d'une improvisation un personnage joue un statut supérieur à un autre, il devra d'ici la fin de l'histoire se trouver dans la nécessité de jouer plus bas, et *vice versa.*

IMPROVISER : UN PROCESSUS

Maintenant les acteurs sont prêts. Ils sont assis sur les bancs, au bord du plateau, et les spectateurs sont dans la salle. Peut-on jamais être prêt à improviser ? Oui, comme un sportif est prêt à disputer le match, à courir un cent mètres ; rien ne garantit pourtant qu'il le gagnera, ou qu'il fera mieux que la dernière fois. En ce sens, l'improvisation est chaque soir une aventure. Un spectateur la compare à la corrida : « pour en avoir une vraiment sublime, il faut endurer d'être assis inconfortablement sur des gradins parfois plusieurs soirs de suite[30] ». Ainsi, après avoir décrit comment il est possible de penser, en suivant Alain Knapp, la préparation des acteurs à l'improvisation, il nous faut nous plonger, avec eux, dans le processus de l'improvisation en train de se faire, et tenter d'en expliciter le mécanisme. C'est ce moment que nous avons cherché à préparer à travers les pages qui précèdent. Comme dans le cas d'une réelle improvisation, une fois que le thème a été tiré au sort ou choisi parmi les propositions du public, « avant même que le jeu ait commencé, il se crée dans la salle une tension qui n'a rien à voir avec le *trac* qu'un comédien éprouve, seul, avant de jouer une scène de Corneille et qui n'est en aucun cas transmissible. On pourrait presque parler de suspense » (*ibid.*, p. 5)…

À LA RECHERCHE D'UN CONTACT D'EXPRESSION

L'improvisateur est sur scène, seul, déjà engagé. Il peut très bien être en relation avec un partenaire, que celui-ci soit imaginaire ou réel, mais le plus souvent « au départ, un acteur assume la responsabilité de la proposition du thème et invente la fable » (Knapp, 1970b, p. 7). Il se

30 « L'improvisation sur des thèmes donnés par le public : réflexions d'un acteur », (Knapp, 1970a, p. 6).

met à la recherche d'un état, un ensemble de sensations et de sentiments éprouvés avec suffisamment d'intensité pour qu'il puisse, en l'exprimant, entrer en contact avec un partenaire à un niveau autre que celui des banalités quotidiennes. Cet état, il l'atteint en se choisissant un point de concentration, ou encore un contact d'expression : un objet, une image, une impression, une sensation. Par « auto-stimulation, affirmation et auto-argumentation », c'est-à-dire en trouvant en lui-même les arguments nécessaires à l'établissement de la fiction et en les mettant en relation avec son vécu, il fortifie cette image intérieure, cette sensation, lui donne une forme saisissable.

> Je pars d'un état, j'exprime d'abord à mon partenaire ce que je ressens de façon prosaïque, littéraire. Progressivement, j'essaie de suivre le fil d'images plus profondes que le sentiment réveille en moi, je laisse les associations se faire librement, sans volonté de logique, mais dans la cohérence qu'elles ont profondément dans ma vie intérieure. (Cuenoud, Glauser, & Lavanchy, 1975, p. 11)

Cet encouragement à l'expression « prosaïque, littéraire » étonne, par son air d'oxymoron d'abord, ensuite par la suspicion que l'on pourrait nourrir envers le fait de faire de la littérature sur scène, au lieu de jouer[31] ; littérature et mise en jeu dramatique sont deux choses différentes. Mais il s'agit d'une part d'un point de départ en solitude de l'acteur, avant toute mise en jeu, toute mise en relation avec son partenaire, pour obtenir un état suffisamment riche et nuancé (aspect littéraire), et d'autre part de ne pas couper le ressenti de l'expression directe, fut-elle triviale, incomplète (aspect prosaïque). Ce va-et-vient entre intériorisation et expression est à la base de la démarche artistique ; sans lui, l'acteur improvisant se condamne à rester à la surface des choses et à ne pas chercher plus loin, dans l'expression autant verbale que physique, que l'ordinaire. Ainsi que nous l'avions déjà souligné lors de l'examen d'une application thérapeutique de la méthode de Knapp, improviser consiste à « exécuter des actions qui permettent à l'acteur de conserver la relation consciente entre son monde intérieur et le monde extérieur de façon à ce que toute modification, soit de l'un, soit de l'autre, puisse susciter les actions expressives qui permettent à cette relation de conserver son

31 Michael Gellman, à Chicago, enseignant l'improvisation libre de longue forme, se bat contre ses élèves qui font de la littérature, font des phrases. *Cf.* (Scruggs, 2008).

équilibre » (Cuenoud *et al.*, 1975, p. 22). C'est un jeu entre les facultés d'intériorisation et de crédibilité, deux facultés qui supposent une certaine solitude de l'acteur créant, une solitude dans la fiction qu'il se crée, et celles d'expression, de clarté, qui lui demandent de communiquer vers l'extérieur, vers les autres ou un autre, et d'ainsi agir sur lui.

SCRUTATION

Cette action n'existe pas en-dehors d'une certaine capacité à saisir les enjeux et les intentions de son partenaire. Autrement dit, l'action que j'imprime sur un acteur dépend de sa réceptivité, plus précisément de sa capacité à intégrer dans son propre jeu, dans sa propre solitude, les directions de jeu que je lui propose. De sa faculté à se laisser altérer par moi, de ce que Martin Roy appelle sa « faculté de conscience de jeu active-réceptive ». Pour cela, il lui faut *scruter* ce que je lui propose.

Tout intervient très vite, dès les premiers moments. L'espace se crée dès les premières paroles, dès les premiers gestes, mais pas avant, pas arbitrairement : « les conditions extérieures doivent naître des conditions intérieures et ne pas être posées arbitrairement d'emblée » (*ibid.*, p. 1). La relation aux autres est également en germe. Tout acte posé sur scène devient signifiant. Il ne faut rien ajouter, ne pas chercher à donner beaucoup plus d'informations, mais plutôt exploiter la matière déjà en germe, déjà présente dans les contacts d'expression que l'on s'est choisis. Tenter d'élucider la signification de cette résonance du thème avec ces images, de soi avec elles. Partir à la quête de l'identité du personnage.

La scrutation, à laquelle les improvisateurs se sont entraînés en établissant des canevas, est le processus par lequel passe cette progression dans la construction dramatique. Le mot met quelque peu sur une fausse piste : cela demande une concentration certaine, mais n'implique pas non plus un examen raisonné détaillé de chaque élément. C'est une écoute active, un processus dynamique où l'acteur pioche instantanément les informations qui lui sont utiles pour comprendre qui il est et ce qu'il fait là, et en ce sens il s'agit tout autant d'une activité prédictive que réceptive[32]. Chaque parole et chaque geste se doit d'être révélateur de quelque chose sur l'identité des personnages, celui qui prononce ou agit,

32 Alain Berthoz montre à longueur de livres qu'on ne peut pas complètement séparer ces deux activités, *cf.* par exemple (Berthoz, 2003).

ainsi que les autres personnages en jeu ou qui vont potentiellement y entrer. Dans nos discussions, Knapp prenait l'exemple d'un simple « bonjour, comment ça va ? ». Cette simple tournure de tous les jours, à laquelle on répond un « ça va » qui n'engage à rien, ne peut pas sur scène se trouver aussi banale – les spectateurs ne viennent pas pour ça. « Ici l'arbitraire se transforme en nécessité » (Knapp, 1993, p. 31). La réplique y révèle un intérêt pour la santé de celui à qui l'on pose la question, elle engage une relation entre deux personnes et perd son caractère anodin.

La scrutation des données de base ouvre les possibles : il ne s'agit pas de se projeter dans une solution toute simple et toute faite, qui permettrait d'élucider une bonne fois pour toutes les énigmes posées par les premiers gestes et les premières paroles, et avant cela par l'image intérieure que notre inconscient nous a soumis, mais de proposer des hypothèses. L'action ou l'image ne révèlent pas d'emblée quelque chose ; elles demandent d'être révélées, d'être plongées dans des circonstances, de temps et de lieu, qui les débanalisent. On peut imaginer que celui qui a demandé « Bonjour, comment ça va ? » est un médecin, expliquant ainsi l'intérêt qu'il prend à connaître l'état de la personne en face de lui ; mais si cela se passe dans son cabinet, à une heure ouvrable, la parole prononcée perd un quelconque pouvoir actif ou révélateur – deux mots qui chez Knapp peuvent être considérés comme synonymes, tant chaque révélation sur l'identité d'un personnage induit une action, une réaction de la part des autres. Un décalage doit donc être introduit. Très vite, trois éléments se déterminent ainsi, par scrutation des gestes et des paroles données : le lieu de l'action, les circonstances temporelles et les enjeux relationnels entre les personnages. Les circonstances dessinées de cette manière ne peuvent pas être tumultueuses, ni trop exceptionnelles. Encore une fois, il ne faut pas aller trop vite : sur-dramatiser dès l'entrée une situation risque tout simplement de la faire avorter. Un environnement exempt de toute urgence est nécessaire pour que s'établissent des relations riches entre les personnages : « On n'imagine pas quelqu'un ne sachant pas nager, entraîné par le courant d'un fleuve, se mettant à faire des considérations philosophiques sur la vie et la mort » (*ibid.*, p. 103).

On retrouve un ensemble de notions proches chez Keith Johnstone, comme « rompre la routine » : faire en sorte qu'une action quotidienne, banale, ou tout simplement installée, sans aucune possibilité de développement, trouve des circonstances par lesquelles elle dévie vers une mise en jeu dramatique. Il donne plusieurs exemples : « *you are throwing stones into a lake and one stays in the air*[33] » (Johnstone, 1999, p. 85). Cela se rapproche de la notion de scrutation selon Knapp dans le sens où « rompre la routine » met en tension une activité ou une action relativement banale avec une circonstance exceptionnelle. Mais nous voyons en quoi cela diffère également, et fortement : chez Knapp, la même action serait détaillée et on en tirerait des conséquences ; il ne s'agirait pas tant de jeter des pierres dans un lac, mais de se demander (et choisir, immédiatement) quel lac, comment sont jetées les pierres, quelles pierres, et à quel moment cela se passe, pourquoi... Encore une fois, comme nous le verrons plus en détail ci-dessous, cette notion chez Keith Johnstone ne suffit pas à elle seule à recouvrir l'idée de scrutation, mais s'en approche dès que l'on ajoute d'autres éléments, comme par exemple l'exigence de ne pas « se défiler[34] » et d'être *précis*. Mais Johnstone procède tout autrement que Knapp : si celui-ci demande aux improvisateurs une concentration extrême afin que ce jeu de scrutation puisse se faire, Johnstone a tendance à essayer de bloquer les processus cognitifs de ses étudiants[35] ; ainsi il affirme que « *'splitting the attention' allows some more creative part of the personality to operate*[36] » (*ibid.*, p. 130). Par « diviser l'attention », il faut comprendre porter son attention sur autre chose que ce qui est en train de se jouer. Les *mantras* en sont un excellent exemple : il s'agit de se répéter une phrase, un mot, un son, qui va interférer avec le pouvoir d'évaluation de notre conscience, laissant plus de place à l'instinct. Mais encore une fois il ne faudrait pas se méprendre sur la signification de la scrutation selon Knapp : il ne s'agit pas de développer une attention focalisée, mais plutôt ce que Tina Landau et Anne Bogart appellent une *attention diffuse* ; « *Soft focus is the physical state in which we allow the eyes to soften and relax so that, rather than looking at one or two things in sharp focus, they can now take in many*[37] » (Bogart & Landau, 2005, p. 31). Même s'il ne l'exprime pas ainsi lui-même, il ne faut pas oublier que tout le système

33 « Vous jetez des pierres dans un lac et l'une d'elles reste en l'air ».

34 *Wimping* en anglais, *cf.* (*ibid.*, p. 114-117).

35 Merci à Ouardane Jouannot d'avoir attiré mon attention sur ce point.

36 « "Diviser l'attention" permet qu'opèrent des parties plus créatives de la personnalité ».

37 « *L'attention diffuse* est l'état physique dans lequel on permet aux yeux de se radoucir et de se détendre de telle manière que, au lieu de se focaliser sur une ou deux choses, ils puissent en accueillir beaucoup ».

de Knapp inclut en filigrane une préparation physique, héritée d'Yvonne Berge et inspirée par les partitions physiques de Grotoswki, qui permet d'atteindre un certain état de disponibilité, ce que notre parcours au sein du Théâtre-Création a mis en évidence. Un aspect qui n'est pas saillant dans la pensée de Keith Johnstone.

L'improvisation est un jeu de construction d'identités, dit Knapp. Ainsi le processus par lequel l'improvisateur progresse dans sa création est-il un va-et-vient entre la scrutation et la vérification : « l'œuvre d'art est le résultat d'une suite de mouvements indéterminés émanant de l'inconscient, expérimentés par l'intuition et vérifiés par la raison » (Knapp, 1993, p. 30). Knapp parle ici de la construction artistique méditée, progressive, mais dans le cas de l'improvisation, c'est dans l'interaction avec l'autre et la confrontation actée dans l'espace que la vérification se fait, donnant lieu, en ré-intériorisant les stimulations, à de nouvelles images à scruter.

OBJECTIFS

Mais au fur et à mesure de l'improvisation, c'est la nature des points de concentration qui se modifie. Les acteurs s'engagent dans des interactions de plus en plus complexes, les contacts d'expression ne sont plus des images ou des objets, ils découlent de la communication entre les personnes en jeu, de la construction qui se dessine. Avec les personnages, que l'improvisation révèle petit à petit, des objectifs commencent à apparaître : « l'objectif est le point de convergence à partir duquel il est impossible d'aller plus loin sans introduire une nouvelle dynamique » (Knapp, 1970b, p. 7). Une fois l'objectif du personnage trouvé, la progression dramatique est assurée par les différentes facultés liées à la cohérence de l'ensemble, développées pendant l'entraînement, en même temps qu'elle reste disponible à toute nouvelle donnée, à tout changement. Pour tous les personnages, qui commencent ainsi à avoir une certaine épaisseur, dont les enjeux sont clairs, un ou des objectifs d'ensemble se dessine : des thèmes et sous-thèmes qui se doivent d'être fouillés, une finalité commune qui émerge. Une quête. Jusqu'à complétion de cet objectif, rien ne doit être ajouté – il ne s'agit pas d'inventer, d'ajouter, mais d'exploiter en profondeur ce qui se trouve déjà là.

Cette scrutation constante des données du jeu, qui implique la mise à jour d'hypothèses de jeu immédiatement vérifiées par l'expérience, se retrouve dans un ensemble de notions dans la théorie de Keith Johnstone, et cette fragmentation nous permet encore une fois d'en mieux comprendre le mécanisme. Chacune de ces notions, prise séparément, semble mener dans une direction opposée à celle que Knapp souhaite nous faire prendre, mais tissées ensemble, elle produisent sans doute des effets similaires.

Il y a d'abord une *plateforme* qui est installée, un espace stable qui précède le chaos, qui établit les relations de base entre les personnages (où ils sont, qui ils sont l'un pour l'autre, etc.), et peut très bien être décidée en amont de l'improvisation. Cela fait écho aux trois éléments de base que l'on trouve chez Knapp, à savoir le lieu de l'action, les circonstances temporelles et les enjeux relationnels entre les personnages, même si ces notions ne sont pas aussi fortes chez Johnstone. Mais une fois cette plateforme installée, il faut la « dévier » (Johnstone utilise le terme « *tilt* »), c'est-à-dire détruire l'équilibre qui existe entre les personnages pour mettre en jeu leur relation à un autre niveau. « Rompre la routine » est une forme particulière de déviation, quand la plateforme est minimale et ne fait intervenir qu'une action simple.

La déviation doit rester dans ce que Johnstone appelle « le cercle des attentes ». Il considère le point de vue des spectateurs, dont l'imagination anticipe sans cesse le futur immédiat des personnages en jeu : « *Spectators creates a 'shadow story' that exists alongside the improviser's story. Storytelling goes well when there is a close match between the players' story and the spectators' shadow story*[38] » (Johnstone, 1999, p. 79). Ainsi le but du jeu, pour les acteurs, est de rester dans le cercle. Cela consiste essentiellement à ne pas chercher l'originalité, mais à proposer des choses qui semblent évidentes dans le contexte où elles sont exprimées. La cohérence et l'intérêt de l'ensemble tient beaucoup à la capacité des improvisateurs à sentir ce cercle, et il propose un certain nombre d'exercices afin de développer ce talent.

Il explique plus loin : « *stories achieve structure by referring back to earlier events*[39] » (*ibid.*, p. 30). Cette réintroduction d'éléments antérieurs permet d'atteindre « *the point* », que nous pourrions traduire par le but ou, nous

38 « Les spectateurs créent une "histoire fantôme" qui se superpose à l'histoire qui s'improvise. La narration se déroule bien quand l'histoire des joueurs et celle des spectateurs sont très proches ».

39 « Les histoires complètent leur structure par des références à des événements antérieurs ».

le retrouvons, l'objectif. Mais il n'est pas, exprimé de cette manière, un principe actif qui va guider le déroulement de l'improvisation ; c'est un outil afin de ne pas s'éloigner, encore une fois, du cercle des attentes. Comme le rappelle une phrase célèbre attribuée à Anton Tchekhov : « si un revolver apparaît dans une histoire, à un moment donné, il faut que quelqu'un s'en serve ». Dans ce parcours rapide de la théorie johnstonnienne, il nous faut souligner l'importance des notions d'« *Advancing (and Not Advancing)* », « avancer » et « ne pas avancer », qui visent à développer d'une part la capacité d'exploiter jusqu'à l'os une seule et même activité, que des résistances diverses et variées viennent contrecarrer, d'autre part à sentir quand il faut faire avancer l'action. Comme Anne-Lise et Alain Knapp lorsqu'ils nous expliquaient leur idée de la scrutation, Johnstone prend ses exemples chez les grands comiques des films muets tels que Charlie Chaplin ou Buster Keaton, qui s'obstinent dans leur action quand bien même ils ne cessent de buter sur un os, puis passent à autre chose.

Mais peut-être que la notion de Keith Johnstone qui entre le plus en résonance avec le processus d'improvisation que Knapp nous invite à suivre, puisqu'elle se situe cette fois non au niveau de la perception de l'action en cours, ni au niveau de la construction de l'histoire, mais dans la relation de jeu entre les acteurs, est celle de *blocage*. Celle-ci est accompagnée d'un cortège de contre-exemples, de petites stratégies classiques pour tuer les histoires et éviter que quelque chose se passe[40]. Quand un acteur *bloque*, il répond à la proposition du partenaire (ou une sienne propre) par une autre proposition qui entre en conflit avec elle, l'annule, la discrédite ou n'arrive pas vraiment à la prendre en compte. Johnstone ne donne pas de définition précise, mais propose des processus d'entraînement pour détecter les blocages : par exemple, deux acteurs jouent, trois juges regardent ; lorsque l'un des juges détecte ce qu'il croit être un blocage, il le dit, délibère brièvement avec les deux autres, et si la majorité des juges tombe d'accord, les joueurs reprennent le jeu à l'action ou à la ligne d'avant. Au stade le plus élémentaire, le refus qui se cache derrière le blocage est évident : « Salut papa. – Mais non je suis ton chat. ». Au stade le plus évolué, ne pas bloquer consiste

40 Faisons la liste : être négatif, se défiler, annuler (une proposition), bavarder, remettre à plus tard, louvoyer, faire des gags, digresser, etc. *Cf.* (*ibid.*, p. 101-129) pour une description détaillée de tous ces défauts, et d'autres.

exactement en ce que la scrutation des gestes et des paroles selon Knapp peut conduire à faire : des propositions qui s'inscrivent pleinement dans une cohérence avec le jeu qui a été instauré par son partenaire – et par soi-même.

Pour peu qu'on ait suivi scrupuleusement le processus de création proposé par Knapp, toutes ces notions développées par Keith Johnstone deviennent cependant relativement superflues : « en prenant le temps nécessaire à la réalisation de sa création et en se concentrant sur le processus de formation de celle-ci, on évite de tomber dans ces pièges » (Roy, 1970, p. 19). La peur de se mettre en danger, même virtuel, qui est le moteur essentiel des erreurs que Keith Johnstone relève chez ses étudiants et face à laquelle il a développé l'essentiel de ses exercices et notions, disparaît grâce à la confiance que l'élève improvisateur obtient en se rendant progressivement maître de ses moyens d'expression et de création.

SITUATION PROVISOIRE

Alain Knapp et Keith Johnstone, même s'ils nous proposent des processus d'improvisation qui semblent extrêmement proches et poursuivent un but similaire, à savoir rendre les acteurs plus libres et autonomes dans l'exercice de leur métier, mettent en jeu des valeurs et des compétences qui s'avèrent bien distinctes.

Knapp, fortement influencé par Brecht et Stanislavski, souhaitant fonder sa théorie de l'improvisation et de l'art de l'acteur dans une histoire de l'écriture dramatique, porte une attention extrême au vécu des personnages et à leur inscription dans un contexte social ; ainsi il développe une vision de la création théâtrale où chaque acte est porteur de conséquences, où chaque parole, chaque geste est le germe d'une construction identitaire et débouche sur la mise à jour d'une personnalité complexe et contradictoire – ce qui n'empêche certainement pas la légèreté et l'humour. C'est un théâtre révolutionnaire, dans le sens où il prend sa source dans une vision de la liberté proche de celle de Marx et Hegel : être maître de soi-même et de ses moyens de production, rationnellement et consciemment – d'où la mise en jeu dialectique d'intérêts contradictoires, et l'attention portée à l'histoire. Cette vision de la liberté exercée par l'improvisateur est compatible avec le travail d'interprétation des textes, dans la mesure où celle-ci n'est pas vécue comme une restriction de liberté, mais comme une collaboration raisonnée et compréhensive entre individus libres et consentants.

Chez Keith Johnstone, à titre de comparaison, la liberté exercée dans l'improvisation ressemble davantage à celle d'une société libérale : tout est fait pour que chaque agent propose un maximum de voies différentes, explore son champ d'action, entreprenne tout en étant à l'écoute de ce que souhaitent ses partenaires et le public (c'est-à-dire en étant à l'écoute du marché), et s'engouffre dans les opportunités qui fructifient ; des règles et des structures de contrôle (celles du TheatreSports ou des autres formats et processus d'apprentissage qu'il a créés) assurent ainsi un espace inviolable où la liberté des individus est quasiment totale, et permettent d'amortir les effets indésirables pour la collectivité et de réguler les prochaines tentatives. Une telle conception de l'improvisation est plus difficile à concilier avec l'interprétation des textes et la mise en place de représentations réglées – elle ne l'exclue en rien, comme les spectacles du Loose Moose Theatre le prouvent, mais il faut faire un pas supplémentaire dans le système de Johnstone pour y parvenir. Cette distinction nous permet en outre de comprendre pourquoi il ne saurait être question pour Knapp de diriger les improvisations, quand Johnstone le fait volontiers, ou encore pourquoi les enfants restent un modèle de créativité pour Johnstone quand chez Knapp ils n'y sont pas encore…

En guise conclusion de cette première partie, laissons donc un peu partir notre imagination.

Si le Théâtre-Création n'avait pas vu le jour en Suisse, mais dans un quelconque autre pays plus disposé à soutenir les efforts d'innovation de ses citoyens, nous pourrions parier qu'il aurait trouvé un terreau fertile pour se développer sur la durée, et légitimer sa place au milieu d'autres troupes emblématiques des années postérieures à 1968, qui effectuent une relecture et une ré-actualisation de la pensée politique de Brecht à travers la création collective. Gageons également que les théories d'Alain Knapp sur l'art de l'acteur-créateur, sur la pédagogie et l'improvisation auraient trouvé une audience autrement plus grande, et auraient devancé la propagation des formats sportifs d'improvisation tels que le match à la québécoise, dont les dérives et les dégâts pour la formation des acteurs sont largement reconnus.

Dans cette uchronie, nous n'assisterions peut-être pas à cette séparation absurde entre d'un côté une pratique du théâtre qui reste globalement aveugle aux facultés créatrices (au sens fort) des acteurs, et ne cherche à développer leurs capacités d'improvisation que dans l'optique d'une interprétation un peu plus vivante des textes et des injonctions des metteurs en scène, et de l'autre une discipline tout à fait distincte du théâtre et de l'art dramatique, l'improvisation théâtrale (ou plus simplement l'*impro*), qui se pratique dans des cadres où elle a perdu, et à de rares exceptions près ne cherche pas à retrouver, la moindre fonction politique. On y verrait peut-être davantage de troupes qui, suivant le modèle de ces pionniers vaudois, développent et jouent sur plusieurs mois des spectacles dont ils ont suscité et concerté l'écriture, mettant ainsi sur rails des auteurs ; qui se rendent dans des écoles, des centres sociaux, des usines, une multitude de lieux non théâtraux, afin d'y proposer des soirées d'improvisation, non seulement pour que les gens passent une soirée divertissante, mais aussi pour mettre en jeu des personnages complexes et contradictoires confrontés à l'objectivité brutale d'une société néanmoins transformable ; qui animent dans ces mêmes lieux des stages et ateliers de création théâtrale, afin de donner à chacun les moyens de mieux comprendre et enrichir sa propre vie créatrice.

Peut-être vivrions-nous dans ce monde. Peut-être pas.

Il est certain, cependant, que nous n'y vivons pas.

DEUXIÈME PARTIE

PERSPECTIVES POUR L'IMPROVISATION THÉÂTRALE DU XXIe SIÈCLE

ENTRE LIBÉRALISME ET LIBERTARISME

Alain Knapp nous le disait lors de nos entretiens : il n'y a pas de création hors de l'histoire qui l'a précédée. Ainsi, si un groupe tel que le Théâtre-Création a pu dans les années soixante fortement marquées par le brechtisme, se concentrer sur une forme de spectacle d'improvisation tout entier tourné vers la mise en place d'une fable, l'improvisation théâtrale contemporaine doit prendre en compte, serait-ce pour éventuellement les rejeter, les notions de performance et de performativité telles qu'elles se sont développées ces dernières années, et les poétiques dites du *post-dramatique*.

Dans ce cadre, la notion anglaise de *performance* renvoie à des formes de spectacle qui ne sont pas uniquement dramatiques, elle est *neutre*, comme dit Christian Biet, à savoir qu'elle n'exclut pas la *mimesis*, mais ne l'exige pas non plus[1]. Dans cet espace *neutre*, la construction de personnages et, avec elle, le processus identitaire qui est au centre de la pratique d'Alain Knapp, co-existe avec des formes où la figuration et la représentation sont ébranlées, parfois refusées, où la problématique de la construction d'un personnage ne semble plus se poser de la même manière, et où « le *performer* est *seulement* celui qui, dans un temps éphémère et dans un lieu particulier, agit et parle, chante, danse, ostensiblement et en son nom propre, qui met en scène son propre moi avec tous les artifices qui lui sont disponibles, et qui propose cette présence, qui s'adresse aux corps de ceux qui le regardent, l'entendent et, plus rarement, le sentent ou le touchent » (*ibid.*, p. 9). Là, danse, théâtre, musique et approches plastiques de la scène peuvent co-exister dans la polyphonie plutôt qu'à l'unisson. Cela modifie fortement l'approche que nous pouvons vouloir développer de l'improvisation, laquelle devient encore plus libre – et nous devrons expliciter en quoi.

On nous a parfois dit qu'il ne faut pas toujours redécouvrir l'Amérique. Nous croyons qu'il le faut, au contraire : l'Amérique est toujours à redécouvrir, car c'est le chemin, sa résistance, les moyens techniques employés pour l'arpenter, qui façonnent l'objectif; la voie d'accès dessine les contours d'un continent à l'aspect nouveau, aux reliefs inconnus,

1 *Cf.* Christian Biet, « Avant-propos » à (Schechner, 2008, p. 5-11).

même si on reconnaît toujours, au fond, cette même Amérique que nous connaissions depuis longtemps. Plus encore : contrairement à une idée reçue, travailler sur l'improvisation ne consiste pas à chercher du nouveau, mais à retrouver de l'ancien, du primitif, un acte originel. Nous allons donc, dans les trois chapitres qui suivent, armer les caraques et repartir à l'assaut de l'Atlantique à la recherche du continent perdu. Nous y sommes allés en mouillant la chemise. Pour éprouver la question de la liberté dans l'improvisation théâtrale, nous avons embarqué dans nos laboratoires de recherche d'autres acteurs, musiciens et danseurs. Mais il nous faut d'abord convaincre la reine Isabelle : détailler les motivations qui nous poussent à entreprendre un tel voyage, et tenter d'analyser la forme et le rôle particuliers que l'improvisation libre prend et peut prendre dans les arts de la scène aujourd'hui.

L'ACTEUR-CRÉATEUR AUJOURD'HUI

Nécessité, actualité et perspectives

> Dans le nouvel univers, tout est possible puisque créativité, réactivité et flexibilité sont les nouveaux mots d'ordre.
> Luc BOLTANSKI et Ève CHAPIELLO, *Le nouvel esprit du capitalisme*.

Nous en avons eu un aperçu en conclusion de la première partie : bien qu'Alain Knapp et Keith Johnstone soient nés à la même époque, et aient donc subi des influences artistiques et sociales proches en ce début de globalisation, bien que les objectifs poursuivis par l'un et l'autre aient été de donner aux acteurs les moyens de s'approprier la scène et la possibilité aux spectateurs d'agir directement sur elle, leurs approches ne partent pas tout à fait de la même analyse du monde qui les entoure, elles ne mettent pas l'accent sur les mêmes éléments et conduisent à des conceptions sensiblement différentes de l'acteur et de sa liberté créatrice, en particulier dans les spectacles d'improvisation.

Ainsi, de même que nous avons parcouru certaines caractéristiques du milieu social et culturel des années soixante afin de saisir en quoi le Théâtre-Création tenait de son contexte, il convient d'analyser notre contemporain, et d'en tirer toutes les conséquences afin de définir assez clairement les orientations que nous avons choisies pour mettre en place notre laboratoire de recherche-action et explorer la notion d'improvisation libre. Il s'agit en particulier de se démarquer des formes de théâtre d'improvisation actuelles, et de donner des raisons pour lesquelles celles-ci ne peuvent pas entièrement nous satisfaire – de même que ne peut nous satisfaire entièrement un théâtre de la pure représentation. Cette analyse ne pourra pas être synoptique, mais se concentrera sur trois enjeux saillants, trois points de vue sur le monde d'aujourd'hui, dont on ne peut tout à fait ignorer l'inter-relation : le politique, l'artistique et l'économique. Nous avions originellement travaillé sur un enjeu culturel, à travers l'examen des liens et similitudes qui existent entre l'idéologie liée à la pratique de l'improvisation théâtrale et celle qui s'est développée autour du Web 2.0. Mais il nous apparaît aujourd'hui que ces résonances sont surtout héritées de l'adéquation entre ces deux mondes et une idéologie plus profonde et plus prégnante dans notre société, qui est le libéralisme. Nous donnons tout au long de cet ouvrage des indices permettant de s'en convaincre. Ainsi nous contentons-nous ici de renvoyer à un article à paraître dans un ouvrage collectif où nous développons cette idée (Charton, 2015a).

Dans une époque où le spectacle a cessé depuis longtemps d'être simplement mimétique pour devenir performatif, où il nous faut tenter de conserver et développer l'idéal démocratique dans un contexte économique difficile, quelles formes et quelles valeurs peut prendre la notion d'acteur-créateur ? Nous allons ainsi déployer un plaidoyer en faveur d'une ré-actualisation de cette notion, qui passe par une reconsidération de l'improvisation dans la formation et la pratique des acteurs. Se dessinera également une conception de la création théâtrale qui ne soit ni sujette à un relativisme généralisant (tout est bon, tout est possible), ni cloisonnée dans des disciplines et des spécialisations ; une création théâtrale qui ne soit pas cantonnée à s'exprimer dans un seul sens, depuis l'avant, celui de la formation et/ou de la répétition, vers l'après, celui de la représentation, mais fasse intervenir l'avant et l'après de façon plus complexe, plus imbriquée, voire simultanée, les créateurs et les publics ensemble. Une vision dont n'est jamais éloigné un certain souci politique.

UN ENTRAÎNEMENT À LA VIE SOCIALE ET POLITIQUE EN DÉMOCRATIE ?

> Je n'ai jamais cessé de m'étonner [...] que l'ordre établi, avec ses rapports de domination, ses droits et ses passe droits, ses privilèges et ses injustices, se perpétue en définitive aussi facilement, mis à part quelques accidents historiques, et que les conditions d'existence les plus intolérables puissent si souvent apparaître comme acceptables et même naturelles.
> Pierre BOURDIEU, « De la domination masculine », *Le Monde diplomatique*, août 1998.

L'idée de démocratie à l'œuvre était fortement présente dans les groupes des années 1960/1970, en particulier américains, qui travaillaient sur l'improvisation : *Living Theater*, *Grand Union's Improvisatory Laboratory*, *Open Theater*... En guise d'exemple particulièrement éloquent, le livre de l'historienne et critique de danse Sally Banes sur le *Judson Dance Theatre* est intitulé *Democracy's Body*. Nous avons également vu que la dimension politique guidait fortement la démarche du Théâtre-Création. Les contemporains qui retrouvent, sur les scènes des théâtres institutionnels, le goût de l'improvisation, comme le collectif D'ores et déjà, utilisent des terminologies fortement proches de ces groupes fondateurs, tout en souhaitant s'en démarquer : « Savoir ce que doit être la troupe, nos modes de fonctionnement, nos moyens de production, savoir ce que doit être le théâtre public, s'il faut passer dans une structure égalitariste, égalitaire, s'il est possible de fonctionner en véritable démocratie, sont autant de débats permanents dans d'ores et déjà. Il est très difficile de se soustraire à une autorité sur un plateau, sans rejoindre le délire des années 1970[1] ! ».

Les divers printemps arabes, à partir de décembre 2010, s'ils ont parfois ouvert la voie au fondamentalisme religieux, ont toutefois réveillé des

1 Sylvain Creuzevault, propos recueillis par Eve Beauvallet pour le Festival d'Automne, programme de *Notre terreur*.

désirs de révolte et d'émancipation des peuples. Par ailleurs, la critique du capitalisme et de la société de consommation, endormie depuis la chute du bloc soviétique il y a maintenant plus de vingt ans, revient en force, notamment depuis la crise de 2008 dite des *subprimes*, et à travers les différents mouvements tels que les Indignés en Europe, *Occupy* aux États-Unis ou encore, de façon beaucoup plus pragmatique, Alternatiba. Là encore, ces mouvements sont jeunes, plutôt minoritaires, mais ils ont néanmoins, appuyés et parfois précédés par le célèbre *Indignez-vous !* de Stéphane Hessel, imprégné l'idéologie des jeunes générations d'artistes, qui non seulement rêvent d'un autre ordre mondial, ne croient peut-être pas encore totalement que c'est possible, mais sont convaincus que c'est nécessaire – à la faveur également, il faut le dire, d'une urgence climatique. Comme le remarque Denis Guénoun : « Le développement mondial du capitalisme (et le développement capitaliste du monde) bute sur deux obstacles majeurs, qui semblent bien indiquer pour lui deux limites infranchissables : d'une part, la justice [...] ; d'autres part, la nature » (Guénoun, 2009, p. 370-371). C'est-à-dire que les inégalités sociales et l'injustice, rendues toujours plus manifestes par la multiplication des sources d'information, deviennent intolérables à une frange de la population que Guénoun suppose croissante – et sans doute que la popularité des partis extrêmes, qu'ils soient de gauche ou de droite, est un indicateur de cette révolte latente – et que l'hypothèse d'une croissance et d'un développement illimités qui sous-tend le capitalisme se heurte à la capacité d'absorption de notre planète. On peut ainsi voir émerger des modèles, revendications et modes de fonctionnement dit « altermondialistes », qui promeuvent l'économie sociale et solidaire ou la décroissance, qui militent pour un développement responsable et écologique, qui expérimentent des modèles d'autogestion, et qui cherchent ainsi à prendre le contre-pied des modèles du développement économique dominant : le libéralisme capitaliste, tel qu'il continue à être mis en place par les institutions étatiques et mondiales.

Les initiatives que l'on range sous l'étiquette d'altermondialisme sont multiples, mais ont cependant en commun de revendiquer et de mettre en œuvre plus de démocratie, c'est-à-dire non seulement plus de représentativité du peuple dans les instances politiques, mais aussi plus d'intervention des populations dans la détermination de leur destin. Ainsi, pour penser le politique dans le champ théâtral et en particulier dans la pratique de l'improvisation, nous allons le considérer non comme un ensemble de lois et d'organisations statiques et immuables, mais comme « ce que produisent les individus pour s'affranchir de la tyrannie de la réalité » (Neveux, 2013, p. 6). Nous savons en effet trop bien que tout rassemblement théâtral possède une dimension politique, qu'il l'explicite ou non. Le problème se situe donc dans l'*effet* politique de l'improvisation, dans ce qu'elle permet de mettre en jeu d'une organisation sociale différente. L'improvisation et la création collective étaient vues, dans les années soixante et soixante-dix, comme une façon de faire la révolution dans le cadre du théâtre ; de libérer les acteurs prolétaires du joug de l'auteur et du metteur en scène, et de leur (re)donner les moyens de contrôler leur production. L'idée selon laquelle les processus de création devaient être exemplaires était répandue dans une société de plus en plus tentée par l'autogestion, que ce soit en entreprise ou dans les mouvements ouvriers, féministes, écologiques, etc. Les réflexions de Philippe Adrien quant aux spectacles d'improvisation proposés par le Théâtre-Création, que nous avons citées au chapitre précédent, sont en ceci emblématiques.

La tendance est au contraire aujourd'hui à se méfier des modes de production complètement collectifs ; nous citions plus haut Sylvain Creuzevault de la compagnie d'Ores et déjà qui, bien que réfléchissant aux mêmes types de problématiques, cherche aussi à se prémunir des « délires des années 1970 ». Après tout, il ne s'agirait pas tant dans les arts, qu'ils soient vivants ou non, de tester d'autres formes d'organisation sociale dans le microcosme artistique, dans les coulisses ; ce qu'il faudrait, du moins pour Creuzevault, c'est que l'œuvre elle-même soit politique. Créer une œuvre véritable, qui soit identifiable comme telle, donc manifeste une cohérence, voilà qui est essentiel, et nous savons que cela est difficile à obtenir sans un auteur et/ou une direction. La notion d'auteur en collectif, développée par Jean-Louis Weissberg pour rendre compte des pratiques auctoriales sur internet (Weissberg, 2000), pourrait nous permettre de dépasser conceptuellement cette inquiétude, ainsi que la notion d'œuvre ouverte développée par Umberto Eco (Eco, 1965).

Mais cet idéal démocratique que portent les discours sur l'improvisation théâtrale ne se cantonne pas à être revendiqué dans l'organisation du groupe d'improvisateurs et dans le mode de production collectif ; il se manifeste à trois niveaux, dont nous allons maintenant explorer les caractéristiques : l'improvisateur, le groupe, et le public.

L'IMPROVISATEUR, INDIVIDU ÉMANCIPÉ

La démocratie, au-delà des institutions, des modes de scrutin, de la séparation des pouvoirs, est selon Jacques Rancière « le mode de subjectivation par lequel existent des sujets politiques[2] ». C'est-à-dire d'abord une affaire d'individu. Pour qu'il y ait démocratie, il ne suffit pas de garantir la séparation des pouvoirs et de s'assurer que des élections non contraintes aient lieu, il faut que chaque individu se sente investi du pouvoir de décider partiellement pour la collectivité. L'improvisation est souvent pensée comme un outil pour développer une conscience politique de l'individu improvisant, une conscience de la capacité d'action de ce sujet dans son environnement politique. Il y a ainsi deux niveaux par lequel l'entraînement à l'improvisation peut aider à faire naître des sujets politiques émancipés, c'est-à-dire aptes à la vie démocratique : d'une part à un niveau personnel, dans la prise de conscience de son *habitus* au sens bourdieusien, et dans l'exploration d'autres manières de parler, bouger, penser ; d'autre part l'inscription de ses actes dans un contexte, c'est à dire une écologie et une histoire.

*Le dépassement de l'*habitus

C'est un lieu commun de considérer que le travail de l'improvisation s'inscrit pleinement dans un mouvement d'émancipation de l'individu, de remise en question et en jeu de barrières d'abord mentales, intégrées. C'est le sens principal du travail d'Augusto Boal dans ses années en Europe à partir des années 1980, où il s'attaquait au « flic dans la tête » et aux structures d'oppression intégrées (Boal, 2002). Keith Johnstone, ainsi que nous l'avons vu, développe explicitement une critique de l'éducation telle qu'il l'a subie et telle que des millions d'enfants continuent de la subir, des codes sociaux, des comportements inculqués ; en prenant systématiquement le contre-pied de ce qu'on lui a toujours dit de ne pas faire, il invente une méthode d'enseignement à rebours afin de développer la créativité et le goût de la prise de risque. On retrouve, dans les pages de son livre majeur, *Impro. Impro and the Theatre*, une description de ses stratégies basées sur les *statuts relatifs* et

---

2 Cité par Johanna Renard, « *The Grand Union's Improvisation Laboratory*. La démocratie en mouvement » dans (Masset, 2012).

de la pédagogie héritée d'Anthony Stirling[3], laquelle n'est pas sans nous faire penser à la philosophie que Jacques Rancière développe dans *Le maître ignorant* ; l'improvisation fait justement partie des exercices par lesquels le maître ignorant de Rancière vérifie que ses élèves sont en train d'acquérir par eux-mêmes leurs connaissances (Rancière, 1987). Les expériences d'animation du Théâtre-Création en milieu scolaire ou autre visaient concrètement à rendre disponibles au plus grand nombre les moyens de création qu'ils avaient découverts. Les exemples pourraient se multiplier à l'envie, ainsi Frost et Yarrow écrivent, dans un vocabulaire qui rappelle d'ailleurs fortement Johnstone :

> *Improvisation frequently has to do with breaking down barriers. Our conscious, rationalising ego operates within boundaries which afford security of behaviour and identity, and are useful in many contexts. But boundaries also inhibit, and the kind of 'lateral thinking' which arrives at new insights is precisely an example of the value of bypassing them and discovering a new shape to knowledge and experience*[4]. (Frost & Yarrow, 1990, p. 156)

Et l'improvisation, en développant la spontanéité de l'imagination créatrice, cherche justement à susciter cette pensée latérale. Cela se rapporte à ce que David A. Charles identifie, en suivant les termes de Mikhaïl Bakhtine, comme la tendance « carnavalesque » de l'improvisation, le carnaval étant caractérisé par une désinvolture envers les conventions sociales et une remise à plat momentanée des hiérarchies et de tout type de séparation. Il écrit ainsi :

> *Johnstone ably summarizes the improviser's craft noting, "[w]hen a great improviser is inspired, all limits seem to disappear". These limits take on many forms, dividing actor and audience, the various artistic traditions, art and politics, performance and life, and the character and player. But while the nature of the boundaries differs, each of these limitations is viewed in a similar fashion – with carnivalesque irreverence*[5]. (Charles, 2003, p. 275)

---

3 « *Stirling believed that the art was "in" the child, and that it wasn't something to be imposed by an adult. The teacher was not superior to the child, and should never demonstrate, and should not impose values* », (Johnstone, 1989, p. 20).

4 « L'improvisation se mêle souvent de briser des barrières. Nos égos conscients et rationalisants opèrent à l'intérieur de limites qui garantissent la sécurité de nos comportements et de notre identité, et sont utiles dans de nombreux contextes. Mais ces limites sont aussi inhibitrices, et le type de pensée latérale dont sont faites les nouvelles idées illustre justement la nécessité de les dépasser pour découvrir de nouvelles formes de savoir et d'expérience ».

5 « Johnstone résume parfaitement l'art de l'improvisateur en notant que "lorsqu'un grand improvisateur est inspiré, toutes les limites semblent disparaître". Ces limites peuvent

C'est ainsi par la mise à bas des frontières établies, héritées et *policées* que semble s'exprimer le pouvoir politique de l'improvisation, son pouvoir libérateur, révolutionnaire, avec l'énergie irrévérencieuse et parfois agressive du carnaval. Et une de ces frontières est celle entre l'art, le politique et le social.

Il faut cependant nuancer ce bel ensemble choral qui chante les louanges des vertus émancipatrices de l'improvisation. D'abord l'improvisation, qu'on ne répète pas mais à laquelle on se prépare, est en elle-même extrêmement vulnérable à la personne qui l'enseigne et au cadre dans lequel elle est enseignée. On ne saurait donc considérer comme émancipatrice une pratique de l'improvisation et, plus largement, de la création théâtrale, qui serait subordonnée à l'autorité ou à l'inventivité d'une figure tutélaire et charismatique. Par ailleurs, de façon peut-être plus structurelle et moins contingente, l'improvisation théâtrale, dans une part non négligeable de ses implémentations, se borne à glorifier la spontanéité, la prise de risque et l'adaptabilité ; si elle néglige un questionnement constant sur son héritage culturel, un travail sur son *habitus*, sur la technique et le répertoire, outre qu'elle se retrouve ainsi fortement vulnérable à la propagation de schémas culturels dominants, elle participe pleinement d'une forme d'aliénation caractéristique de l'économie néolibérale de la fin du XXe siècle et de ce début de XXIe : le modèle de l'entrepreneur accroc au risque.

C'est le sens que nous voyons dans la popularité des ateliers d'improvisation auprès des entreprises, du *coaching* à destination en particulier des cadres supérieurs proposé par certaines troupes pour boucler leur budget – c'est en tout cas pourquoi la demande rencontre l'offre. Cela s'inscrit tout à fait dans la philosophie de l'improvisation selon Gravel : « La pratique de l'improvisation doit *briser* le comédien, le rendre *disponible* à l'acte théâtral, *souple* face au jeu. Il n'est pas un exécutant qui se protège derrière son savoir-faire, derrière des trucs ou des recettes, mais un être vivant qui RISQUE et dont la voix et le corps vibrent sous le choc de la poésie de l'auteur d'une manière constamment renouvelée ! » (Gravel, 1987, p. 15). Dans notre monde à l'économie

---

prendre de nombreuses formes, dissociant la scène et la salle, les différentes traditions artistiques, l'art et la politique, la vie de sa représentation, le personnage de l'acteur. Mais tandis que la nature de ces frontières varie, chacune est vue de la même manière – avec une irrévérence carnavalesque ». La citation est tirée de (Johnstone, 1999, p. 341).

mondialisée, la prise de risque est devenue une valeur largement glorifiée, que ce soit à travers les modèles du businessman, du héros musclé des films hollywoodiens ou du sportif. Nous demandons, avec Olivier Neveux : « Peut-on seulement, aujourd'hui, prendre acte que le risque, la peur, la fragilité, la précarité sont intégrés, naturalisés et constitutifs du fonctionnement du monde qui est le nôtre ? » (Neveux, 2013, p. 50).

Cette improvisation fait appel à ce que Jean-François de Raymond appelle une spontanéité illusoire, c'est-à-dire l'intégration de modèles-types de comportements et de réflexes : « D'un autre ordre que la spontanéité, le réflexe isole ce qui prend sens comme totalité dans la personnalité, dont il ne révèle que la part la plus impersonnelle en séparant son être et son acte ; il nous échappe tandis que la spontanéité nous exprime, celle-ci nous expose et nous ouvre au monde, celui-là nous protège et nous gêne à la fois » (de Raymond, 1980, p. 38). Cette improvisation ne fait que renforcer l'*habitus* du sujet, en lui donnant les moyens de répondre efficacement dans un environnement donné ; elle vise à rendre l'acteur – et le cadre dynamique – encore plus flexible et *performant*, l'obligeant non seulement à accepter tout ce qu'on lui propose mais aussi l'engageant à être extrêmement réactif. Nous ne résistons pas ici à citer Agamben :

> Séparé de son impuissance, privé de l'expérience de ce qu'il ne peut pas faire, l'homme contemporain se croit capable de tout et répète son jovial « pas de problème » et son irresponsable « ça peut se faire » au moment précis où il devrait plutôt se rendre compte qu'il a été assigné de manière inouïe à des forces et des processus sur lesquels il a perdu tout contrôle. Il est devenu aveugle, non pas à ses capacités, mais à ses incapacités, non à ce qu'il peut faire, mais à ce qu'il ne peut pas ou peut ne pas faire. (Agamben, 2009, p. 79)

C'est un des effets pervers du « *Yes, and...* », la formule qui résume la nécessité d'accepter tout ce qui vient, d'être ouvert et de contribuer, qui s'est parfois imposée, au corps défendant de ses promoteurs (Johnstone, Spolin, Boal, mais en vérité quiconque travaille sur l'improvisation), comme la règle unique et universelle de l'improvisation[6]. Nous avons vu dans le chapitre introductif que cette « règle » est notamment

6 « *"Yes, & ..." is the most important rule in improvisation (the corporate name for the ImprovOlympic is "Yes & ... Productions"* », écrit par exemple Charna Halpern, (Halpern, Close, & Johnson, 1994, p. 46).

apparue dans l'improvisation de Chicago au moment où il a fallu faire de l'improvisation un spectacle commercialisable…

Le danger qu'il s'agit de dépasser à travers l'improvisation, le risque qu'il faut prendre, est davantage un risque qui se situe dans la mise en jeu d'une identité en construction à travers la narration. Un risque tout aussi concret qu'une mise en danger physique. En ce sens, Keith Johnstone, quand il avait fait l'éloge du « *Yes, and…* » dans *Improvisation and the Theatre* a dû réintroduire dans son deuxième livre la possibilité pour l'improvisateur de dire non aux propositions qui ne l'inspirent pas – ce qui implique de savoir ce qu'on veut. La notion de blocage, plus fine, développée dans *Impro for Storytellers* permet de dépasser le problème, car il ne s'agit pas tant alors d'accepter le cœur et l'esprit de la proposition de son partenaire, de dire oui béatement, que d'en prendre acte, quitte à s'y opposer ensuite. Par ailleurs son insistance sur la nécessité, pour l'animateur, de mettre en place un environnement de travail sûr et détendu dans lequel la prise de risque demandée aux improvisateurs leur permette de remettre en cause leur(s) peur(s) et d'échouer joyeusement, participe davantage d'une véritable démarche émancipatrice que des pratiques de l'improvisation qui veulent briser le comédien, et exposent des improvisateurs, parfois même des novices, à recevoir des projectiles lancés par le public.

Ainsi, le travail de l'improvisation peut-il être un moyen d'émancipation, sans l'être nécessairement. Remarquons au passage que si l'individu atteint une certaine liberté à travers la pratique de l'improvisation, il n'est pas *a priori* nécessaire que cela se passe en public, ou avec d'autres – encore qu'il s'agirait là d'une forme d'onanisme étrange. Mais libéré de la peur de mal faire, poussé par cette pratique même à la nécessité constante de vérifier à la fois ses savoirs et son expérience, pourquoi se priverait-il de la confrontation ultime, avec un public d'inconnus ?

Un théâtre écologique et contextuel

Pour tout cela, l'expérience du Théâtre-Création telle que nous l'avons décrite nous semble un excellent modèle de démarche qui vise l'émancipation consciente des individus. En particulier, l'importance qu'Alain Knapp accorde à l'environnement, au contexte socio-historique et à l'inscription des actes artistiques dans une cohérence et une continuité. La *scrutation* telle qu'il l'enseigne et telle que nous l'avons décrite au chapitre précédent implique de porter une attention constante au sens d'une action, à sa portée concrète dans une construction fictive en train de s'inventer. Johnstone aussi, malgré tous ses efforts pour surtout déresponsabiliser les improvisateurs et leur permettre d'aller chercher en-dehors des contraintes sociales, remarque que « *the best improvisers, at some level, know what their work is about. They may have trouble expressing it to you, but they do understand the implications of what they are doing*[7] » (Johnstone, 1989, p. 142). Non seulement le travail de l'improvisation dramatique, réalisé avec une rigueur et une profondeur semblable au travail de l'acteur initié par le système de Stanislavski, conduit-il à se rendre plus sensible aux autres et à son environnement immédiat, à développer son sens de l'empathie, sa mémoire sensorielle, etc. ; mais son dynamisme même engage à être attentif à chaque conséquence de la parole, des gestes, de la présence de tel objet, et à les inscrire dans une continuité. L'improvisation refuse l'arbitraire, et crée de la nécessité et du sens à partir du hasard, là où un autre théâtre (et certaines formes d'improvisation), basé sur le risque et/ou l'agencement hétéroclite d'éléments contradictoires, ne fait que renforcer un sentiment de perte de repères et d'absurdité, l'idée que tout se vaut, que tout est égal – sentiment dont pâtit fortement notre démocratie, où les distinctions entre les partis politiques semblent plus folkloriques que déterminantes.

Nous pourrions qualifier en ceci l'improvisation d'écologique, puisqu'elle engage l'improvisateur à inscrire ses actes dans un environnement et à reconnaître leurs conséquences. Le groupe en est le principal niveau de conscience, dans le sens où, comme nous le verrons plus bas, les théoriciens de l'improvisation s'attellent spécifiquement à y penser les interactions. Mais l'improvisation se met aussi nécessairement en contact avec le lieu et le temps pendant laquelle elle advient – et ceci non seulement par rapport à des données physiques et immédiates, mais aussi sociologiques, historiques et culturelles. Nous développerons ce point plus bas, lorsque nous verrons les rapports de l'improvisation à la notion de performativité. Aussi nous semble-t-il nécessaire de dépasser la simple écologie, qui n'engage qu'un rapport immédiat à l'environnement,

---

7 « Les meilleurs improvisateurs, à un certain niveau, connaissent le sens de leur travail. Ils peuvent avoir du mal à l'expliquer, mais ils comprennent les implications de ce qu'ils font ».

pour nous intéresser davantage au contexte de la performance. On ne s'émancipe pas à partir de rien, hors d'une histoire spécifique à sa géographie. Sommes-nous en train de dire que l'improvisateur doit vivre dans la communauté à laquelle il s'adresse, afin d'en partager la mémoire, la culture, le contexte ? Un peu, oui. Seul le public, « gardien du réel » (Mervant-Roux, 2008, p. 60), peut véritablement connaître son contexte – ce que peut l'improvisateur, c'est connaître le sien propre, le contexte qu'il porte en lui-même, avoir exploré en actes sa mémoire, les idéologies qui le traversent, c'est-à-dire son répertoire, et se tenir informé, être dans une démarche constante d'écoute et de réflexion. Une improvisation réalisée par un total étranger risque de n'avoir aucun intérêt. L'improvisation permet un échange dynamique entre scène et salle, entre ceux qui jouent et ceux qui regardent ; c'est dans ce sens que Knapp a pu écrire « le public apprend du spectacle, l'acteur apprend du spectateur, aux plans de l'art et de la société » (Knapp, 1969a, p. 8).

LE GROUPE D'IMPROVISATEURS, UNE MICRO-SOCIÉTÉ D'INDIVIDUS ÉMANCIPÉS ENTRE EUX

L'échelle du groupe est particulièrement complexe à appréhender, à mi-chemin entre une démarche d'émancipation individuelle et l'inscription plus vaste d'une démarche artistique dans la société qui l'englobe. Penser le groupe et le fonctionnement démocratique du groupe pour lui-même risque de le couper de celle-ci. C'est d'ailleurs un des écueils dans lequel était clairement tombé le *Living Theatre* : leur volonté de vivre ici et maintenant selon les préceptes d'une société non marchande et libérée des codes sociaux qui l'empèsent allait de pair avec une exhibition fascisante de leur doctrine, relativement violente pour le monde extérieur. De cette place ambiguë du groupe entre l'individu et la société dans son ensemble découle une difficulté : pourquoi voudrions-nous que celui-ci fonctionne comme une micro-société qui suivrait des règles démocratiques, et quel rapport cela peut-il avoir avec l'improvisation ?

Il n'est bien sûr pas nécessaire qu'un groupe qui choisit de fonctionner en collectif use de l'improvisation – on peut très bien créer et gérer collectivement une entreprise de théâtre en se fondant sur des textes –, ni qu'un groupe qui utilise l'improvisation en fasse le modèle de son fonctionnement interne. Ainsi l'atelier qui donna naissance au Théâtre-Création n'était en rien collectif ou démocratique ; sans pour autant que Knapp fasse figure de tyran, celui-ci dictait les orientations artistiques de la compagnie et imposait ses règles, ses choix esthétique et artistiques – c'était une des premières conditions du travail. Par contre, il est généralement admis que l'improvisation (tout comme la pratique théâtrale), en tant que pratique collective, peut aider à ce que s'épanouissent des individus aptes à la vie en société (Marty, 2013).

Deux problèmes se posent lorsqu'il s'agit de penser le fonctionnement de la démocratie en se concentrant sur des individus en train d'improviser. Le premier est que les aspirations individuelles peuvent assez vite se retrouver en conflit avec les exigences collectives ; comment concilier dialogue et fortes individualités ? Par ailleurs, en l'absence d'un travail spécifique sur la question, il est fort probable qu'un groupe d'improvisation ne fasse que reproduire, sur scène et à la ville, des schémas de domination à l'œuvre dans le reste de la société.

Dialogue, consensus et dissensus

Sur le premier point, la question est cruciale : comment des individualités émancipées et créatrices, ayant des personnalités fortes, peuvent-elles cohabiter et créer ensemble dans la spontanéité ? Robert Gravel explicite la négociation qui est sans cesse à l'œuvre dans une improvisation entre deux acteurs : « Ils ne se quitteront plus ni des yeux ni des oreilles (ni du cœur ?). [...] Le dialogue est engagé : à la surface et sous la surface. C'est-à-dire *au-dessus* et *en dessous* de l'improvisation » (Gravel, 1987, p. 26). Le danger d'une improvisation est que l'un des joueurs tente de prendre le pouvoir sur les autres, d'emporter la scène vers lui ou vers une idée qu'il se fait de sa continuation. Un exercice que propose Keith Johnstone met particulièrement bien en lumière ce biais courant chez les débutants : il s'agit, à deux, de prendre chacun les bouts d'une corde imaginaire, et de tirer pour faire tomber l'autre ; si aucun des deux improvisateurs ne souhaite perdre, la situation est bloquée et ennuyeuse. Il a ainsi inventé de nombreux jeux pour que les improvisateurs se conforment au commandement n° 4 du TheatreSports : « *Thou shalt not shine above thy team-mates*[8] » (Charles, 2003, p. 247). Dans son système, la plupart des exercices « *encourage collaboration because they combine the imagination of two or more people and rely on the principle of "give and take"*

8 « Tu ne brilleras pas plus que ton coéquipier ».

to move the story forward and to create relationships[9] » (Dudeck, 2013, p. 8). Johnstone développe ainsi une vision marchande de l'improvisation à plusieurs, basée sur l'échange et la négociation – ce qui n'est d'ailleurs pas en soi une originalité, mais chez Johnstone cet échange ne concerne pas que le contenu de l'improvisation ; il concerne aussi les relations de pouvoir (domination/soumission) entre les improvisateurs, comme le montre la notion de statuts relatifs dont nous avons déjà parlé.

Ainsi, l'improvisation est peut-être la seule modalité de création théâtrale qui nous permette d'envisager une réelle collaboration des différentes personnes en présence et une définition riche du dialogue, qui ne serait pas seulement l'expression à plusieurs voix de celle d'un seul auteur :

> *Whereas scripted theatre may, in the tradition of Stanislavsky, seek to serve one voice or, in the case of Brecht, allow a relatively limited dialogue between the performer and playwright, the spontaneous theatre offers immense dialogic potential. The improvisational event, where individual and truly independent voices are embodied and authorial vision is actively negotiated between the participants, provides even more fruitful possibilities in terms of novelistic polyphony*[10]. (Charles, 2003, p. 196)

L'improvisation est une modalité de création qui est irréductible à l'œuvre achevée, où il est autant question de *ce qui* est produit que de *comment* cela est produit – c'est-à-dire par quel jeu de relations entre eux, avec le public et l'environnement les improvisateurs atteignent ce résultat. Le paradoxe est alors que malgré cette potentialité polyphonique accrue, l'improvisation théâtrale cherche à première vue, dans la conception même du processus créateur et de la négociation qui est à l'œuvre entre les improvisateurs, à atteindre un consensus, c'est-à-dire à annihiler les différences et les individualités, pour que tous aillent dans le même sens. Cela est bien normal, dirons-nous, sans quoi l'improvisation court le risque d'être illisible et de ne déboucher que sur le chaos. Et

9 « [...] encouragent la collaboration parce qu'ils combinent l'imagination de deux personnes ou plus, et reposent sur le principe de "donner et recevoir" pour faire avancer l'histoire et créer des relations ».

10 « Tandis que le théâtre écrit peut, dans la tradition de Stanislavski, chercher à servir une seule voix ou, dans le cas de Brecht, permettre un dialogue relativement limité entre l'interprète et l'auteur, le théâtre spontané possède un immense potentiel dialogique. L'événement improvisé, où des voix vraiment indépendantes et individuelles s'incarnent et où la vision auctoriale est activement négociée parmi les participants, fournit des possibilités bien plus fructueuses en termes de polyphonie épique ».

cela est d'ailleurs cohérent avec une idée de la démocratie représentative qui cherche un consensus qui, à travers des élections, entend exprimer l'intérêt et les choix du peuple. Mais peut-on vraiment identifier la démocratie à la recherche d'un consensus ?

Examinant si l'improvisation musicale peut être pensée comme démocratique, Joshua Mousie commence par reconnaître : « *Unfortunately, this cannot be answered with a simple yes or no, but rather involves asking first whose democracy and whose improvisation is in question*[11] » (Mousie, 2010, p. 1). Il distingue ainsi la démocratie libérale de la démocratie radicale. La première, elle-même divisée selon une distinction relevée par Ian Shapiro en démocratie délibérative et agrégative[12], est inspirée par Rousseau ou Aristote ; dans cette idée de la démocratie et de la vie politique, « *the "general will" – the representation of the people by political parties, governors, etc. – guides the activity of the government in order for it to come as close as possible to the "common good" – the actual desires of the people*[13] » (*ibid.*). Il remarque par ailleurs, citant April Carter et Geoffrey Stokes, que la démocratie délibérative est caractérisée par « *its emphasis upon 'equal and effective opportunity to participate' in processes of will formation*[14] » (*ibid.*). À l'opposé, les traditions de pensée de la démocratie radicale, influencées notamment par le marxisme spinoziste de Louis Althusser, défendent une vie politique démocratique basée sur le dissensus. Mousie écrit, s'inspirant des travaux de Chantal Mouffe et Ernesto Laclau :

> *In short, in Mouffe's estimation, the push toward deliberative and consensus-based democracy creates a situation wherein the differences between political parties and positions becomes so minimal – given that consensus is the driving aim – that this actually leaves people without a choice in political discourse. One joins the popular (and, for Mouffe and Laclau, hegemonic) discourses in contemporary politics, or one is without a political voice or representation. [...] For Mouffe, democracy and politics must necessarily thrive on antagonism and actual party politics (i. e., parties divided by real constitutive differences), otherwise we will digress, like liberal democracy, into*

11 « Malheureusement, on ne peut pas y répondre simplement par oui ou par non, mais cela engage d'abord à se demander de quelle démocratie et de quelle improvisation il est question ».

12 Dans *The State of Democratic Theory*, Princeton University Press, 2003.

13 « La "volonté générale" – la représentation du peuple par des partis politiques, des gouverneurs, etc. – guide l'activité du gouvernement afin qu'il s'approche le plus possible du "bien commun" – les désirs effectifs du peuple ».

14 « Son insistance sur "l'opportunité de participer également et effectivement" aux processus de formation de la volonté générale ».

> *a consensus politics that actually excludes many and discourages any difference that is not willing to agree to the tenets of consensual politics*[15]. (*ibid.*, p. 2)

Mousie conclue ensuite sur le fait que le jazz se rapporte à une démocratie radicale, dans le sens où toute performance de jazz est irréductible à sa retranscription – le cas contraire aurait permis de l'assimiler à toutes les autres pratiques musicales – et se construit justement dans la différence par rapport aux autres styles et aux autres musiciens. Mais pour nous, cela revient à relever un risque auquel s'expose toute improvisation, et en particulier celle qui ferait du consensus son objectif premier : détruire les différences et les antagonismes, et donc tout dialogisme réellement politique à l'intérieur de son processus. Cela rejoint un certain nombre de problèmes quant aux rapports ambigus de l'improvisation théâtrale avec l'activité politique : sa grande perméabilité envers la culture de masse ou dominante, une tendance à considérer que tout se vaut ou à implicitement valider la bienséance, l'aliénation qui vient de l'injonction à tout accepter, la difficulté que peuvent ressentir les groupes marginalisés à s'exprimer sur scène, ainsi que nous le verrons plus bas...

Pour répondre à cela, nous ne pouvons que tomber d'accord avec Knapp : il ne s'agit pas de développer un groupe qui agirait selon une doctrine et un langage commun, mais avant tout de s'adresser à des individualités créatrices. Et ainsi, nous retournons la question posée ci-dessus : il ne s'agit plus de se demander comment des individualités fortement marquées dans leurs différences peuvent créer ensemble un tout cohérent, mais d'affirmer que si l'on souhaite que le processus de l'improvisation reflète un véritable fonctionnement politique et démocratique, ces différences doivent en être la base.

15 « En bref, d'après Mouffe, la poussée vers une démocratie délibérative et basée sur le consensus crée une situation où les différences entre les partis et les positions politiques deviennent minimales – étant donné que le consensus est le but final – et ne laissent réellement aucun choix entre les discours politiques. Soit on rejoint le discours populaire (et, pour Mouffe et Laclau, hégémonique) des politiques contemporaines, soit on se retrouve sans voix ou représentation politique. [...] Pour Mouffe, la démocratie et la politique doivent nécessairement se bâtir sur des antagonismes et des politiques de parti effectives (*i. e.* des partis divisés par de *réelles* différences structurelles), sinon nous digresserons, comme la démocratie libérale, vers une politique du consensus qui en réalité exclut en nombre et décourage toute différence qui ne consent pas à la doctrine des politiques consensuelles ».

Rapports de domination

Quant à considérer la probabilité de retrouver sur scène et dans le fonctionnement de l'improvisation même des rapports de force et de pouvoir qui existent déjà dans la société, le cas de la place des femmes dans les groupes d'improvisation théâtrale, exemple d'un groupe social séculairement dominé, est assez éloquent. Remarquant comment l'improvisation peut permettre à des groupes socialement marginalisés de s'exprimer, David A. Charles écrit :

> *The vast majority of scripted theatre's history has marginalized and silenced the voices of women performers and authors alike. Pervasive practices such as cross-dressing, dramaturgical exclusion and gendered barriers to the means of production have served to isolate public professional performances and insure their continued control and distribution from a typically patriarchal position. Oral and spontaneous traditions, on the other hand, have tended to reflect greater diversity, both including and receiving considerable crafting from female participants*[16]. (Charles, 2003, p. 181)

Il cite ainsi les mimes grecs et romains, la poésie orale Zoulou ou encore les chœurs du théâtre des Yorubas au Nigéria. Il semble également que la *commedia dell'arte* ait été un lieu particulièrement fécond pour que soit accordé aux femmes le droit d'apparaître sur les scènes, quand l'accès aux activités littéraires leur était largement impossible, leur permettant même d'atteindre une certaine notoriété et une position dominante – le cas d'Isabella Andreini, qui fut la première femme à monter sur scène à Paris et surtout une des rares femmes de l'époque à être reconnue comme poétesse, est exemplaire de cette révolution. On se souvient également du personnage de Germaine de Staël, Corinne. Kathleen McGill argumente quant à elle que les compétences importées sur les scènes italiennes par les femmes, dont la culture, faute de pouvoir se baser sur l'écrit, était largement orale, furent un des facteurs qui

16 « La voix des femmes, qu'elles soient auteures ou actrices, a été marginalisée ou réduite au silence dans la plus grande partie de l'histoire du théâtre écrit. Des pratiques largement répandues telles que le travestissement, l'exclusion dramaturgique et des limitations de genre pour l'accès aux moyens de production ont servi à isoler les représentations professionnelles et assurer leur contrôle et leur distribution selon une position typiquement patriarcale. Les traditions orales et spontanées, d'un autre côté, ont eu tendance à refléter une plus grande diversité, en incluant et accueillant les talents de participants féminins ».

encouragèrent le développement de l'improvisation dans cette tradition (McGill, 1991, p. 191).

Mais aujourd'hui, la place des femmes dans les spectacles d'improvisation n'est pas sans poser de fréquents problèmes, au point que l'on voit se constituer des groupes d'improvisation composés uniquement de femmes. Amy Seham a en particulier dédié une partie de son ouvrage sur les théâtres d'improvisation de Chicago, pourtant fortement façonnés par le travail de quelques femmes (Neva Boyd, Viola Spolin, Charna Halpern…), à l'examen des inégalités de genre et de race qui en caractérisent les prestations. La situation est résumée dans cette formule de Simi Horwitz : « *The world of improv has always been largely white, middle-class, and male*[17] ». Ainsi, à propos des Compass Players, la première troupe d'improvisation des États-Unis fondée à Chicago par Paul Sills, le fils de Viola Spolin, Seham écrit : « *As with many avant-garde or radical movements, the Compass Players often used women as metaphors, decorations, or enabling support characters rather than fully equal subjects. Few women attracted to the Compass found the artistic home available to the men*[18] » (Seham, 2001, p. 13). Cela tient en particulier à l'atmosphère sportive et fortement compétitive liée au monde de l'improvisation depuis ses origines. Elle remarque que grâce à différentes expériences spécifiquement adressées aux improvisatrices (ou aux minorités raciales), les choses bougent à Chicago, mais cela est loin d'être le cas partout, et nombreuses sont les femmes à se détourner des formats sportifs d'improvisation. En fait, comme le remarque Charles : « *It is important to note that while improvisational forms tend to assume more inclusive stances than their scripted counterparts that they are also manifestations of the communities that they serve. It is perhaps unrealistic to expect that such modes can completely transcend their chronotopic settings. Subsequently, as Seham's study effectively reveals, troupes often perpetuate and reflect biases or blindnesses that are evident in the host culture*[19] » (Charles, 2003, p. 189). Il remarque également, citant

17 « Le monde de l'impro a toujours été principalement blanc, bourgeois et masculin », cité par (Charles, 2003, p. 186).

18 « Comme dans de nombreux mouvements d'avant-garde ou radicaux, le Compass Players utilisait souvent les femmes comme des métaphores, des décorations, ou des personnages secondaires plutôt que comme sujets pleinement égaux. Peu de femmes attirées au Compass y ont trouvé le havre artistique qui était à disposition des hommes ».

19 « Il est important de noter que tandis que les formes improvisées tendent à adopter des positions plus inclusives que les formes écrites, elles sont aussi la manifestation

Jonathan Fox, que certaines formes de théâtre improvisées telles que le Playback Theatre ont une plus grande tendance à attirer les femmes que la comédie improvisée[20].

Afin de penser les rapports de domination traditionnellement à l'œuvre entre les individus, qu'ils soient liés au genre ou non, et de permettre à un groupe d'improvisateurs de les dépasser, les *status games* de Keith Johnstone, et plus généralement sa théorie des statuts relatifs, sont particulièrement utiles. Étant compris comme des négociations naturelles pour la domination entre les individus, impliquant des jeux de regard, d'espace, d'attitudes corporelles et de caractéristiques vocales, nous avons vu que les statuts relatifs sont quelque chose que l'on *fait*, et que l'on peut donc *jouer*. Ils constituent pour Johnstone le cœur de l'enjeu dramatique : c'est à travers des transferts de statut que l'action altère les personnages. Mais surtout Johnstone remarque que nous sommes tous, dans une mesure plus ou moins consciente, experts d'un certain statut, ce qui se ressent d'autant plus dans la vie professionnelle de comédien : « *In the professional theatre actors divide up roughly into high-status and low-status specialists. The actors' directory Spotlight used to have the high-status specialists at the front (called "straight"), followed by the low-status specialists (called "character actors"), followed by children, then the dogs*[21] » (Johnstone, 1989, p. 56). Ainsi, en travaillant sur cet aspect des relations humaines, il nous est possible de nous rendre conscients des rapports de domination à l'œuvre sur scène et pendant l'improvisation, et d'éventuellement les retourner.

---

de la communauté qu'elles servent. Il est peut-être irréaliste de s'attendre à ce que de telles modalités puissent complètement transcender leurs caractéristiques chronotopiques. Conséquemment, comme l'étude de Seham le révèle, les troupes perpétuent et reflètent souvent les biais ou les aveuglements qui sont inhérents à leur culture d'accueil ».

20 Fox est l'initiateur, en 1975, du Playback Theatre, une forme de théâtre improvisé où « quelqu'un [du public] raconte une histoire ou un moment de sa vie, choisit les acteurs qui vont en jouer les différents rôles, et regarde son histoire être immédiatement recréée et dotée d'une forme et d'une cohérence artistiques » (Site du Réseau international de Playback Theatre, http://www.playbacknet.org/drupal/iptn/about, consulté le 6 septembre 2013). Voir aussi (Fox, 1994).

21 « Dans le théâtre professionnel les acteurs se divisent en gros entre les spécialistes du haut-statut et ceux du bas-statut. Le répertoire des acteurs *Spotlight* présentait les spécialistes du haut statut en premier (appelés "francs"), suivis par les spécialistes de bas statut (appelés "acteurs de caractère"), suivis par les enfants, puis les chiens ».

LES SPECTATEURS DE L'IMPROVISATION, ÉGAUX DES ACTEURS

Maintenant que nous avons, supposément, des improvisateurs libérés, voire libres, capables de travailler ensemble et de déjouer les pièges du fonctionnement collectif hérité de leur contexte socio-culturel, quel est le pouvoir politique du spectacle d'improvisation en tant que tel, c'est-à-dire lorsqu'il entre en relation avec un public ? Smith et Dean écrivent : « *there seems to be a general consensus among critics that improvisation is intrinsically anti-hegemonic*[22] » (Smith & Dean, 1997, p. 38). En conséquence, on imagine que les spectacles d'improvisation seront subversifs, révolutionnaires, et que les gens en sortiront avec l'envie de renverser tout ordre établi. Peut-être pas…

Tout d'abord, il est clair que le spectacle d'improvisation échappe à toute censure institutionnelle – si ce n'est celle qui remettrait en cause la possibilité même des spectacles de théâtre improvisé, et Charles remarque, en soulignant à quel point les spectacles d'improvisation font ainsi intervenir de nombreux échanges entre le public et la scène, que « *this tendency for a heightened and stirring social exchange has undoubtedly led to extremely repressive stances in regards to such performances during times of particularly authoritarian or inhumane governorship*[23] » (Charles, 2003, p. 276). Il est ainsi un lieu possible de satire sociale et politique particulièrement riche, renforcé par sa souplesse et sa légèreté : les caractéristiques de l'actualité brûlante peuvent ainsi, à travers l'improvisation, être commentées, retournées, contestées. Le Théâtre-Création nous a fourni un exemple fort de la portée politique et subversive du théâtre d'improvisation, dans leurs tournées en Pologne et Tchécoslovaquie, ou encore en Belgique ; un journaliste l'avait d'ailleurs qualifié de « seul théâtre révolutionnaire de Suisse ». Nous pensons également bien sûr à Augusto Boal, à son théâtre-journal, ou encore aux *Kapouchniks* du Théâtre de l'Unité de Jacques Livchine, l'un des créateurs de la Ligue d'improvisation française.

Mais nous avons déjà attiré l'attention sur le fait que l'improvisation n'échappe pas automatiquement à une censure plus intégrée, à la pensée

22 « Il semble qu'il y ait un consensus général parmi les critiques selon lequel l'improvisation est intrinsèquement anti-hégémonique ».

23 « Cette tendance à un échange social relevé et entraînant a sans doute mené les régimes de gouvernance particulièrement autoritaires et inhumains à des postures extrêmement répressives face à de telles performances ».

unique, à la bienséance. Sans un travail spécifique sur la pensée et le répertoire, de la même manière qu'il est admis qu'il faut travailler le corps, l'imagination et la spontanéité, il est clair que l'improvisation est soumise à l'influence de la culture de masse, aux clichés et aux idées implicites qui parcourent la société – au même titre que n'importe quelle activité artistique d'ailleurs. Ainsi nous aurions peine à vraiment soutenir que la plupart des spectacles d'improvisation que l'on peut voir en France ont une portée politique, du point de vue de ce qu'ils représentent et des réflexions qu'ils mettent en jeu ; leur attention est bien trop mobilisée par la maîtrise du processus d'improvisation pour leur permettre de s'intéresser vraiment à la signification sociale et politique de ce qu'ils font.

Cependant il n'est pas absurde de soutenir qu'un spectacle d'improvisation qui a traversé avec succès les épreuves de l'émancipation individuelle et de la création en collectif aura de lui-même une portée politique, sans pour autant nécessairement aborder des sujets politiques – même si d'un autre côté les éviter peut se révéler un exercice difficile. Comme l'écrit Olivier Neveux lorsqu'il pense, à la suite notamment de Jacques Rancière, le cadre d'un théâtre politique intransitif : « ce théâtre n'est pas politique en ce qu'il s'allie à la politique, en ce qu'il l'incorpore, en ce qu'il se place sous condition de celle-ci, mais en ce qu'il produit de la politique (et non de la pédagogie politique) et à ce titre en déploie l'une des dimensions » (Neveux, 2013, p. 215). Le théâtre d'improvisation échappe à tout discours monologique sur la politique ; il met (idéalement) en présence des individus aux différences marquées qui tentent de se coordonner dans la création, qui se mettent collectivement à la recherche de « points focaux » ou d'un objectif commun. « Le cercle de l'émancipation doit être commencé » écrit Rancière (Rancière, 1987, p. 30), et l'improvisateur, seul ou en collectif s'en charge. Dans le dialogue qui s'instaure ainsi entre des individus, entre eux et l'espace dans lequel ils se trouvent, entre eux et les spectateurs, quelque chose s'ouvre d'un rapport poétique aux choses, et il n'est dans les mains d'aucun des joueurs, d'aucun artiste en présence de décider ce qu'il serait censé dire ou exprimer, d'orienter décisivement le discours dans une direction précise. Ainsi il fait « l'expérience rare du renoncement à tout désir de produire des effets en l'autre, d'y inscrire sa marque, sa trace, [de] la capacité à lâcher prise sur l'usage qui sera fait de ce qui est proposé sur scène. Ses œuvres ne seront pas forcément plus émancipatrices que d'autres – il n'existe pas de recettes de l'émancipation ! –, mais leur existence atteste une autre possibilité de la politique que celle, verticale et pédagogique, qui omet expériences, inventions, défrichages » (Neveux, 2013, p. 213).

En particulier, l'échec de l'improvisation est ce par quoi elle nous semble atteindre un effet politique. D'une part à travers la simple possibilité de l'échec : le public ne vient pas voir un objet manufacturé qu'il consomme et dont il peut évaluer d'avance la satisfaction qu'il en retirera, mais participe à une rencontre et prend un risque qui le met au même niveau que les improvisateurs. Mais c'est bien d'autre part parce que l'improvisation échoue parfois, patine ou n'est pas assez satisfaisante, qu'un effet émancipateur peut-être atteint vis-à-vis du public : une réelle *égalité* des intelligences et des capacités entre acteurs et spectateurs y devient manifeste. D'une part le spectacle d'un improvisateur qui échoue et s'en remet avec joie déjoue l'idée même de perfection, laquelle bloque dans l'œuf la tentation de l'essai ; d'autre part l'improvisation elle-même qui échoue et qui est pointée comme telle ouvre la voie au sens critique et à l'imagination. Nous avons parlé des débats qui occupaient les spectateurs après les spectacles du Théâtre-Création. L'échec aussi reste en mémoire : « quel est le paquebot le plus célèbre ? », demande Keith Johnstone. Son « cercle des attentes » exprime assez bien l'activité parallèle que les spectateurs, considérés comme des experts des interactions humaines justes et des histoires bien construites, mènent pendant le déroulement d'une fiction en train de s'inventer devant eux. L'enjeu n'est pas de s'adresser aux passions du spectateur, mais à sa faculté critique ; se mettant en scène en train d'agir sur l'improvisation, l'improvisateur reconnaît au public sa faculté de juger les décisions qu'il prend. En désarticulant le spectacle comme un tout maîtrisé, on lui enlève sa force de captation, de fascination, et l'acteur improvisant, se montrant imparfait, faillible, heureux de l'être et de recommencer, attire davantage la sympathie, d'égal à égal, que l'écrasante admiration due au monstre sacré.

PERFORMATIVITÉ DE L'IMPROVISATION

> Où que nous tournions nos regards et aussi loin que l'on puisse regarder en arrière, le théâtre se présente toujours comme un entremêlement de rituel et de divertissement. À un moment, on a affaire à du rituel ; l'instant qui suit, nous sommes dans le divertissement – deux jumeaux acrobates qui dégringolent et ne parviennent ni l'un ni l'autre, à avoir le dessus.
> Richard SCHECHNER

Parler d'échec, d'efficacité, poser la question de « l'effet » d'une improvisation ou d'un spectacle, c'est poser celle de sa performativité. Une notion centrale dans les formes de théâtre contemporaines, que l'on appellera « post-dramatiques » voire « performatives », et qui en retour se nourrissent à différents niveaux d'improvisation. Non seulement reviennent fortement la notion et la pratique de la création collective, après avoir été pendant quelques années presque oubliée et abandonnée, ainsi que ce qu'on appelle les écritures de plateau, dénomination popularisée par la collection dirigée par Bruno Tackels aux Solitaires Intempestifs, et dont les principaux représentants (Lepage, Mnouchkine, McBurney, Vassiliev, Tanguy...) utilisent largement l'improvisation dans le travail de conception des spectacles. Mais c'est bien aussi l'improvisation en elle-même, l'improvisation pure et non plus seulement appliquée[24], celle qui se donne à voir au public, pendant le temps de la représentation, qui refait une apparition remarquée sur les scènes du théâtre institutionnel. Des spectacles où à certains moments l'enchaînement des actions et des dialogues, leur contenu, sont indéterminés et évoluent d'un soir sur l'autre. L'exemple le plus fameux dans les années 2010 a été donné par les deux spectacles de la compagnie D'ores et déjà, *Le Père Tralalère* et *Notre Terreur*, mis en scène par Sylvain Creuzevault, créés au Studio-Théâtre d'Alfortville et au Théâtre national de la Colline, et dont la renommée

24 Pour rappel, cette distinction est proposée dans (Smith & Dean, 1997).

a été largement due à leur caractère semi-improvisé. Leur structure, volontairement inachevée mais composée de points de rendez-vous fixés, peut faire penser à ce que Knapp avait appelé, dans la création de *M. Ducommun a peur des femmes*, du théâtre aléatoire. Citons également les spectacles des Chiens de Navarre[25], le groupe flamand tg STAN[26], ou encore le Théâtre permanent de Gwenaël Morin[27]. Des groupes divers, dont le succès tient certainement en partie à l'improvisation (ou à l'illusion d'improvisation) dont ils irriguent avec talent leurs spectacles, mais cela ne suffit pas à comprendre d'où ils viennent exactement : ils s'inscrivent profondément dans un mouvement du théâtre contemporain qui met en avant sa propre performativité.

POSTDRAMATIQUE, HYBRIDATIONS ET PERFORMATIVITÉ

Ainsi allons-nous faire un bref détour par ce qui a été compris, à la suite d'un ouvrage célèbre et fortement commenté d'Hans-Thies Lehmann, sous la dénomination discutable et fourre-tout de « théâtre postdramatique ». Fourre-tout car, comme le décrit Isabelle Barbéris, « l'ouvrage

---

25 « Ce qu'on ressent très fort en voyant une pièce des Chiens de Navarre, c'est précisément ce désir comme gonflé à l'hélium de recharger la scène, de la boursoufler et de la faire par instants exploser. Au cœur de la banalité, la scène s'augmente de tous nos espaces les plus imprévisibles, diffractions de nos fantasmes, métaphores surjouées de nos pulsions, quelque chose comme le surgissement de nos désirs les plus saillants et les moins calculés. D'où cette place laissée à l'improvisation, dans l'élaboration du travail bien sûr, mais aussi dans la réalité de ce à quoi nous assistons : autour d'un scénario réduit à son plus simple appareil gravitent les situations les plus outrées, les déchaînements ponctuels, les fatigues extrêmes et les violents déchirements, qui participent tous de cet hyperprésent. Ce refus de fixer une forme et de re-présenter soumet le spectateur à l'énergie suicidaire de propositions plus explosives les unes que les autres, et dont le résultat est souvent la pure hilarité, ou bien l'ébahissement, celui qu'on éprouve devant les folies futuristes ou dadaïstes », dit Tanguy Viel, cité sur http://www.chiensdenavarre.com/nousleschiens.html (consulté le 12/09/2013).

26 « STAN fait la part belle à l'acteur. Malgré l'absence de metteur en scène et le refus de s'harmoniser, d'accorder les violons – ou peut-être justement à cause de cette particularité – les meilleures représentations de STAN font preuve d'une grande unité dont fuse le plaisir de jouer, tout en servant de support – jamais moralisateur – à un puissant message social, voire politique », http://www.stan.be/content.asp?path=k1xr91jg.

27 « Pendant une année entière, Gwénaël Morin investit les Laboratoires, avec Julian Eggerickx, Barbara Jung et Grégoire Monsaingeon pour mettre en œuvre le Théâtre Permanent. Il s'agit de développer un outil artistique d'affirmation et d'intensification du théâtre : une proposition fondée sur une urgence et une énergie qui en font une expérience politique aussi bien du point de vue de la création et du collectif que de la volonté d'expérimenter et d'inventer des rapports nouveaux à un lieu, un environnement et un public », http://archives.leslaboratoires.org/content/category/7/54/1/lang,fr/.

ressemble à un catalogue de chevilles esthétiques, une boîte à outils remplie d'exemples hétéroclites uniformisés sous un même concept[28] ». Et de fait celui-ci fait entrer sous la même appellation, d'origine incontrôlable, des pratiques et des esthétiques extrêmement diverses telles que Jan Lauwers, Jan Fabre, Heiner Goebbels, Heiner Müller, Robert Wilson, le Wooster Group, La Fura dels Baus, Mnouchkine voire Vinaver... Le terme est discutable car non seulement les pratiques dont parle Lehmann, dans leur diversité, font souvent intervenir des caractéristiques dramatiques, et de ce fait ne justifient pas nécessairement l'emploi du préfixe *post-*, mais aussi parce que le dramatique, et avec lui des notions de représentation, de *mimesis* et de personnage, a la peau dure et se retrouve toujours dans le regard et l'écoute des spectateurs[29]. Nous avions d'ailleurs consacré notre travail de master à l'étude et la critique de cette notion, en utilisant une approche fondée sur les sciences cognitives et en particulier la physiologie de la perception et de l'action (Charton, 2006). Néanmoins, il faut remarquer avec Catherine Bouko que l'analyse de Lehmann n'a que « l'ambition de prendre en compte la diversité des pratiques, lesquelles ne condamnent pas le drame mais centrent leur recherche sur les moyens d'expression scéniques non dramatiques » (Bouko, 2010, p. 243).

Quelles sont donc les caractéristiques de ce théâtre contemporain apparu à la fin du XXe siècle, qu'on le désigne sous les noms de « théâtre inter-, multi- ou pluridisciplinaire, théâtre postdramatique, théâtre performatif, théâtre inter-artistique, théâtre de l'image / des images, théâtre visuel, *Regietheater*, etc. » (*ibid.*, p. 19) ? Comme cette remarquable liste de dénominations l'indique, c'est en premier lieu le caractère hybride de ces productions théâtrales, et surtout l'indépendance des différentes sensibilités artistiques qui les composent, qui en fonde la spécificité :

> La dé-hiérarchisation des procédés théâtraux représente un principe continu et inhérent au théâtre postdramatique. Cette structure non-hiérarchique s'oppose sans équivoque à la tradition qui – pour éviter toute perturbation et afin de produire harmonie et intelligibilité – préférait un lien hypotaxique agençant la dominance ou la subordination des éléments. Avec la *parataxe*[30]

28 (Barbéris, 2010, p. 7).

29 « Le spectateur ne peut pas ne pas dramatiser », (Mervant-Roux, 2006, p. 44).

30 « Construction par juxtaposition, sans qu'un mot de liaison indique la nature du rapport entre les phrases ». Note du traducteur de H.T. Lehmann.

> du théâtre postdramatique, les différents éléments ne sont pas reliés les uns aux autres avec une pareille évidence. (Lehmann, 2002, p. 135)

Après tout qu'un spectacle de théâtre fasse intervenir danse, chant, dialogues, vidéo/cinéma et arts plastiques, tout ceci n'a rien de bien nouveau, cela lui est même constitutif; ce qui l'est en revanche, c'est l'indépendance de ces différents éléments sur la scène, et le refus que revendiquent les artistes de donner un sens *a priori* à cette juxtaposition. La construction du sens se retrouve ainsi sur les bras du spectateur, qui doit tailler son propre chemin dans l'écheveau de *stimuli* qui lui est proposé, le spectacle n'étant pas achevé en-dehors de cette action perceptive : « En lui-même, le théâtre ne manifeste que l'une des moitiés du spectacle et attend la présence / la venue et le geste du spectateur inconnu qui va compléter le tout par son intuition, son mode de compréhension, son imagination imprévisible » (*ibid.*). Selon Lehmann, ce théâtre serait né dans les années 1980, dans le sillage du développement, puis de l'omniprésence des médias dans la vie quotidienne depuis les années 1970. Catherine Bouko, dans l'ouvrage déjà cité, analyse finement les processus en œuvre dans la réception des spectateurs de ce type de théâtre, qu'elle décrit comme « un processus sémiotique [...] doublement composé : lorsqu'il déroute le spectateur en subvertissant les conventions dramatiques, le dispositif scénique invite celui-ci à la *pensée iconique*, lors de laquelle le sens est *en suspension*. Ce processus fragile et éphémère est relayé par le processus de *dramatisation* » (Bouko, 2010, p. 247). Celle-ci décrit ce processus de dramatisation comme construction « d'isotopies thématiques et multisensorielles » (*ibid.*, p. 166), quand nous nous étions pour notre part concentré sur l'aspect actif de la perception, et la description d'un processus qui implique « l'exercice de la décision sur un objet fictif » (Charton, 2006, p. 82). Nous nous étions notamment attaché à montrer en quoi la relation émotionnelle qui s'instaure entre les acteurs et un spectateur donné, qu'elle soit d'empathie, de contagion pure et simple, de sympathie ou d'identification, est un biais de perception de la performance indépassable, ce dernier donnant *toujours* et nécessairement plus d'importance et d'attention à l'action d'un autre être humain qu'à des déplacements de décor ou des changements de lumière.

Nous avouons ici être assez peu sensible à une description du théâtre qui le mettrait sur un plan d'équivalence avec les arts plastiques, qui le considérerait comme une image, un paysage, un objet extérieur qu'il faudrait recevoir. Notre façon de décrire l'événement théâtral va toujours, d'une manière ou d'une autre, trahir ce biais en faveur de ce que l'événement théâtral a d'incommensurable avec la création et la perception d'une œuvre qui se présenterait d'emblée extérieure à celui qui regarde, au spectateur ; pour nous, l'enjeu de la représentation est de le faire pénétrer dans l'œuvre théâtrale – celle-ci ne peut pas être envisagée en-dehors du rapport horizontal qui s'instaure entre les acteurs et les spectateurs, entre la scène et la salle. Nous sommes en quelque sorte davantage intéressés par la *performativité* de la représentation[31], à l'opposé d'une approche qui voudrait penser une *théâtralité* comme une rupture symbolique entre ceux qui regardent et ceux qui sont regardés, ainsi que Josette Féral la définit en première approche :

> La théâtralité ainsi perçue serait non seulement l'émergence d'une brisure dans l'espace, d'un clivage dans le réel pour que puisse y surgir une altérité, mais la constitution même de cet espace par le regard du spectateur, un regard qui, loin d'être passif, constitue la condition d'émergence de la théâtralité en entraînant véritablement une modification qualitative des relations entre les sujets : l'autre devient acteur soit parce qu'il manifeste qu'il est en représentation (l'initiative appartient alors à l'acteur), soit parce que le simple regard que le spectateur porte sur lui le transforme en acteur, fût-ce malgré lui, et l'inscrit dans la théâtralité (l'initiative appartient alors au spectateur). (Féral, 2011, p. 85)

Ce qui fonderait le théâtral, si nous comprenons bien Féral, est la constitution de cette séparation entre ici et maintenant et un ailleurs, un espace fictif ; la mise en place d'un ancrage offert à l'imagination, « le surgissement d'une altérité dans un espace où se met en place un jeu de regards entre un regardant et un regardé » (*ibid.*, p. 103). Nous laissons de côté les mécanismes collectifs qui permettent d'instaurer cette séparation. Les formes théâtrales contemporaines dont nous parlons sont attirées comme des aiguilles de boussoles par l'autre pôle d'un spectre en réalité continu sur lequel se greffent une multitude de pratiques :

31 « La performance n'existe qu'à travers l'action, l'interaction et la relation. La performance n'est pas "dans" quelque chose, mais "entre". Je m'explique… Considérer un objet, une œuvre ou un produit "comme" une performance – une toile, un roman, une chaussure ou tout autre chose, cela signifie chercher à découvrir ce que fait l'objet, comme il interagit avec d'autres objets ou d'autres êtres, et de quelle manière il entre en relation avec les autres objets ou les autres êtres. Les performances n'existent qu'à travers les actions, les interactions et les relations », (Schechner, 2002, p. 24).

la *performativité.* Josette Féral préfère d'ailleurs l'appellation *théâtre performatif* à celle de Lehmann, ce qu'elle argumente en démontrant la forte attirance du théâtre contemporain pour la notion de *performance*, que ce mot soit compris comme une forme artistique (le *performance art*) ou comme un outil théorique de conceptualisation du phénomène théâtral, dans la lignée des *performance studies* nées aux États-Unis sous l'impulsion, notamment, de Richard Schechner.

Dans la *performance*, terme fortement inclusif que nous héritons de l'anglais et qui contamine de plus en plus notre propre façon de penser le fait théâtral, l'autre qui est créé sur scène, par l'action des *performers* ou par le regard que l'on porte sur l'action ne renvoie pas à un ailleurs, ne figure rien, mais est un autre *en lui-même* ; « *performer* met en valeur l'action elle-même plus que sa valeur mimétique de représentation » (*ibid.*, p. 114). Ce déplacement du regard et de l'attention d'un objet absent représenté à l'objet présent exposé, de la fable à l'acte théâtral lui-même, conduit, quand il s'agit de penser l'activité des acteurs, à mettre en avant « le *liveness*, c'est-à-dire la présence provocante de l'homme au lieu de l'incarnation d'un personnage » (Lehmann, 2002, p. 218) – ce qui en soit est une sorte de retour de figures de l'acteur qui étaient courantes avant le théâtre d'art. Faisant cela, remarquons par ailleurs que l'acteur s'expose d'autant plus à devoir réagir directement aux spectateurs, qu'il ne sent plus seulement de côté, mais regarde bien en face.

Ainsi nous voyons immédiatement comment la notion de performance peut se rapporter à celle d'improvisation pure, et *vice versa*, et du même coup surgit la parenté cette fois étonnante, tant ces deux univers (la comédie d'un côté, et le théâtre subventionné de l'autre) semblent en opposition totale, entre toute improvisation théâtrale et ce que Lehmann appelle le théâtre postdramatique. Il est en effet difficile de ne pas penser aux spectacles d'improvisation lorsqu'il écrit :

> Considéré jusqu'alors comme une œuvre-à-représentation, comme un produit chosifié (même si cette œuvre réifiée s'avère détenir un caractère de processus), le théâtre doit alors devenir un acte et un moment de communication, il doit se faire échange qui non seulement admet le caractère momentané de la situation théâtre, c'est-à-dire son caractère éphémère jugé comme une déficience au regard de l'œuvre durable, mais encore va l'affirmer comme une praxis indispensable pour l'intensité de la communication. (Lehmann, 2002, p. 221)

L'improvisation expose sans cesse sa propre performativité, immédiate et évidente. Même lorsque l'objet de l'improvisation est de créer une réalité fictive et autonome, que l'acteur non seulement « manifeste qu'il est en représentation » pour reprendre l'expression de Josette Féral, créant ainsi de la théâtralité et une ouverture vers un imaginaire, mais cherche expressément à créer du drame, il renvoie en même temps sans cesse à son action immédiate, qui est celle d'improviser, de créer du sens et de la matière à partir de rien, d'un thème ou d'une image. Autrement dit : le but de l'improvisateur dramatique est également de montrer le processus d'improvisation à l'œuvre[32]. Dans toute improvisation, à la composition d'une action d'ensemble (Vinaver) à l'intérieur de la fiction créée par l'improvisation se superpose l'action d'ensemble de l'improvisation elle-même, que l'on peut tout autant décomposer en actions de détail et en actions microscopiques, lesquelles ne sont pas nécessairement subordonnées les unes aux autres[33]. L'improvisateur, lui, oscille entre plusieurs niveaux de jeu, entre *acting* et *not acting*, avec tous les intermédiaires du *full matrixed acting* au *non-matrixed acting* tels que les a identifiés Michael Kirby, là où un comédien reste toujours dans le premier et un performeur explorera principalement le second[34] (Kirby, 1987, p. 3 et *sq.*).

Ce rapport intime de l'improvisation théâtrale à la performance a particulièrement été bien compris et exploité par Robert Gravel et Yvon Leduc, lorsqu'ils ont créé les matchs d'improvisation, ainsi que par Keith Johnstone quand il a défini les règles et procédés de nombreux formats, tels que le *TheatreSports*, le *Micetro* ou le *Gorilla Theatre*[35]. Dans ces formes modernes de l'improvisation théâtrale, qui charpentent l'essentiel des occurrences de cette pratique à travers le monde, la performance devient

32 Comme dans tout type d'improvisation d'ailleurs. Ainsi Clément Canonne écrit-il pour l'improvisation musicale libre : « L'objet de la coordination pour les musiciens est essentiellement de parvenir à manifester la nature éminemment processuelle de l'improvisation et donc à bâtir cette forme séquentielle où enchaînements et transitions jouent un rôle central (en tant que porteurs du sentiment de nécessité et d'irréversibilité du devenir de cette musique informelle) », (Canonne, 2010, p. 163).

33 *Cf.* (Vinaver, 2000).

34 Nous développerons cet aspect au chapitre suivant. Voir aussi (Lehmann, 2002, p. 217-218).

35 Ces deux dernières formes sont décrites dans (Johnstone, 1999, p. 39-54) quand le *TheatreSports* fait l'objet du livre entier. Il faudrait ajouter à la liste le *ComedySportz*, et en réalité une multitude de formats compétitifs qui portent en eux-mêmes les procédés d'évaluation des improvisations.

centrale, le contenu des improvisations étant souvent subordonné à la fonction de valider la performance[36] ; car comme le remarque Josette Féral à la suite de Derrida, « le constat de réussite ou d'échec devient un principe inhérent à la nature même de la performativité, constitutif de l'acte performatif même » (Féral, 2011, p. 119). En témoignent les différents systèmes de points ou de pénalités des formes sportives, ou encore l'élection par le public des meilleurs joueurs de la soirée. Avec le risque, que souligne Hans-Thies Lehmann, que l'introduction d'un système de valeur relatif à ce couple réussite/échec déplace la performance en quelque sorte hors du champ du théâtre. Il écrit en effet : « Reste à savoir si, dans le sport tout spécialement, la dimension "réaliste" de "victoire" et de "défaite", du gain (financier également) et de la perte n'oppresse pas quelque part l'épiphanie de la présence, de sorte qu'en fin de compte le sport se différencie radicalement du rituel théâtral » (Féral, 2011, p. 119). Le plaisir gratuit, foncièrement inutile et purement symbolique du théâtre, entrerait alors en conflit avec l'enjeu bien réel et monnayé (en gloire ou en argent) du sport et de la compétition[37].

De même que la théâtralité peut advenir ou bien à l'initiative des acteurs, ou bien à l'initiative des spectateurs, la performativité possède cette double origine : avant tout une façon de regarder un événement comme pure présence, et non construction fictive, elle peut être provoquée par les performeurs tout autant que par les spectateurs. Cela sous-entend que le théâtre le plus traditionnel qui soit, basé sur un texte dramatique et qui cherche à créer une illusion de vérité, cherche du même coup à masquer sa performativité, à emporter les spectateurs dans la contemplation d'un ailleurs, à les happer. C'est la tentation qui est à l'œuvre dans les deux grands courants qui ont présidé à la conception du théâtre comme art, le naturalisme et le symbolisme, et

---

36 « Rappelons-nous cependant ceci, en toute humilité : jamais une improvisation n'atteindra l'écriture poétique d'un Shakespeare, d'un Claudel ou d'un Michel Garneau. L'inspiration littéraire exige un temps rarement compatible avec les intuitions rapides de l'improvisateur. Mais ce qu'elle perd en écriture poétique, l'improvisation le gagne en *vie* ! En intensité du moment ! C'est là son principal intérêt », écrit Robert Gravel, (Gravel, 1987, p. 32).

37 Il faut cependant remarquer, avec Keith Johnstone, que la compétition entre acteurs est partie prenante de la profession, bien que masquée. Dans ce sens, exhiber les structures compétitives permet de les dépasser : « *Theatresports can take jealous and self-obsessed beginners and teach them to play games with good nature, and to fail gracefully* », (Johnstone, 1999, p. 23).

on peut se demander si ce théâtre-là a jamais vraiment existé, sinon à considérer des formes très contemporaines qui relèvent autant du théâtre que de l'installation. Mais surtout nous pouvons affirmer à l'inverse que la valeur propre de l'improvisation, ce qui fonde sa spécificité par rapport à ce théâtre, c'est sa performativité, c'est-à-dire la possibilité, voire l'obligation pour des spectateurs de la reconnaître comme une performance. En-dehors de cette possibilité, le caractère improvisé de la représentation est remis en question : « *If the work is good, [...] there will always be someone in the audience who does not believe the performance was improvised*[38] » (Dudeck, 2013, p. 79). Ainsi, dans les articles que nous avons cités sur le Théâtre-Création, revenait parfois la critique que « Ce n'est pas vraiment improvisé [...] C'est comme au Music-Hall, il y a un truc[39] » ; lorsque l'improvisation marche trop bien, lorsque sa construction dramatique, et donc fictive, est aboutie et que sa théâtralité théâtrale l'emporte sur sa performativité, elle perd tout intérêt, esthétique du moins, en tant qu'improvisation, et ne devient rien d'autre qu'une bonne pièce – ce qui n'est peut-être déjà pas si mal[40] !

Cette dernière hypothèse amène plusieurs réflexions. D'une part si l'improvisation, en tant qu'elle est composition, vise la dissolution de son processus performatif dans l'œuvre aboutie, alors qu'il fonde sa valeur, pourquoi s'acharner à vouloir produire des spectacles d'improvisation ? La réponse fait sans doute intervenir plusieurs considérations qui ne sont pas qu'artistiques ; nous avons pu voir à travers l'exemple du Théâtre-Création une posture éthique et politique, et en plus d'examiner cet aspect à l'aune du théâtre contemporain, nous verrons ci-après quelques autres raisons, notamment économiques. Quoi qu'il en soit, l'ampleur de la pratique à travers le monde est telle que nous ne saurions tout à fait la considérer comme une hérésie complète. Mais retenons pour l'instant que pour qu'une improvisation soit goûtée comme telle, il faut qu'elle exhibe sa performativité. Et nous prendrons pour l'instant comme axiome, que nous tenterons de démontrer plus loin, que si improvisation

38 « Si le travail est bon, [...] il y aura toujours quelqu'un dans le public pour ne pas croire que le spectacle était improvisé ».

39 Colette Godard, *Le Monde*, 26 août 1971.

40 Keith Johnstone remarque également la nécessité, pour le TheatreSports, de jouer sur la corde raide, de montrer succès et échecs : « *sport displays a tug-o'-war between success and failure [...]. The excitement of sport is maximized when there's a fifty/fifty toss-up between triumph and disaster* », (Johnstone, 1999, p. 67).

il y a, il *faut* qu'elle se voie. Il faut que l'action d'improviser résiste à la tentation de s'achever, de produire une œuvre.

D'autre part l'improvisation met en tension de façon radicale une tendance à la représentation, donc à l'oubli du corps et des actions de l'acteur au profit de ceux du personnage qu'il crée, et sa performativité, qui au contraire met l'accent sur ces éléments – une mise en tension presque insoutenable. D'un côté « il y a incompatibilité entre le jeu de l'acteur et toute action, tout acte effectif [...] l'acteur est celui qui n'agit jamais » (Guénoun, 2005, p. 14, n. 7), de l'autre « le "faire" devient premier et constitue l'un des aspects fondamentaux mis en avant par la performance » (Féral, 2011, p. 118). Bien sûr quelque chose de cette mise en tension existe dans de nombreuses occurrences de ce que Féral appelle le théâtre performatif et Lehmann le théâtre postdramatique – elle existe aussi, en miroir, dans un théâtre où le quatrième mur est nécessaire, notamment quand on accuse les acteurs de cabotiner. Mais elle prend une tournure particulière dans le cadre de l'improvisation théâtrale, dans ce qu'on appelle aujourd'hui par cela, le théâtre d'improvisation ou l'impro, car celle-ci cherche toujours, et de façon quasiment exclusive, à retrouver le drame, à créer des personnages, à construire une fable, et à se conformer à une forme de théâtre, en peu de mots, aristotélicienne – contraire à sa nature d'avant-garde[41].

Ainsi pour gérer, en quelque sorte, son accointance embarrassante avec la performance, dans sa volonté presque farouche de se conformer davantage, pour ce qui est des processus spontanés auxquels il réfléchit, à l'image d'un théâtre des siècles passés, à un théâtre de l'écriture et des trois unités, qu'à celui qui caractérise les scènes actuelles, le théâtre

41 C'est une hypothèse : de là vient peut-être que les spectacles d'improvisation soient à ce point drôles, alors qu'il est rare que les promoteurs de ce théâtre cherchent avant tout à obtenir cet effet. Del Close écrit : « *Coming here to learn to make people laugh is absurd. To assume that making the audience laugh is the goal of improvisation is almost as absurd as assuming that you go to a dojo to learn how to kick somebody's face in. It just not true ! Still, they laugh. It is a side-effect of attempting to achieve something more beautiful, honest, and truthful, something that has far more to do with the theatre – which puts your attention on what is important about being a human in a community – as opposed to television entertainment, which is designed to take your mind off what is more important about your lives* », dans (Halpern, Close, & Johnson, 1994, p. 24-25). On pense alors à Bergson, au rire comme mise en évidence d'un décalage entre le vivant imprévisible et un fonctionnement mécanique qui tout à coup apparaît ; le mécanique, ce serait l'enchaînement dramatique, qui est celui, logique, de la cause à l'effet. Les improvisations non dramatiques sont de fait nettement moins drôles. Cela mériterait sans doute un plus grand développement, qui n'est pas notre objet principal ici.

d'improvisation, particulièrement lorsqu'il est de type *short-form*, tente de circonscrire le performatif à l'extérieur des moments d'improvisation, hors des *scènes*. C'est le sens que nous voyons dans les protocoles qui charpentent les spectacles d'improvisation, qui peuvent être eux-mêmes en partie improvisés mais obéissent à un rituel précis. En ceci l'improvisation qui tente d'être dramatique et se fait contaminer par le performatif, comme c'est le cas lors de *jeux* où l'improvisation doit répondre à une contrainte forte (abécédaire, scène sans *p*, etc.) ou, plus généralement, dans des formats de compétition, échoue fatalement à créer du drame ; car « la nature du drame réside dans l'enchaînement, la relation causale (nécessaire ou vraisemblable) qui accroche entre elles les actions selon la double série de la consécution et de la conséquence, un lien de nature logique, et non corporelle » (Guénoun, 2005, p. 82), alors que « c'est l'interrelation qui lie le performeur, les objets et les corps qui est première dans le théâtre performatif. C'est grâce à elle que celui-ci installe l'ambiguïté des significations, le déplacement des codes, le glissement de sens, autrement dit qu'il déconstruit la réalité, les signes, le sens, la langue » (Féral, 2011, p. 118-119). La performativité de l'improvisation déconstruit l'unité de ce qu'elle produit, et floute ainsi la perception du drame d'ensemble chez les spectateurs, voire l'opacifie.

Lorsque les défenseurs de l'improvisation théâtrale aujourd'hui ou des premiers temps concentrent leurs efforts sur l'aspect dramatique de leur travail, en reléguant sur les marges et dans des structures-cadres considérées comme anodines l'aspect performatif de cette modalité de production de spectacles, ils laissent donc impensée une partie de ce qui constitue réellement leur activité. Toute théorie et toute pratique de l'improvisation doit par conséquent se confronter aux questions qui jalonnent la théorie de la performance, c'est-à-dire : l'hybridation des formes et des modes d'expression (trans- et interdisciplinarité), le couplage jeu / non-jeu, et l'inscription de la performance dans un environnement. En particulier pour nous, dans les premiers temps du laboratoire que nous avons mis en place, cela impliquait de travailler non seulement sur la forme dramatique de l'improvisation, mais d'y inclure un travail sur la danse : « À la danse correspond expressément ce qui vaut pour le théâtre postdramatique en général : elle ne formule pas un sens mais articule *une énergie* ; elle ne représente pas d'illustrations mais un agir. En elle, tout est geste. Des énergies inconnues ou dissimulées jusqu'alors semblent se libérer du corps dansant. Celui-ci s'expose à la fois comme son propre message et en tant qu'élément profondément *étranger à soi-même* » (Lehmann, 2002, p. 265). Le travail avec la danse permet de prendre en charge la présence corporelle quand celle-ci n'est plus soutenue ou justifiée par le drame. C'est donc dans l'articulation entre construction dramatique et danse que se joue pour nous un des enjeux d'une improvisation théâtrale contemporaine et libre ; si le modèle hérité de la musique reste pertinent pour penser la théorie de l'improvisation libre, ainsi que nous le verrons, la danse nous permettra d'éclater concrètement le temps et l'espace afin d'ouvrir d'autres types de construction et de composition.

THÉÂTRE (D'IMPROVISATION) ENVIRONNEMENTAL

De tout ce qui précède découle que nous avons privilégié, dans le laboratoire de recherche sur l'improvisation, une approche trans- et interdisciplinaire[42]. Une interdisciplinarité qui induit la transdisciplinarité, car dans le dialogue des différentes cultures et pratiques de l'improvisation chaque performeur apprend petit à petit à enrichir son répertoire, à diversifier ses bandes de comportement dont parle Schechner, et à intégrer cette hybridation caractéristique de la performance à l'intérieur de sa propre improvisation. Mais un autre aspect de la notion de performance retient également notre attention, que nous allons maintenant examiner : son inscription dans un environnement donné.

La faculté exercée par les spectateurs de créer une césure dans l'espace pour faire advenir l'altérité, ou au contraire à maintenir présente la matérialité des corps et de l'espace qu'il perçoit, fonde, dans l'approche proposée par Josette Féral et que nous avons adoptée ici par commodité, la distinction entre théâtralité et performativité. Certes, comme dirait Patrice Pavis, « théâtralité et performance ne vont pas l'un sans l'autre, seul le dosage varie[43] » (Pavis, 2008, p. 40).

---

42 Nous distinguons les deux en ceci que l'interdisciplinarité implique de travailler à plusieurs sur le même objet avec chacun des outils disciplinaires différents, tandis que la transdisciplinarité implique d'utiliser soi-même ces différents outils pour arriver à une maîtrise complexe (au sens d'Edgar Morin) de cet objet.

43 Il continue : « Il faudrait inventer une *performise*, c'est-à-dire un concept de mise en scène qui dépasse l'acception habituelle de ce terme, articulée autour du passage du livre à la scène d'un texte, pour englober les actions de mise en place de la performance dans son ensemble ».

Mais jusqu'ici nous avons discuté de la performance du point de vue de ceux qui la font. Richard Schechner en donne une définition qui ne présage en rien de l'activité spécifique des acteurs : « la constellation de tous les événements, la plupart passant inaperçus, qui se produisent parmi les interprètes et les spectateurs entre le moment où le premier spectateur entre dans l'espace de jeu (c'est-à-dire la zone où le théâtre a lieu) et celui où le dernier spectateur en sort » (Schechner, 2008, p. 31). Il définit également trois autres cercles, que la performance contient et qui sont généralement inclus les uns dans les autres : le drame, le script et le théâtre. Pour faire court et selon un résumé que l'auteur lui-même critique, améliore et nuance : « Le drame est le domaine de l'auteur, du compositeur, du scénariste, du chaman ; le script est celui de l'enseignant, du gourou, du maître ; le théâtre est celui des comédiens et la performance celui du public », ou dit encore autrement : « le drame est l'œuvre de l'écrivain ; le script est la carte de l'intérieur d'un spectacle particulier ; le théâtre est l'ensemble des gestes faits par les interprètes au cours d'une représentation particulière ; la performance est l'événement dans son entier, et inclut le public et les interprètes (les techniciens aussi, ainsi que toute personne présente) » (*ibid.*, p. 32 et 48). Selon Schechner, c'est à la frontière de ces cercles, dont il reconnaît l'arbitraire, dans les mises en tension et en ambivalence de leurs caractéristiques que se situe l'avant-garde des années 70, qui a donné naissance à ce que nous avons appelé le théâtre postdramatique (ou performatif).

L'improvisation est un des outils par lequel ces tensions, ces frictions entre les différents cercles peuvent être mis en œuvre. Dans un modèle de théâtre aristotélicien, le drame guide l'ensemble du déroulement des trois autres aspects de la performance, quand bien même ceux-ci l'incluent et donc l'excèdent. Par l'improvisation, le théâtre, c'est-à-dire dans la définition de Schechner l'ensemble des actions concrètes qu'effectuent les acteurs pendant le spectacle, leurs gestes, leurs paroles, avec toutes leurs caractéristiques physiques, temporelles et spatiales, peut entrer en conflit ou en dialogue avec le drame et modifier le script ; dans une forme de théâtre où tout serait effectivement le produit de l'improvisation, c'est même de lui, et de sa relation avec la performance dans son ensemble, que découle la reconnaissance *a posteriori* d'un drame.

Pour illustrer l'usage que l'on peut faire des catégories de Schechner pour décrire un spectacle d'improvisation, nous prendrons l'exemple des

Essais, performance d'un mime d'après Montaigne, d'Émilien Gobard, à la conception duquel nous avons participé. Il s'agit d'un seul-en-scène où l'acteur, s'appuyant sur une technique de mime éprouvée, improvise des variations sur *Les Essais* de Montaigne. Gobard a sélectionné et appris un certain nombre de textes de cette somme monumentale – l'objectif improbable étant de les connaître tous à terme – et voyage dans ce corpus au gré de ses impulsions et de son imagination. La scénographie, adaptable à une multitude de lieux, demande une simple chaise ; celle-ci est à la fois outil de jeu pour le mime et pour l'acteur, le premier dans sa capacité à l'utiliser comme appui figuratif d'autres lieux ou d'autres objets (un cheval, une prison ou une matrice…), le second dans sa faculté à lui donner un sens pour elle-même (le bureau où Montaigne écrit, l'absence d'Étienne de la Boétie…). En régie, quand régie il y a, un technicien, ou plus généralement un complice, improvise les éclairages, installés pour l'occasion selon les capacités techniques du lieu et une évaluation des besoins possibles (face chaude et froide, quelques points isolés, quelques ambiances spécifiques…), et fournit des ambiances musicales et sonores. Il a aussi pour rôle de modérer la durée du spectacle, laquelle n'est pas fixe : une durée minimale est décidée avant la performance, mais celle-ci peut l'excéder suivant le degré d'inspiration de l'interprète et l'adhésion du public. Enfin, pour finir de décrire le fonctionnement de ce spectacle, mentionnons tout de même qu'il est structuré par deux éléments, dont la répétition lui assure une cohérence : d'une part une suite de gestes, une action mimée, que l'acteur choisit quelques minutes avant de rentrer en scène ; d'autre part l'adresse aux spectateurs, une adaptation de l'adresse au lecteur que Montaigne a placé en tête de ses *Essais* : « Ceci est un livre [spectacle] de bonne foi, lecteur [spectateur] »… Ces deux éléments agissent comme des matrices et des filets, des points d'ancrage auxquels Émilien Gobard peut revenir à tout moment dans son spectacle, et qui lui permettent en retour de repartir virtuellement à tout point de la constellation des textes de Montaigne.

Ainsi dans ce type de spectacle, rare mais certainement pas unique, l'improvisation est l'outil par lequel les catégories de Schechner et leurs articulations se trouvent revisitées : le script est l'élément le plus mobile, puisque cette carte de l'intérieur du spectacle dont il parle constitue l'essentiel de l'improvisation. En termes mathématiques, il n'y a plus inclusion du drame – qui reste, dans sa conception et l'essentiel de sa formulation, *Les Essais* de Montaigne – dans le script, mais une intersection et une disjonction non nulles de ces deux ensembles, chacun étant plus vaste que leur intersection. Le théâtre, s'il s'appuie sur les bandes de comportement dont Schechner parle dans son fameux article « La restauration du comportement » (*ibid.*, p. 397-463), qui ne sont en elles-mêmes ni nouvelles, ni répétées à l'identique d'un soir sur l'autre, dépend de la performance, dont la durée varie et pendant laquelle le public interagit fréquemment avec l'acteur.

Ce que la théorie de la performance selon Schechner nous invite à faire, c'est donc questionner la capacité de l'improvisation, en tant que mode de production de spectacles, à jouer avec ces différentes catégories. Car comme il le remarque : « Dans l'ensemble, le théâtre occidental d'improvisation [...] donne les moyens aux interprètes de fonctionner comme des dramaturges, finissant par arriver à une forme tout à fait orthodoxe reprise de soirs en soirs avec très peu, voire pas du tout d'inventions ou de permutations sur le vif » (*ibid.*, p. 47-48). C'est-à-dire, selon ses propres termes, que le *théâtre* n'y change quasiment jamais : comme dans les deux autres formes spectaculaires qu'il analyse dans ce passage, la danse et la musique traditionnelle balinaise et indienne, bien que la forme du spectacle d'improvisation offre théoriquement aux acteurs la possibilité d'être les auteurs de la performance, leur répertoire d'actions reste globalement le même, seul le *script*, l'agencement de ces actions, évolue éventuellement d'un soir à l'autre – quant au drame, paradoxalement, il ne varierait pas.

Il faut bien sûr remarquer que Schechner en 1973 a sans doute vu très peu de formes de théâtre d'improvisation, qui en sont à leur début, et n'en connaît sans doute que ce qui pouvait se voir à l'époque aux États-Unis, c'est-à-dire essentiellement les spectacles de Second City à Chicago, dans la filiation de Viola Spolin et Paul Sills. Mais sa remarque s'inscrit tout à fait dans le type de critiques que la *doxa* adresse fréquemment aux spectacles d'improvisation : ils sont incapables de produire de la nouveauté, et répètent toujours les mêmes procédés et les mêmes idées. Quelques éléments peuvent nous permettre de mieux comprendre pourquoi cette critique est récurrente, indépendamment de la qualité des improvisateurs et des types de spectacles qui sont considérés, et en quoi elle peut être dépassée.

Il faut tout d'abord remarquer que les spectacles d'improvisation, malgré « l'image convenue qui fait de ce mode de travail le lieu de toutes les libertés, où se déploierait, hors de toute contrainte esthétique et sociale, en pleine spontanéité, l'autonomie créative de l'acteur » (*Improviser*, 2007, p. 1), ne poursuivent pas nécessairement le but de créer de la nouveauté, mais visent en premier lieu à divertir, au même titre que n'importe quel théâtre à sketchs ou de boulevard. Leurs références sont héritées des médias de grande diffusion, la télévision ou le cinéma essentiellement, les bandes de comportement y empruntent largement. Nous avons même vu que l'essentiel des efforts des acteurs de l'improvisation théâtrale outre-Atlantique ont consisté à mettre en place des codes et des procédés pour rendre l'improvisation commercialisable, donc en partie prévisible.

Ensuite il faut interroger cette injonction à la nouveauté au théâtre, et la trouver suspecte. Après tout, cela ne peut que trop faire penser à l'impératif constant d'innovation qui accompagne notre notion de progrès et notre développement économique basé sur la croissance continue. Cela participe de « l'organisation de la rareté » dans le théâtre public dont a parlé Serge Proust (Proust, 2006, p. 30), et le développement de la logique programmatrice, la « festivalisation » de la production théâtrale, dont Olivier Neveux analyse les tenants et aboutissants[44]. Alain Knapp, dans nos entretiens, nous disait que la nouveauté en matière artistique est une escroquerie, une imposture ; la création s'appuie toujours sur l'histoire qui la précède, et le nier revient à en subir malgré soi l'emprise. Tréplev, dans *La Mouette* de Tchekhov, nous avait pourtant mis en garde : « le problème n'est pas que les formes soient anciennes ou nouvelles, mais qu'on écrive sans se soucier d'aucune forme, qu'on écrive parce que ça s'épanche librement du fond de l'âme ». Mais justement l'improvisation théâtrale, dans la majeure partie de ses occurrences, bien qu'elle vise à cet épanchement libre de l'âme, se soucie énormément de formes, et c'est peut-être là où elle manque son projet.

Nicolas Zaunbrecher a en effet identifié quatre catégories d'éléments structurels qui ne peuvent pas être improvisés dans les spectacles d'improvisation, et constituent donc des données qui en structurent de fait la spontanéité :

> *The specific instantiation of formal elements in a particular improv performance is what I call the show's "format". "Show form" takes place through adherence to limiting structures that then shape spontaneously produced content. In improv, nonspontaneous*

44 *Cf.* « Le théâtre saisi par le néolibéralisme », dans (Neveux, 2013, p. 21-26).

> *structures are always present. I identify four necessary categories of formal variables: 1) the company of performers ; 2) "venue" – the "when and where" the show occurs; 3) the relationship between performers and audience ; and 4) rules limiting choice in spontaneous action, whose possible forms are delimited by the particular instantiation of the first three categories*[45]. (Zaunbrecher, 2011, p. 51)

Les définitions de Zaunbrecher sont larges et tentent d'embrasser l'ensemble des formes possibles d'improvisation théâtrale, et de ce fait les dépassent : ces catégories de variables se retrouvent dans tout type de performance. Celles-ci ne sont pas uniquement physiques, mais font également intervenir des caractéristiques sociales et historiques, que portent en eux le lieu spécifique dans lequel cela se passe, les acteurs et le public. Ainsi, ayant explicité le détail des variables qui entrent dans chaque catégorie, il annonce que chacune doit prendre une valeur spécifique à chaque spectacle, que ce soit volontairement ou non. Zaunbrecher distingue encore les règles environnementales des règles structurantes[46], les premières embrassant les trois premières catégories de variables, et les secondes recouvrant la quatrième. Pour reprendre les cercles de Schechner, les règles environnementales se rapportent au couple théâtre/performance, et les règles structurantes au couple drame/script.

Ainsi y a-t-il œuvre d'écriture dans tout spectacle d'improvisation, avant même l'exécution d'une quelconque action par un quelconque acteur, avant même le début officiel de l'improvisation : elle consiste à allouer une valeur à ces différentes variables. Le drame qui se joue à travers le spectacle d'improvisation est déjà contenu dans son format, c'est-à-dire justement dans cette objectivation des variables du spectacle, et en particulier dans les règles structurantes. Il est pourtant rare que les variables attenantes au lieu, et en particulier dans sa dimension socio-historique, soient explicitées comme caractéristiques déterminantes du

45 « L'objectivation spécifique d'éléments formels dans un spectacle d'improvisation donné est ce que j'appelle le "format" du spectacle. "La forme du spectacle" se définit par adhésion à des structures cadres qui façonnent alors le contenu produit spontanément. En impro, des structures non spontanées sont toujours présentes. J'identifie quatre catégories nécessaires de variable formelles : 1) le groupe d'acteurs ; 2) "le lieu" – "où et quand" le spectacle se passe ; 3) la relation entre les acteurs et le public ; et 4) les règles qui limitent le vocabulaire d'actions spontanées, dont les formes possibles sont délimitées par l'objectivation des trois précédentes catégories ».

46 Ce sont nos traductions respectives de *situational rules*, souhaitant ainsi faire référence au Théâtre environnemental dont parle Richard Schechner, et de *Formative rules*.

spectacle, et influent sur le déroulement même de l'improvisation : les spectacles d'improvisation, dont l'archétype est le match d'impro, se passent le plus souvent dans des environnements créés[47], où l'influence du contexte trouvé sur la performance est mineure. Les désirs et objectifs de chacun des membres du groupe d'acteur sont également souvent supposés équivalents. Le TheatreSports de Keith Johnstone est un format qui, de ce point de vue, tente d'expliciter et de penser le fonctionnement de nombreuses de ces variables : chaque acteur se voit attribuer un rôle (joueur, juge, accessoiriste, etc.) en fonction de ses envies et de ses compétences ; ce sont les joueurs qui décident des jeux et des défis qu'ils proposent, explicitant ainsi les thématiques qui les intéressent ainsi que les variables de la quatrième catégorie ; le public et ses attentes sont entendues et prises en compte, à travers dans encouragements à applaudir ou huer selon les cas, et parfois des appel à thèmes ; mais le lieu, encore une fois, autrement dit l'environnement, n'intervient qu'à travers ses caractéristiques physiques.

L'hypothèse que nous avons voulu tester dans le laboratoire que nous avons mis en place est donc celle-ci : il est possible de définir les règles structurantes de l'improvisation à partir des règles environnementales, et seulement à partir d'elles. C'est-à-dire, en termes schechneriens, de faire en sorte que le drame et le script (l'écriture d'ensemble du spectacle) dépendent entièrement du théâtre et de la performance (des relations entre les acteurs, les spectateurs, les techniciens, et leur environnement). C'est le sens qu'il faut voir dans l'absence de référent qui caractérise l'improvisation dite « libre » : les référents dont il est question sont des règles structurantes. Cette orientation ne se définit pas uniquement en termes artistiques ou esthétiques, mais aussi politiques et économiques, comme nous allons le voir ci-dessous. En termes de recherche sur l'acteur en improvisation, il s'agit également de mettre à nu les mécanismes implicites à l'œuvre dans toute improvisation, de dépasser la prétendue nécessité de poser des règles pour que puisse s'épanouir une véritable liberté créatrice, en remarquant que quel que soit le lieu où l'on se trouve, avec qui que ce soit, les règles sont déjà posées – et en définir d'autres revient à les ignorer.

47 Schechner, dans ses « Six axiomes pour le théâtre environnemental », distingue l'environnement créé de l'environnement négocié, l'espace transformé de l'espace trouvé, *cf.* (Schechner, 2008, p. 132).

LA TECHNIQUE, L'ALTÉRITÉ ET LE RÉPERTOIRE

Ceci nous amène à faire une parenthèse, qui aura pour but d'expliciter la démarche que nous avons commencé à mettre en œuvre au laboratoire de recherche interdisciplinaire sur l'improvisation, puis développé dans des expériences ultérieures. Nous avons notamment insisté sur un aspect fondamental : la mise en place et le travail d'un répertoire personnel de l'acteur.

Ainsi que nous l'avons déjà rappelé, Schechner analyse la restauration du comportement, qui « est en réalité la caractéristique première de la performance », en termes de « bandes de comportement » (Schechner, 2008, p. 397). La répétition est le processus qui permet d'intégrer ces bandes de comportement, qui ne sont « ni miennes, ni pas miennes ». Ainsi nous pouvons supposer que si l'improvisation, tel qu'on l'entend dire parfois, fait intervenir les toujours même procédés, c'est parce qu'elle n'intègre pas souvent la répétition dans son processus d'entraînement.

René Passeron distingue cinq types de répétition : la répétition stérile, celle de Sisyphe, de l'esclave ou du prolétaire, qui ne débouche sur rien et épuise ; la répétition ascétique, celle du sportif ou du moine, qui vise l'amélioration de certaines compétences ; la répétition intégrée, celle de l'artisan qui modèle des matériaux, leur donne une forme, les travaille, dans une « conscience distraite laissée à l'expression d'un savoir-faire acquis par répétition inlassable » ; la répétition « avant », qui est celle de l'artiste, du créateur, à la recherche d'une forme correspondant à sa vision ou son intuition[48] ; enfin la répétition structurale, dans l'œuvre elle-même.

Où se situe la répétition de l'improvisateur ? L'écueil, dans lequel peuvent tomber les approches de l'improvisation qui privilégient le développement de compétences spécifiques dans des *jeux* ou des *exercices* donnés, particulièrement en vue d'événements qui calent leur dynamique sur la compétition sportive, est de privilégier une répétition *ascétique* : l'exercice développe des facultés spécifiques qu'il est possible de réutiliser efficacement dans des exercices de même nature au cours de l'événement

48 « Ici s'enchevêtrent deux modèles poïétiques de la répétition, celui de la répétition préparatoire qui parvient non sans difficulté à la perfection (relative) de l'événement préparé, et celui de la reprise interminable, à travers une longue suite d'œuvres, d'un modèle premier, d'un schéma dynamique (Bergson), entrevu lors d'une émotion initiale », (Passeron, 1982, p. 11).

théâtro-sportif, mais qui ne débouchent pas en elles-mêmes sur d'autres compétences dans d'autres cadres. Il y a restauration de bandes de comportement, faisant en ceci ressembler l'improvisateur à l'andréïde (*sic*) de l'*Ève future* de Villiers de l'Isle-Adam, dont le répertoire d'actions et de parole a été enregistré sur des rouleaux d'or par l'ingénieur Edison. On se souvient d'avoir relevé cet écueil dans les propos d'Alain Knapp, notamment lorsqu'il critique l'enseignement de l'art dramatique, où l'apprentissage de différentes techniques est morcelé. En fait, comme le dit René Passeron, « créer, c'est transgresser la répétition, quand elle va de soi » ou, pour aller plus loin :

> En fait, personne ne peut rien faire, rien produire, rien créer, sans donner place vivante aux réflexes du faire, à cette pratique d'où rien de neuf ne sortirait sans l'aide du micro-automatisme de la répétition intégrée. Cette répétition est au cœur de la création. Je veux dire qu'elle en est le rythme cardiaque. (*ibid.*, p. 10-11)

C'est-à-dire que, selon Passeron, créer implique d'avoir acquis un savoir-faire (par la répétition ascétique), de laisser ce savoir-faire s'exprimer sur un objet extérieur sans y prêter plus d'attention (répétition intégrée), tout en dirigeant son attention vers la transgression de cette répétition – l'acte créateur en propre. Il faut relever ici qu'il peut y avoir friction entre ce que Passeron nomme ici répétition *ascétique*, et ce qu'on a pu entendre par l'*ascèse* de l'acteur, notamment dans l'œuvre de Grotowski, laquelle est sans conteste créatrice. Leur point commun est que le sujet et l'objet de la répétition sont confondus ; il s'agit de se travailler soi-même. Cependant chez Grotowski cette ascèse est dépassée vers l'acte artistique et la répétition *avant*, justement, grâce à la confrontation à un répertoire et une mythologie.

Ainsi nous faut-il combattre deux fausses idées qui vont souvent de pair avec l'improvisation théâtrale : la première, que nous arrivons face à elle frais comme des œufs du jour, car c'est sur la reconnaissance de la technique particulière que nous avons développée, sur notre *ascèse*, que nous allons baser notre création ; d'autre part, que le travail de préparation de l'improvisateur est un travail sur lui-même, et sur lui-même seulement, car il modèle et façonne également un objet autre, qui est, pour reprendre la terminologie de Schechner, à la fois « non lui » et « non non lui », et que nous appelons son *répertoire*. En ceci, on voit que l'improvisation ne peut être à elle seule satisfaisante d'un point de vue artistique : pour constituer, approfondir et renouveler ce répertoire, l'artiste a besoin de travailler en atelier, c'est-à-dire de retrouver un temps de pratique et de réflexion à l'abri des contingences d'une production immédiate.

Ce double mouvement, de l'intérieur et vers l'extérieur, dont Dullin reconnaissait également l'importance[49], est particulièrement manifeste chez Émilien Gobard, dans le spectacle *Les Essais*, dont nous avons déjà fait plus haut la description détaillée. La confrontation de sa technique de mime, porteuse en elle-même d'un répertoire d'actions, et du texte de Montaigne, rend possible d'un soir sur l'autre l'avènement d'une véritable création, celle qui surprend autant le public que l'acteur. C'est également la grande force du spectacle *Notre terreur*, de la compagnie D'ores et déjà, que d'avoir travaillé en profondeur un répertoire étranger, car historique, lequel était absent du *Père Tralalère*, parcouru d'images assez banales concernant les mises en crise du cercle familial[50].

---

49 « À travers l'explication qu'il en donne (en 1945-1946) l'improvisation est donc pour lui une opération complexe accomplie en deux temps, concevoir et exprimer, dans laquelle l'action se décompose en : A– recherche de soi-même ; B– confrontation de ce soi-même avec le monde extérieur ». *Cf.* (Lorelle, 2007, p. 44).

50 Il nous semble par ailleurs que Sylvain Creuzevault part d'une fausse conception du drame, à sa décharge largement admise, qui voudrait que son moteur réside dans le conflit. À l'inverse, le travail de l'improvisation nous apprend autre chose : « *Students are taught that drama is conflict, but scenes based on conflict grind to a halt until the conflict is resolved, which it won't be – not if each improviser is determined to be the "winner"* », nous dit Johnstone, et il continue « *Beginners, especially teenagers, will leap onstage and start haranguing each other, or fighting. This harnesses their fear and negativity, but it creates boring scenes* », (Johnstone, 1999, p. 128). Par ailleurs, l'improvisation dont il est question ici est souvent – mais pas de la même manière ni de façon aussi marquée chez tous les acteurs – un prétexte pour banaliser les figures historiques et les ramener aux tics et à l'*habitus* des acteurs – non qu'il faille absolument leur conserver une image de héros inaccessibles, mais ainsi « il est possible d'émettre l'hypothèse que ce spectacle qui fait détour par l'histoire semble paradoxalement promouvoir une politique abstraite, comme épurée, de l'histoire », (Neveux, 2012, p. 59).

IMPROVISATION ET ÉCONOMIE LIBÉRALE

> Il faut manger pour vivre et non pas vivre pour manger.
> MOLIÈRE, *L'Avare.*

Si les formats permettent de cadrer la dimension performative de l'improvisation, garantir à cette activité hautement imprévisible une certaine efficacité, c'est aussi grâce à eux que cette pratique peut se développer et toucher une part toujours plus importante de personnes. Ils rendent la création accessible aux non-professionnels : pas besoin d'être acteur pour improviser sur scène. Cette idée est centrale dans de nombreuses formes de théâtre improvisé, ainsi que l'exprime Paul Sills : « *improvisational theater can use anyone where he is. So you can take any group of people and get into it, get them going with each other, and then they can entertain a crowd of people who've never seen them before*[51] » (Charles, 2003, p. 150). Une philosophie de laquelle on peut rapprocher les « contenus auto-édités numériques », pour utiliser la traduction d'Alain le Diberder de *user generated content*, qui constituent l'essentiel des contenus aujourd'hui produits sur Internet[52]. Là comme pour l'improvisation théâtrale basée sur des formats, contenu et forme sont dissociés, la forme est établie et des utilisateurs quelconques y insufflent le contenu qu'ils souhaitent – à l'intérieur des limites imposées.

Ainsi l'essentiel du théâtre d'improvisation, en France du moins, est-il aujourd'hui pratiqué non par des acteurs professionnels, mais par des amateurs. Mais il se pourrait bien que le théâtre d'improvisation soit, d'une certaine manière par nature, une activité d'amateur – ou en tout cas qu'existe une tension complexe entre la pratique de l'improvisation et l'activité d'artiste professionnel. Expliquons-nous. Nous avons déjà pu voir, dans notre premier chapitre, comment l'improvisation a joué

51 « Le théâtre d'improvisation peut prendre n'importe qui, là où il se trouve. Vous pouvez donc prendre n'importe quel groupe de gens et vous y mettre, faire en sorte qu'ils s'accordent, et ils peuvent divertir une foule de gens qui ne les avaient jamais vus avant ».

52 « *User generated contents* : retour aux sources ou révolution ? », dans (Greffe & Sonnac, 2008, p. 59).

un rôle, entre les XVIe et XVIIIe siècles, dans l'émergence des artistes de la scène comme corps professionnel, puis comment en retour la question économique avait influé sur la raréfaction du spectacle improvisé. Marie-Madeleine Mervant-Roux nous a par ailleurs informé sur le fait que la distinction entre acteurs amateurs et professionnels ne se joue pas vraiment dans la qualité de leur prestation ou dans le fait d'être rémunéré : « Faire du théâtre en amateur, ce n'est pas faire le même théâtre que le professionnel, gratuitement et plus gauchement. C'est sans doute avoir moins de "métier" puisque, statistiquement, l'expérience est bien moindre. C'est, sans doute, ne pas en vivre, et ne pas même le tenter. Mais l'écart décisif concerne la nature de la scène dramatique où l'on joue, sans solution de continuité avec la scène du social » (Mervant-Roux, 2004, p. 14). Autrement dit, ce qui fonde la distinction entre professionnel et amateur, c'est que ce dernier fait partie du tissu social dans lequel il joue, dans lequel il occupe une fonction précise qui n'est pas mise à mal par son activité théâtrale, quand le professionnel vient de l'extérieur, en étranger qui ne fait que passer et dont la fonction est toute esthétique.

L'improvisateur se situe nécessairement entre les deux. David A. Charles analyse en détail comment de nombreuses formes de théâtre improvisé incluent fortement, au sein même de leur esthétique, l'espace social, que ce soit à travers des formes qui font intervenir directement les spectateurs et leurs histoires sur scène (Théâtre Forum, Playback Theatre, Life Game), ou à travers l'esprit de communauté qui structure assez largement l'improvisation à Chicago, où de nombreux groupes (Annoyance, ImprovOlympics…) choisissent expressément de ne pas développer leur art en le coupant de toute question économique pour ne pas le dénaturer (Charles, 2003, p. 134-191). La métaphore sportive, partout fortement présente, avec ses équipes, ses stars et ses supporters, contribue également à développer une communauté où tout le monde se connaît, où les spectateurs sont également acteurs, et où l'improvisateur est rarement tout à fait « celui qui arrive du dehors » (Mervant-Roux, 2008). Un spectacle d'improvisation constitue souvent tout autant un événement social qu'esthétique, dont les acteurs et les spectateurs font partie au même titre.

La situation économique de l'improvisateur professionnel est donc en grande partie paradoxale, car son activité brouille les frontières entre l'espace social et l'espace esthétique. Elle est en ceci contraire à un théâtre institutionnel, dont « l'appellation théâtre public manifeste l'affirmation de la suprématie progressive des enjeux esthétiques » (Proust, 2006, p. 9), dans l'ensemble incapable d'être dans une relation dynamique au contemporain et à la société ; les impératifs de production et de coproduction, les temporalités qui leur sont propres l'empêchent de concevoir des formes en dialogue immédiat avec la société. Il est en effet rare de voir jointes dans une même démarche artistique les pensées esthétique et sociale, celles-ci étant souvent séparées en représentation/médiation/animation.

Les questions que nous aimerions aborder maintenant sont donc les suivantes : qu'est-ce qui fonde donc la survivance économique de l'improvisation théâtrale en tant que genre ? Comment celle-ci se fonde-elle dans l'économie libérale, et comment lui résiste-elle par ailleurs ?

Rappelons au passage que l'argument économique faisait partie des raisons qui ont poussé Alain Knapp à développer son approche de l'acteur-créateur, ainsi que les spectacles d'improvisation. Même s'il reconnaissait que l'investissement nécessaire afin de former des acteurs capables de créer des personnages spontanément était énorme, il espérait trouver là un moyen pour l'acteur-créateur, et *a fortiori* un groupe d'acteurs de cette sorte, de se libérer économiquement de la nécessité d'adopter les vues d'un tiers, de se soumettre à l'arbitraire des distributions et aux caprices des metteurs en scène, et de trouver dans le contact direct avec un public les moyens de sa subsistance. Au regard de la courte existence du groupe, nous doutons de l'efficacité de cet investissement dans le cas du Théâtre-Création. Les difficultés financières, et en particulier l'absence de perspective économique durable au niveau local, n'ont fait que précipiter sa fin.

SITUATION DES ACTEURS EN FRANCE, BREF ÉTAT DES LIEUX

Étant fortement impliqué dans la création théâtrale depuis le début des années 2000, nous sommes bien placé pour connaître l'état de crise dans lequel se trouve le secteur du spectacle vivant en France. La mobilisation massive des intermittents du spectacle en 2003 pour tenter de sauver leur régime spécifique d'indemnisation chômage[53], les accords

53 Laquelle, on s'en souvient, avait conduit entre autres événements à l'annulation du Festival In d'Avignon et plongé le Off dans la déroute – un événement qui a déjà fait couler beaucoup d'encre et ne manquera pas de marquer pendant longtemps les études sur l'économie et la politique du spectacle en France. *Cf.* par exemple (Sinigaglia, 2012).

maladroits et controversés qui en ont résulté, sans pour autant mettre ce régime à l'abri des critiques et des remises en cause, la reconduction d'année en année des conflits sociaux autour de cette question, et les appels constants de la profession en faveur d'une hausse ou, au pire, d'une meilleure répartition des aides publiques, sont des indicateurs de cette crise : le paysage théâtral français est en effet pris en tension entre une offre foisonnante et extrêmement créative, et une précarité bien réelle de la plupart de ses acteurs.

Or nous savons bien que « les salaires des artistes constituent la masse la plus lourde des dépenses d'une entreprise de spectacles quelle qu'elle soit » (Leroy, 1980, p. 160). Philippe Henry dresse le tableau de la situation économique des très petites entreprises que sont la majeure partie des entreprises de spectacle, ainsi que des différents intermittents et permanents de ce secteur[54]. Sa grande adaptabilité et sa souplesse, rendues possible par l'utilisation de Contrats à durée déterminée d'usage[55], et à peu près vivables en France grâce au régime de l'intermittence, va de pair avec une augmentation « d'une offre très diversifiée, [...], qui excède la demande malgré la densification du territoire en équipements culturels » (Urrutiaguer, 2009, p. 109). Ce sont surtout les artistes qui en font les frais : toujours plus précarisés, ce sont souvent les derniers à être rémunérés dans les compagnies émergentes dites semi-professionnelles, qui préfèrent investir dans certains postes techniques et l'administratif, deux cases budgétaires qui peuvent à terme apporter de la rentabilité.

Ainsi le constat demeure, malgré des améliorations certaines au cours de la deuxième moitié du XXe siècle : les artistes de théâtre sont fragiles. L'échelle de production normale, encouragée par les modes de subventionnement qui émanent du ministère de la culture (et de la communication) est celle du projet, modalité typique du néolibéralisme (Boltanski & Chiapello, 1999, p. 154-238) : sauf exceptions, souvent teintées de militantisme (Théâtre du Soleil, troupes permanentes de CDN, etc.), un metteur en scène ou un producteur fait appel à des acteurs pour une durée de création et d'exploitation d'un spectacle qui

54 « Chapitre 1, Une activité professionnelle structurellement mouvante », (Henry, 2009, p. 23-36).

55 « Type de contrats dont l'utilisation est strictement réglementée à certains secteurs d'activité, caractérisées par une durée libre pouvant ne pas excéder une heure, une exonération des primes habituelles de fin des contrats à durée limitée, la capacité de réemploi d'un même travailleur sans délai de latence », (Henry, 2009, p. 31).

varie entre trois mois et deux ans, puis les relâche. Dans le meilleur des cas, ils sont rémunérés pour les répétitions et les représentations – mais cela est loin d'être la norme, malgré une législation par ailleurs claire : l'essentiel de l'aide à la création émanant des pouvoirs publiques étant absorbés par les grandes structures, la plupart des créations de petites compagnies exigent un mélange d'activités bénévoles et rémunérées, dans des proportions variables. À la fin du contrat, charge aux artistes d'en trouver un autre, selon des procédures pour le moins incertaines : « l'emploi artistique – et plus généralement l'emploi dans les mondes artistiques – ressort d'un mélange de talent et de compétence, de chance et de capacité d'insertion dans des réseaux » (Henry, 2009, p. 32). Autrement dit, le talent et la compétence seuls ne suffisent pas.

L'acteur est de nos jours l'archétype du travailleur de l'économie ultralibérale qui s'impose comme modèle mondial : il est flexible, mobile, jetable. Il ne peut par ailleurs compter que sur sa propre réputation et sur des rencontres directes, des lignes de *curriculum vitae* ne lui assurant pas beaucoup d'avantages concurrentiels pour la recherche d'un nouvel emploi dans un secteur où le facteur humain est déterminant. Le régime spécifique d'assurance chômage de l'intermittence, au titre de la solidarité interprofessionnelle, a été mis en place pour justement lui permettre de vivre décemment dans un contexte de forte variabilité de l'emploi. Au fur et à mesure de l'accroissement de l'influence du patronat sur les gouvernements français, à la faveur des différentes crises financières, ce régime a été fortement fragilisé, ne réduisant pas le nombre d'artistes mais les plongeant dans une précarité toujours plus grande – nombre d'entre eux voient en effet cela comme une opportunité de développer des projets plus satisfaisants artistiquement sans nécessairement recevoir pour cela une rémunération directe (Corsani & Lazzarato, 2008). Cela ne compense pourtant pas la dépendance fondamentale de l'acteur vis-à-vis du choix d'un metteur en scène, de sa décision de l'engager ou non – dépendance qui existe certes dans tous les secteurs d'activité, mais que rend d'autant plus forte et problématique l'absence de garantie sur le long terme et la brièveté des contrats.

Nous voyons donc se dessiner ici deux tranchants sur la hache économique de la faculté d'improvisation : d'un côté, celle-ci garantit à l'acteur une certaine indépendance par rapport aux institutions, lui permettant de développer son travail quand bien même il n'aurait pas à disposition les réseaux professionnels adéquats ; mais d'un autre côté, cette même indépendance, prise dans le cadre d'une économie de marché, où le voilà sommé de répondre en toute hâte à toutes sortes d'injonctions et de commandes, ne devient guère plus qu'un argument de vente, un point fort sur un CV, un outil dans d'autres mains que les siennes pour le rendre toujours plus malléable, flexible et jetable.

L'ACTEUR, AUTONOME OU AUTO-ENTREPRENEUR ?

Il paraît nécessaire et urgent de remettre les clés de la maison théâtrale aux acteurs, de les doter (ou qu'ils se dotent eux-mêmes) des moyens de pratiquer leur art seuls et indépendamment d'une quelconque autorité, de créer directement au contact du public, et de se regrouper avec d'autres acteurs afin de proposer une activité qui leur soit propre. Ces moyens doivent être tout autant économiques qu'artistiques.

Les acteurs n'acquièrent pas, dans la grande majorité des cas, les outils de leur indépendance artistique au cours de leur formation. Comme en dresse le constat Farid Paya, auteur et metteur en scène :

> Le cursus d'enseignement d'un acteur français est ridiculement insuffisant. L'acteur n'apprend pas à bouger, à chanter, à connaître les styles théâtraux ni l'histoire de l'art. Il reste souvent l'objet du metteur en scène, par principe et à tort, le maître des savoirs. Cet acteur soumis a perdu le sens de la révolte et n'a pas les outils d'investigation nécessaires pour exercer sa liberté de parole artistique. (Controverses, 2000, p. 234)

Paya parle ici essentiellement de la possibilité pour les acteurs de créer leurs propres spectacles qui, comme la plupart des activités créatrices (écriture, mise en scène…), est encore peu enseignée en France, même si cela commence à bouger – nous sommes encore en ceci tributaires de l'image romantique du créateur qui reçoit la grâce de l'inspiration. Les cours dispensés au Conservatoire national supérieur d'art dramatique sont à ce titre assez révélateurs : la plupart des cours ne semblent exiger aucune démarche créatrice de la part des élèves – au sens où nous l'entendons à la suite de Knapp – mais paraissent viser à l'acquisition de techniques, de compétences et de savoirs déconnectés les uns des autres. Bien sûr il ne faut pas négliger la finesse et le talent des différents pédagogues, ni surtout la part que prend l'élève à sa propre formation – et cette école, comme d'autres, encourage les travaux d'élèves pendant lesquels on a vu quelques individualités créatrices fortes développer leur potentiel. Mais l'improvisation, telle que nous pouvons la comprendre à la suite de notre travail sur Knapp, en tant qu'outil spécifique de création d'un acteur qui ne dépend pas de la maîtrise d'une technique particulière, mais peut les intégrer toutes et exige de lui qu'il *s'engage*, est la grande absente de ce programme de cours – de même qu'elle l'est dans la plupart des écoles publiques de théâtre, qu'elles soient nationales ou régionales[56].

Celles-ci, dans leur majorité, préfèrent organiser les études d'une part autour de différentes composantes techniques « fondamentales » à acquérir comme autant de compétences diverses, d'autre part autour d'ateliers-spectacles, avec des intervenants extérieurs, qui viennent l'espace de quelques mois mettre en scène un projet, et repartent. En même temps qu'un objectif de développement des capacités individuelles d'adaptation dans un environnement professionnel où se multiplient les formes de spectacle et les approches de la mise en scène, le but d'une telle organisation des études est clairement de doter l'élève-comédien d'un ensemble d'outils, et de maximiser ses chances de rencontrer des artistes de renommée nationale et internationale qui seront susceptibles de l'engager dans la suite de sa carrière. L'acteur est ainsi d'emblée immergé dans un cursus qui reproduit le fonctionnement déconnecté et aléatoire du métier de comédien.

Il est clair que la stratégie adoptée ici ne vise pas à développer l'autonomie de création des acteurs, et ne les arme pas suffisamment pour affronter la réalité d'un métier morcelé – c'est-à-dire pour la supporter, la survoler, pour la vivre sans la subir. Une formation publique qui serait centrée sur les facultés créatrices de l'acteur, comme l'est encore l'École Lecoq ou la Scuola Teatro Dimitri en Suisse, et non sur sa seule capacité à interpréter des textes, le doterait explicitement des moyens de survoler l'incertitude structurelle du secteur. Il lui permettrait de *s'engager*, au lieu d'attendre qu'*on l'engage*. Nous insistons sur la nécessité qu'une telle formation le soit gratuitement, publiquement. Le caractère de *service*

56 L'ENSATT (École nationale supérieure des arts et techniques du théâtre) fait peut-être exception, avec les cours de Sarkis Tcheumlekdjian, ainsi que l'Académie de Limoges et l'École supérieure d'art dramatique de Paris depuis la direction pédagogique de Jean-Claude Cotillard. Remarquons aussi que l'ENSATT impose aux élèves un exercice, les « Essais », pendant lequel ils disposent des outils techniques et artistiques de l'école pour mettre en place un spectacle dont ils choisissent et assument entièrement les enjeux, la forme et la réalisation. .

public d'une formation de l'acteur qui intègre la démarche créatrice de celui-ci nous semble évident, notamment dans les liens historiques que les recherches sur l'improvisation théâtrale entretiennent avec la notion d'éducation populaire[57]. Indépendamment de cela, il nous paraît relever du domaine public d'encourager la recherche et la création, plutôt que de favoriser plus ou moins implicitement, à l'intérieur même des écoles publiques, un *habitus* de nature néolibérale.

Les problématiques de l'acteur-interprète telles que Knapp les avait analysées à la fin des années soixante restent donc aujourd'hui prégnantes, et ce malgré un discours qui dans l'ensemble a largement assimilé la notion d'acteur-créateur. Nous ne pouvons comme lui que militer pour une pédagogie qui vise une réelle indépendance créatrice, telle qu'il l'avait envisagée en particulier dans son projet pour la Haute école de théâtre de Suisse romande. Cette indépendance artistique n'implique pas nécessairement d'être capable d'improviser devant un public, la création d'un acteur pouvant très bien se développer à partir d'un texte (ce qu'elle fait la plupart du temps) ou d'une image, d'un matériau, de même que parallèlement toute forme d'approche de l'improvisation ne garantit pas non plus cette indépendance – celles qui l'assujettissent à la maîtrise technique d'une forme particulière ou d'un *idiome*, comme le mime, le masque. L'improvisation *efficace*, celle des matchs, du ComedySportz, et de la répartie, ne nous semble pas non plus une solution.

L'improvisation est en effet souvent utilisée et enseignée dans les entreprises, auprès des managers et des consultants, pour gagner en assurance dans la prise de parole en public, pour le bien-être des corps et la créativité – cette forme homéopathique de la création… Une certaine idée de l'improvisation théâtrale participe pleinement d'un processus éducatif qui vise à faire de tout un chacun un couteau suisse, capable de tout, *performant*, flexible au point d'être incapable de refuser, incapable d'être incapable, ce qui est la plus sournoise des aliénations[58].

57 *Cf.* par exemple « L'intermède de la culture populaire, T.E.C. 1944-1946 » dans (Lorelle, 2007, p. 131-164).

58 Nous citons encore Agamben : « Il est arrivé à Deleuze de définir l'opération du pouvoir comme l'acte de séparer les hommes de ce qu'ils peuvent, c'est-à-dire de leur puissance. […] Il y a, cependant, une autre opération du pouvoir, plus insidieuse, qui n'agit pas immédiatement sur ce que les hommes peuvent faire – leur puissance –, mais sur leur impuissance, sur ce qu'ils ne peuvent pas faire, ou, plus exactement, sur ce qu'ils peuvent ne pas faire », *cf.* « Sur ce que nous pouvons ne pas faire », (Agamben, 2009, p. 77-80).

L'improvisation dont nous parlons, pour la conception de laquelle nous reconnaissons complètement l'influence de Knapp, ne présuppose pas de technique corporelle ou vocale spécifique, même si elle s'appuie nécessairement sur une technique ; elle développe une attention constante, lente et minutieuse, au caractère propre de l'acte créateur et à son inscription dans un contexte – elle demande de développer pour chacun une posture éthique, une démarche d'artiste engagé dans son œuvre, et en ceci engagé dans l'espace social.

LE GROUPE POLYVALENT

Mais nous avons vu que cette indépendance ne peut pas être seulement artistique, elle doit être redoublée d'une approche économique, sans quoi l'improvisation et la faculté créatrice des acteurs n'est rien d'autre qu'un avantage concurrentiel dans la course à l'emploi. Mais quelle approche économique ? Le secteur des arts du spectacle semble déjà submergé par l'offre alors que les canaux de diffusion sont insuffisants[59]. Examiner quelques modèles économiques liés à l'improvisation, et en quoi ils se différencient des modèles liés à la production traditionnelle de spectacle, va nous permettre de donner quelques pistes de solution. Ainsi nous penserons l'économie d'une compagnie de théâtre d'improvisation selon trois angles : dans un contexte où elle est soumise à l'économie de marché ; dans son rapport aux pouvoirs publics et les subventions qui peuvent en émaner ; enfin dans une hybridation de ses activités, et dans une optique qui ne pense pas la création des spectacles indépendamment de leur inscription dans une vie sociale et politique.

Aujourd'hui, il existe des troupes d'improvisation théâtrale professionnelles, mais en assez faible nombre : si le site http://www.improticket.com en recense soixante-neuf en France, dont une trentaine sur la région parisienne, ces données restent très approximatives et ne sont pas fiables quant aux critères qui distinguent ceux qui se déclarent professionnels ou amateurs. Nous pouvons néanmoins en citer quelques-unes où les comédiens vivent exclusivement ou principalement de leur activité avec cette compagnie : Inédit Théâtre (Strasbourg), les Improbables (le Havre), Impro Infini (Brest-Bretagne), Et Compagnie, Amadeus

59 Voir « Partie IV, Ajuster offre et demande : quels enjeux ? » dans (Urrutiaguer, 2009, p. 109-134), ainsi que (Henry, 2007).

Rocket ou les Schyzos (Lyon)... Une étude de fond sur leur économie et leur organisation manque encore ; celle-ci ferait sans doute apparaître des réponses extrêmement variées au problème de financement de ce type de troupe, et n'est pas l'objet principal de notre travail. Nous ne pouvons que conjecturer, sur la base des données disponibles sur le site susmentionné, quelles en seraient les conclusions :

1. l'activité principale des troupes d'improvisation est la création de spectacles basés sur l'improvisation. Rares sont celles qui proposent également des pièces de répertoire ou des créations collectives plus abouties ;
2. la plupart des troupes professionnelles complètent leur activité par des activités d'enseignement et de *coaching*, à destination des entreprises, des écoles ou en organisant leurs propres ateliers pour amateurs ou à visée professionnelle ;
3. les comédiens de ces troupes ont d'autres activités, dans le domaine culturel ou autre.

Loi du marché

En première approche, les spectacles d'improvisation paraissent une panacée du point de vue de la production dans une économie de marché : le temps de répétition est nul, abstraction faite de l'entraînement et de la formation initiale, ce qui tord le coup (et le coût) à la loi de Baumol (Baumol & Bowen, 1966) ; cela peut se faire *a priori* sans investissement de décor et sans équipement technique et lumineux particuliers, et donc se jouer virtuellement dont tout type de lieu ; il n'y a pas de droits d'auteur à payer, pas de droits patrimoniaux qui leur soit attaché, alors que ceux-ci représentent une ponction pouvant aller jusqu'à 15 % de la recette des théâtres ; la distribution est flexible, l'indisponibilité d'un comédien n'est pas un problème pour la tenue du spectacle ; ils peuvent être reproduits « au différent » (par opposition à l'expression « à l'identique ») d'un soir sur l'autre, le public ayant ainsi la possibilité de revenir plusieurs fois de suite.

Plusieurs forces viennent contrecarrer cette adaptation idéale du spectacle d'improvisation à l'économie de marché. D'une part les handicaps liés au paiement de droits patrimoniaux ne sont en réalité pas absents des spectacles d'improvisation : la mise en scène et la conception d'un format particulier constituent une forme d'écriture qui peut donc être déposée et placée sous copyright. C'est le cas pour la plupart des formats créés par Keith Johnstone, comme le TheatreSports, le Gorilla Theatre, le Life Game et le Micetro, dont les licences sont gérées par l'International Theatresports Institute à Calgary, ainsi que le match d'impro dont les droits sont gérés par les éditions Gravel/Leduc. Cela peut donc surtout devenir un avantage économique pour les concepteurs d'un format particulièrement populaire, ainsi que l'a été ce dernier, mais il faut reconnaître que les données structurelles d'un format étant parfois très sommaires, une légère modification suffit pour inventer un nouveau concept, libre de droits. Ainsi en témoigne Anne-Sophie Desmonts :

> Si le match a été la première forme d'une mise en scène de théâtre d'improvisation, de nombreux concepts ont vu le jour depuis et notamment le « Catch-impro » inventé par Inédit Théâtre en 1998 en réaction à ce problème des droits d'auteurs sur le match d'improvisation. Il s'agit d'un dérivé du match d'improvisation, mais dans une forme plus simplifiée, davantage adaptée aux professionnels. Inédit Théâtre ne fixe alors pas de droits d'auteurs mais impose seulement aux compagnies de citer le nom d'Inédit Théâtre lors de toute prestation de « catch impro ». (Desmonts, 2010, p. 27)

Par ailleurs il serait illusoire de croire qu'un spectacle professionnel, au prétexte qu'il est improvisé, échappe tout à fait à l'exigence de recherche esthétique dont est empreint le théâtre contemporain, et donc d'investissement en temps de répétition, en matériel et en main d'œuvre. Quand bien même il s'agirait de développer une esthétique du dépouillement, du minimalisme, les spectacles d'improvisation sont soumis à la même exigence d'innovation et de qualité plastique que le reste de la production théâtrale – à moins d'explicitement la refuser, car comme dirait Jacques Livchine : « Aujourd'hui, faire de l'art, c'est faire de l'image pour les médias[60] ». Nous avons pu voir un certain nombre de spectacles d'improvisation qui se réalisaient dans une scénographie parfois complexe. Le développement d'un nouveau « format » demande toujours par ailleurs un certain investissement de temps, afin d'en peaufiner les règles, d'en maîtriser le fonctionnement, d'en intégrer le langage. Et les formats restent, pour les troupes d'improvisation théâtrale, la meilleure façon de vendre des spectacles, que ce soit auprès de

60 « Annexe 4 » dans (Proust, 2006, p. 256).

théâtres, de comités d'entreprise ou du public : en encadrant par des structures précises et inamovibles les moments d'improvisation, ils sont capables de proposer un produit identifiable et, en cela, monnayable.

Car sinon, comment toucher un public ? Et dans ce cas, comment échapper à un effet *low cost* ? Car Xavier Dupuis ne nous donne guère d'autres alternatives : « Comme les autres secteurs économiques qui se sont pliés à la régulation marchande, le spectacle – en l'absence des subventions – aurait donc connu une évolution naturelle qui aurait abouti à deux types de productions pouvant vivre sans le soutien public : une production standardisée et banalisée et des productions plus limitées, plus coûteuses, voire rares et somptuaires pour les formes artistiques les plus achevées et les plus coûteuses » (Dupuis, 2013, p. 61). L'exemple type de la production standardisée est pour lui la comédie de boulevard ou encore les *musicals* américains ; le produit de luxe est en quelque sorte le Cirque du Soleil, le spectacle hautement technique et maîtrisé qui crée son propre standard, et fait payer l'entrée très cher. Où se situe le spectacle d'improvisation dans ces deux pôles ? Il ne peut pas être coûteux, rare et somptuaire, achevé en tout point. Pour subsister dans l'économie de marché, il ne lui resterait donc que la standardisation. L'improvisation théâtrale possède en effet toutes les caractéristiques de l'art *populaire* que Florence Dupont énumère : « une codification formelle très forte, la passion du détail et de la variante, la recherche de l'exploit et de l'événement, l'émulation entre artistes et, enfin, le goût du consensus quel qu'il soit » (Dupont, 2007, p. 83).

Nous avons déjà argumenté que l'improvisation entretient des liens étroits avec une certaine idée de démocratisation de la culture. Mais la question que nous posons ici en filigrane est celle de la *qualité* du spectacle d'improvisation, de ce en quoi elle réside effectivement, puisque de cela dépend aussi sa valeur marchande : se mesure-t-elle par son aboutissement esthétique, ou par la nature du lien qui se crée entre les acteurs et le public ?

Une des hypothèses plus ou moins implicites de la « fatalité des coûts » du modèle de Baumol est que les produits du secteur archaïque sont substituables par des produits du secteur progressif ; en matière d'arts vivants, cela reviendrait à reporter l'ensemble des pratiques de consommation artistique vers un secteur dont la reproductibilité technique assure une amélioration de la productivité, c'est-à-dire l'audio-visuel.

Mais outre que Baumol a également montré que l'audio-visuel lui-même n'échappe pas à la fatalité des coûts, il est indéniable que le spectacle vivant possède une valeur sociale et subjective qui le rend difficilement substituable à une quelconque autre activité médiatisée. Comme le remarque Philippe Henry :

> De par la coprésence physique des différents acteurs de ce jeu, le spectacle vivant ouvre la possibilité d'un espace immédiat d'échange et d'appréciation, spécialement avant et après le moment spectaculaire proprement dit. Ce double agencement relationnel permet une expérience sensible, vécue individuellement et à plusieurs. Il donne l'occasion d'une expression et d'une réflexivité partagées. (Henry, 2009, p. 41)

Le spectacle d'improvisation, plus que tout autre spectacle, est unique. Il a une forte capacité d'écoute et de réactivité face à un public, et il exacerbe un sentiment de risque et de performance, liant les spectateurs et les acteurs sur scène d'une façon que les spectacles vivants concertés arrivent peu souvent à reproduire. Il peut ainsi acquérir une valeur symbolique sans commune mesure avec la représentation d'un texte préexistant. Ainsi une autre piste pour la survie d'un spectacle d'improvisation à l'intérieure d'une économie de marché est de tirer de l'environnement (spatial, temporel, historique, social…) toutes les données et structures dans lesquelles elle se déploie ; c'est de cette pertinence spécifique par rapport à un lieu et une population donnée que l'improvisation acquiert une valeur marchande qui n'a rien à voir avec la qualité des prestations de service traditionnellement associées au *low cost.* Loin de standardiser, elle permet au contraire d'être au plus proche des publics, d'être aux petits oignons pour eux, de rendre accessible en quelque sorte un produit de luxe à toutes les bourses, ce qui demande bien sûr une formation d'acteur plus profonde et complète. Pour citer encore une fois Philippe Henry :

> Le mode contemporain de développement conduit à une décontextualisation accrue des œuvres d'art vis-à-vis de leurs conditions initiales de production et de réception. Insérées dans un flux permanent de propositions, sans commune mesure avec les siècles précédents, les œuvres d'art font l'objet d'une attention désormais plus dispersée, dans laquelle leur aura première tend à disparaître. Ce phénomène est devenu plus perceptible suite à l'industrialisation de certaines pratiques artistiques au XXe siècle. *A contrario* et de par sa nature même, le spectacle vivant continue à montrer la possibilité d'une réactivation des

> conditions d'un ici et maintenant attractif et focalisant, où l'œuvre d'art peut retrouver une aura forte. Celle-ci sera le résultat des expériences esthétiques et du renouvellement constant des conditions de réception des œuvres par les publics. (*ibid.*, p. 53)

D'autres modèles de financement privé, c'est-à-dire sensibles à la billetterie, sont donc à imaginer en ce qui concerne l'improvisation. En particulier, elle permet de ne pas constituer une communauté *a posteriori* face au spectacle, mais de s'adresser à des communautés qui existent déjà : ville, quartier, comité d'entreprise, association, foyer socio-culturel… Ainsi le mode de la souscription, qui s'est assez largement déployé dans le monde de l'auto-édition, serait à envisager ; une forme de commande qui viendrait des publics, et non des institutions. Ou encore le financement participatif, ou *crowdfunding*, qui s'est développé ces dernières années à la faveur de l'outil Internet. Cette belle idée est centrale dans la *Lettre au directeur du théâtre*, de Denis Guénoun, qui écrit : « me trouver dans l'obligation, respiratoire et nutritive, de débattre avec eux de ce que je veux faire, avant de le faire, et de m'entendre avec eux sur le fait de le faire, sur le choix que je leur propose, sur son prix, sur les moyens d'acquitter ce prix » (Guénoun, 1996, p. 73) ; et si « le théâtre coûte, exactement, l'argent dont il dispose, [s'il] faut le faire avec autant exactement qu'en procure le besoin de ceux à qui on s'adresse » (*ibid.*, p. 75), l'improvisation, l'indépendance créatrice des acteurs, est un outil essentiel pour achever cette rencontre. C'est ce projet qui est à l'origine de notre propre compagnie, le Théâtre persistant, créée à Villeurbanne en 2014.

Cela demande bien sûr d'avoir tissé des liens avec une population donnée, d'avoir développé un ancrage solide ou d'avoir acquis une certaine renommée. Ainsi l'exprimait Knapp : « nous aimerions […] que le public vienne, parce qu'il sait que dans ce théâtre il n'y a pas l'étiquette de tel auteur ou de tel metteur en scène, mais un théâtre vivant qui est en relation directe avec une société, et qui lui présente avec élégance, avec style, avec une certaine qualité spécifiquement théâtrale, ses problèmes les plus intéressants et pas forcément les plus tragiques » (Knapp, 1968b, p. 31). L'avantage étant que cette renommée est attachée aux compétences de la troupe dans son ensemble, et non à un projet particulier.

Le subventionnement

Et ainsi paradoxalement, en examinant les atouts du spectacle d'improvisation dans une économie de marché, ce que nous avons fait apparaître ne tient plus tellement du rapport marchand au spectacle. Celui-ci n'est plus une entité isolée qu'il s'agirait de choisir et consommer parmi d'autres possibilités, en fonction de ses goûts et de ses centres d'intérêts, mais un événement qui se déroule à l'intérieur d'une communauté et auquel on se rend comme à une fête. Guénoun encore l'exprime ainsi : « Alors, que la représentation advienne, immarchande, décapitalisée, monstration de ce qui manque au cœur là de ce qui est, poétique, pensante, et donc *gratuite*, bien sûr » (Guénoun, 1996, p. 76). On pourrait alors s'étonner que Guénoun donne des raisons, dans le même temps, pour éviter tout recours au financement d'État pour ce genre d'entreprise, tant l'apport privé n'apparaît pas forcément comme le plus justifié, et tant on pourrait légitimement attendre des pouvoirs publics qu'ils soutiennent une telle démarche de création et de présence artistique sur un territoire.

Si les choses ont évolué depuis les années 1970, car il est aujourd'hui possible de toucher des subventions pour des créations collectives et des spectacles qui ne s'appuient pas sur un texte, les modes d'attribution des aides publiques dans le spectacle vivant, lesquelles restent indispensables pour le développement du langage artistique d'une compagnie et de son implication locale sur la durée, restent centrés sur le projet et n'encouragent toujours pas les initiatives qui placeraient l'improvisation au cœur d'une démarche artistique. Depuis 1999, où « Catherine Trautmann a supprimé [...] les aides annuelles aux compagnies théâtrales pour lutter contre le saupoudrage des subventions[61] » (Urrutiaguer, 2009, p. 104), deux modes de subventionnement existent au niveau du Ministère de la Culture, par l'entremise de la Direction régionale des affaires culturelles : le conventionnement pour une durée de trois ans, ou bien l'aide au projet. Celui-là ne peut être obtenu sans celle-ci.

Ainsi il est rare de voir des troupes d'improvisation toucher des subventions pour la création de spectacle, bien que, comme nous l'avons

61 Celles-ci n'ont d'ailleurs pas été supprimées pour les compagnies chorégraphiques et les ensembles musicaux, des domaines où les projets faisant intervenir l'improvisation sont beaucoup plus courants et mieux acceptés. Il serait intéressant d'en connaître l'interdépendance, si elle existe.

vu plus haut, mettre en place un spectacle d'improvisation demande une activité d'écriture et de mise en scène qui puisse faire l'objet d'une réflexion et d'une démarche artistique évaluable par les pouvoirs publics – et certains arrivent à le faire valoir. Une telle situation est absurde : une fois le conventionnement obtenu, il serait plus aisé à une troupe d'improvisateurs de satisfaire à l'exigence qui est alors posée par l'institution, à savoir créer au moins deux spectacles en l'espace de trois ans, pour un minimum de 120 représentations. Il existe par ailleurs d'autres catégories de subventionnement, dans les collectivités locales comme à la DRAC, qui, au titre de l'action culturelle, la citoyenneté ou encore la démocratie participative, peuvent soutenir des projets spécifiques mettant en jeu l'improvisation. Reste que cette distinction entre action culturelle d'une part et culture d'autre part porte en elle une idéologie, qui est celle de l'indépendance de l'artistique et du sociopolitique, qu'il serait légitime de remettre en question.

Dans le processus habituel de production des spectacles, celui-ci est créé avant de savoir si une demande existe ; il la crée ou non, par sa qualité, par l'ampleur de sa réception critique et le succès des premiers jours d'exploitation :

> En effet, ce qui est décisif, ce sont les premières représentations au cours de la phase que les professionnels désignent comme étant celle de la "création". À ce moment là, l'œuvre est donnée à voir aux différents agents les plus professionnalisés du champ : les partenaires – concurrents, la presse, les financeurs publics. Le jugement ayant été prononcé, les autres représentations perdent l'essentiel de leur intérêt pour la plupart des artistes de la production considérée, les comédiens exceptés. (Proust, 2006, p. 30)

On voit en quoi l'improvisation, comme mode de production des spectacles, permet de redistribuer les cartes : elle participe à la fois d'une inflation de l'offre et d'une injonction à l'innovation, qui sont le domaine du théâtre public, et demandent d'être attentif à la demande d'un public spécifique, de capitaliser sur le succès d'une troupe particulière, comme dans les théâtres privés. Ainsi le mode de fonctionnement que nous explicitions plus haut, par souscriptions, voire par micro-mécénat, permet de contourner la question de la subvention ; en fondant l'économie du spectacle non sur le couple production/vente, mais sur le don, et grâce aux dispositifs de défiscalisation qui accompagnent cette action désintéressée, la subvention peut être attribuée non sur décision des instances dirigeantes mais par mobilisation populaire. Un principe que l'on retrouve à la base de la création des AMACCA, Associations pour le maintien d'alternatives en matière de culture et de création artistique.

La multiplicité d'activités : un exemple

Concluons ce survol par un exemple plus concret de la manière dont une troupe d'improvisation professionnelle peut aujourd'hui survivre sans pour autant ne produire ou reproduire que des formats standardisés. Nous proposons de prendre l'exemple de Et Compagnie, une compagnie lyonnaise qui existe depuis 2002 et dont tous les comédiens tirent l'essentiel de leurs revenus de ses activités[62].

La troupe, composée de neuf comédiens, lesquels sont tous intermittents, organise un ensemble de prestations qui ont toutes en commun la pratique et l'enseignement de l'improvisation :

1. Des spectacles : *Bazar*, un concept où les acteurs improvisent avec des objets que les spectateurs leur apportent, est présenté toutes les semaines. Quelquefois, ils reprennent le *Catch-Impro*, d'autres formats longs, etc., qu'ils présentent à l'occasion de festivals, sur invitation. Ils jouent également un concept pour jeune public, *Hissez-haut*, ainsi qu'un projet socio-culturel, *Philtre*, où les acteurs sillonnent un quartier pendant une journée, recueillent des informations et histoires auprès des habitants du quartier et jouent le soir pour eux un spectacle gratuit ;
2. Des festivals : à l'automne *Spontanéous*, où pendant une semaine la troupe et ses invités s'essaient à des concepts souvent inédits, pensés en rapport avec une thématique d'ensemble (cette année : les croisements avec les autres arts) ; *Le mondial d'impro* au printemps, où pendant deux jours, à la Bourse du Travail de Lyon, viennent s'affronter en catch-impro des équipes venues des quatre coins du monde francophone ;

62 Nous tenons les statistiques des membres de la troupe eux-mêmes qui ont bien voulu nous les communiquer. Merci à eux, et en particulier Antinea Dugua et Jean-Luc Colin. Par ailleurs celles-ci datent de l'écriture de notre travail de thèse en 2013 ; aujourd'hui, Et Compagnie s'est restructurée, certains comédiens ayant quitté la structure pour fonder Amadeus Rocket. Cette nouvelle compagnie fonctionne *grosso modo* de la même manière que ce que nous décrivons ici.

3. Des ateliers : initiation et perfectionnement en cours hebdomadaires ou en stages ;
4. Des prestations en entreprise : des spectacles, impostures, saynètes mises en scène, restitutions de séminaire, dans le cadre de grandes réunions ou de congrès.

La plupart de leurs ressources proviennent de cette dernière catégorie d'activité : les ventes de spectacles en entreprises atteignent 60 % des revenus de la compagnie, quand la billetterie sur les spectacles *Bazar* et le festival *Spontanéous* ne concerne que 15 % des rentrées d'argent. Les revenus des activités d'enseignement sont entièrement dédiés à la rémunération des salariés permanents (une administratrice et un comptable à temps partiel) ainsi qu'au paiement du loyer des différents locaux qu'ils utilisent. Enfin ils reçoivent des subventions à hauteur de 20 % de leurs recettes : le festival *Spontanéous* est soutenu par la région Rhône-Alpes, la ville de Lyon et la Spedidam[63], et le projet *Philtre* reçoit également des aides de la région, la ville et la DRAC au titre du volet culturel de la politique de la ville.

Cet exemple illustre les deux tendances qui permettent la survie économique d'une troupe d'improvisation : d'une part l'utilisation de formats identifiables et reconnus en eux-mêmes, comme le catch-impro ou le spectacle *Bazar*, qui restent dans le pur domaine de l'esthétique (ou du divertissement) ; d'autre part une renommée locale, qui s'est construite sur la durée grâce aux différents formats mais permet de les dépasser, pour mettre en place des modes de création qui mélangent l'artistique et le social, que ce soit au sein d'entreprises comme au sein de quartiers et d'associations.

À l'issue de ce chapitre, nous pensons avoir donné des raisons suffisantes pour penser qu'il est nécessaire de réhabiliter et réinvestir la notion d'acteur-créateur aujourd'hui, et que ni les pratiques actuelles de l'improvisation théâtrale, ni les formations traditionnelles de l'acteur ne nous permettent à elles seules de le faire vraiment. Notre acteur-créateur, qui acquiert une certaine indépendance économique en augmentant ses compétences et ses facultés de création, les enrichit d'un enracinement éthique, et retrouve de ce fait certaines caractéristiques de l'acteur

63 Société de perception et de distribution des droits des artistes-interprètes.

selon Alain Knapp : il développe une connaissance approfondie de sa technique, de son répertoire, et tente de s'inscrire dans un contexte qu'il ne peut connaître qu'imparfaitement. Mais il incarne également une pensée du théâtre et de l'improvisation qui ne se limite pas au narratif, qui ne prend pas seulement pour modèle l'écriture dramatique, mais développe également ses possibilités scéniques selon des dimensions spécifiquement performatives.

Nous pouvons donc résumer les principes hérités de ces considérations esthétiques, économiques et politiques, qui sont devenus les jalons des expériences que nous avons menées pendant plusieurs années :

1. une approche interdisciplinaire ;
2. la définition des variables structurantes de l'improvisation par les variables environnementales ;
3. un accent porté sur la démarche individuelle plutôt que sur la formation d'un collectif ;
4. des recherches sur le répertoire.

Plus que le seul laboratoire que nous avons mis en place à Paris spécifiquement pour travailler à ces questions, c'est à travers un parcours de recherche et professionnel plus riche au cours de ces dernières années que ces principes se sont trouvés approchés et éprouvés. La mise en œuvre pratique et l'analyse du laboratoire sur l'improvisation que nous avons mené entre novembre 2011 et juillet 2013, ainsi que de ces quelques autres expérience qui lui sont liées, font l'objet du chapitre suivant.

EXPÉRIMENTATIONS ET EXPÉRIENCES

De la théorie à la pratique

> Il est assez fréquent de voir des historiens du théâtre confrontés à des témoignages du passé sans avoir une expérience suffisante des processus artisanaux du spectacle. Ils risquent ainsi de passer à côté de l'histoire, se contentant d'accumuler les déformations de la mémoire : sans connaissance personnelle du théâtre, il est impossible de les interpréter, il est impossible d'arriver à une image vivante et autonome de la vie théâtrale, et de son sens à d'autres époques et dans d'autres cultures.
> Eugenio BARBA

Ce chapitre entend rendre compte de diverses expériences et expérimentations[1] que nous avons réalisées afin de développer notre propre approche de l'improvisation théâtrale, et dans laquelle la notion de liberté joue un rôle central. La première de ces expériences, le laboratoire interdisciplinaire de recherche sur l'improvisation, autrement appelé « lab'impro », a été explicitement développée afin d'ancrer la recherche théorique que nous entreprenions dans le concret ; d'autres s'y rapportent de façon plus latérale, mais permettent d'autant mieux de cerner certains aspects importants de notre problématique.

Faisons la liste de ces expériences : le lab'impro d'abord, dans ses deux versions, d'abord un espace de recherche assez informel où un

1 Nous faisons entre ces termes une distinction qui se loge surtout dans l'intentionnalité de celui qui les réalise : l'expérimentation est mise en place afin de tester explicitement plusieurs hypothèses spéculatives, quand l'expérience vient incidemment renseigner une dimension de ces hypothèses.

groupe composé d'une trentaine de personnes plus ou moins assidues a travaillé pendant deux ans sur l'improvisation interdisciplinaire, puis sur l'improvisation « libre », au sens où aucun référent préalable ne vient la structurer ; une tournée en Sancerrois avec le Collectivum Musonia, un ensemble de musiciens néerlandais, qui a été l'occasion d'expérimenter sur une improvisation contextualisée ; la compagnie Dynamythe à Lyon, avec laquelle nous avons prolongé notre travail de laboratoire sur l'improvisation, en le doublant d'un objectif politique et social, d'un travail plus profond sur le répertoire personnel et de nombreuses expériences d'interaction avec les spectateurs. Nous les convoquerons au gré de la discussion.

Nous diviserons ce chapitre en deux parties. D'abord nous ferons l'examen détaillé du cadre pratico-théorique que nous avons choisi et qui nous inspire encore. Outre la notion d'acteur-créateur selon Alain Knapp, qui continue à nous guider, celui-ci s'articule principalement autour du travail des *perspectives* formalisé d'abord par Mary Overlie, puis développé par Tina Landau et Anne Bogart[2]. Cette approche a représenté pour nous un formidable outil pour prolonger la notion de *scrutation*, telle que nous l'avons explicitée précédemment en examinant la théorie d'Alain Knapp, à une pratique du théâtre qui ne se cantonne plus au champ dramatique, c'est-à-dire à la création de fable et de personnages, et pour l'ouvrir au dialogue entre les arts performatifs.

En seconde partie, nous aborderons les aspects plus contextuels. Nous parlerons en effet jusqu'alors essentiellement de technique ; perception de soi, des autres et de son environnement immédiat. La place du public, son rapport au groupe des improvisateurs et le travail sur le répertoire personnel seront au centre de nos préoccupations. Nous nous appuierons notamment sur la notion d'*étude*, héritée de Stanislavski, pour la proposer comme une notion matrice de toute improvisation.

Comment, en improvisation, faire dialoguer dans la spontanéité des formes d'art distinctes, qui portent en elles-mêmes des langages différents, sans les subordonner toutes à l'une d'entre elles ? Comment faire se rencontrer un répertoire (personnel) avec un contexte (partagé), la fonction esthétique de la scène et la fonction sociale de la salle ? Telles sont les deux principales questions que nous nous poserons dans ce chapitre.

2 *Perspectives*, que nous écrirons toujours en italique pour désigner cette signification précise, est la traduction que nous utilisons pour le terme anglais *viewpoints*. Nous la préférons à la traduction plus littérale de « points de vue » : le mot « point » semble trop statique et offrir moins de profondeur de champ.

LES SIX *PERSPECTIVES* : STRUCTURE POUR UNE RECHERCHE PRATIQUE

Le travail sur les *perspectives* est une méthode d'approche analytique de la représentation et de la création scénique. Elle permet de développer son potentiel de création en concentrant son attention sur une dimension précise de la performance, en la déconstruisant : temps, espace, émotions, formes, mouvement et narration sont abordés séparément, autant que faire se peut, puis assemblés de nouveau.

Cette pensée, qui s'est par endroit cristallisée en technique, est née de la période des années 1960-1970, où un mouvement global de protestation et de révolution que nous avons largement décrit a modifié en profondeur la façon dont les artistes ont pensé leur inscription dans le monde et leurs modes de travail. C'est en particulier le Judson Church Theater qui a constitué le terreau fertile de ce travail. Là, dans une église de Washington Square à New York, se réunirent des musiciens comme John Cage et Philip Corner, des peintres, et des danseurs tels que Yvonne Rainer, Trisha Brown, David Gordon, Lucinda Childs, Steve Paxton ou encore Simone Forti. Développant une démarche postmoderne avant l'heure, ces artistes menèrent un certain nombre d'expériences où tout était pensé pour fonctionner démocratiquement : aucun pouvoir des uns sur les autres ne souhaitait s'exercer, aucune forme d'expression (*e.g.* la musique) ne devait prédominer sur une autre (la danse), ni le corps sur l'objet. Anne Bogart et Tina Landau résument ainsi leur goût de l'expérimentation : « *They rejected the insistence by the modern dance world upon social messages and virtuosic technique, and replaced it with internal decisions, structures, rules or problems. What made the final dance was the context of the dance. Whatever movement occurred while working on these problems became the art*[3] » (Bogart & Landau, 2005, p. 4).

Malgré l'importance de ces principes et du Judson Church Theater pour la théorie des *perspectives*, c'est une chorégraphe et danseuse qui ne

3 « La danse moderne insistait sur des messages à caractère social et la virtuosité technique ; ils la rejetèrent et la remplacèrent par des décisions internes, des structures, des règles et des problèmes. La danse finale était faite du contexte de la danse. Tout mouvement qui apparaissait pendant le travail sur ces problèmes devenait l'art ».

participa que tardivement à leurs activités qui en développa la première le vocabulaire : Mary Overlie. Également influencée par Anna Halprin et Barbara Dilley, avec laquelle elle mit en place un groupe de danse uniquement composé de femmes, le Natural History of the American Dancer, elle inventa les *perspectives* comme un langage pour nommer « *what theater is made of*[4] ». Mary Overlie résume aujourd'hui *The Six Viewpoints* dans l'acronyme SSTEMS : *Space, Shape, Time, Emotion, Movement and Story*[5]. Elle enseigna sa découverte et son langage pendant toute sa carrière, et influença ainsi de nombreuses générations d'artistes de la scène, dont Anne Bogart et Tina Landau. Celles-ci ont ensuite développé le langage original d'Overlie pour décrire plus précisément neuf *perspectives* physiques (relations spatiales, réponse kinesthésique, forme, geste, répétition, architecture, tempo, durée, topographie) et cinq *perspectives* vocales (hauteur, dynamique, accélération/décélération, forme, geste, etc.). Nous avons d'abord été initié à cette approche particulière à travers l'enseignement de Janett Buckland à Rhodes University, en Afrique du Sud, qui s'inspirait du livre de Bogart et Landau, *The Viewpoints Book* ; nous choisissons néanmoins ici d'adopter la structure des six *perspectives* définies par Mary Overlie, qui nous fournissent un cadre théorique plus ample et moins technique. En particulier : les questions d'émotion et de narration n'apparaissent pas explicitement chez Bogart et Landau. Leur approche est plus restrictive, dans le sens où elles s'intéressent avant tout aux *perspectives* utiles pour le travail avec des acteurs, dans le cadre de la composition de spectacles et la mise en scène de textes. Certains aspects sont donc largement pris en charge par la direction.

Avant de passer dans leur livre à l'examen détaillé de leurs particularités, Bogart et Landau définissent ainsi le cadre général des *perspectives* :

---

4 « Ce dont le théâtre est fait ». Nous avons eu la chance de rencontrer Mary Overlie à New York University, où elle enseigne à l'Experimental Theatre Wing de la Tisch School of the Arts. Nous avons discuté de façon assez informelle – ce qui fait que nous n'avons ni enregistrement ni transcription de cet entretien –, puis elle nous a invité à assister à certains de ses cours. Nous avons pris quelques notes, et Mary ayant assez peu écrit, ses propos proviendront soit de notre rencontre, soit de son site internet http://www.sixviewpoints.com. Ses proches lui ayant fait comprendre qu'Anne Bogart et Tina Landau s'étaient un peu trop approprié le travail sur les *perspectives*, elle était en train d'écrire un livre sur son travail au moment où je l'ai rencontrée. Mais elle n'est sans doute pas près de le finir…

5 En français, nous pourrions écrire les six *perspectives* en EMFETH : Espace, Mouvement, Forme, Émotion, Temps et Histoire.

- *Viewpoints is a philosophy translated into a technique for (1) training performers; (2) building ensemble; and (3) creating movement for the stage.*
- *Viewpoints is a set of names given to certain principles of movement through time and space; the names constitute a language for talking about what happens onstage.*
- *Viewpoints is points of awareness that a performer or creator makes use while working*[6]. (*ibid.*, p. 7-8)

Alors que les deux premiers points ont guidé l'organisation des séances du lab'impro dans un premier temps, c'est surtout à cette troisième définition que nous avons fait appel dans sa deuxième version. À un premier niveau, le travail des *perspectives* consiste à explorer ses limites naturelles, les réflexes physiques que nous avons acquis quant à l'espace, le temps et la voix au fur et à mesure de nos expériences sociales et artistiques, et à les remettre en question. Ces *perspectives* existent donc dans tout type de performance, même si on ne s'en inquiète pas ; il s'agit avant toute chose de les nommer, d'associer des termes à des éléments qui ont toujours existé afin de pouvoir réfléchir et travailler plus en profondeur, et partager avec d'autres artistes cette grille de lecture et d'analyse. C'est un outil pratique autant que théorique, créatif autant que critique – ce qui pour nous est précieux.

LA DANSE COMME ARTICULATION

Ce cadre théorico-pratique, en ceci qu'il prend ses racines dans la danse pour ouvrir sur des dimensions qui ne s'y limitent pas, se rapporte aux aspects du théâtre performatif que nous avons mis en avant au chapitre précédent. D'abord l'accent est mis sur la perception ; c'est ici l'environnement qui guide l'action, c'est lui qui donne les solutions, et non ce que nous aimerions pouvoir y projeter arbitrairement. Ensuite il fait bouger les frontières entre les disciplines, permet de les faire travailler les unes avec les autres, les unes par rapport aux autres. Les *perspectives* offrent une grille de lecture du théâtre qui ne

6 « – Les *perspectives* sont une philosophie traduite en une technique pour (1) entraîner des artistes performatifs ; (2) fédérer un ensemble ; et (3) créer du mouvement pour la scène. – Les *perspectives* sont un ensemble de noms donnés à certains principes du mouvement à travers le temps et l'espace ; ces noms forment un langage pour décrire ce qui se passe sur scène. – Les *perspectives* sont des points sur lesquels un acteur ou un créateur peut porter son attention pendant qu'il travaille ».

prend aucune décision préalable sur la forme qu'il doit prendre, si ce n'est cette définition minimale que, à la suite de Christian Biet et Christophe Triau, nous avions adoptée en introduction : « un exercice vocal et gestuel *adressé* ». Chaque art performatif, dans ce cadre, apparaît comme une pratique spécialisée de ce théâtre générique, qui met l'accent tantôt sur une *perspective*, tantôt sur une autre. La danse, par exemple, portera sa recherche en priorité sur le mouvement ; les arts graphiques et plastiques sur les formes et l'espace ; la musique se sentira à l'aise dans le temps ou les questions de formes – encore que cet exemple mette en évidence qu'il faudrait peut-être ajouter une *perspective* sonore ; l'art de l'acteur enfin sera focalisé sur la dramatisation et les émotions. On pourrait ainsi dessiner des nuages dans un graphique à six dimensions, ou plutôt, en termes physiques, des champs de force et des zones de densité, pour définir une topologie des formes performatives : une cartographie, où l'on verrait les différents arts performatifs non plus comme des disciplines séparées – un terme d'ailleurs d'origine douteuse dans le champ artistique, tant celui-ci se rapporte davantage aux sciences –, mais comme des pratiques similaires, faisant usage du même médium (la scène), et plus ou moins happées par certaines *perspectives* communes à toutes les performances. Cette théorie constitue donc pour nous un outil précieux pour comprendre l'interaction, le dialogue et la confrontation entre les arts.

Comme nous l'annoncions plus haut, les perspectives offrent un point de ralliement avec la scrutation selon Alain Knapp, une continuité et en même temps un dépassement de cette notion : elles engagent à aller chercher hors des zones de confort, à questionner réflexes et habitudes. En ceci, elles sont un outil de connaissance et d'exploration, elles apprennent à *scruter* les données de la performance, à motiver ses actions à partir ce que l'on perçoit, à tirer parti de ce qui est déjà présent, sans chercher à ajouter de nouvelles matières. Mais elles ne se concentrent pas uniquement sur l'aspect dramatique de l'événement théâtral, lequel devient un aspect parmi d'autres ; elles font entrer dans l'équation des dimensions proprement performatives, ce qui est concrètement là et non seulement ce qui est représenté. Et ce qui nous conforte dans l'idée qu'un tel travail était en germe au Théâtre-Création, même s'il n'était pas formalisé de cette manière, ce sont ces improvisations abstraites que les acteurs réalisaient dans leur entraînement quotidien, et souvent en prologue aux soirées d'improvisation, où l'attention était portée sur « le corps en tant que forme, le corps en tant que volume dans l'espace, comme une sorte de sculpture qui se serait déplacé[7] ».

Ainsi donc, nous l'avions annoncé au chapitre précédent, la danse apparaît dans ce cadre comme un outil précieux pour aborder l'improvisation collective libre au théâtre. C'est par elle que les corps acquièrent une qualité nouvelle, une sensibilité à l'espace et au mouvement, et c'est elle, à ce qui nous semble, qui peut faire le plus librement office de liant entre ces différentes *perspectives*. Cela tient peut-être au simple fait que cet outil a d'abord été développé par une danseuse, mais il y a aussi une raison plus fondamentale que nous avions isolée précédemment : la danse peut ne rien représenter, n'être que pure présence et énergie sur scène. En ceci, elle offre des ponts concrets, des façons de traverser l'espace performatif lorsque le langage dramatique se fissure, lorsqu'un musicien souhaite évoluer dans l'espace, lorsqu'il s'agit de prendre appui sur des éléments minimaux, les objets, les corps, la gravitation.

C'est particulièrement au cours de la première version du lab'impro que nous avons exploré cet aspect, notamment lors des séances réalisées avec Marguerite Papazoglou, qui enseigne l'improvisation dansée à l'École normale supérieure, où nous nous retrouvions. Les séances du 7 janvier et du 2 juin 2012 ont été à ce titre particulièrement fructueuses. Lors de la première, nous avons largement expérimenté sur les différentes *corparolités*[8], qu'elles se laissent voir pour elles-mêmes (image) ou tente d'infléchir le parcours des autres (action), et les façon de les faire interagir, dialoguer ou se confronter. Une improvisation, que nous reconstruisons de mémoire, peut aider à faire sentir comment cela peut fonctionner : Selma et moi avons commencé par installer à deux une situation simple, un jeune couple qui visite un appartement. Marguerite nous a rejoint, d'abord dans un contrepoint dansé, qui n'interagissait pas directement avec notre histoire. Très vite il est question d'enfants, de fonder une famille. Est-ce la danse de Marguerite qui introduit un trouble, est-ce la réserve de Selma, une fine interaction entre ces deux choses ? Il devient clair que cet espoir d'enfant

7 *Cf. infra*, p. 159.

8 Nous avons défini ce néologisme avec Alain Knapp. C'est un mot qui nous permet de penser l'expression du corps et celle de la voix non comme deux choses distinctes, mais comme fondamentalement liées.

sera déçu, que le couple est stérile. L'action se déplace ailleurs, Marguerite entre dans le champ de l'histoire, elle devient pour mon personnage un échappatoire, il commence à danser avec elle.

Cependant, la séance du samedi 2 juin nous offre un exemple plus précis d'en quoi la danse a été pour nous un apport précieux, en cette occasion appuyée par la contrebasse de Lonneke Regter. Pour commencer, notre échauffement, en se concentrant sur des endroits spécifiques du corps et sur les relations dynamiques qui s'instaurent entre eux, a mis l'accent sur la cohérence que notre corps possède en lui-même, sur la sensation interne de cette cohérence. Une sensation que nous avons ensuite prolongée à l'ensemble du groupe par un exercice par lequel Anne Bogart et Tina Landau introduisent « la réponse kinesthésique, qui permet de développer une sensibilité accrue aux mouvements, sons et altérations qui adviennent dans l'environnement[9] ». Notre sentiment est que de cette sensation de cohérence, à la fois personnelle et collective, dépend la cohérence de l'improvisation, et non d'un ensemble de règles de composition que nous tenterions de lui appliquer spontanément. C'est elle qui permet d'être en permanence, pour reprendre les mots de Dullin, en relation avec « la voix du dehors » et « la voix du dedans ». Ce samedi 2 juin 2012, nous avons donc réalisé une improvisation libre longue, d'une durée d'environ une heure, où se sont succédé plusieurs tableaux : des images de guerre, de répression, une petite comédie musicale sur la lapidation, et pour finir une scène dialoguée, qui met en jeu une mère qui tente en vain de se débarrasser en forêt de son loup-garou de fils.

La danse pose cependant un problème pour que s'exprime une *corparole* active, une présence et une parole dramatique : celle-ci peut facilement nous enfermer dans une expressivité physique de l'ordre de l'image qui empêche qu'un rapport fictif se mette en place entre les différents acteurs. Pour que puisse apparaître un dialogue, il nous a semblé nécessaire d'atteindre d'abord un certain apaisement de la matière physique, que le mode de grande réactivité sensorielle dans lequel l'improvisation physique nous met atteigne un point d'épuisement. En ceci, la dernière partie de l'improvisation, qui s'est réalisée sur un mode dramatique, était exemplaire : notre dialogue était parcouru de spasmes de danse, interrompu par elle puis récupéré dans le même mouvement.

9 Nous décrirons cette notion et cet exercice un peu plus loin.

Tous ces aspects, considérés rétrospectivement, mettent en évidence pourquoi les *perspectives* avaient pour vocation de constituer le socle de notre expérimentation au lab'impro. Ayant pris connaissance assez tardivement de l'approche de Mary Overlie, c'est d'abord selon le système proposé par Anne Bogart et Tina Landau que nous les avons introduites auprès d'une partie des participants lors de la séance du samedi 3 décembre 2011, et continué à les exploiter ensuite. Mais, conformément aux considérations exposés ci-dessus, ce sont celles identifiées par Mary Overlie qui ont guidé l'organisation de la dernière mouture, en juin-juillet 2013 ; ce sont donc elles que nous allons maintenant examiner une par une, pour tenter de cerner plus précisément en quoi elles peuvent être utiles et comment nous avons travaillé avec elles.

LE TEMPS

Nous connaissons bien, depuis Saint-Augustin à Stephen Hawking en passant par Bergson, les difficultés que nous pouvons avoir à penser le temps, sans le rapporter métaphoriquement à l'espace et lui conférer, ce faisant, une réversibilité qu'il n'a pas. Comprendre le temps, c'est l'épouser, s'y couler, et naviguer – comme on comprend la vague en surfant. Nous ne manquons cependant pas d'outils pour objectiver le temps : nous sommes capables de régularité, nous avons la sensation des durées, et nous avons développé toute une technologie pour les mesurer. Ainsi une approche scénique du temps est-elle un jeu perpétuel entre la sensation et la mesure, un coulé dans le flux du temps, inconscient de sa durée et de ses caractéristiques physiques, mais tendu vers la maîtrise. La musique est l'art qui joue le plus avec le temps de façon évidente : dans le rythme se superposent une régularité et l'envie de lui échapper. D'un côté la pulsation, un écho à nos organes que le cœur mène à la baguette ; de l'autre la paresse de s'y conformer ou au contraire la frivolité de la virtuosité par laquelle on s'en affranchit – peut-être les deux, par moments.

L'approche de Mary Overlie sur le temps, la philosophie des *perspectives*, consiste avant tout à se rendre disponible pour percevoir cette dimension. Se concentrer sur le temps, à partir de mouvements basiques, et observer ce que durée et tempo, essentiellement, leur confèrent comme qualités et comme altérations. Mais cette première approche, perceptive, doit être dépassée. Quelle création le temps, ses caractéristiques objectivables,

les notions satellites (être pressé / avoir du temps, prendre son temps, matin, soir, etc.) peuvent-elles déclencher ?

Les circonstances temporelles sont l'un des trois jalons par lequel Alain Knapp propose de fonder une démarche créatrice, avec le lieu et les enjeux relationnels. En terme de narration, le temps peut effectivement donner des informations essentielles sur les personnages, leurs rapports, leurs raisons d'être là et de parler. Prenons l'exemple du soir. Le soir, comme n'importe quel autre moment de nos journées, n'est pas anodin : la nuit commence à tomber ou à s'installer ; suivant que nous sommes en été, en hiver, au printemps ou à l'automne, il sera plus ou moins long, plus ou moins tôt, plus ou moins sombre ou clair, et le rafraîchissement et l'ombre qu'il apporte seront bienvenus ou redoutés ; le soir est le temps du spectacle, du divertissement, de la sortie en société – ainsi que l'on soit en ville, avec tout à portée de main, ou à la campagne, avec télévision, famille, etc., nous serons tantôt chez Edward Albee, tantôt chez Tchekhov… Le temps peut donc, comme dimension narrative, activer tout un répertoire de sensations, d'idées, de comportements, qu'il s'agit d'intégrer ensuite dans la performance.

Mais il est possible de considérer le temps de façon plus concrète, comme une pure dimension physique, et d'en tirer des caractéristiques tout aussi activantes. Des quatre *perspectives* temporelles identifiées par Bogart et Landau, le tempo est la plus évidente : de très lent à très rapide, la qualité d'une action ainsi que sa signification varie en fonction de la vitesse à laquelle elle est exécutée. La lenteur, l'extrême lenteur, peut dénoter une fatigue ou au contraire une très grande assurance, un calme ou une indécision ; dans les changements de tempo peuvent se révéler des caractères, mais ils peuvent également être utilisés pour mettre en avant certains aspects d'une histoire ou d'une suite de mouvements, ou au contraire pour en diminuer la portée et passer à l'essentiel. Enfin le dessin même de l'action est modifié par le tempo, comme peut nous le laisser constater le tracé rapide ou lent d'un cercle : celui-ci n'aura pas la même forme, et ne présentera pas le même degré de détail – détails qui, à leur tour, peuvent ouvrir sur un autre mouvement, un autre dessin, voire un discours.

En plus du tempo, qui nous a permis d'entrevoir quel type de travail nous pouvions réaliser avec ces outils, Bogart et Landau identifient donc trois autres *perspectives* temporelles, que nous parcourons maintenant : la durée, la répétition et la réponse kinesthésique.

Durée

S'intéresser à la durée, c'est porter son attention sur notre capacité ou notre tendance à rester plus ou moins longtemps dans une action. L'approche qu'Anne Bogart et Tina Landau développent concernant les durées est surtout centrée, comme c'est le cas pour l'ensemble du travail des *perspectives*, sur leur perception, et sur le fait de sortir de la zone grise : « *As with all the individuals Viewpoints, we tend to live in a medium area with Duration, a gray zone, in which things last a comfortable, average, seemingly coherent amount of time. We tend to shy away from things that last very long, or change very quickly, i. e., very short*[10] » (*ibid.*, p. 41). Ainsi il s'agit d'abord de bousculer ces habitudes, en travaillant sur les extrêmes, en élargissant le spectre.

Dans les ateliers de Lionel Parlier, nous explorerions systématiquement les *lignes*, des exercices qui ont pour caractéristiques communes d'attribuer à chacun une ligne dans l'espace, sur laquelle il évolue. Les lignes sont des outils formidables pour explorer le temps, car elles contraignent le mouvement, lui donnent une direction, et inscrivent dans l'espace la nécessité toute temporelle de toujours avancer ; elles rendent concrètes notre façon toute spatiale de penser le temps, tout en nous permettant d'en éprouver les limites. Elle simplifient également la tâche de l'improvisateur, qui n'évolue plus que sur une seule dimension.

L'un de ces exercices permet d'approcher comment la durée peut en elle-même déterminer un parcours, être active dans la construction de personnages, de situations, de mouvements ou d'émotions. Il s'agit de placer les participants dos au mur d'un côté de la pièce. En face d'eux se trouve leur ligne, sur laquelle tout leur est permis mais dont ils ne peuvent s'extraire. Et au bout de cette ligne, il y a le but, l'arrivée, et quelques pas plus loin le public. On donne une durée d (10, 15 ou 20 minutes le plus souvent, mais il est possible de tester des durées extrêmes, très courtes ou très longues). Les participants ont tout ce temps pour atteindre le but, ni plus, ni moins. Suivant les cas, la personne qui supervise l'exercice peut indiquer les temps $d/2$ ou $d - 1$ min.

---

10 « Comme pour chaque *perspective* donnée, nous avons tendance à vivre dans un espace de durées *médian*, une zone grise, où les choses durent une quantité de temps confortable, moyenne, apparemment cohérente. Nous avons tendance à nous détourner des choses qui durent *très longtemps*, ou qui changent très vite, c'est-à-dire *très courtes* ».

Bien que ce soit une chose très difficile à maîtriser, un des objectifs de cet exercice est de faire en sorte que la durée devienne ici le véritable moteur de l'improvisation. Elle n'est pas la seule donnée structurante : les deux autres contraintes, à savoir l'objectif et la trajectoire linéaire, sont également des référents très forts. Mais c'est la plus sauvage, la plus imprévisible, celle qu'il faut dompter. Il serait vain de tenter d'épuiser toutes les stratégies, toutes les possibilités, qui peuvent aller du mouvement le plus minimal, dans une danse qui pourrait nous faire penser à du Butô, à la prolifération d'actions et de paroles. Nous citerons en exemple une improvisation que nous avons vue réalisée par Klaus Spiedel, ancien élève de l'ÉNS, philosophe et historien de l'art.

Il a commencé face au mur, puis s'est retourné très lentement. Ce qu'il voit au bout du parcours, au loin, il le redoute, et quand enfin il le voit, cela l'effraie. Cela lui prend plusieurs minutes avant de se mettre en mouvement. Plusieurs minutes pendant lesquelles on le sent se décomposer face à l'horreur de ce qui l'attend. Il ne souhaite pas avancer, mais ses pas le conduisent. La peur commence à devenir panique quand il se met à parler. D'abord des sons inintelligibles, puis de plus en plus articulés. C'était peut-être en allemand, mais plus probablement cela ne voulait rien dire de particulier. L'improvisation se termine dans un paroxysme de douleur et de déchirure.

Cet exemple fournit une des rares improvisations où nous avons vu la durée être utilisée, d'un bout à l'autre, comme une contrainte active. C'est à travers la durée que Klaus a pu atteindre des émotions très fortes, c'est en l'intégrant et en poussant à bout, dans le temps, son impulsion première, que son improvisation s'est dessinée. C'est elle également qui a conditionné le synopsis très épuré de cette progression : prendre dix minutes pour parcourir dix mètres, cela signale une certaine réticence à aller de l'avant. En la justifiant, en lui donnant du corps et pour finir de la voix, il a donné à la contrainte un vrai pouvoir d'évocation.

Certains improvisateurs peuvent déborder d'idées, et se laisser facilement entraîner par elles de tous côtés. Le défi est ici pour eux d'aborder un sillon, de le creuser et d'utiliser la longueur du temps comme un appui pour développer en profondeur une idée, une impulsion[11]. Il est possible, et même courant, de travailler sur l'inverse : de rechercher les courtes durées, de se fonder sur la rapidité des échanges, le tac-au-tac.

11 « Mais comment le temps peut-il être long ? » s'époumone au loin Saint-Augustin.

C'est la tendance de tout un pan de l'improvisation théâtrale, représenté en particulier par le match d'impro, mais qui plus largement construit ses spectacles comme juxtaposition de jeux ou de scènes volontairement courtes, où la durée est limitée. Ici, il ne s'agira pas de creuser les choses ; en quelques phrases, en quelques mots, une situation doit être établie, un problème apparaître et se trouver résolu ; ou bien s'agit-il de maîtriser une contrainte forte (scène sans utiliser le son /p/, abécédaire, etc.) auquel cas la situation passe au second plan et la scène est coupée à la moindre hésitation. Cette tendance au *zapping* a déjà été notée plus haut comme une caractéristique de certains formats sportifs, essentiellement nord-américains, desquels découle l'essentiel de ce qui se pratique comme théâtre d'improvisation aujourd'hui. Il faut cependant remarquer que c'est, comme souvent, dans la pratique dogmatique des suiveurs des personnages les plus influents (Johnstone, Spolin, Del Close, etc.) que se trouve le principal danger, car travailler sur de petites durées apporte également son lot de découvertes. Citons par exemple *Death in a minute*, un jeu proposé par Keith Johnstone où l'un des joueurs doit mourir pendant une scène qui ne dure pas plus d'une minute (Johnstone, 1999, p. 121-123). Le premier réflexe ici, pour des joueurs novices, sera d'attendre le dernier moment pour que quelqu'un meure ; la mort est l'objectif, le point d'orgue. La mort, celle-là même que les plus grandes tragédies mettent en scène en plusieurs heures, construisent sur plusieurs actes, devient ici l'objet d'une mise en piste de moins d'une minute. L'effet ne peut qu'être de l'ordre du gag. À moins de suivre le conseil de Johnstone et de renverser le point de vue : commencer par la mort – comme *J'étais dans ma maison et j'attendais que la pluie vienne* de Jean-Luc Lagarce commence par le retour et la mort du jeune frère. Passé le choc initial, celui qui reste dispose de presque une minute, et pourquoi pas plus, pour développer ce que cette mort produit sur lui : ce qu'il regrette, ce qu'il était venu lui dire, ce qu'il n'a pas pu faire, pourquoi il l'a tué, etc.

Cette description assez détaillée du travail sur la durée nous permet de mettre en évidence ce que les *perspectives* engagent à réaliser : explorer les deux extrêmes d'un spectre, qui ici se situe entre des actions extrêmement courtes et d'autres qui nécessitent plusieurs minutes pour se déployer. Ce travail « rehausse chez l'acteur la faculté de sentir combien de temps il faut pour que quelque chose advienne sur scène et, inversement, au bout de combien de temps cela devient trop long et commence à mourir » (Bogart & Landau, 2005, p. 40). Nous retrouvons également chez Keith Johnstone un certain nombre de notions qui, dans le champ de la narration, permettent d'appréhender la durée : ainsi « casser la routine » et « s'amuser à dévier » entraînent à sentir lorsqu'une action arrive à sa fin et a besoin qu'une nouvelle dynamique soit introduite ; « avancer (et ne pas avancer) » consiste à travailler sur la persistance d'une action, sur les moyens de la faire durer le plus longtemps possible, tout en lui conservant un intérêt[12]. Bien sûr Johnstone aborde ces problématiques en ne formulant pas les choses selon des variables temporelles, mais en fonction d'impératifs de narration, même si ceux-ci font intervenir des méthodes temporelles, ainsi que des critères de forme. Mais comme nous le remarquions plus haut, c'est la grande force des *perspectives* que de nous permettre d'appréhender concrètement et pour elles-mêmes des données qui, autrement, sont inféodées à une préconception du théâtre, et d'ainsi les traduire en des termes qui soient également utiles pour des danseurs, des créateurs sonores ou de lumière.

Répétition

La répétition telle qu'Anne Bogart et Tina Landau l'introduisent dans *The Viewpoints Book* est une perméabilité aux événements extérieurs, l'incorporation dans son propre langage d'éléments temporels ou spatiaux qui apparaissent pendant la performance. Il y a le fait de répéter une même action dans le temps, qui rejoint le travail sur la durée, et qui se rapporte à la notion de répétition *structurale* définie par René Passeron (Passeron, 1982, p. 11) : la reprise, dans une performance donnée, d'éléments qui sont déjà advenus. Dans la décomposition caractéristique du travail sur les *perspectives*, cette répétition n'a aucun besoin de porter sur l'ensemble d'un mouvement ou d'une action ; il peut s'agir de répéter son tempo, son dessin, la partie du corps avec lequel il a été exécuté, un élément de sens…

Cette répétition peut se faire immédiatement, ou plus tard dans la pièce. Une répétition délayée donnera un effet de cohérence à l'ensemble. C'est le principe que souligne Johnstone quand il énumère les sept idées

12 « *Breaking the Routine* » et « *Fun with Tilting* », dans (Johnstone, 1999, p. 84-100), et « *Advancing (and not advancing)* », (*ibid.*, p. 248-254).

centrales qui ont guidé son travail, la quatrième étant : « *stories achieve structure by referring back to earlier events*[13] » (Johnstone, 1999, p. 130). Ici, l'évocation des événements antérieurs permet de mesurer l'avancée dans l'histoire, le chemin parcouru, l'impact du temps.

Dans le cas d'une répétition structurale qui n'a pas été écrite, mais improvisée, c'est aussi la *différance*, le fait qu'il n'y a pas de répétition toujours identique, qui construit du contenu et permet de s'échapper, d'avancer. Elle devient la répétition *intégrée* définie par René Passeron, qui peut alors se muer en répétition avant (avant un changement de routine, avant une rupture, le jaillissement de nouveauté). La répétition permet de faire naître l'accident, le camarade bienveillant de l'improvisation. Puisque toute répétition à l'identique est impossible, l'improvisateur en train de répéter fera apparaître malgré lui de nouvelles matières, de nouvelles idées, à partir desquelles lui-même ou ses collègues de plateau pourront construire.

Ainsi la répétition est-elle, en tant que pure dimension temporelle, un outil formidable pour les improvisateurs. En outre, elle permet de ne pas se poser la question de quoi faire, ni par quoi commencer, car cela a toujours déjà commencé : « *Let yourself be carried away, thrown around the grid, bounced between other bodies, repeating everything that you see and hear*[14] » (Bogart & Landau, 2005, p. 43). La moindre matière sur un plateau, le moindre son, le moindre geste, peut être répété, et à partir des infimes différences qui se font jour dans la répétition, donner lieu à la construction d'une structure complexe. La mise en place du *Harold* par Del Close et Charna Halpern, lequel se basait notamment sur la célèbre phrase de Keith Johnstone selon laquelle un improvisateur « *has to be like a man walking backwards ; he sees where he has been, but he pays no attention to the future*[15] » (Johnstone, 1989, p. 116), est d'ailleurs un exemple de l'utilisation structurante de la répétition pour une improvisation[16].

---

13 « C'est en faisant référence à des événements antérieurs que se structurent les histoires ».

14 « Laissez-vous transporter, balancer sur la grille, rebondir entre les corps, en répétant tout ce que vous voyez ou entendez ». La grille dont il est question est une topographie que Bogart et Landau utilisent fréquemment pour introduire les perspectives temporelles, de la même manière que nous utilisions les lignes plus haut. Voir *infra* pour une définition de la topographie.

15 « L'improvisateur doit être comme un homme qui marche à l'envers. Il voit où il a été, mais il ne prête pas attention au futur ».

16 Voir une description rapide du *Harold* dans l'introduction, p. 40-41.

Ainsi la répétition n'est rien qu'un outil creux s'il ne nous est pas permis de l'intégrer et de déceler les différences qu'elle met à jour. En ce sens, c'est au développement d'une sensibilité proprement deleuzienne que nous invite la pratique de la répétition en improvisation. Celui-ci fait en effet, à la suite de Bergson, la critique de notre perception toute entière dirigée vers l'utile et l'efficace. Tout ce qui est mouvant, de passage, non stable, en est banni, ou reconfiguré, rappelé à du connu et de l'objectivable, afin de nous permettre tout simplement de nous en emparer et de l'utiliser dans la vie quotidienne. La différence est annihilée dans l'identification et la mise à jour du même : « C'est toujours par rapport à une identité conçue, à une analogie jugée, à une opposition imaginée, à une similitude perçue que la différence devient objet de représentation » (Deleuze, 1968). L'attitude de l'improvisation vis-à-vis de la répétition est au contraire de mettre à jour les différences, de les exhiber, de s'ouvrir à l'imprévu et de s'y engouffrer.

Réponse kinesthésique

Enfin une dernière *perspective* temporelle nous a semblé, tout au long des séances du laboratoire, particulièrement féconde. Il ne s'agit plus de se concentrer sur la vitesse d'une action, sa durée ou le nombre de fois qu'elle apparaît ; la réponse kinesthésique s'intéresse au moment déclenchement d'une action donnée, à son impulsion : à quel moment bouger, à quel moment parler ? « *Kinesthetic Response is your spontaneous physical reaction to movement outside yourself*[17] » (Bogart & Landau, 2005, p. 42). En travaillant la réponse kinesthésique, nous sommes encouragés à placer notre concentration hors de nous, sur notre environnement, sur ce que font les autres, et à répondre spontanément ; chaque action, chaque changement de direction, de tempo, doit altérer notre propre mouvement, nos propres actions. Elles proposent, encore une fois, de travailler cela sur des lignes, avec un répertoire d'actions limité : marcher, sauter, s'arrêter, se coucher, changer de direction. Cet exercice a fait partie de nos fondamentaux pour le déroulement du lab'impro.

C'est une approche extrêmement concrète de l'écoute et de la présence : en fixant son attention autour de soi, on apprend à être réellement « dans

17 « La réponse kinesthésique est votre réaction spontanée à un mouvement extérieur ».

l'instant », c'est-à-dire à « éviter l'intrusion de pensée discursive qui [...] interfère avec l'ouverture de l'acteur à des images inattendues, encombre et dérange l'échange réciproque entre acteurs[18] » ; par ailleurs, le fait de se laisser systématiquement altéré par son environnement engendre une écoute qui ne soit pas une posture, mais une écoute qui implique des changements. On retrouve cette idée chez Knapp comme chez Keith Johnstone : le théâtre met en jeu des personnes qui se trouvent changées par leurs interactions avec les autres.

Là encore, la réponse kinesthésique nous engage à explorer la totalité du spectre : ainsi, dans un extrême, nous serons extrêmement sensibles à tout ce qui provient de l'extérieur, et ouverts à dévier notre parcours au moindre stimulus ; dans l'autre, nous serons imperméable aux inflexions proposées aux alentours et développerons notre propre improvisation en pleine continuité. Hazel Smith et Roger Dean placent ces deux extrêmes sur un axe, de l'improvisation « sensorielle » à l'improvisation « non sensorielle[19] ». Mais une improvisation non sensorielle n'implique pas pour autant un manque d'écoute complet : celle-ci pourra être plus diffuse, se situer dans la réappropriation de matériaux, de formes, de mouvements, etc., et non dans l'impulsion ; le seuil à partir duquel un changement dans l'environnement va faire dévier notre improvisation sera simplement plus haut. Le travail sur la réponse kinesthésique implique de faire un choix, conscient ou non, sur ce seuil ; et l'expérience montre qu'il est plus facilement atteint par des stimuli auditifs que visuels – l'ouïe est un sens d'alerte.

Maintenant que les principes du travail sur les *perspectives* ont été assez explicités et illustrés, nous passerons plus rapidement sur les cinq autres et tenterons d'en cerner plus vite les spécificités.

---

18 La citation exacte est : « *The idea of "being in the moment" [...] is constituted by avoiding the intrusion of discursive thought, which is seen as a negative influence, as interfering with the actor's availability to unexpected images, as clutter that disrupts the reciprocal exchange between actors* », (Lutterbie, 2011, p. 5). Mais comme il le remarque très justement plus loin : « *For the record, we are always "in the moment", continually interacting with the world around us. Thinking about the past or pondering the future, sleeping or waking, we are continually and presently engaged with the environment* », (*ibid.*, p. 173).

19 « *In taking a sensory stance, the improvisor would attempt to internalise and interpret all the materials provided in the improvisation, whether by him- or herself or by others, and to generate further materials related to those provided. In taking a non-sensory stance, the individual would not only make no response to external material, but would attempt to avoid even perceiving it* », (Smith & Dean, 1997, p. 32).

L'ESPACE

L'espace, tout comme le temps, nous contient et nous enferme. À la différence du temps, cependant, il est l'environnement dans lequel notre intellect peut naturellement se projeter : « Notre intelligence, au sens étroit du mot, est destinée à assurer l'insertion parfaite de notre corps dans son milieu, à se représenter les rapports des choses extérieures entre elles, enfin à penser la matière » (Bergson, 1927, p. I). Elle est donc composée des objets qui nous entourent, qu'ils soient objets inanimés, vivants, immobiles ou non, de leur matière et de leurs rapports les uns ou autres. Il y a plusieurs façons mathématiques de décrire l'espace : une façon orthonormale, en trois dimensions, enfants de la verticale et de l'horizontale ; dans des coordonnées sphériques ou cylindriques, qui prennent cette fois un point de référence, une direction et les angles par rapport à cette direction. Ces types de référentiels, qui peuvent être égocentrés (prendre soi pour origine) ou allocentrés (considérer les relations entre les objets hors de son propre corps), « caractérisent le cerveau humain et ouvrent aux spéculations de la géométrie » (Berthoz, 1997, p. 110). Mais ces descriptions de l'espace sont des abstractions que le corps, concrètement, n'utilise pas pour l'appréhender. Celui-ci se repère, comme Alain Berthoz le met en évidence, grâce à des références qu'il appelle naturelles, en premier lieu desquelles la gravité, et les parties du corps lui-même : « le codage spatial du mouvement et de la position des membres n'est pas effectué dans un référentiel unique [...]. Il y aurait, au contraire, une multiplicité de référentiels liés à chaque partie du corps dans un espace qui serait ceux des yeux, des membres, du tronc ou de la tête » (*ibid.*, p. 118). Comme avec le temps, nous sommes donc sans arrêt, dans notre jeu avec l'espace, en balance entre ces abstractions qui objectivent l'espace et l'appréhension concrète et immédiate du corps dans une multitude de référentiels naturels.

Comprendre l'espace est avant tout mettre en évidence des relations. Relations aux choses, à leur matière, forme et couleur, relations aux autres ; pour l'acteur, construire un espace, « prendre l'espace » revient à installer une *proxémie* avec son environnement, à définir les distances de soi aux autres et aux objets. Toute la question réside en ce que ces relations permettent de créer : comment rendre actives ces distances, cet espace entre nous et les choses, entre les acteurs en jeu ? Rendre actif l'espace, c'est utiliser les distances et les matières. Cette affirmation nous permet de rendre plus concret comment diverses pratiques artistiques vont s'emparer des données spatiales. Un musicien par exemple va être d'abord sensible aux qualités acoustiques du lieu ; les distances et les matières, l'agencement des formes joueront pour lui le rôle de résonateurs sonores, avant toute autre chose. Pour un danseur, ce sera l'aspect mesurable des choses qui, en premier lieu, sera un appui à sa création : se trouver à une distance donnée d'un point, d'un objet ou d'une personne peut en soi créer du mouvement – lequel consiste d'abord à utiliser son corps pour se rendre d'un point à un autre ; la matière des objets ou des corps implique tel type de toucher, tel type de réaction. Il lui est bien sûr possible de figurer, par son mouvement, un autre espace que celui dans lequel il se trouve, comme nous le verrons plus bas. Le comédien, pour qui la narration et les personnages seront centraux, va utiliser l'espace pour ce qu'il raconte, les distances et les matières pour ce qu'elles disent de lui et de ses relations avec les autres. Ici, il peut s'agir d'un espace concret, ou de celui, imaginaire, qu'il souhaite représenter. S'il se trouve aux pieds d'un orme solitaire dans une plaine, on peut se dire qu'il attend quelqu'un, qu'il se cherche un abri, qu'il creuse une tombe… De même, la distance aux différents éléments de l'espace comme aux autres improvisateurs est un indice d'un ensemble de relations à soi et aux autres ; un personnage qui se tiendra près des murs, loin du centre, sera plus timide, plus réservé ou plus secret que quelqu'un qui cherchera au contraire la proximité de tous, à être à l'épicentre.

La notion de *statuts relatifs* de Keith Johnstone peut en grande partie s'appréhender en terme d'espace ; « *Status is basically territorial*[20] » (Johnstone, 1989, p. 57). Rappelons que pour Johnstone, les statuts relatifs sont des relations de domination qui se mettent en place spontanément et systématiquement entre les être humains ou entre les animaux qui vivent en société afin de « ne pas se tuer les uns les autres pour de la nourriture, des partenaires sexuels ou autre[21] » (*ibid.*, p. 41). On ne naît pas avec un statut déterminé, de même que celui-ci n'est pas immuable :

20 « Les statuts sont essentiellement territoriaux ».

21 « *Social animals have inbuilt rules which prevent them killing each other for food, mates, and so on* ». Il utilise le terme de *pecking-order*, qui rend particulièrement bien la hiérarchie qui s'établit ainsi, souvent de façon implicite, et son aspect profondément sauvage.

c'est quelque chose que l'on *fait* pour se positionner face à d'autres être humains ; c'est quelque chose que l'on peut donc *jouer.* Le regard joue un rôle primordial pour que s'établisse cette hiérarchie, mais il n'est pas le seul outil : les joueurs de haut statut auront une tendance à toucher les autres, à pénétrer leur intimité, leur espace privé, à considérer que tout l'espace leur appartient, dans la détente et la confiance ; les joueurs de bas statut auront au contraire une tendance au repli, à privilégier un rapport à l'espace et aux autres qui leur permette une retraite facile.

Parmi les cinq *perspectives* spatiales retenues par Bogart et Landau, trois nous semblent ainsi s'adresser particulièrement à l'espace en termes de matière et de distance : la topographie, l'architecture (matière, texture, lumières, couleurs et sonorités propres aux objets) et les relations spatiales. Les deux dernières sont des notions fortement présentes dans ce dont nous venons de discuter, tant en ce qui concerne l'acoustique, que les propriétés activantes des distances, des jeux de regard et de l'architecture. Il faut par contre expliciter un peu ce qu'elles entendent par *topographie.*

La notion de topographie explicite quelque chose qui était latent dans le travail sur les distances et l'architecture. La topographie d'un espace peut être vue comme la définition de propriétés structurantes appliquées à cet espace, dans une indépendance relative à son architecture : « *The landscape, the floor pattern, the design we create in movement through space*[22] » (Bogart & Landau, 2005, p. 11). C'est à la fois l'espace qui émerge de ce que nous faisons[23] et l'espace imaginaire dans lequel nous décidons d'évoluer, avec ses contraintes et ses comportements induits. La topographie dessine des lignes de force, des chemins, de la densité, des limites et des tangentes. Il y a des topographies qui sont assez naturellement héritées de l'architecture : dans un couloir par exemple, elle est un ensemble de lignes assez resserré en son milieu, plus clairsemé à proximité des murs ; les lignes transversales, d'un mur à l'autre, y seront quasiment inexistantes. Mais la topographie peut également découler de la fonction de l'espace, et des comportements qu'il est destiné à accueillir : cette notion devient ainsi particulièrement flagrante quand on visionne en

22 « Le *paysage*, le *motif au sol*, le *plan* que nous créons par le mouvement dans l'espace ».

23 « *Imagine a man sitting neutrally and symmetrically on a bench. If he crosses his left leg over his right then you'll see his space flowing over to the right as if his leg was an aerofoil* », (Johnstone, 1989, p. 59).

accéléré la vidéo d'un hall d'accueil de station de métro ; alors que le hall a une forme rectangulaire assez classique, les portes et les tourniquets définissent des lignes très claires dans cet espace, dont une bonne partie demeure le plus souvent inexplorée. Un autre exemple, plus proche de notre objet d'étude : la topologie du plateau de théâtre varie suivant que l'on se trouve dans un théâtre à l'italienne, dans un dispositif scénique frontal, bi-frontal, quadri- ou octo-frontal, ou encore sur une piste de cirque. Les regards des spectateurs dessinent par eux-mêmes des lignes de forces et des zones de densité.

Cette notion de topographie n'avait évidemment pas échappé à Alain Knapp, même si celui-ci ne la nomme pas ainsi, et semble ne s'y intéresser que dans la mesure où elle peut renseigner sur les personnages en train de se créer. Il écrit : « Aucun lieu n'est neutre. Tous évoquent peu ou prou certains thèmes symboliques, mythiques, archétypaux » (Knapp, 1993, p. 158). Il ne s'agit pas simplement pour lui de voir en quoi l'espace que l'on construit par notre mouvement, cette *topographie*, induit d'autres mouvements et comportements, mais dans le même temps de saisir comment ceux-ci peuvent être dépassés par des personnages qui entrent en jeu et en contradiction avec cet espace, considéré comme un révélateur mythique et non un simple cadre.

LES ÉMOTIONS

Les émotions en tant que *perspective* de création sont particulièrement délicates à appréhender, parce que contrairement aux autres, elles semblent ne pas pouvoir s'externaliser, mais au contraire définir la personnalité de celui qui les exprime. Elles ne seraient pas des éléments physiques, préhensibles et manipulables. Du moins la philosophie depuis Diderot a-t-elle du mal à trancher la question : l'acteur ressent-il les émotions qu'il exprime ? Pour Diderot, non, celui-ci doit avoir de la pénétration, et nulle sensibilité, et il peut très bien manipuler ses émotions ; pour la tradition moderne de l'acteur, que l'on hérite largement de Stanislavski, l'importance d'une émotion vraie et de la mémoire affective s'est imposée. Savoir d'où viennent les émotions du comédien, de lui ou d'ailleurs, si elles sont ressenties ou figurées revient à poser la question de l'identité de celui qui joue, de son être ; Georg Simmel résume ainsi cette « grande énigme du comédien telle qu'on se l'imagine ordinairement » : « Comment une personnalité déterminée, singulière, peut-elle tout à coup en devenir une autre, toute différente, ou beaucoup d'autres » (Simmel, 2001, p. 37 et 82). Bien sûr cette question ne se pose pas en ces termes depuis la scène, et Simmel dépasse le mystère en prenant justement en compte que le comédien n'est pas la marionnette du rôle, et en proposant un modèle où le rôle devient « un mode singulier, opérant, du *rapport à soi* ; [...] l'importance et la portée présente du jeu tiennent à cette activation, à l'interrogation active et pratique de ce rapport ; [...] le jeu comme *expérience (dialogique, publique) sur soi* » (Guénoun, 2005, p. 172). Ces difficultés théoriques expliquent peut-être qu'Anne Bogart et Tina Landau, dans leur pratique des *perspectives*, aient laissé tomber cet aspect là, de la même manière qu'elles s'intéressent assez peu, ou alors de façon transversale, à la narration.

Là encore, comme souvent, il s'agit de se concentrer sur ce qui est déjà là. Il ne faut pas rechercher l'émotion – surtout pas ! Les émotions sont des bulles de savon : quand on les attrape, elles éclatent et disparaissent. Elles sont pour cette raison rarement à l'origine d'une démarche créatrice ; elles en sont, par contre, l'objectif, le point d'orgue de la construction d'un personnage, ainsi qu'en témoigne la notion de « geste émotionnel » chez Mikhaïl Tchekhov (Tchekhov, 1995). Elles sont ce sur quoi se base la relation théâtrale entre un acteur et un spectateur, ce qui dépasse la parole et le geste pour être perçu à l'état brut. Les spectateurs viennent probablement au théâtre pour y ressentir des émotions, quand les acteurs, eux, agissent : « Il serait déraisonnable de ne pas attacher aux réactions émotionnelles des assistants l'importance qu'elles méritent. Elles ne sont pas des manifestations secondaires, occasionnelles, contingentes, mais la part que dans l'événement la salle assume » (Mervant-Roux, 1998, p. 68). Nous avons dédié une bonne partie de notre travail de master à la description des relations émotionnelles qui peuvent s'instaurer entre des acteurs et des spectateurs (Charton, 2006). Ainsi le rapport de l'acteur aux émotions, et sa capacité à 'en tirer des propriétés activantes pour le jeu, va-t-il d'abord se fonder sur la relation aux autres et en particulier au public.

Mary Overlie, pour commencer le travail sur les émotions, conseille un exercice de dépouillement extrême qu'elle appelle un travail sur la présence : une chaise est placée sur scène, quelqu'un va s'asseoir dessus et se laisse regarder, pendant cinq à vingt minutes. De cette simple confrontation de l'acteur au public découle un flux d'émotions qui peut parfois être incontrôlable. « *This practice is about allowing yourself be seen. You can move around in the space if you want but I have found that the chair and the activity of sitting help establish a vulnerability and normalcy to the event that standing and walking do not quite get at*[24] ». Ainsi le travail sur les émotions consiste en premier lieu à se laisser voir, à se laisser lire, pour qu'une relation profonde puisse exister entre les acteurs et les spectateurs – et entre les acteurs eux-mêmes. Elle décrit le monde des émotions comme *the dog sniff dog world*, c'est-à-dire une relation où ne s'agit plus de comprendre l'autre, mais de le *sentir.*

Augusto Boal raconte le travail qu'il a accompli dans les premières années du théâtre Arena, à São Paulo, où l'émotion était considérée comme prioritaire à la suite des études menées sur Stanislavski. Tous ses efforts consistèrent à d'abord déconstruire les barrières sociales et comportementales qui empêchent l'expression des émotions : « Il y a un mur entre ce que ressent l'acteur et la forme finale qui l'exprime. Ce mur est formé par les mécanismes de l'acteur lui-même. [...] Il faut commencer par détruire le mur des mécanismes, le "masque" de l'acteur » (Boal, 1991, p. 62-63). Mais cette destruction ne va pas sans une réappropriation consciente et raisonnée de l'émotion et des mécanismes qui la régissent : « Il faut savoir pourquoi une personne s'émeut, quelle est la nature de cette émotion, quelles en sont les causes, ne pas se limiter au comment. Nous voulons connaître les phénomènes, mais nous voulons surtout connaître les lois qui régissent ces phénomènes ». Cela dans l'optique du Théâtre de l'Opprimé de transformer la façon d'appréhender le monde. Car « l'émotion "en soi", désordonnée et chaotique, ne vaut rien. L'important dans l'émotion est sa signification. Nous ne pouvons pas parler d'émotion sans raison, ou inversement, de raison sans émotion : l'une est chaos et l'autre pure mathématique » (*ibid.*, p. 66-67).

Ainsi nous voyons en quoi l'acteur peut utiliser les émotions, celles qui lui viennent mais surtout celles qu'il voit chez ses partenaires ou ressent émaner du public, comme actives : c'est en s'attachant à leur signification. Bien sûr les émotions en elles-mêmes peuvent être réutilisées

24 « Il s'agit ici de se permettre d'être vu. Vous pouvez bouger dans l'espace si vous voulez mais j'ai découvert que la chaise et le fait de rester assis aident à établir une vulnérabilité ainsi qu'une familiarité avec l'événement que l'on obtient difficilement en marchant et restant debout », http://www.sixviewpoints.com/Theory_3.html, consulté le 4 septembre 2013.

selon d'autres perspectives : en tant qu'expression, chacune a son tempo propre, sa durée, son espace, sa forme, etc., mais elles permettent surtout d'accéder au monde intérieur de quelqu'un, à sa pensée et à ses intentions. En ceci, là où elles sont intéressantes à investir, c'est dans ce qui se crée aujourd'hui à travers elles dans l'espace politique. Les mises en scène des émissions et des acteurs de télé-réalité, qui mettent en avant les émotions, semblent en contradiction totale avec la pudeur dont nous semblons faire preuve en disant que l'émotion n'a pas à être recherchée par l'acteur. Nous étions en quelque sorte tributaires d'une vision archaïque de l'émotion, qui la réserve à un usage privé, quand la raison et l'action serait du domaine public. Un partage du sensible que notre société remet en cause : « Dans la société néolibérale d'aujourd'hui, notre subjectivité est tout entière mobilisée. C'est dire que nous ne jouons pas un rôle extérieur à notre subjectivité : il n'existe pas un Moi authentique, qui préexiste à toute mise en scène et que le théâtre des émotions viendrait dénaturer. En réalité, la mise en scène est première. Ce théâtre politique se construit en tant que sujet d'émotion[25] ». Notre proposition du début se retourne alors : les émotions, tout comme le temps et l'espace, peuvent s'objectiver, se manipuler, et travailler sur cette *perspective* peut aider à dépasser cette première pudeur qui voudrait nous empêcher de le faire[26].

Notre séance du lab'impro le lundi 1 juillet 2012 consacrée aux émotions a été, pour toutes ces raisons sans doute, une de celles qui nous ont paru les moins fructueuses. Cette pudeur des comédiens à construire une émotion, artificiellement, à la mettre en scène, pour ensuite développer des rapports entre personnage, même si elle est bien compréhensible, a donné lieu à des improvisations plutôt froides. Pour notre part, nous étions terrifié. Nous alternions séance d'entraînement l'après-midi et performance publique le soir. Or le laboratoire de l'après-midi ne nous avait pas convaincu ; nous abordions la performance du soir sans confiance, perdu. Nous avions peur de nous jeter à l'eau ; tandis que les autres participants développaient une action dans un coin de la

25 Éric Fassin, entretien avec Anne-Françoise Benhamou, (Benhamou, 2008, p. 13-14).

26 Pour mieux la questionner et l'investir d'un rôle politique : « L'émotion de droite privilégie les victimes du destin ; l'émotion de gauche s'attache davantage aux victimes de rapports de pouvoir. Ce sont aussi deux temporalités : d'un côté l'éternité de la condition humaine, de l'autre une conjoncture historique, dans un contexte politique », nous dit encore Éric Fassin, (Benhamou, 2008, p. 10).

scène, nous avons pris cette expression dans un sens littéral. Notre peur panique a donné naissance à un personnage qui devait sauter à la mer pour se sauver d'une embarcation surchargée ; un migrant sans doute. Un pont s'est créé entre cette histoire et celle de mes camarades, quand le migrant a mis pied à terre et qu'un autre personnage, qui lui faisait écho depuis quelque temps déjà, a tenté de l'accueillir très gentiment pour le mettre en cage…

LES FORMES

Le travail sur les formes vient à point nommé pour illustrer et approfondir la question de l'extériorité, qui posait problème avec les émotions. Au sens le plus radical du terme, la notion de forme nous invite justement à considérer les choses et nous-mêmes pour leurs contours, leur aspect extérieur. Là où toutes les autres perspectives peuvent tantôt être considérées de façon égocentrée ou allocentrée, le travail des formes engage à voir les choses en surplomb ou par le côté, selon différents angles et points de vue.

En premier lieu il y a la forme des objets, des corps. C'est d'ailleurs ce que Mary Overlie, ainsi que Bogart et Landau, désignent d'abord dans leurs définitions respectives des *perspectives* qu'elles utilisent. La forme du corps lui-même, ou de plusieurs corps ensemble, ou encore des corps avec des objets – parmi lesquels d'éventuels instruments de musique. Des lignes, des courbes, des dessins. C'est avant tout de l'image, une façon d'agencer les choses non par rapport à leur contenu ou leurs significations, mais dans des relations purement géométriques – lesquelles peuvent en elles-mêmes se découvrir un sens. En ceci, elles sont un point de dialogue particulièrement fécond avec les arts graphiques, la peinture ou la sculpture. Les exercices par lesquels on approche cette notion se concentrent en premier lieu sur la lisibilité et la perception des formes (comment faire, avec mon corps, une forme qui soit claire pour un spectateur / comment faire qu'elle soit claire pour moi-même dans l'espace dans lequel je me trouve), d'autre part sur les relations entre la forme de mon corps et les formes des objets autour ou des autres corps, et les significations qui en émergent. Bogart et Landau préconisent d'introduire les éléments graduellement : d'abord créer des lignes avec son propre corps, puis des courbes, puis une combinaison des deux ; se concentrer ensuite sur les transitions entre les formes, en laissant la forme évoluer d'elle-même sans intervention d'une conscience réflexive, en observant également comment des changement de tempo dans ces transitions engagent à créer des formes différentes, et lesquelles ; faire voyager la forme dans l'espace, et voir comment cela modifie sa façon de se déplacer ; et enfin introduire des relations formelles entre les formes, en dialogue, juxtaposition ou fusion pour, à plusieurs, ne plus constituer qu'une seule forme complexe (Bogart & Landau, 2005, p. 47-48). Il s'agit alors de composer des formes entre elles, de créer de véritables *tableaux*. L'enjeu, en développant ce vocabulaire, est de pouvoir le réinvestir plus efficacement dans le mouvement, de garder cette sensibilité à l'image scénique qui se développe ainsi – une sensibilité qui, comme nous l'avons souligné, était fondamentale dans le travail du Théâtre-Création.

Mais les formes se retrouvent ailleurs, et en particulier dans les sons, que ce soit des sons de voix ou réalisés par des instruments de musique. Les sons peuvent être ronds, angulaires, droits ou carrés. Certains mots auront des caractéristiques sonores leur donnant une forme plus pointue (avec forces consonnes percussives) ou plus courbée, qu'il est possible d'accentuer ou au contraire d'atténuer. Les instruments de musique ont ainsi chacun leur signature sonore, mais là encore il est possible, et même recherché, de leur faire donner des sons à l'inverse de leur pente naturelle[27].

La notion de forme recouvre pourtant un domaine plus vaste encore que le champ purement physique. On sait que la philosophie antique, avec Platon ou Aristote, subordonnait la matière à la forme : elle est ce qui lui donne un sens, ce qui en règle l'unité, ce qui lui confère une essence. Ainsi pour une activité qui se déploie dans le temps, comme c'est le cas de toute performance, des formes apparaissent tout au long de son évolution ; nous savons, à la suite de Bergson, que nous utilisons des métaphores spatiales inadaptées pour décrire le temps et les actions dans le temps, et que de la même manière nous attribuons des caractéristiques spatiales à des choses qui évoluent dans le temps. Un récit ou une performance peut faire apparaître une forme, même si cette forme est en elle-même *informe* : nébuleuse, ligne, nuage, rond (*La Ronde* de

27 « Un des paris de l'improvisation collective libre est précisément l'apparition de gestes instrumentaux et musicaux inouïs ; inouïs non pas dans leur agrégation, mais bien dans leur individualité », (Canonne, 2010, p. 119).

Schnitzler), carré (*Quad* de Beckett), triangulaire (une sonate)... Au sein de la progression d'une narration, on va ainsi être capables de déceler des inflexions de forme : on parle de continuité, de rupture, de virage ou de saut...

Il s'agit donc de trouver les moyens de travailler la forme d'une performance. Les formats des spectacles d'improvisation règlent avant toute chose et une bonne fois pour toutes cette question de la forme du spectacle – nous ne saurions nous en satisfaire car cela revient à décider *a priori* de la composition d'une improvisation, et en elle réside l'acte artistique. C'est sur la forme de la performance que l'improvisation libre en musique est souvent attaquée, ainsi qu'en témoigne Jacques Siron lorsqu'il parle de « soupe improvisatoire » : « la forme générale est dépourvue d'angles, d'articulations, de respirations » (*ibid.*, p. 137). Ainsi nous faut-il pouvoir travailler sur des outils spécifiques pour sentir les formes dans le temps, sentir les inflexions, les virages, les lignes droites, etc. À ce titre nous trouvons chez Keith Johnstone quelques éléments qui nous permettent d'appréhender certaines formes de la narration : il utilise en effet le terme de plateforme pour décrire « *the stability that precedes the chaos* » ; cette notion va de pair avec celle qui consiste à « dévier l'action », terme qui montre bien la métaphore spatiale et géométrique que l'on a tendance à utiliser pour décrire ce qui se passe dans une évolution temporelle (Johnstone, 1999, p. 89-93). On peut également voir comme un travail sur la forme les effets de répétition dont nous avons pu parler plus haut ; comme en couture, ce sont des points grâce auxquels on relie ensemble des parties séparées. Alain Knapp dans ce sens semble ne se concentrer, à travers les notions de continuité et de cohérence qu'il développe, que sur des formes linéaires, ou légèrement incurvées. Mais dans nos entretiens, il déplorait que les improvisations et, plus généralement, le théâtre en France restent trop fortement influencés par la fameuse, et contestable, règle des trois unités. Il engage au contraire à déplacer l'action, à introduire des sauts dans le temps et dans l'espace... Toutes choses qui laissent entrevoir une forme plus complexe ou plusieurs lignes se croisent et s'entrecoupent, comme un jeu de mikado.

Ainsi donc, si le travail sur la forme consiste à se sortir de la performance pour en percevoir les contours, il faut également remarquer que les mots et les gestes eux-mêmes peuvent faire naître, dans le rapport qu'ils entretiennent avec une cohérence sémantique et la forme de la narration, des impressions de formes diverses. Il est ainsi possible de mettre qui les entend et les voit dans la situation de percevoir plutôt la forme, ou plutôt le sens. Il y a des mots et des gestes, des *corparolités*, qui « font sens » – le signe annule le signifiant au profit du signifié ; à travers un mot, une phrase, ou encore des gestes reconnaissables, on n'entend pas le son, on ne voit pas le mouvement, on comprend ce qu'ils signifient, les rapports qu'ils engagent. À l'inverse, une *corparolité* « fait image » quand elle brise volontairement le canal qui conduit du signifiant au signifié, quand elle introduit du jeu entre eux, et empêche d'accéder immédiatement au signifié. À travers l'opacité des signes se révèle la forme du mot, du geste, du son. Cette notion, qui rejoint les expériences du lab'impro où nous expérimentions entre danse et jeu dramatique, deviendra plus concrète lorsque nous expliciterons la différence, introduite par Anne Bogart et Tina Landau, entre geste expressif et geste comportemental.

LE MOUVEMENT

Le mouvement, Mary Overlie le définit simplement comme « *Perceptual ability to experience and identify with kinetic sensation*[28] ». Ainsi il ne s'agit pas de donner une forme à ce mouvement, ni un rythme quelconque, et en ceci cette approche ne rejoint une approche formelle de la danse qu'à des stades plus avancés. Elle est au contraire une forme de danse plus primitive : il s'agit d'abord de s'identifier à une sensation de mouvement, de se sentir traversé de mouvement ; « *This practice derives movement from sensation*[29] ». Le mouvement est donc une perception que l'on peut avoir de son propre corps, avant d'être quoi que ce soit d'autre. Bien sûr « la perception n'est pas seulement une interprétation des messages sensoriels : elle est contrainte par l'action, elle est simulation interne de l'action, elle est jugement et prise de décision, elle est anticipation des conséquences de l'action » (Berthoz, 1997, p. 15). Ainsi il n'y a perception que dans la mesure où il y a action, action prévue ou projetée. À un niveau minimal, ce qui fonde notre rapport au mouvement, c'est l'action dans laquelle le corps est constamment engagé : le maintient de l'équilibre. Nous sommes

28 « La capacité perceptive d'éprouver et de s'identifier à des sensations kinésiques ».

29 « Cette pratique fait naître le mouvement de la sensation », http://www.sixviewpoints.com/Theory_3.html.

en relation constante avec une force qui demande un effort musculaire, donc un mouvement, et cette force est la gravitation.

Cette conception du mouvement comme découlant avant tout d'une mise en tension du corps avec la gravité, et non comme une forme en mouvement, est typiquement héritée des mouvements égalitaires des années 1960, dont Overlie a fortement subit l'influence. En se référant à une force naturelle, égale pour tous, les danseurs échappent en quelque sorte à l'arbitraire de la chorégraphie et des formes imposées de l'extérieur, pour les trouver en eux et jouer à se distribuer des rôles en fonction d'elle : « La tension gravitaire comme expérience sensible joue, rejoue et réinvente sans cesse les déplacements hiérarchiques que nous identifions comme répartition entre les corps multiples qui fait vivre des expériences, émerger des formes et redistribue des rôles et des places » (Bardet, 2009, p. 80). La danse contact, inventée et développée par Steve Paxton, est en ceci emblématique d'une organisation collective de la danse qui ramène sa composition à des données sensibles immédiates :

> Le toucher et l'équilibre sont les deux sens fondamentaux dans le Contact Improvisation. Les danseurs se servent du toucher pour se transmettre des informations sur leur situation ; chacun des partenaires reste conscient de la pesanteur grâce au contact avec le sol ; et les danseurs « se touchent intérieurement » en maintenant la concentration à travers tout le corps. Contrairement à la plupart des techniques de danse, l'équilibre propre au Contact Improvisation est toujours relatif à la partie du corps supportant le poids, qu'il s'agisse du pied, de l'épaule, du dos ou de la tête. (Banes, 2002, p. 114)

De ceci découle que le mouvement peut être considéré selon deux dynamiques opposées : d'un point de vue interne, il est poussée, effort musculaire, réponse à une force ou à une sensation tactile, investissement d'énergie pour aller d'un point à un autre en s'extrayant ou jouant avec la force de gravité ; de l'extérieur, il est l'évolution d'une forme dans le temps, il est passage d'une forme à une autre. En ceci, ce dernier aspect renvoie à une catégorie du mouvement spécifique : le geste. Les gestes portent en eux-mêmes une intention de communication. Pour le distinguer d'une conception du mouvement pour lui-même telle que nous l'avons décrite jusqu'ici, Bogart et Landau définissent en effet le geste comme « *Shape with a beginning, middle and end*[30] » (Bogart &

30 « Une forme avec un début, un milieu et une fin ».

Landau, 2005, p. 9). Elles discriminent encore plus loin entre les gestes *comportementaux* et les gestes *expressifs* :

> BEHAVIORAL GESTURE. *Belongs to the concrete, physical world of human bahevior as we observe it in our everyday reality. [...]* ;
> EXPRESSIVE GESTURE. *Expresses an inner state, an emotion, a desire, an idea or a value. It is abstract and symbolic rather than representational. [...]*[31]. (*ibid.*, 2005, p. 9-10)

Les premiers sont caractéristiques d'une époque, d'un lieu, ils peuvent être privés ou publics, ils engagent à une relation utilitaire avec l'environnement ; les seconds ne dépendent pas *a priori* d'un chronotope particulier, mais expriment quelque chose qui ne le serait pas sinon, d'intérieur, d'abstrait, comme la *joie* ou la *liberté*. Les gestes font partie de l'arsenal de ce qu'on appelle la communication non-verbale. En ce sens, tout geste comportemental est aussi expressif, exprime quelque chose d'un état intérieur : « il n'est pas de perception de l'espace, du mouvement, il n'est pas de vertige ou de perte de l'équilibre, il n'est pas de caresse donnée ou reçue, de son entendu ou émis, de geste de capture ou de préhension, qui ne s'accompagne d'émotion ou qui n'en induise » (Berthoz, 1997, p. 13). Ainsi travailler sur des gestes qui seraient spécifiquement expressifs implique de se concentrer sur une catégorie de geste qui non seulement expriment un état intérieur ou une idée, mais surtout n'expriment rien d'autre, ne signifient rien d'immédiatement identifiable.

Cette distinction ne recouvre pas exactement celle que nous évoquions plus haut entre une *corparolité*-image et une *corparolité*-action : chez Bogart et Landau, en tant qu'elles s'intéressent aux *perspectives* principalement dans le travail avec des acteurs, les gestes, qui dans leur système possèdent leurs équivalents expressifs et comportementaux dans le domaine des sons et de la voix, restent essentiellement actifs, signifiants. On voit donc ici en quoi le mouvement excède le geste. Le mouvement – qui peut également être vocal en ceci que le souffle et la voix sont aussi des sensations musculaires – peut très bien ne rien exprimer en lui-même, être pure réaction à un stimulus ; il est un déplacement, une réponse à

31 « Geste comportemental. Appartient au monde concret, physique des comportements humains tels que nous pouvons les observer dans la réalité de tous les jours. [...] 2 – Geste expressif. Exprime un état intérieur, une émotion, une idée ou une valeur. C'est plus abstrait ou symbolique que figuratif ».

une sensation de différentiel, comme la chute est conversion d'énergie potentielle en énergie cinétique. Comme nous le soulignions plus haut, la danse a été, en ceci, un outil particulièrement riche pour explorer ces deux *corparolités* dont nous parlons.

DRAMATISATION

Nous avons à disposition, pour explorer cette *perspective* particulière, une multitude de sources d'inspiration, car l'essentiel de ce qui a été fait pour l'improvisation théâtrale concerne ce pan seul de la performance. La dramatisation, comme le dit assez obscurément Mary Overlie, est « l'aptitude perceptuelle à voir et comprendre des systèmes logiques comme un arrangement d'informations collectées[32] ». Plus clairement, cela consiste à créer des liens entre des éléments consécutifs et disparates, être capable de faire surgir des formes et des rapports logiques entre des événements. Comme elle le remarque par ailleurs, cette faculté est essentielle d'un point de vue de la simple survie : sans elle, nous ne serions pas en mesure de relier logiquement l'ingestion de beaux champignons avec la mort qui en résulte. De ce point de vue, la dramatisation est l'ennemie du hasard. Elle est la force qui, dans l'improvisation, le contient, le justifie, et fait du contingent nécessité.

Il y a des histoires partout, nous créons naturellement des liens logiques. C'est sur cette constatation que s'est construite en partie la critique de la notion de postdramatique, les auteurs arguant principalement que le dramatique, identifié avec la fable, resurgit naturellement dans la perception d'un spectateur, et donc également dans la perception de celui qui crée le spectacle – laquelle perception ne peut pas manquer d'orienter sa création. Nul autre qu'Alain Knapp, à ce qu'il nous semble, n'a poussé plus loin les implications de cette faculté de dramatisation pour l'improvisation théâtrale, même si nous retrouvons ici et là, chez Keith Johnstone notamment, des choses qui s'y rapportent, ainsi que nous l'avons mis en évidence[33]. Le concept de *scrutation* vise

32 « *Perceptual ability to see and understand logic systems as an arrangement of collected information* », *cf.* http://www.sixviewpoints.com/Theory_3.html. Nous choisissons de traduire ici *Story* par dramatisation, car il ne s'agit pas exactement de la narration, de la construction d'histoires, mais plutôt d'une capacité perceptive. En ceci, elle se rapproche de la faculté de dramatisation que relève Marie-Madeleine Mervant-Roux chez les spectateurs dans (Mervant-Roux, 2006).

33 *Cf. supra*, p. 207 et *sq.*

explicitement à entraîner à la création de ces liens logiques. Il s'agit même pour Knapp de faire en sorte que ce lien logique ne soit pas évident, ne soit pas inclus dans les objets eux-mêmes, mais demande l'intervention d'un acte imaginatif, créateur. Voici un exemple d'exercice qu'il donne dans son livre :

> A.K. Voulez-vous couper une feuille de papier en quatre morceaux et écrire trois noms d'objets sur trois feuillets. Veillez à ce que ces objets n'entretiennent, à vos yeux du moins, aucun lien entre eux. Par exemple : violon, tasse, porte-monnaie.
>
> JEAN. Et sur le dernier bout de papier ?
>
> A.K. Vous écrirez le nom d'un lieu. Mais attention, ce lieu ne doit pas avoir de relation logique avec les objets. Gardez-vous aussi d'indiquer un lieu générique comme la ville, la campagne.
>
> [...]
>
> A.K. Dans cet exercice, il s'agit de faire coïncider des données apparemment antinomiques. Trois objets activants, indices de comportements possibles, se trouvent dans un lieu où normalement ils ne devraient pas être. Pourquoi sont-ils à cet endroit ? Qui agit avec ces objets ? Quel est le contexte ? Il importe de construire un schéma narratif cohérent. Menez votre réflexion au point d'éliminer toute bizarrerie. Aussi longtemps que vous en resterez à un assemblage plus ou moins insolite, dites-vous que l'objectif n'est pas atteint. (Knapp, 1993, p. 37)

On voit bien ici que tout hasard, tout accident, s'il est à l'origine de la création, est à bannir comme outil narratif. Tout doit trouver sa justification, sa juste place dans le monde. C'est à travers cette exigence que les élèves d'A.K. développent leurs facultés créatrices. L'approche que privilégie Overlie et le travail des perspectives est beaucoup plus lâche, dans une optique tout à fait postmoderne. En tant que danseuse, elle est certes nettement moins intéressée par la construction de liens logiques que par la découverte de ceux-ci dans un processus guidé par d'autres lois (celles du mouvement, du corps, etc.). Lors des cours auxquels nous avons pu assister à la Tisch School of the Arts, à New York, elle a introduit la notion d'*unnecessary*, notion très vague à laquelle elle était venue elle-même par le besoin de se libérer de la nécessité de composer – laquelle peut bloquer – et qui consiste à prendre les actions quotidiennes et utilitaristes à rebours (ouvrir une porte avec ses pieds, tenter d'enfiler un manteau en se tenant sur les mains...). Nous avons ainsi réalisé une improvisation collective non-nécessaire : nous faisions vraiment n'importe quoi, mais malheureusement avec une certaine prévisibilité et selon des schémas relativement convenus ; cependant, force est de constater que même dans ce n'importe quoi émergèrent des schémas, des significations, qui pouvaient être exploités et déboucher sur une construction logique.

Cet aspect a été un point focal de la séance du lab'impro le mardi 29 novembre 2011. Dans notre exercice, deux participants proposaient des éléments qui n'ont *a priori* aucun rapport. Ces éléments pouvaient être d'une nature extrêmement variée : une action répétitive, une position, un mot ou groupe de mot, un changement de lumières, un accessoire, etc. Un troisième participant devait alors produire une action, une position, un récit, etc., qui permette de créer du lien entre ces deux premières propositions. Ce lien n'était pas nécessairement logique ; il pouvait être de l'ordre de l'image, de la géométrie, du rythme... Mais une fois le lien établi, quelle que soit sa nature par ailleurs, force est de constater que la narration apparaît, que l'on *dramatise.*

Pour nous, il suffit donc de remarquer trois choses :

1. que la dramatisation intervient lorsque sont présentés ensemble deux ou plusieurs éléments qui n'ont pas, *a priori*, de rapport logique entre eux ;
2. que ces éléments peuvent être de nature très variée : objets, gestes, sons, paroles, dessin, concept, ambiance lumineuse, etc. ;
3. que la nature des liens entre eux est logique, mais que la façon de l'expliciter ou de l'exprimer peut elle aussi varier : implication, juxtaposition – horizontale ou verticale.

Ainsi est-il possible d'imaginer un mode de construction de cohérence de l'improvisation dans la durée qui n'ait pas à choisir entre le laisser-aller continu, l'ouverture constante à l'imprévu et à l'inspiration, lesquels peuvent faire dériver toute improvisation vers une absence totale de signification, et la projection d'une structure, la mise en place d'objectifs et d'intentions, qui risquent d'étouffer toute spontanéité et de rendre les choses trop prévisibles : bien plutôt, il faut prendre toute structure, toute narration comme émergente, susceptible de développement, et se laisser guider par elles – de la même manière que le chemin guide celui qui marche.

LA PERSPECTIVE MANQUANTE : LE SON ?

Ce qui nous surprend aujourd'hui, en passant en revue ces six *perspectives*, c'est à quel point elles résonnent, et pourtant se différencient, avec la théorie des intelligences multiples développée par Howard Gardner dans les années 80 : « Il s'agit d'une conception plurielle de l'intelligence qui prend en considération les nombreuses et différentes facettes de l'activité cognitive, et qui reconnaît que nous différons les uns des autres par notre acuité cognitive et nos styles cognitifs contrastés » (Gardner, 2008, p. 28). Celui-ci identifie, à partir de l'étude des lésions cérébrales, sept formes d'intelligence : musicale, kinesthésique, logico-mathématique, langagière, spatiale, interpersonnelle et intrapersonnelle[34]. Selon lui, seules les intelligences langagière et logico-mathématique sont mises en avant par l'éducation telle qu'on la reçoit à l'école, quand les autres sont passées sous silence ou dénigrées – si ce n'est peut-être l'intelligence kinesthésique dans les cours de sport. Nous nous souvenons, en contrepoint, des étudiants du *Master of Drama* de Rhodes University, à Grahamstown en Afrique du Sud, qui arboraient presque tous un t-shirt « *Physically Intelligent* ».

Ainsi il est évident que la *perspective* Espace se rapporte à l'intelligence spatiale ; que le Mouvement en appelle à l'intelligence kinesthésique ; que la logico-mathématique et la langagière ont fort à faire avec la Dramatisation telle que nous l'avons décrite ; l'intelligence musicale se rapporterait prioritairement à des questions de temps, mais pas uniquement ; quant aux émotions et aux formes, elle font appel à un composé d'intelligence inter- et intrapersonnelle pour la première, intrapersonnelle et spatiale pour la seconde. Bien sûr nous pouvons discuter de tout cela, nuancer, préciser – mais dans quelle optique ? Nous ne cherchons pas à plaquer exactement une théorie sur une autre. Simplement, remarquons que le travail des *perspectives* permet de développer une réelle *pensée* de l'espace, des émotions, du mouvement, etc. Une pensée qui n'est pas langagière ou logico-mathématique, mais prise en charge par d'autres formes d'intelligence.

Mais corollairement, il apparaît clairement que tous les aspects qui font intervenir le son, que ce soit dans le langage ou dans la musique, ne sont pas traités. Cela mériterait donc l'exploration d'une *perspective* dédiée, ce

34 Une intelligence est pour lui la capacité à résoudre des problèmes ou à produire des biens ayant une valeur dans une contexte culturel ou collectif précis. *Cf.* (*ibid.*, p. 38-47) pour une description de ces différentes intelligences et des critères que Gardner retient pour les considérer comme telles.

qu'on fait en partie Bogart et Landau en identifiant des *perspectives* vocales[35]. Il est important de considérer que *son* n'est pas réductible à *voix*, et encore moins *parole*. Ainsi la notion de geste chez Bogart et Landau, qu'il soit physique ou sonore, ne répond que très imparfaitement à ce manque.

Force est de constater que nous n'avons pas, pour le moment, développé beaucoup plus loin qu'elles cet aspect. Nous avons certes plusieurs fois travaillé sur le son : dès la première séance du 5 novembre 2011, en travaillant sur la réponse kinesthésique selon l'exercice de lignes que nous avons décrit ci-dessus, nous avons pu remarquer à quel point celui-ci pénètre plus facilement dans l'espace sensoriel et induit des réponses plus vives que la seule vision ; l'après-midi du 13 décembre 2011, où David était venu avec Lola qui était venue avec son violon, nous avons exclusivement travaillé sur le dialogue entre mouvement, parole et musique. Mais force est de constater qu'à chaque fois le son était considéré selon des perspectives essentiellement temporelles, et non pour ses qualités propres : texture, hauteur, forme, etc. La matinée du 4 février 2012 nous a permis de faire, à trois, des tentatives un peu plus poussées dans le dialogue avec la guitare électrique. D'abord en nous concentrant uniquement sur le mouvement et sur des notions d'amplitude ou de densité, nous avons accentué notre recherche en passant à la parole automatique, l'improvisation libre du langage, qui permet porter son attention sur la parole comme son, et non sur la parole comme sens.

L'ABORD DU CONTEXTE : MÉDIATION, INTERACTION ET MÉMOIRE

Le travail sur les *perspectives*, comme tout travail de déconstruction, n'est pas une fin en soi : il doit disparaître dans la reconstruction, il doit être suivi par un travail spécifique de composition. Comme le souligne Mary Overlie : « *This work does not have a pre-existing idea of what theater is, how it should be created, what it should say or how it should say it*[36] ».

35 *Cf.* « *Working with Music* » et « *Starting to Speak* » dans (Bogart & Landau, 2005, p. 90-120).

36 « Ce travail ne porte pas en lui-même une idée préétablie de ce qu'est le théâtre, de comment il devrait être créé, de ce qu'il devrait dire ou de comment il devrait le dire », http://www.sixviewpoints.com/Theory_3.html.

Avec l'œuvre de composition, c'est la responsabilité de l'artiste en jeu qui se trouve engagée ; ce sont ses choix, ses goûts et ses objectifs qui vont guider sa démarche, et la théorie de la création que nous utilisons pour cela ne doit pas en préjuger. En réalité, nous ne pouvions faire autrement que d'aborder la question de la composition de façon constante, que ce soit au chapitre précédent, quand il s'agissait de penser la notion d'acteur-créateur dans le contexte contemporain, ou dans notre description des six *perspectives* ; nous sommes convaincus à ce stade que la composition, dans le travail tel que nous l'avons abordé, ne peut pas être obtenue *a priori*, mais par une activité constante de construction de cohérence avec ce qui précède.

Cependant, le travail sur les *perspectives* en lui-même ne permet pas de penser certains aspects de la composition qui sont transversaux ; le découpage induit en lui-même un biais, nous rendant aveugles à des données pourtant fondamentales. La question du contexte, dont nous avons largement souligné l'importance précédemment, est par exemple passée sous silence ; les *perspectives* engagent plutôt à se considérer *a priori* sans mémoire et sans intentions – du moins cette mémoire et ces intentions ne sont-elles réduites qu'à l'inconscient –, et à entrer dans un dialogue immanent avec la matière (spatiale, temporelle, mouvement, etc.) telle qu'elle se présente. L'artiste est ici un observateur-participant, plutôt qu'un créateur-démiurge – la création intervient dans un dialogue avec la matière, dans une alternance entre guider, donner une forme et se laisser guider.

Quelques autres aspects de la performance demandent donc d'être explorés pour eux-mêmes, afin d'introduire un rapport plus riche avec un contexte donné, qui ne se limite pas à l'environnement immédiat. Ce rapport peut passer, pour nous, par la mise en jeu d'un médiateur, par le développement d'une relation avec le public plus subtile et par le travail sur un répertoire personnel. Nous allons les passer en revue brièvement en indiquant à chaque fois comment en particulier nous avons souhaité – ou aurions souhaité – les aborder dans nos diverses expériences.

DIRECTION DE L'IMPROVISATION

Il peut paraître paradoxal de chercher à diriger des improvisations collectives, tant nous avons pu insister sur le développement d'une autonomie créatrice chez les acteurs. Mais cette autonomie ne nous semble valable qu'à condition qu'elle soit capable de se mettre en relation avec d'autres actes créateurs, que ce soit ceux d'autres acteurs, d'auteurs, de metteurs en scène, de musiciens ou de scénographes – l'autonomie n'est pas l'autarcie. Ainsi en a-t-il été pour le Théâtre-Création, lorsqu'il s'agissait de réaliser des créations collectives en s'assurant la collaboration d'un auteur et sous le regard d'un metteur en scène, qu'ils appelaient coordinateur ; l'autonomie créatrice des acteurs entrait en dialogue avec la création de ces autres figures de la production théâtrale, qui ne disparaissaient pas pour autant.

Knapp ne semble pourtant jamais s'être posé la question de diriger des improvisations. Lorsque les comédiens créaient directement sur scène, ils avaient acquis une telle maîtrise de leur outil de travail que toute direction devenait inutile. Nous savons que les improvisations en public ont été abandonnées après la première période et que le groupe formé lors des deux dernières années de la compagnie n'en a pas exécuté ; il n'était pas suffisamment solide pour cela. Une façon de dépasser la question aurait justement été de développer un moyen de guider de l'extérieur les improvisations, comme Johnstone, Spolin et d'autres n'hésitent pas à le faire, mais cela rentrerait trop en contradiction avec les objectifs libertaires de Knapp : dans son approche, qui est également la nôtre, il faut que les acteurs soient d'abord indépendants dans leur création pour pouvoir accueillir l'action d'un directeur sans que celui-ci devienne central.

Ainsi que nous argumentions précédemment, l'improvisation possède un caractère foncièrement amateur ; elle considère souvent que tout le monde peut improviser, avec les outils qui sont les siens. David A. Charles remarque : « *spontaneous theatre must often carefully walk the divide between all-encompassing experience and selective artistic aesthetic. In order to meet these challenges and assist in the creation of an inclusive and meaningful artistic event, many improvisational forms employ the services of a skilled moderator or facilitator*[37] » (Charles, 2003, p. 199). Il passe ainsi en revue le *sidecoach* de Viola Spolin, le *Joker* d'Augusto Boal, le directeur de J.L. Moreno et le conducteur de Jonathan Fox. Le rôle de ces différentes figures du metteur en scène spontané n'est généralement pas de donner une forme à

37 « Le théâtre spontané doit souvent enjamber le fossé qui sépare une expérience immersive et une esthétique artistique sélective. Afin de relever ces défis et de favoriser la création d'un événement artistique à la fois inclusif et significatif, de nombreuses formes d'improvisation utilisent les services d'un modérateur ou facilitateur compétent ».

l'ensemble, mais plutôt de permettre le dialogue et l'émergence de voix contradictoires : « *Rather than seeking to capture the voices and experiences of those in attendance, these theatrical figures serve as dialogic enablers. Rarely do they strive to promote a particular vision or monologic encounter. Instead, their skills and structural embellishments serve to maximize the emergence of diversity and polyphonic representation*[38] » (*ibid.*).

Il faut ajouter à cette liste le *soundpainting*, qui offre pour nous l'avantage de travailler avec plusieurs disciplines et sur une matière improvisée extrêmement libre. Cette technique nous provient encore des *seventies* étasuniens, et s'est développée mondialement dans les années 2000 : créé à Woodstock en 1974 par Walter Thompson pour diriger un ensemble de *free jazz*, et développé depuis pour englober la danse, l'art dramatique et les arts graphiques, le *soundpainting* est un langage de signes, organisés selon une structure très codifiée, qui permet à un *soundpainter* ou « signeur » de diriger une improvisation collective et interdisciplinaire (Thompson, 2006). C'est un moyen de composition en temps réel ; le signeur donne une forme et une cohérence à la matière proposée par les musiciens, danseurs, acteurs, etc. Ainsi il faut remarquer que cette technique possède un biais évident : celui de faire reposer toute composition d'ensemble sur la figure du *soundpainter*. Pour qu'une réelle collaboration se mette en place, il est nécessaire d'une part que les improvisateurs puissent s'en passer, d'autre part qu'il y ait dialogue, donc acceptation, refus ou désobéissance.

Deux façons de diriger des improvisations apparaissent ici, deux rôles à jouer : d'un côté un rôle artistique, pour faciliter le développement de l'improvisation en elle-même, dans sa structure, voire la modeler entièrement ; de l'autre, un rôle plus social, de modérateur, qui prend en charge le dialogue avec le public. Dans le premier sens, le directeur devient un référent qui aide les improvisateurs à prendre des décisions collectives, à négocier des enchaînements formels et structurels. Dans le deuxième sens, le référent est partagé par le public et les improvisateurs, et se concentre principalement sur la gestion de leurs interactions, pas sur la forme de l'improvisation. Quand on est engagé soi-même dans

38 « Ces figures théâtrales ne cherchent pas à capturer les témoignages et les expériences des assistants, mais à animer l'opposition dialogique. Il est rare qu'ils œuvrent pour promouvoir une vision particulière ou une rencontre monologique. Au contraire, leurs compétences et leurs enjolivements structurels servent à favoriser l'émergence d'une diversité de points de vue et d'une représentation polyphonique ».

un jeu, ce dernier aspect est difficile à complètement maîtriser sans le recours à ce personnage dédié, mais nous allons maintenant explorer quelques pistes qui pourraient nous permettre de le travailler.

LE RAPPORT AU PUBLIC

Le travail des *perspectives*, en ceci qu'il ne présuppose rien de ce qu'est le théâtre ou la manière dont il doit être fait, permet *a priori* tout autant d'instaurer un rapport entre acteurs et spectateurs qui soit bâti sur une séparation stricte entre ces deux fonctions que de s'engager dans une relation plus trouble et perméable. De jouer *avec* au lieu de jouer *pour*. Elles aident à concevoir le rôle de l'artiste comme observateur-participant, et il n'y a pas loin de cela au spect-acteur d'Augusto Boal ; en plaçant dans le champ de la perception, et non de l'action, l'activité principale de l'acteur, celui-ci se rapproche du spectateur, partage avec lui une activité de même nature et se retrouve à même de l'emporter avec lui dans son jeu. Mais il faut bien avouer que les *perspectives*, comme elles ne s'adressent pas spécifiquement à cette dimension-là de la performance, la laissent nécessairement dans l'ombre ; il est facile en les pratiquant de ne tout simplement pas se poser la question. Et l'improvisation nous demande de le faire.

Les techniques du Théâtre de l'Opprimé nous permettent par exemple d'envisager les spectateurs comme des participants à part entière, qui peuvent monter sur scène et jouer certains rôles à la place des acteurs (théâtre-forum), voire prendre part à l'action sans en être conscients (théâtre invisible). Dans le théâtre-forum, jouer avec un spectateur demande une attention particulière : « Si l'acteur est trop dur, il peut décourager le spectateur ou, ce qui est pire, lui faire peur. S'il se montre trop doux, et vulnérable, sans gestes ni arguments, il peut l'induire en erreur en lui laissant croire que le problème posé par la pièce est plus facile à résoudre qu'il ne le croit ». Il y a une présence de l'acteur, une ambivalence et une attitude dialectique à développer sans cesse, pour permettre au spectateur de rentrer dans le jeu : « chaque geste doit porter en soi sa propre négation : chaque phrase doit laisser entendre la possibilité de dire le contraire de ce qui est dit, chaque *oui* laisse supposer un *non*, ou un *peut-être* » (Boal, 1991, p. 249).

L'enjeu pour nous ici n'est pas de rechercher systématiquement une participation des spectateurs au spectacle et à la construction dramatique, comme dans le cas d'Augusto Boal, mais de travailler sur des moyens pour l'acteur d'instaurer un rapport autre avec les spectateurs que la séparation rigide des fonctions – quitte à y revenir ensuite. Comment peut-il se nourrir des réactions des spectateurs, interagir avec eux ? Nous laissons ici de côté la question du pourquoi, que nous avons évoqué au chapitre précédent, à travers la dimension *carnavalesque* de l'improvisation[39]. Marie-Madeleine Mervant-Roux, en fondant volontairement son étude de l'activité des spectateurs sur des spectacles où le dispositif scénique est frontal, a prouvé que cette interaction existe « en permanence, avec des effets parfois violents (très grands silences, ruptures étranges, divisions complexes des salles), à l'occasion de spectacles de facture très classique » (Mervant-Roux, 1998). La représentation est profondément modifiée par cette activité, que Mervant-Roux caractérise surtout comme sonore : « l'activité spectatrice est *une donnée structurelle de la représentation* théâtrale. Le public, qui se manifeste par ses silences, ses rires, ses hiatus, ses accordages... en intervenant sur la forme de l'événement commun intervient sur le sens en train de se former. Il ne dit pas un sens précis mais il précise un sens non dit » (Mervant-Roux, 2008, p. 55-56). Et il est évident pour l'improvisateur qu'écouter les spectateurs est un appui fondamental pour sa performance – c'est elle qui lui permet de continuer, de se laisser aller, de développer une piste plutôt qu'une autre, ou au contraire de sentir quand il se perd et s'éloigne. Mais l'improvisation porte en elle la possibilité d'un dialogue entre acteurs et spectateurs qui ne soit pas fondé seulement sur une séparation rigide des fonctions – plus exactement, comme elle se joue de toutes les frontières, celle-ci en particulier est souvent conçue comme perméable. Réalisant un panorama des formes de théâtre improvisé qui vont s'inspirer de façon plus ou moins directe de leurs spectateurs[40], David A. Charles résume : « *Spontaneous theatre embodies an egalitarian approach to performance. The vast majority of improvisational movements seek personalized interaction with their host communities. [...] Whereas conventional theatre tends to present theatre for or on behalf of an audience, improvisational theatre generally plays with or is generated from those in attendance*[41] » (Charles,

---

39 *Cf.* p. 260 et *sq.*

40 Outre les travaux bien connus de Boal, on peut citer le *Playback Theatre* de Jonathan Fox, ou encore le *Life Game* de Keith Johnstone.

41 « Le théâtre spontané incarne une approche égalitaire de la représentation. La grande majorité des mouvements d'improvisation cherche une interaction personnalisée avec sa communauté d'accueil. [...] Tandis que le théâtre conventionnel tend à présenter le

2003, p. 137). La plupart du temps, ces interactions sont cadrées par les formats, par un ensemble de règles qui décideront de la manière dont un ou des spectateurs seront amenés à s'exprimer ; le *Life Game* de Keith Johnstone, par exemple, encadre très précisément un membre du public, qui est choisi avant la représentation pour raconter l'histoire de sa vie, dont les moments clés seront joués par les acteurs. Ainsi que nous l'avons vu plus haut, c'est souvent à travers le recours à un personnage référent que ce dialogue peut se faire. Mais les principes qui ont guidé la mise en place du lab'impro, où il s'agissait de travailler sur l'improvisation libre, nous interdisaient de penser ce type d'interaction de cette façon là. La question se posait pour nous d'abord au niveau de l'acteur, et de l'acteur seul. À ce niveau, toute mise en jeu d'un ou avec un spectateur donné consiste à négocier avec lui le passage de l'écoute à l'action – qu'on soit en position de la désirer ou de la freiner.

Cette dimension est fortement présente dans l'ensemble des travaux que nous avons réalisés avec la compagnie Dynamythe à Lyon. Sous l'impulsion de ses fondateurs, Cyril Boccara et Sandra Leclercq, la compagnie souhaite développer un « théâtre du public », c'est-à-dire des spectacles qui se créent et se joue avec le public, que ce soit pendant les répétitions et la phase d'élaboration du projet, ou à travers des dispositifs immersifs où les spectateurs sont engagés à intervenir pour que se modifie fortement le spectacle en fonction de leurs réactions. Voici quelques mots qui en résument le projet : « Entre art élitiste et art du divertissement, il y a l'art du Public : un art qui se confronte au peuple, qui crée contre le public, tout contre lui. Ainsi nos créations sont des œuvres du Théâtre du public : elles se forment et se transforment avec le spectateur[42] ». Nous avons notamment réalisé un spectacle, *Dona Juane – le match*, à partir du *Dom Juan* de Molière. Tous les rôles masculins et féminins avaient été inversés pour redonner au texte une force subversive et critique. Il s'agissait également d'un match, où les spectateurs, dès l'entrée, devaient choisir entre deux camps, les Justes et les Libres ; les premiers croient en la vertu des lois, les seconds ne se fondent que sur eux-mêmes. Ce dispositif permettait un échange permanent entre les acteurs et les spectateurs autour de grandes questions

---

théâtre *pour* ou *à la place* d'un public, le théâtre d'improvisation joue souvent *avec* ou est créé *depuis* ceux qui assistent ».

42 *Cf.* « Notre horizon quotidien » sur http://www.compagnie-dynamythe.com, consulté le 9 septembre 2013.

contemporaines (rapport à la religion, la famille, la consommation...). Avec Cyril Boccara, nous avons également mis en place le LACSE, le Laboratoire des acteurs créateurs, sympathiques et engagés, qui se situe en large part dans la continuité du lab'impro, avec une dimension politique et sociale plus affirmée. Nous y développons en effet une forme de théâtre improvisée très libre – dans le sens où il n'y a aucune règle structurante –, dans laquelle nous explorons, avec les spectateurs, une thématique généralement politique et sociale (le chômage, les discriminations, la consommation de masse, vivre ensemble, etc.). Ce théâtre se joue, sauf rares exceptions, dans des lieux non théâtraux (lieux de culte, places publiques, écoles, lycées, prisons...).

Ainsi dans toutes ces expériences, il est question de susciter et d'accompagner, chez les spectateurs, ce passage de l'écoute au jeu, et *vice versa*. Les différents niveaux de jeu que Michael Kirby identifie peuvent nous aider à décrire l'interaction entre acteurs et spectateurs de façon plus nuancée qu'en ne considérant simplement qu'une séparation entre ceux qui jouent et ceux qui ne jouent pas (Kirby, 1987, p. 3-12). Comme nous l'avons déjà évoqué précédemment, il décrit en effet un *continuum* entre le jeu et le non-jeu, dont voici les différents points de repère :

1. *nonmatrixed performing* : le cas de tout le monde engagé dans une tâche quelconque, « une disposition dans laquelle l'acteur ne fait rien pour renforcer l'information transmise par sa *présence* » (Lehmann, 2002, p. 217). Cette performance est sans matrice dans le sens où aucune fiction ne vient structurer l'action de l'exécutant ou lui donner un sens. Cela part du non-jeu complet pour englober la situation des techniciens de plateau, qui eux-mêmes ne font rien qui fasse partie d'une représentation, mais dont les costumes (souvent noirs, neutres) renvoient à une fonction précise, sans pour autant faire naître une fiction ;
2. *symbolized matrix* : c'est l'étape supplémentaire, où le costume et les accessoires, en dehors de toute action spécifique du performeur, renvoient à une fiction. Il cite l'exemple d'un spectacle sur Œdipe où l'exécutant, sans pour autant jouer Œdipe, portait un costume qui l'obligeait à boiter. Dans ce cas, tout spectateur était amené à l'identifier au malheureux roi de Thèbes, quand bien même l'acteur ne prétendait à aucun moment être lui ;

3. *received acting* : au fur et à mesure que se rajoutent des éléments (de costume, de décor…) qui viennent confirmer la fiction, l'exécutant devient acteur sans qu'il fasse pour cela quelque chose de particulier, sans qu'il *joue.* Il cite en exemple le cas de figurants qui seraient juste debout dans un coin en train de regarder ce qui se passe ;
4. *simple acting* : cela apparaît dès que quelqu'un prétend faire quelque chose qu'il ne fait pas vraiment, être quelqu'un qu'il n'est pas vraiment, ou encore lorsqu'il exerce un contrôle de ses émotions, qu'il les *utilise.* « *The simplest acting is that in which only one element or dimension of acting is used*[43] », écrit-il (Kirby, 1987, p. 10). Il insiste sur le fait que cela n'est pas nécessairement bien fait, ni crédible, ni vraisemblable – que cela peut être très petit, passager, ou exagéré. Il s'agit simplement d'une autre énergie, d'un saut qualitatif dans la présence[44] ;
5. *complex acting* ou encore *full-matrixed acting* : l'extrême pôle du jeu, quand celui-ci fait intervenir plusieurs dimensions (émotions, actions physiques, etc.) dans un ensemble structuré et généré par une fiction.

L'acteur est la plupart du temps engagé dans un jeu complexe : il représente un ailleurs, sa présence est engagée dans une action et l'expression d'émotions. Le spectateur est à l'autre bout du spectre ; fidèle à sa position de « gardien du réel », selon l'expression d'Élie Konigson chère à Marie-Madeleine Mervant-Roux, la plupart du temps il ne joue pas, il ne rajoute rien à sa propre présence : « Si les acteurs doivent assumer leur fonction d'explorateurs de l'inconnu, les spectateurs doivent être

43 « Le jeu le plus simple est celui dans lequel un seul élément ou une seule dimension du jeu est utilisé ».

44 Nous utilisons souvent, pour faire sentir cette notion en ateliers, un exercice que nous avons ramené d'Afrique du Sud. Il s'agit d'explorer une échelle de niveaux d'énergie, depuis la léthargie jusqu'à la panique : d'abord immobile et vide, on bouge, prend possession de son corps, puis on se donne des objectifs à réaliser. Le jeu apparaît à l'étape suivante, quand nous faisons passer le mot qu'il y a peut-être une bombe dans la salle. Outre l'aspect fictionnel ainsi introduit, c'est dans le *peut-être* que cela se passe : il engage à être vigilant, conscient de son environnement, des moindres changements autour de soi, tout en n'empêchant pas les actions de se faire. À ce moment, la qualité de présence change, quand bien même on continue de vaquer à ses occupations. Au-delà, quand la présence de la bombe se confirme et qu'on annonce qu'elle va exploser, l'énergie de la panique est trop forte et écrase tout, il n'est plus possible de jouer.

eux aussi des personnages intermédiaires : tout en s'ouvrant aux univers imaginaires du tréteau, ils ne doivent jamais cesser de "représenter" la réalité qui est la leur. C'est cette tâche, consistant à incarner la cité dans le lieu théâtral, qu'Élie Konigson, dans l'article déjà mentionné, a traduite dans la métaphore du "gardien du réel"[45] » (Mervant-Roux, 2008, p. 60). Dans l'improvisation, les frontières sont plus troubles : la structure de la fiction n'existe pas au préalable, mais se crée petit à petit ; l'improvisation commence par du *received acting* et se développe, dans le cas où elle cherche à être dramatique, vers du *full-matrixed acting*. Mais s'il y a plusieurs façons de jouer, plusieurs niveaux de jeu, il existe aussi en face plusieurs façons de regarder et d'écouter[46]. Un spectateur donné n'est pas nécessairement toujours dans le non-jeu ; il peut très bien exprimer son adhésion ou son exaspération devant le spectacle, volontairement *au-dessus* de son niveau réel, et ainsi mettre un pied dans le *simple acting*. Il suffit également de peu pour que, l'espace d'un instant ou sur l'ensemble d'une performance, un spectateur, un groupe de spectateurs ou le public entier soient happés par la fiction sans le vouloir, jouent ainsi en *received acting*, comme lorsqu'une fonction fictive est attribuée par les acteurs à leur assemblée – ce qui souvent provoque le rire. Il nous est alors permis d'émettre l'hypothèse que c'est en parcourant cette échelle que chaque acteur peut, à un niveau individuel, inviter les spectateurs à explorer eux-mêmes différentes façons d'écouter.

Le spectacle *Don(a) Juan(e)* offre en ceci un cadre d'expérience qui nous permettra de rendre concrètes ces différentes possibilités. Nous l'avons dit : le spectacle est un dispositif immersif, où les spectateurs sont invités à prendre parti dès l'entrée pour l'une ou l'autre équipe, pour les Verts Justes ou les Orange Libres. Ils choisissent physiquement leur camp : la salle est partagée en deux, les Justes à cour et les Libres à jardin. Deux visions du monde, deux points de vue qui vont considérablement orienter leur façon de percevoir les scènes du *Dom Juan* que les acteurs interprètent. Le cadre sportif aidant, ils sont dès l'entrée très joueurs ; il est d'ailleurs arrivé que nous ayons du mal à instaurer une écoute attentive dans les premiers moments du spectacle. Le cadre, très fort, et l'attribution des rôles, place de fait les spectateurs à un niveau de jeu déjà

45 Elle parle ici du théâtre médiéval.

46 Marie-Madeleine Mervant-Roux détaille six figures d'homme-spectateur, (Mervant-Roux, 2006, p. 99-167).

très élevé, de l'ordre du *received acting* ; quand bien même ils ne feraient rien de particulier individuellement, ils jouent collectivement un rôle vis-à-vis des autres spectateurs. Ils sont ainsi en position de parcourir toute l'étendue du spectre de jeu dont parlait Michael Kirby, à l'exception du *full-matrixed acting* car ils ne joueront pas de personnage dans le drame de *Dom Juan*. Et en réalité, les niveaux de jeu et d'écoute par lesquels chaque spectateur peut passer font intervenir une dynamique assez complexe. Les moments où il peut prendre part à l'action sont cadrés : d'une part pendant des moments de *coaching*, avant les scènes et parfois pendant, où il peut donner à l'acteur des indications (suggérées) sur son jeu, son angle d'approche du texte, ou simplement l'encourager comme on encourage un sportif ; d'autre part pendant des duels du public, où l'arbitre crée un petit débat entre les deux équipes. La plupart du temps, ces moments ne lui demandent pas de jouer quoi que ce soit : c'est en son nom propre qu'il peut donner son avis, argumenter, parler – à part bien sûr lorsqu'il s'agit d'exalter l'acteur, où c'est en tant que membre d'une équipe que chaque spectateur agit. Mais il arrive que certains se prennent au jeu, et ainsi s'amusent à défendre des positions qui ne sont pas les leurs, à jouer à quelqu'un d'autre.

Le reste du temps, lorsque les scènes se jouent, les spectateurs sont encouragés à adopter une position qui se rapporte à celle qui leur est traditionnellement réservée : écouter, regarder. Mais peuvent-ils atteindre, à l'inverse, ce que Marie-Madeleine Mervant-Roux appelle une « position de songeur entre rêve et réflexion », suspendre « l'avalanche pesante », et qui constitue pour elle la véritable position du spectateur (*ibid.*, p. 167) ? Oui, mais pas tout de suite, pas nécessairement – cette difficulté insupporte d'ailleurs certains spectateurs. Mais cela est à mettre en perspective avec le parcours que suivent les acteurs eux-mêmes pendant la représentation. Ceux-ci apparaissent tour à tour selon plusieurs modalités de jeu : d'une part dans les scènes, ils apparaissent en tant que personnages (Doña Juane, Sganarelle, Pierrotte, Elviro, etc.) ; d'autre part, hors des scènes[47], ils sont de simples joueurs, les champions de leur équipe, identifiés par leur prénoms. Quand ils ne jouent pas, ils s'assoient parmi les spectateurs. L'arbitre fait exception : M. l'Arbitre, quelquefois Hervé, sont les seules façon de le désigner. Ainsi il semble

47 Lesquelles sont appelées duels, dont le début et la fin sont sifflés. Entre chaque duel, l'arbitre reprend la scène.

d'abord que la plupart des acteurs passent du *full-matrixed acting* de Kirby au *symbolized matrix* (du fait de leurs costumes) en passant par le *simple acting*, quand l'arbitre n'explore jamais le *full-matrixed acting.* Mais au fur et à mesure de la pièce, des tensions et des conflits commencent à apparaître entre les joueurs eux-mêmes. L'espace du match est déconstruit. Une fiction se crée entre eux, qui vient mettre en abyme et la pièce de Molière, et la participation du public. Plus cette double-fiction ressort, prend de l'importance, plus les joueurs entrent dans un *complex acting* et finalement n'en sortent plus. Les spectateurs, en face, redeviennent ces songeurs qui ne participent plus, sinon « sans y penser à une activité mythique dont la matière se trouve assez loin en amont, dont les plus forts effets surgissent dans le long terme » (*ibid.*, p. 201).

Le travail au LACSE fait également intervenir un jeu entre ces différentes qualité de présence, lequel s'exprime d'abord par le recours à une large palette de *corparolités*, ou d'idiomes. Ayant en effet proposé un thème aux spectateurs, les acteurs alternent des interventions en leur nom propre, de l'ordre du discours, avec des développements en tant que personnages intégrés dans une fiction. Cette grande perméabilité entre les niveaux de jeu rend l'accès à la performance relativement simple et immédiat pour les spectateurs, lesquels se mettent plus facilement à incarner des personnages.

TRAVAIL SUR UN RÉPERTOIRE

> En tant qu'artistes, nous côtoyons toutes les œuvres qui ont été créées avant nous. Nous avons la possibilité de créer aujourd'hui. Je ne présente pas des œuvres du passé mais je sais qu'elles existent, qu'elles peuvent servir de matériau à notre travail présent.
> John CAGE

Enfin la dernière dimension, dont nous avons maintes fois souligné l'importance cruciale pour le développement d'une aptitude complète à l'improvisation, ainsi que pour pouvoir se mettre en rapport avec le contexte de la performance, est le travail sur un répertoire. Par cela, nous entendons surtout le travail sur les constructions mythologiques et sur la pensée, sur des structures à la fois dramatiques, philosophiques, sociales et historiques. Le cadre dans lequel nous envisageons ce travail particulier est celui des *études*, hérité de la méthode de l'analyse par l'action expérimentée par Stanislavski dans les dernières années de sa vie, et perfectionnée et popularisée par son élève et assistante Maria Knebel. L'approche originale qu'en a développé Anatoli Vassiliev par la suite nous influence également fortement[48].

L'analyse par l'action est l'archétype de l'utilisation de l'improvisation dans la recherche et la construction d'un personnage. Le principe fondamental, et souvent utilisé à la va-vite dans les cours de théâtre, est de jouer le texte avec ses propres mots. Mais ce qui est fréquemment passé sous silence, c'est que cela implique d'avoir au préalable analysé la pièce et la scène à jouer dans ses moindres détails, afin d'en maîtriser les objectifs, les circonstances proposées, l'action transversale, etc. :

> Il convient de se souvenir qu'avant de se lancer dans ces *études*, il faut être capable de se repérer non seulement dans les événements principaux mais aussi dans les événements mineurs, d'importance secondaire. [...]
>
> Une analyse circonstanciée de la pièce en événements, actions, thèmes donne à l'interprète la possibilité de ne pas s'éloigner de celle-là durant l'*étude*, mais aussi la possibilité de s'en approprier chaque épisode, dans et par l'action, tout en se plongeant dans les circonstances proposées du rôle. (Knebel, 2006, p. 74)

Ainsi, une fois cette analyse conduite, il faut entamer un processus plus complexe qui est aussi le plus important : se mettre à la place du personnage, se transporter dans les situations et circonstances proposées par la pièce. L'analyse consiste donc en quelque sorte à transformer le texte en un *canevas* dans le genre de ceux que Knapp utilisait avec le Théâtre-Création : des mises en jeu possibles, des relations et des circonstances proposées, des événements[49]. Stanislavski était plus mystique que ne peut l'être Knapp, aussi ne s'agissait-il pas pour lui de tutoyer l'auteur, mais tout de même de faire en sorte que les acteurs arrivent à organiquement, c'est-à-dire sans séparer un processus physique d'un processus psychique, s'approprier les mots de l'auteur. Il n'est pas surprenant que ces deux pédagogues soient parvenus à des méthodes similaires, car les

48 Nous avons pour notre part découvert Anatoli Vassiliev en 2004, avant de connaître quoi que ce soit à l'analyse par l'action. Nous devons beaucoup à l'ARTA, en particulier à Jean-François Dusigne et Lucia Bensasson, et à l'école doctorale Arts et Médias de l'Université Sorbonne-Nouvelle pour nous avoir permis de participer en 2010 à un stage avec Natalia Zvereva, du GITIS-RATI de Moscou, où nous avons travaillé deux semaines durant sur *Ivanov* de Tchekhov selon cette méthode.

49 *Cf.* p. 232 et *sq.*

raisons qui poussèrent Stanislavski à imaginer sa nouvelle démarche se rapprochent de celles qui guidèrent Knapp : immobilisme et passivité des acteurs-interprètes, trop de psychologie, effets pervers du travail à la table, besoin de rendre la représentation vivante…

Comme l'exprime Anatoli Vassiliev : « Le véritable objet de l'*étude* (celui qu'il entreprend effectivement, même de façon imperceptible) est de fournir à l'acteur un processus de jeu, et de rendre le jeu scénique naturel, conséquent, graduel, se manifestant ici et maintenant. En somme, il s'agit de transposer le jeu scénique d'un temps situé dans le passé (qui est un temps de type narratif) vers le temps du présent[50] ». À partir de ce constat, Vassiliev développe la méthode de l'*étude* en l'appliquant notamment aux dialogues de Platon ; cet élément situé dans le passé se rapporte à l'*idée* platonicienne, qu'il s'agit de retrouver par la réminiscence. Ainsi, si dans les structures psychologiques les moteurs de l'action se trouvent tout entiers dans l'homme et sa psychologie, ici « les *structures de jeu* sont définies comme des structures ouvertes, paradoxales, qui renvoient à des concepts en mouvement et non à des destins individuels[51] ». Et Platon offre un terrain d'expérimentation idéal : « les dialogues platoniciens ne connaissent pas, dans leur essence, de personnage ni de situation, sinon de façon ornementale. Inutile de vouloir jouer Socrate d'une façon réaliste, cela ne donnera aucun résultat. Ce n'est que dans la structure de son discours, dans les formes de sa pensée et à partir de soi que l'on trouve Socrate » (Poliakov, 2006, p. 71). Cette structure du discours est analysée en terme de *nœuds* logiques entre lesquels l'acteur improvise, notamment en faisant usage d'*analogies*[52].

Nous n'allons pas développer plus avant ici la méthode de l'*étude* selon Vassiliev, car en réalité nous craindrions de nous y perdre. Mais remarquons qu'en ouvrant la méthode de l'analyse par l'action au monde des idées et des concepts, il nous permet de considérer *a priori* toute matière, pourvu qu'on puisse y déceler des inflexions, des articulations,

---

50 « La méthode de l'*étude* selon Vassiliev (version classique) », dans (Gotti, 2006, p. 18). « Car une "représentation" n'est pas imitation ou description d'un événement passé : la représentation est hors du temps. Elle abolit toute différence entre hier et aujourd'hui. Elle prend ce qui s'est passé hier et le fait revivre aujourd'hui, sous tous ses aspects, y compris la *spontanéité* », (Brook, 2001, p. 181).

51 Stéphane Poliakov, « Conflits dans la méthode, les voies actuelles du théâtre d'Anatoli Vassiliev », dans (Gotti, 2006, p. 29).

52 *Cf.* « En cercle et en perspective inversée : dialogue et structure de jeu » dans (*ibid.*, p. 69-86).

des *nœuds*, comme l'objet d'une *étude*, c'est-à-dire d'une improvisation. De même, la vision hétérogène de la composition qu'il développe permet de penser celle de l'improvisateur en des termes plus complexes et transversaux que dans la seule construction d'un personnage. Si toute *étude* est une improvisation, l'inverse n'est pas certainement pas vrai, notamment parce que l'*étude* vise toujours à déceler une certaine vérité dans un objet qui lui est antérieur ; mais les *études* telles que nous les comprenons deviennent justement pour nous le paradigme de l'improvisation. Celle-ci devient une façon active d'*étudier* une matière, qu'elle soit dramatique, spatiale, historique, philosophique, etc. Ceci met en évidence que l'improvisation doit alors toujours être rencontrée par l'analyse, en amont comme en aval, sans quoi il n'y a pas de progression du faire possible : « Dans l'ordre du faire, l'improvisation est l'équivalent de l'intuition dans l'ordre du savoir » (de Raymond, 1980, p. 207). C'est dans l'analyse que se constitue le répertoire d'un improvisateur ; ce répertoire devient un ensemble indéterminé et malléable de mises en jeu possibles, non rapportés à des personnages ou des types, comme l'étaient les *zibaldone* des acteurs de la *commedia dell'arte*, mais à des drames, des mythes, des idées, de l'espace… En ce sens, si mauvaise improvisation il y a, c'est que l'*étude* était ratée. Il faut la recommencer, et « rater mieux », comme dirait Beckett.

Nous allons illustrer cette dernière idée, peut-être un peu théorique pour le moment, grâce aux improvisations que nous avons réalisées en pays de Sancerre avec le Collectivum Musonia. À l'invitation de ce groupe de musiciens néerlandais, nous avons, le temps d'une tournée, réalisé un certain nombres d'improvisation en relation avec les morceaux de leur programme. Certaines consistaient en la mise en place d'un récit qui viendrait lier trois chansons issues des *Banalités* de Poulenc, à savoir *La chanson d'Orkenise*, *Hôtel* et *Voyage à Paris*. Pour les décrire brièvement, la première est assez vive mais sombre, et fait voir deux désirs aux portes d'Orkenise, la forteresse du roi Arthur, celui d'un charretier qui veut entrer, celui d'un va-nu-pieds qui veut sortir ; la seconde est lente et ample, et exalte la paresse d'une chambre d'hôtel en plein soleil ; la dernière, *allegro*, proclame « quelle charmante chose, quitter un pays morose, pour Paris ! ». Les paroles, le rythme, la tonalité, sont des éléments que nous pouvions choisir ou non de considérer à des degrés divers pour créer des liens entre elles. Ces trois chansons constituaient donc une sorte de canevas qui, sans être précis et décisif, n'en faisait pas moins apparaître des articulations, des nœuds qu'il s'agissait de rendre, par notre improvisation, dramatiques et concrets.

Nous avons donc réalisé quatre *études* sur cette structure, dans des lieux différents. Nous l'avons dit plus haut : les trois premières étaient ratées, à peu de choses près. La première nous avait permis d'explorer le canevas dans une sorte de squelette d'histoire décharné, abstrait, que le public néerlandais ne nous pardonna que dans la mesure où il n'avait pas tout compris. La seconde et la troisième n'ont pas tellement réussi à s'extraire des quelques éléments que nous avions rapidement récoltés sur l'histoire des lieux. Mais au fur et à mesure des discussions avec le public, et de la familiarité avec les musiciens, notre connaissance du contexte s'est affiné. Et elle a trouvé, au temple protestant de Sancerre, les moyens de développer une improvisation imparfaite, mais intéressante. Il nous faut préciser qu'avant de la réaliser, nous ne savions pas comment nos différentes matières allaient s'articuler, ce qui est contraire à l'idée même des *études*.

Nous avions choisi pour héros le pasteur Jean de Léry, qui avait relaté dans *L'histoire mémorable du siège de Sancerre*[53], parmi d'autres événements, des cas d'anthropophagie. De Léry avait voyagé au Brésil avant de venir à Sancerre. Ce point nous a permis de faire un lien avec un autre texte tiré des *Essais* de Montaigne, « Des Cannibales », où l'auteur fait notamment une apologie de l'anthropophagie des peuples américains face à la cruauté civilisée des Européens. Notre histoire s'ouvrait donc sur un sermon de Jean de Léry, qui reprenait dans les grandes lignes le texte de Montaigne pour relativiser l'horreur dont Sancerre avait été frappé. Mais cette idée ne le calme pas, et dans son sommeil agité, il rêve d'un torrent de lumière qui se déverse sur une forêt sombre, et semble rejoindre une citadelle : Orkenise. Ici se plaçait la première chanson – il faut d'ailleurs imaginer que toute la narration était accompagnée par l'improvisation des musiciens. À son réveil, pris d'un nouvel espoir, il fait appel à un sorcier – ces sorciers du pays de Sancerre qui semblent avoir encore par endroit de l'influence. Il veut passer les lignes ennemies, aller chercher de l'aide. Il trouve le moyen de se transformer en rat, mais il attend la nuit pour agir. Ici vient se placer *Hôtel* et son air

53 Sancerre, bastion protestant, avait été assiégée pendant plusieurs mois en 1573 lors des guerres de religion par les troupes du roi Charles IX.

lancinant. Quand enfin il se transforme, il se rend compte qu'il ne sait pas comment redevenir humain – trop tard ! Il traverse sans problème les lignes ennemies, mais se sent inutile. Il voyage, se perd, perd tout espoir, jusqu'à se retrouver dans la bibliothèque d'un ancien magistrat de Bordeau, occupé à écrire en permanence. Il y retrouve ce torrent de lumière qui lui avait donné de l'espoir en rêve, il le voit à l'œuvre. Il se sent en paix, et décide alors de partir au paradis des rats : Paris.

Cette improvisation, qui ne vaut réellement que dans le moment de son exécution, nous fait bien voir en quoi le modèle de l'*étude* est intéressant pour penser le processus de l'improvisation théâtrale. Il s'agit, à travers lui, de travailler dans les articulations entre un répertoire personnel, une mémoire, une expérience, un vécu – c'est-à-dire, en termes schechneriens, un ensemble de bandes de comportement –, et un contexte partagé avec le public. Un aspect que nous continuons d'explorer actuellement, d'une part au sein du Laboratoire d'acteurs créateurs, symapthiques et engagés (LACSE) à Lyon, d'autre part avec notre compagnie le Théâtre persistant. Nous préparons les sorties en public du LACSE, qui se font dans des lieux hautement sujets à l'irruption du contexte à travers l'intervention spontanée des spectateurs, en développant chacun une ligne personnelle, à partir d'une matière que nous avons choisie, une question, un texte ou une histoire personnelle. De même les spectacles du Théâtre persistant, qui, nous le rappelons, émanent de la demande d'une population donnée et sont conçus avec elle, s'appuient sur un canevas élaboré à partir d'un ensemble de matières dramaturgiques que nous analysons à la manière d'une préparation à l'*étude*.

LES DEUX LIBERTÉS DE L'IMPROVISATEUR

> Comme la création, l'invention ou l'inspiration, l'improvisation est un commencement : l'improvisation est le stade germinal ou initial du chant, la musique naissante…
> Vladimir JANKÉLÉVITCH

Il est temps pour nous, à la presque fin de ce parcours, de revenir à nos hypothèses de départ et notre problématique. Nous nous interrogions sur la résurgence contemporaine et occidentale de formes de théâtre improvisées, quand ce même occident les avait bannies des scènes à l'avènement de la modernité. Ce mouvement, nous l'avons lié à la notion de liberté, une notion qui a pris une importance considérable parmi les valeurs morales de nos sociétés occidentales au cours du XXe siècle. Mais nous avons remarqué pourtant que, bien que prenant sa source dans les mêmes aspirations, certaines approches et philosophies de l'improvisation théâtrale ont pu se développer, trouvant leur niche économique et leur public, tandis que d'autres, et en particulier celle d'Alain Knapp et du Théâtre-Création, ont été étouffées dans l'œuf. Nous sommes nous-même sensible aux questions et aux valeurs qui guidèrent les pionniers de l'improvisation théâtrale, nous aspirons à une même évolution sociale et politique, qui donne tout son sens à la notion de liberté, et notre pratique et notre recherche artistique s'en nourrit. D'où l'ensemble de notions, outils et techniques que nous avons exploré afin de dessiner les contours d'une improvisation « libre ». Mais avant de conclure, il nous faut maintenant expliciter conceptuellement quelle est cette liberté.

Nous pourrions être tentés, en parallèle de l'effort réalisé en fin de partie précédente pour décrire le fonctionnement de l'improvisation selon Knapp, de décrire linéairement le processus cognitif à l'œuvre dans une improvisation collective libre, telle que nous l'avons approchée. Mais il est clair qu'un tel cheminement n'avait été possible que dans la mesure où la recherche du Théâtre-Création avait consisté pour une grande part à mettre à jour des règles de composition, qui permettaient de discriminer les différentes étapes de leur improvisation. Celle dont nous parlons au contraire, l'improvisation libre, se veut à tout moment un commencement. Impossible de décrire esthétiquement ou formellement ce processus, car contrairement à un adage courant en improvisation, tout y est possible, *y compris n'importe quoi*. Ainsi pour le décrire, nous ne pourrons plus procéder par étapes successives, mais par pôles, par problématiques, sans préjuger du mécanisme qui sera choisi par tel ou tel improvisateur pour apporter des solutions locales qui, mises bout à bout, formeront l'œuvre improvisée. Nous nous rapporterons pour cela fréquemment à la thèse de Clément Canonne sur l'improvisation collective libre en musique ; celui-ci a en effet développé un modèle mathématico-cognitif assez précis de ce qui se passe pour un improvisateur donné pendant ce type de performance. Il nous semble que ce modèle, dont la description détaillée demanderait ici trop de place, pourrait tout à fait rendre compte des processus d'improvisation théâtrale libre telle que nous l'avons expérimentée : les notions de points focaux, de faisceaux d'événements, de coordination sont, comme nous le verrons, des outils que nous pourrons reprendre. Ainsi même si la danse a constitué pour nous un moyen d'ouverture particulièrement fécond lorsqu'il s'agissait d'expérimenter, nous retrouvons un lien fort à la musique lorsqu'il s'agit de penser.

En l'absence de référent commun, nous pouvons énumérer plusieurs des problèmes qui jailliront au cours du travail collectif :

1. À quoi réagir ? et en particulier : comment commencer ?
2. Comment développer sa propre ligne ?
3. Comment se coordonner ?

Ces questions, nous le verrons, sont inextricablement liées.

LIBERTÉ, THÉÂTRE ET IMPROVISATION : DEUX CONCEPTIONS DE LA LIBERTÉ

> La liberté c'est savoir danser dans ses chaînes.
> Friedrich NIETZSCHE

Ce que nous fait entendre ici cet aphorisme de Nietzsche devenu lieu commun, c'est une chose que nous savons bien : tout acteur en scène, tout danseur, tout musicien, ou tout technicien, quiconque est aux prises avec une représentation vivante digne de ce nom, quand bien même serait-il profondément enchaîné – nous dirions plutôt guidé – par une partition précise, manifeste sa liberté dans l'acte du jeu. S'il ne le fait pas, la représentation est morte, ratée ; c'est précisément là l'œuvre de la tragédie, qui représente un individu libre et gros d'une multitude de possibles s'enfermer de sa propre volonté et par sa propre action dans une issue qui était prévue de tout temps. Les contraintes ne sont pas en soi une entrave à la liberté de l'individu ; Mihaly Csíkszentmihályi, théoricien de la psychologie du flux, identifie même la présence d'un but et de règles comme l'une des caractéristiques de l'expérience optimale (Csíkszentmihályi, 2004, p. 79).

Nous nous référerons d'abord ici, pour approfondir quelque peu notre vision de la liberté, à Henri Bergson. Celui-ci nous invite à penser un temps à faire ou se faisant qui ne soit plus tributaire de la métaphore spatiale ; celle-ci demeure adéquate pour penser le temps révolu, en enchaînant les causes et les conséquences sur une ligne réversible et sécable, mais s'avère inadaptée à décrire un temps hétérogène où la nouveauté (et la dégradation) peut apparaître en continu. Dans ce cadre, est libre l'acte qui précède la décision, qui elle-même arrive avant toute délibération. La spontanéité devient le critère de la liberté, et l'acte libre est « la manifestation extérieure d'un état interne » où « le moi seul en est l'auteur », qui « exprime le moi tout entier » (Bergson, 2011, p. 87). Or nous avons déjà remarqué avec Mikhaïl Tchekhov que, qu'il s'agisse de travailler un rôle ou de le créer de toute pièce en l'improvisant, « le désir profond de tout artiste véritable, quel que soit le domaine dans lequel il exerce son art, c'est de satisfaire son besoin de s'exprimer librement et totalement » (Tchekhov, 1995, p. 59). Nous savons bien que cela n'est pas incompatible avec l'interprétation d'un texte. Par la répétition, l'acteur intègre le texte, le rôle, son comportement, au sein d'un contexte entièrement construit, une *matrice totale*, et son jeu, même s'il est similaire d'un soir sur l'autre, n'en est pas moins libre et spontané.

La liberté n'est donc pas un propre de l'improvisation, et inversement nous aurions du mal à considérer que toute improvisation est nécessairement libre – nous avons déjà donné un certain nombre d'arguments pour le penser. Ainsi si la liberté n'est pas ce qui caractérise l'improvisation, il nous faut reconnaître que le vocable d'« improvisation libre » est avant tout une catégorie logique et quelque peu arbitraire, une façon de désigner une certaine pratique de l'improvisation pour la distinguer des autres. En introduction, nous avions défini, en référence à son équivalent en musique, l'improvisation libre comme une improvisation sans référent, sans cette « connaissance commune » d'une « image directrice » qui va faciliter la structuration de l'improvisation sur des fragments longs. Cela veut dire que celle-ci se formule non de façon affirmative (« je suis libre »), mais négative (« je ne suis obligé de ou par rien »). Nous allons d'abord creuser un peu dans cette direction.

IMPROVISATION NÉGATIVE ET POSITIVE

Gary Peters identifie deux façons d'aborder l'improvisation libre, calquées les sur deux concepts de liberté défendus par Isaiah Berlin : l'improvisation négative, et l'improvisation positive. La liberté négative chez Berlin est celle dont « la défense [...] a un but négatif : empêcher toute ingérence extérieure », tandis que la liberté positive « découle du désir d'un individu d'être son propre maître » (Berlin, 1988, p. 176 et 179). La distinction peut sembler fine, mais Berlin, qui s'attache à suivre l'influence des idées philosophiques sur nos organisations politiques, montre qu'elle conduit à deux façons de penser la liberté politique radicalement opposées : la première, qui ne vaut que dans la mesure où l'on ne devient pas soi-même agent d'une restriction sur la liberté d'autrui, engage à respecter le collectif, à mettre en place des lois et des règles afin de préserver la non-interférence des individus (la liberté des uns s'arrête là où commence celle des autres), mais elle engage également à dépasser ou renverser les obstacles qu'opposent à ma liberté d'autres êtres humains si j'estime ne plus avoir suffisamment d'espace propre ; quant à la seconde, elle trouve sa source dans le *moi*, elle met l'accent sur la singularité rationnelle de l'individu, sur son choix conscient et volontaire, et engage plutôt, face aux obstacles sur lesquels nous n'aurions aucune prise, qu'ils soient d'origine naturelle ou humaine, à comprendre, accepter, intégrer. L'improvisation négative, selon Peters, privilégie donc l'aspect collectif, quand l'improvisation positive conduit à développer un espace plus individualiste, où « *the positive free-improvisor is ultimately unconcerned with respecting the sanctity of the other's aesthetic space*[1] » (Peters, 2009, p. 55). Voyons un peu plus précisément ce qu'il entend par là.

Dans son modèle « d'improvisation négative », Peters décrit les deux extrêmes, du meilleur au pire :

> *At its best, such a pursuit can produce improvisations of great sensitivity and delicacy where every mark is considered, every interjection is carefully weighed and weighted, ensuring that participation in an emerging oneness effectively extinguishes the desire for empty theatricality and virtuosic self-aggrandizement. At its worst, there can be witnessed what might be described as an escalation of sensitivity where virtually every mark interferes with or intrudes into the marked space of the other*[2]. (*ibid.*, p. 54)

Un tel excès de sensibilité ne peut que conduire au vide et à l'ennui. Et il décrit en face les deux pôles de ce qu'il appelle « l'improvisation positive », qui jouit clairement de sa préférence et de sa sympathie : en haut de l'échelle une improvisation « *decisive, determined, and often disruptive of cosy, considerate communities, [that] produces work of extraordinary authority, work that is imposing and masterful* » ; et tout en bas, « *where the desire for mastery is likely to be harbored by more than one, the result is more often than not chaos rather than order. [...] After twenty-five minutes of cacophonous overkill perhaps the eventlessness of "lowercase" improvisation would be more fun after all*[3] » (*ibid.*, p. 54-55).

1 « Le libre improvisateur positif se moque finalement de respecter la sacralité de l'espace esthétique des autres ».

2 « Au mieux, une telle aspiration peut produire des improvisations hautement sensibles et délicates où chaque empreinte est considérée, toute interjection est précautionneusement pesée et pondérée, s'assurant que le sens de la participation à une totalité émergente éteigne effectivement tout désir de théâtralité vide et d'autoglorification virtuose. Au pire, on peut y trouver ce que nous pourrions décrire comme une escalade de sensibilité, où virtuellement toute inscription interfère avec ou envahit l'espace réservé des autres ».

3 « Une improvisation qui décide, détermine, et souvent perturbe le confort et la prévenance de la communauté, [qui] produit des œuvres d'une grande autorité, des œuvres imposantes

Ces deux conception de la liberté que relève Isaiah Berlin dans son observation de l'histoire et des modes d'organisation politique ne dressent cependant pas des lignes aussi claires entre plusieurs types d'improvisation, comme Peters semble vouloir nous le faire croire – ou en tout cas nous ne croyons pas que cela se joue exactement dans le rapport de l'individu au collectif. Nous voyons en effet que ce que Peters décrit comme le mieux que puisse faire chaque type d'improvisation libre consiste en réalité dans les deux cas en une interpénétration de ces deux conceptions. Comme nous le remarquions plus haut, l'improvisation libre, définie comme une improvisation sans référent, participe avant tout d'une conception négative de la liberté : il s'agit d'élargir le champ des possibles, de minimiser les ingérences. Comme l'écrit Clément Canonne : « l'improvisateur libre [n'est pas tant] celui qui s'est affranchi des conventions stylistiques et idiomatiques préexistantes (un improvisateur libéré, donc) que celui qui a la possibilité (de droit et de fait) de faire prendre à l'improvisation la direction qu'il souhaite, quand il le souhaite et d'essayer d'oublier ses heures de pratiques, ses conditionnements musculaires, ses idées sur l'improvisation libre dans le moment d'improvisation » (Canonne, 2010, p. 17) – même s'il est évident qu'un improvisateur libre dans ce sens doit d'abord s'être libéré des dites conventions stylistiques et idiomatiques[4]. Ce qui est premier, donc, comme en témoigne l'utilisation d'une métaphore spatiale – nous n'en sortons pas – telle que « faire prendre à l'improvisation une direction », c'est le champ d'expérience de l'improvisateur.

Une improvisation libre dans un sens positif devient autre chose qu'une improvisation sans référent, ce que nous comprenons lorsque Berlin résume ainsi le noyau métaphysique du rationalisme : « Je suis libre si, et seulement si, je planifie mon existence en accord avec ma volonté propre ; planifier suppose des règles ; une règle ne m'opprime ni ne m'asservit si je me la prescris à moi-même volontairement, ou si je l'accepte librement après l'avoir comprise, qu'elle ait été conçue par moi ou par d'autres, pourvu qu'elle soit rationnelle, c'est-à-dire conforme à l'ordre nécessaire des choses » (Berlin, 1988, p. 191). Comme nous l'avions

---

et magistrales » ; « Quand il y a toutes les chances pour que plus d'une personne soit habitée par le désir de contrôler, le résultat est plus souvent le chaos que l'ordre. [...] Après vingt-cinq minutes d'excès de zèle cacophonique, peut-être que l'absence d'événement de l'improvisation "minuscule" serait plus agréable, après tout ».

4 Nous revenons plus bas sur cette notion d'idiome.

déjà remarqué, c'est ainsi davantage selon cette conception positive de la liberté que nous avons pu parler d'improvisation libre dans le cas du Théâtre-Création ; il est d'ailleurs assez significatif de trouver sous la plume de Berlin le nom de Marx comme représentant de cette conception rationaliste de la liberté, quand on sait l'influence que la pensée de Brecht a pu exercer sur celle de Knapp : « La conception de la liberté qui en découle n'est pas celle, "négative", d'un champ (idéalement) sans obstacles, d'un vide où rien ne se dresse sur mon chemin, mais l'idée que je me détermine moi-même et que je suis mon propre maître » (*ibid.*). On reconnaît aussi ce qui donna à David Shepherd l'inspiration de créer les Compass Players, et en même temps la source de son désespoir quand il reconnut la récupération marchande qui en avait été faite. En effet, selon Berlin, l'autre conception de la liberté exige la mise en place d'un cadre, d'un ensemble de règles qui sont non librement consenties, mais imposées par la collectivité, afin que la liberté individuelle, au sein de ces espaces qui lui sont accordés, puisse s'exprimer pleinement et sans entraves. Elle est intimement liée à la notion de propriété privée, sur laquelle un individu possède un pouvoir illimité, et de ce fait se marie très bien avec l'idéologie libérale, où la liberté est d'abord et avant tout la liberté d'entreprendre et de s'exprimer dans un cadre strict.

Ces deux conceptions de la liberté permettent ainsi d'analyser une question qui se rencontre fréquemment dès que l'on s'intéresse à l'improvisation – et ce débat est bien entendu revenu périodiquement tout au long des différentes séances du lab'impro : la liberté de l'improvisateur se manifeste-t-elle dans la contrainte qu'il s'impose (ou qui lui est, bien plus souvent, imposée), et donc dans l'exploration profonde de ces contraintes (liberté positive), ou bien au contraire dans la remise en cause constante de ce qui est connu et constitue des limites aux choix qu'il pourrait vouloir faire (liberté négative) ? Ici Kierkegaard peut nous aider à entrevoir un dépassement, lorsqu'il distingue la vie esthétique de la vie éthique. Il écrit en effet : « l'esthétique est en l'homme ce par quoi il est immédiatement ce qu'il est ; l'éthique est en l'homme ce par quoi il devient ce qu'il devient ». Ainsi dans cette philosophie la question du choix, qui n'exclut pas un comportement par la suite esthétique, revient à ce « connais-toi toi-même » socratique ; elle met en perspective la liberté non par rapport à l'immédiat, par rapport à ce qui est, mais par rapport à un devenir – lequel suppose une histoire.

Kierkegaard nous permet d'entrevoir le dépassement de l'idée selon laquelle le cadre et les contraintes donnent en fait plus de liberté : celui qui vit dans l'esthétique ne sait effectivement que choisir, et se retrouve contraint par trop de liberté, il a donc besoin que des règles lui soient imposées ; celui qui vit dans l'éthique n'a pas besoin qu'on lui pose des cadres ou des règles, il définit sa propre loi, et ce faisant il s'engage. Le rapport de la liberté à l'existence de règles n'est donc pas tellement de savoir s'il en existe ou pas, car la contrainte est omniprésente, mais de savoir *qui* ou *ce qui* les engendre.

Nous mettons donc ici à jour une contradiction dans notre entreprise : nous voulons penser l'improvisation collective libre comme une improvisation sans référent, c'est-à-dire que nous l'envisageons négativement ; or nous nous efforçons parallèlement de la penser dans une continuité avec l'histoire, inscrite dans son contexte, et nourrie de la notion d'acteur-créateur, ce qui implique une acception positive de la liberté à l'œuvre. Nous tentons en effet de faire les deux en même temps : étendre notre champ d'expérience en réduisant les contraintes qui nous sont imposées par d'autres, tout en élargissant la connaissance que nous avons de nous-mêmes, des autres et de notre contexte pour faire des choix qui témoignent profondément de nos états intérieurs – libres au sens de Bergson.

Ainsi, si Peters dresse une ligne entre improvisation négative et improvisation positive en fonction de l'attitude de l'improvisateur envers le groupe, pour nous tout se tient justement dans cette négociation dynamique entre le collectif et l'individu : comment l'individu peut-il se conserver une autonomie créatrice face à l'ensemble ? Comment celui-ci peut-il en retour résister sous la poussée d'individus libérés ? La première question implique de s'intéresser au langage, et en particulier à ce que l'on appelle fréquemment le « langage commun » dans les arts vivants ; la seconde renvoie à des notions d'esprit d'équipe et de coordination.

LANGAGE COMMUN ET IMPROVISATION NON-IDIOMATIQUE

L'improvisation collective fait intervenir la question du langage commun, que nous identifierons à celle de l'idiome. Dans une définition très large, un langage est un ensemble fini de mots ; de façon plus restreinte, ce sera un ensemble fini de mots et de règles qui définissent les combinaisons possibles de ces mots. La notion d'idiome insiste sur le caractère propre du langage à une culture donnée ; ainsi, à l'intérieur d'un langage, sera idiomatique un groupe de mots qui ne peut être compris en dehors de la culture associée à la langue, dont le sens n'est pas *littéral*. Canonne, à la suite de Derek Bailey, définit l'improvisation libre en musique comme une improvisation « non-idiomatique » ; par opposition, donc, à une improvisation « idiomatique », qui dépendrait d'un langage précédemment constitué dans une communauté donnée, comme celle du flamenco, du jazz, de la musique baroque. Liste que nous pourrions étendre, en parlant de tous les arts performatifs, au mime, au masque, à la danse-contact, au kathakali, etc.

La question de l'idiome, au théâtre, est particulièrement cruciale, d'une part parce que l'improvisation s'y fait rarement seul, et d'autre part parce que le comédien parle. Ce dernier aspect ne suffirait cependant en rien à le différencier d'un musicien ou d'un danseur ; l'improvisation non-idiomatique n'est pas une improvisation sans idiome – ce qui pourrait devenir à son tour un idiome –, mais fait plutôt intervenir une multitude d'idiomes :

> L'improvisateur libre n'effectue aucun *pré-engagement* vis-à-vis d'un idiome donné avant de commencer à improviser (que ce soit à plusieurs ou en solo) : il n'est pas *lié* à un idiome donné avant de commencer, en amont même de l'improvisation. Mais cela ne l'empêche pas de pouvoir mobiliser ces idiomes ou ces éléments stylistiques comme des outils de production du discours, ou de les rencontrer comme des *objets trouvés* au cours de son improvisation. (Canonne, 2010, p. 19)

Cependant, une différence demeure, dans le sens où si nous reconnaîtrons facilement des accents de samba, de jazz ou de musique traditionnelle espagnole dans une ligne de guitare, nous n'avons pas nécessairement conscience que la parole, dans une langue donnée, est innervée d'une multitude d'idiomes. Ainsi non seulement l'improvisateur libre au théâtre, même seul, ne se limitera pas à un langage donné, fut-ce le français ; le gromelot, ce non-langage qui en adopte pourtant les intonations, est par exemple un outil que nous utilisons fréquemment pour travailler sur la parole automatique. Le français lui-même possède de nombreuses déclinaisons et particularismes – il est possible que certains se soient faufilés dans notre texte. Mais plus fondamentalement nous avons déjà pu constater qu'il existe plusieurs types de *corparolité* sur scène, que nous avions appelées *corparole*-action et *corparole*-image – lesquelles se déclinent à leur tour en plusieurs idiomes. Ainsi nous pourrions caractériser le dramatique comme un idiome particulier : pour reprendre les mots de Knapp, la parole dramatique se distingue de la parole quotidienne car elle constitue l'identité du personnage, elle pose un acte qui engage celui qui la prononce. En ceci, elle est idiomatique, car sa pleine compréhension dépend d'une culture précise qui demande un apprentissage, celle de « l'état d'esprit dramaturgique » pour reprendre le mot de Dort.

Remarquons au passage que pour nous l'improvisation non-idiomatique n'est pas nécessairement une improvisation libre, au sens où elle se passerait de référent. L'improvisation d'Émilien Gobard dans *Les Essais*, que nous avons décrite dans un chapitre précédent, en est un excellent exemple : elle n'est pas libre dans le sens où elle fait intervenir plusieurs référents préalables à la représentation (une action, le texte de Montaigne, l'adresse aux spectateurs…), mais elle n'est pas idiomatique non plus, en ceci que le comédien peut passer du dramatique à la conférence, du mime à la danse, d'une *corparolité* à une autre. Remarquons également que pour réaliser une improvisation libre, il faut non seulement connaître et maîtriser un idiome, mais surtout en connaître plusieurs, car « l'improvisateur libre reçoit le mandat de déconstruire (au moins au bout d'un certain temps) ou de recontextualiser les propriétés musicales connues ou familières, de manière à ce que l'attention de l'auditeur ne se focalise pas sur la question de la reconnaissance stylistique[5] ».

Nous avons déjà donné des raisons pour lesquelles l'improvisation au théâtre ne peut pas se cantonner au dramatique : elle en dépasse le cadre, de par sa nature performative et profondément hybride. Ainsi, la question de l'idiome dans l'improvisation de théâtre déborde-t-elle la problématique du pré-engagement d'un improvisateur donné pour un idiome particulier, même si elle lui est liée ; elle est bien plutôt la question du pré-engagement de l'*ensemble* des improvisateurs (comédiens, danseurs, musiciens, techniciens) pour cet idiome, ce que les acteurs appellent souvent le « langage commun ». Ce langage peut s'être cristallisé à un niveau culturel qui dépasse le seul groupe d'improvisateurs en scène et dont ils héritent. Si nous considérons par exemple des spectacles de flamenco, un tel idiome commun sera relativement clair : la musique,

5 Thomas Nunn, *Wisdom of the Impulse : On the Nature of Musical Improvisation*, cité et traduit par (*ibid.*, p. 20).

la danse et les interactions verbales entre les artistes, sous forme de petites interpellations (*¡Ay que guapa !*), sont assez codifiées. On peut même imaginer que les lumières et les réglages sonores se conformeront à une certaine idée du rendu flamenco : les tonalités lumineuses seront plutôt chaudes, voire franchement dans le rouge ; on recommande de placer le micro à environ un mètre de la guitare et d'égaliser avec un filtre passe-haut à 80 ou 100 Hz…

Si une codification peut être héritée culturellement, comme dans le cas du spectacle de flamenco, le langage commun en question peut aussi, et c'est le plus courant, se définir à l'intérieur d'un groupe donné, et devenir sa marque, sa patte. Un langage spécifique est d'ailleurs un des aspects caractéristiques des communautés artistiques du XXe siècle, dépassant parfois le seul cadre du travail esthétique (Autant-Mathieu, 2013). Le travail des *perspectives* selon Anne Bogart et Tina Landau est également « *a language for talking about what happens onstage* », et vise à ce que ce langage descriptif se mue en « *physical vocabulary for the world of the play*[6] » (Bogart & Landau, 2005, p. 8 et 121).

Chaque improvisateur se constitue, au fur et à mesure de son apprentissage et de sa carrière – deux mots qui, dans ce cas, sont souvent synonymes –, un langage qui lui est propre, une signature stylistique qu'il reproduira d'improvisation en improvisation. Alain Knapp l'avait bien compris, qui se méfiait de l'injonction à toujours plus de nouveauté, et encourageait les acteurs du Théâtre-Création à creuser leur vocabulaire et leur langage propre : « surtout n'aller pas chercher ailleurs, ne vous sentez pas coupables d'être vous-mêmes ! […] Vous êtes vous-mêmes, donc inévitablement vous vous répétez – ce qui vous habite en profondeur, vous le retrouvez régulièrement dans votre improvisation », leur disait-il[7]. Jean-François de Raymond parle de l'œuvre qui se crée au fur et à mesure de la vie d'un improvisateur : « Une illusion rétrospective nous conduit toujours à considérer l'improvisation comme l'œuvre que l'on s'applique à construire chaque jour, alors qu'elle rythme le temps de notre être. Ainsi, nous dit Jean Guillou, la pensée musicale de tel improvisateur est ininterrompue depuis que le sujet a commencé à penser et ne s'arrêtera que lorsqu'il n'en sera plus capable – c'est un processus

6 « Un langage pour parler de ce qui se passe sur scène » ; « vocabulaire physique pour l'univers de la pièce ».

7 Entretien du 25 juin 2013.

évolutif continu. L'improvisation correspond alors à un certain moment de l'ouverture de ce flot » (de Raymond, 1980, p. 172). Ainsi le groupe d'improvisateurs développe-t-il lui aussi, au fur et à mesure du travail commun et de ses improvisations collectives, son œuvre. Celle-ci n'est pas forcément équivalente à un idiome ; mais son caractère unitaire et reconnaissable menace toujours, lorsqu'on la considère rétrospectivement, de la cristalliser avant qu'elle soit achevée, de délimiter un langage commun, qui permettrait sans doute une improvisation plus virtuose, mais dont il serait à terme difficile de s'affranchir. Autant l'improvisateur a-t-il toujours intérêt, une fois sa ligne constituée, à se familiariser avec plusieurs langages, autant le groupe a-t-il intérêt à intégrer régulièrement de nouveaux arrivants : « *If the ensemble doesn't take on new members, it can start to merely recycle the old ideas. Things become predictable. Each improviser simply triggers the others' defaults, because those are comfortable patterns*[8] » (Johnston, 2006, p. 139). L'ouverture à de nouveaux langages doit donc être constante pour garantir à l'improvisation son renouvellement.

Ainsi, le cas particulier du langage commun met en évidence l'action du collectif sur les choix individuels pendant l'improvisation collective libre : s'y appliquent des procédures régulatrices qui dépendent du groupe avec lequel et pour lequel se pratique l'improvisation. Le langage commun incite à privilégier certains comportements au détriment d'autres, oriente les choix des improvisateurs en pondérant positivement certaines solutions ; mais il existe également des éléments restrictifs qui dépendent du groupe, qui pondèrent négativement d'autres solutions – notamment parce qu'elles sont jugées plus risquées.

Pendant notre séance conclusive de la première mouture du lab'impro, le samedi 2 juin, Anthony Audoux, qui participa aux travaux de l'après-midi mais arriva en retard le matin et ne pu qu'assister à notre première improvisation collective, remarqua que nous ne nous autorisions aucune violence, alors que selon lui nos pulsions, si elles étaient vraiment libérées, devraient nous amener à nous mettre nus, à forniquer et à nous battre. Il semblait avancer que notre nature animale nous engage nécessairement à des comportements extrêmes, ce en quoi nous différons : nous sommes persuadé qu'il est aussi dans notre nature de

8 « Si l'ensemble n'accepte plus de nouveaux membres, il peut simplement se mettre à recycler de vieilles idées. Les choses deviennent prévisibles. Chaque improvisateur se contente de susciter les réflexes des autres, car ce sont des schémas confortables ».

recherche à maîtriser ces pulsions – c'est d'ailleurs la fonction principale du cortex. Mais plus essentiellement, il soulignait par sa remarque que nous importions sur scène avec nous des interdits hérités de nos relations hors scène ; la nature de ces relations, intimes ou ancrées dans la durée, nous empêchait de les transgresser le temps d'une performance. Il mettait cette constatation en balance avec sa propre expérience où, avec celle qui était sa compagne dans la vie, ils avaient réussi à improviser des scènes qui pouvaient aller très loin dans la mise en jeu et en danger.

On pourrait interroger cette tentation du danger et de l'extrême, courante sur les scènes contemporaines, ainsi que nous l'avons déjà fait à la suite d'Olivier Neveux. Mais nous touchons tout de même là un point paradoxal de l'entraînement collectif à l'improvisation libre : d'un côté, celui-ci fait courir au groupe le risque d'une clôture stylistique, où se dégagerait et se cristalliserait un langage commun ; de l'autre la confiance que permet la fréquentation sur une longue durée du même groupe de personnes élargit les possibilités, et fait tomber les interdits. Ainsi l'écrit Chris Johnston :

> *Dance ensembles working together over years internalise each other's weights, heights, and movement patterns. With this knowledge performers can deliberately strategise to take advantage of others' strengths. [...] Actors can likewise explore conflicts between each other with more intensity and passion with less fear of reproach and misanderstanding. They can take risks with more confidence, knowing the leap won't be ridiculed*[9]. (*ibid.*, p. 138)

L'idéal, pour la constitution d'un groupe d'improvisation libre, se situe peut-être dans un mélange de tout cela : ni un travail en groupe fermé, ni un travail en solitaire. Un groupe fluide, tel que le décrit Derek Bailey, où des improvisateurs qui se connaissent relativement bien et se retrouvent même périodiquement pour répéter ensemble et tester de nouvelles choses, mais qui ne sont pas liés ensemble de façon permanentes et jouent ailleurs, d'autres types de spectacles, avec d'autres gens. Se dessine alors non un lanage commun mais une culture

9 « Les groupes de danse qui travaillent ensemble pendant des années intériorisent les poids de chacun, leurs tailles et leurs mouvements. Grâce à ce savoir les performeurs peuvent délibérément s'arranger pour prendre avantage des points forts des autres. [...] Les acteurs peuvent de la même manière explorer les conflits entre eux avec plus d'intensité et de passion, sans craindre le reproche ou le malentendu. Ils peuvent prendre des risques en confiance, sachant qu'ils ne seront pas ridiculisés ».

commune. C'est ce type de groupe qui s'est finalement constitué autour du lab'impro, nous seulement dans la première mouture où quelques participants ont pris l'habitude de travailler ensemble régulièrement, mais aussi pendant la semaine de clôture, où tous les participants partageaient une certaine culture commune : un réseau de connaissances et de principes dont on pouvait raisonnablement penser qu'ils soient communs. Cet aspect s'est trouvé renforcé par le fait que nous avons à chaque fois, principalement pour des contraintes de temps, préféré le bouche-à-oreille et la cooptation pour démarcher et recruter les différents participants, au lieu d'une diffusion de l'initiative à plus large échelle. Nombreux ont été les participants à s'être abreuvés aux mêmes sources que nous, à savoir principalement l'atelier de Lionel Parlier et le stage avec Natasha Zvereva à l'ARTA.

ESPRIT D'ÉQUIPE, DIALOGUE ET COORDINATION

Si l'improvisation collective libre est vulnérable à la fixation d'un certain nombre de comportements par l'effet de groupe, elle est également vulnérable à ce que rien ne puisse se construire, qu'aucune communication ne soit possible entre les improvisateurs, parce qu'ils ne se comprennent pas, chacun s'exprimant dans un langage inaccessible à l'autre, voire ne s'écoutent pas, chacun voulant développer sa propre création indépendamment des autres. Puisqu'il s'agit, négativement, d'élargir son champ d'action en faisant tomber les interdits qui me sont imposés par autrui, n'est-il pas aussi simple d'ignorer celui-ci ? Puisqu'il nous faut, positivement, rester maître de notre création, pourquoi respecterions-nous celle des autres, si elle entre en conflit ? Nous pourrions poser la question autrement, en nous rappelant que notre improvisation collective libre est fortement liée à la notion de théâtre performatif : contrairement à un théâtre dramatique, ou finalement à toute forme de représentation idiomatique, où c'est l'ensemble cohérent et unitaire de la représentation qui s'adresse aux spectateurs, chaque élément ici (acteurs, musiciens, danseurs, mais aussi lumières, scénographie, etc.) s'adresse en lui-même et pour lui-même au public. Comment éviter l'insupportable cacophonie, comment malgré tout composer ?

Poser ces questions revient à passer sous silence un élément simple et relativement évident : l'intérêt de chaque improvisateur engagé dans une improvisation collective libre est l'intérêt du groupe entier, car c'est la performance du groupe qui sera jugée, par les spectateurs comme par les joueurs, et non les performances individuelles. Alain Knapp insistait bien sur ce point, en argumentant que les spectacles du Théâtre-Création ne pouvaient pas être jugés en séparant les différentes éléments (texte, jeu, costumes, décor), parce qu'ils avaient été conçus conjointement. La thèse de Clément Canonne se concentre sur l'examen, nourri de théorie des jeux, du problème de coordination que constitue l'improvisation collective libre en musique. Un problème de coordination typique, donné par Thomas Schelling, est celui mettant en jeu deux personnes qui se perdent de vue sans avoir pu se donner rendez-vous, et il leur est impossible de se joindre ; chacune choisira de se rendre à l'endroit où probablement l'autre irait, connaissant ses préoccupations. À Paris, un tel lieu est la Tour Eiffel ; c'est ce que l'on appelle un point focal. Canonne commence par justifier en quoi on peut assimiler effectivement une improvisation collective libre à un problème de coordination : « l'improvisation collective libre est une situation stratégique ; les intérêts des musiciens coïncident largement ; il y a une quasi-infinité de solutions » (Canonne, 2010, p. 49)... Puis il décrit quelles peuvent être les stratégies mises en œuvre pour résoudre ce problème. Mais en tant que l'improvisation est collective, elle implique de prendre en compte non ses propres intérêts, mais l'intérêt de l'ensemble, c'est-à-dire de raisonner avec ce qu'il appelle un *esprit d'équipe*. Autrement dit :

> Dans la théorie [des jeux] standard, un individu évalue les stratégies possibles pour lui en fonction d'un certain objectif (ses préférences, la maximisation de sa fonction d'utilité), étant données ses croyances sur les choix que feront les autres individus. Un individu qui suit un raisonnement d'équipe évalue des n – *uplets* de stratégies des n membres de l'équipe, en fonction d'un certain objectif (les préférences de l'équipe, la maximisation de la fonction d'utilité de l'équipe) et choisit donc la stratégie s du n – *uplet* de stratégies qui maximise la fonction d'utilité de l'équipe. Évidemment, être animé d'un esprit d'équipe, c'est non seulement utiliser cette forme de raisonnement spécifique, mais c'est aussi croire que les autres feront de même, et que donc, eux aussi s'identifiant à l'équipe, ils choisiront chacun la stratégie s_i du n – *uplet* qui maximise la fonction d'utilité de l'équipe[10]. (*ibid.*, p. 114-115)

10 Une fonction d'utilité attribue à des données qualitatives, incomparables entre elles, une valeur quantitative, qui peut donc être comparée à d'autres. Maximiser la fonction d'utilité revient à faire un choix optimal.

Ainsi dans cette configuration, l'intérêt collectif peut engager l'improvisateur à se mettre en *stand-by*, afin de maximiser la fonction d'utilité de l'équipe, c'est-à-dire de faire s'approcher au maximum le résultat de l'improvisation des préférences supposées de l'ensemble des improvisateurs en tant qu'ils sont une équipe. Pour exemple, cette préférence pourra porter sur un objectif envers les spectateurs (faire rire, émouvoir, faire réfléchir...), sur des aspects formels de l'improvisation (faire émerger des histoires, ou au contraire les éviter), etc.

Mais cet esprit d'équipe à l'œuvre dans l'improvisation revient aussi parfois à aller contre l'exigence de coordination que Canonne pose en axiome ; il n'est pas nécessaire que les improvisateurs aient un intérêt collectif à se retrouver, à se coordonner. Ou plutôt : avant de se coordonner, il leur faut s'éloigner les uns des autres, se différencier, refuser le consensus – et il leur faut périodiquement recommencer, afin que l'improvisation ne stagne pas. Comme encore une fois l'exemple knappien nous le montre, à la suite de Brecht, c'est dans la mise en jeu d'intérêts contradictoires qu'une improvisation a quelque chance de se dégager de l'immédiat, du creux et du banal. Keith Johnstone accorde également une grande importance à l'art de *dévier* : « *Johnstone devotes much art and space to the art of tilting, that is, of tilting the balance that is ever in danger of being achieved in an improvisation, by introducing destabilizing material into the emergent dialogue, thereby "demolishing" or "devastating" it*[11] » (Peters, 2009, p. 59). Ainsi le dialogue qui s'instaure entre les participants n'est-il pas un dialogue déférent, où chaque interlocuteur attend patiemment que l'autre ait fini pour parler, ce que Gary Peters appelle une « écoute des yeux », mais un dialogue compétitif, « dissensuel », qui tient autant du dissensus que du sensuel, où coexistent des intérêts divergents qui tentent de se coordonner. Cette caractéristique a été particulièrement saillante dans notre travail au lab'impro, où pouvaient exister simultanément plusieurs propositions sur scène, jusqu'à ce que l'une l'emporte ou qu'elles trouvent un point de convergence.

11 « Johnstone consacre beaucoup d'art et d'espace à l'art de *dévier*, c'est-à-dire de dévier l'équilibre qui menace toujours d'être atteint dans une improvisation, en introduisant des matériaux déstabilisants dans le dialogue émergent, qui le "démolisent" ou le "dévastent" ».

DEGRÉS D'IMPORTANCE DU CONTEXTE

Si nous voyons, comme nous venons d'en donner quelques indices, l'improvisation collective comme un problème de coordination, il faut, en l'absence de référent commun, que les improvisateurs arrivent à déterminer des points focaux, c'est-à-dire à se donner des rendez-vous qu'ils n'ont pas concertés avant que débute l'improvisation. Mais de même que le point focal du problème de coordination donné ci-dessus dépend du contexte dans lequel on pose la question – à Paris, c'est la Tour Effeil, à New York la gare Centrale ou l'Empire State Building –, le contexte d'exécution de l'improvisation va jouer un rôle crucial pour que se déterminent ceux-ci, au sein même de la dynamique des échanges entre les improvisateurs.

COMMENT COMMENCER ?

Le point de départ de l'improvisation reste le même que dans le cas de ce que nous avons décrit chez Knapp : se créer un contact d'expression (un objet, une image, une sensation…), et la quête d'un état. Nous avons déjà pu constater à quel point ce mot est trompeur, car il engage à penser cela comme quelque chose de statique ; il faut au contraire le comprendre comme un état de conscience au sens de Bergson : un processus dynamique, qui se change lui-même par cela qu'il dure. Sans ce contact d'expression, sans cette mise en relation minimale de l'intérieur avec l'extérieur, il est difficile de croire que l'on puisse commencer quoi que ce soit. Mais le problème, c'est que sans référent (un thème, un objet) qui vienne agir comme un catalyseur de l'imagination et de la sensibilité, comme un point de concentration donné, ce premier contact d'expression risque d'échapper, d'échouer à se fixer suffisamment solidement pour donner lieu à une extériorisation, et l'improvisation peut mettre du temps à commencer, voire ne jamais commencer. Si l'improvisateur reste disponible à tout, sans réaliser attendre ou formuler un objectif, il restera sur place. « Il n'y a pas de mécanismes de la perception séparés de l'action, pas plus qu'il n'y a de mécanismes de l'attention séparés de la sélection qu'exerce en permanence le cerveau », nous dit Alain Berthoz (Berthoz, 2003, p. 10) ; ce qui signifie que percevoir une chose spécifique dans l'espace, un élément sur lequel la création pourra prendre corps, c'est avoir déjà choisi par quel aspect elle nous intéresse, c'est avoir une idée préalable de l'action à venir.

Il va relativement de soi que, préalablement à la performance, l'improvisateur se sera déjà mis dans un état qui lui permette de faire venir librement à sa conscience sensations et images, et de percevoir les moindres changements autour de lui et en lui ; son corps, sa voix, seront dans une certaine détente, mais « une détente de qualité associée à une énergie puissante ainsi qu'à un corps vivant et dynamique » (Oida, 2008, p. 59). Nous avons souligné tout au long de ce travail l'importance de la préparation, mentale et physique, en particulier dans le travail du Théâtre-Création. L'improvisateur tente, avant de commencer, de se mettre dans un état d'*awareness*, pour reprendre un terme de la théorie de la Gestalt, que l'on pourrait définir ainsi : « L'*awareness* est la connaissance ou la conscience implicite et immédiate du champ (selon la définition de Jean-Marie Robine), la présence attentive, la présence au champ, présence en acte, engagée, immédiate, la contuition. L'*awareness* est à distinguer de la *consciousness* qui signifie conscience réflexive, observatrice, attentive de ce qui est là et constitue un arrêt attentif de l'expérience, du processus en cours[12] ». Nous pourrions contester que l'exercice de la conscience réflexive constitue nécessairement un arrêt de l'expérience – car comment empêcher la raison d'agir, de s'exécuter, en particulièrement dans l'improvisation qui est en partie une activité de composition –, mais ce qui est important pour nous c'est surtout d'identifier cette *awareness* comme un acte déjà en train de se faire, comme un engagement déjà réalisé.

Ainsi l'improvisation est déjà commencée. Elle existe en germe, en intuition, dans la rencontre entre l'improvisateur et son environnement. L'improvisateur aurait pour tâche de *sentir*, et non seulement percevoir – au sens où la perception isole, discrimine –, l'environnement qui l'entoure. Il y a une procédure d'intensification, car l'improvisateur ressent un différentiel entre lui et son environnement immédiat, qui appelle l'action, la création. Ainsi nous pourrions écrire comme Marie Bardet, qui s'appuie fortement sur Bergson, en remplaçant « liberté » par « improvisation » :

12 Sophie Fourure, « Awareness et consciousness », dans *L'awareness*, Gestalt, n° 27, Gadancourt, Éditions Revue Gestalt, décembre 2004, p. 12, cité dans (Couderc, 2010, p. 205).

> Plutôt qu'un détachement, la liberté est un ancrage, adhésion sympathique au temps en cours comme hétérogénéité continue, et donc gros de nouveauté. En effet, il y a bien quelque chose à partir de quoi l'on agit, ça n'est pas depuis un détachement du passé pour atteindre à un nouveau absolu, sans mémoire. Au contraire, en plongeant dans la durée hétérogène, la conscience devient mémoire, et création à la fois. (Bardet, 2009, p. 279)

Julyen Hamilton, danseur, improvisateur et chorégraphe, l'exprime en disant qu'il se sent parfois comme un véhicule passif qui servirait à concrétiser l'atmosphère et il précise : « je sens qu'intuitivement ce qui est révélé, ce qu'une personne écoute lorsqu'elle improvise, n'est pas seulement son propre ego, sa voix individuelle : c'est aussi l'espace entier et peut-être plus encore, la pièce, la ville, le pays » (Benoit, 2009, p. 196).

Mais bien sûr cela demande à l'improvisateur d'avoir fait un choix, d'avoir déjà contracté un engagement envers une action – celle d'improviser, bien sûr, mais celle-ci implique le choix d'un certain mode de composition, d'avoir déterminé, pour soi-même, la technique qu'on utilisera pour cela, au moins dans les premiers instants. Un engagement même minime : faire un son, un mouvement, émettre une parole… « L'awareness n'est pas oisive : elle est orientation, appréciation et approche, choix d'une technique », disent les fondateurs de la Gestalt (Couderc, 2010, p. 202). Chaque improvisateur choisit donc pour soi les éléments qui, dans l'environnement, lui *parlent*, font sens, aident à la construction de son improvisation. On retrouve ici la valeur de la posture éthique, consolidée par un travail sur son répertoire. D'où également l'importance accrue d'avoir développé une connaissance du contexte, ou un moyen de dialoguer avec lui, dans une situation d'improvisation libre : il faut pouvoir lire l'espace, lire la situation présente, interpréter l'attente du public, la signification de l'événement.

Mais ce premier choix, par lequel l'improvisation commence, il est d'abord fait dans la solitude, pour soi ; aussi est-il probable que plusieurs improvisateurs, surtout s'ils ne viennent pas de la même discipline, ne liront pas le contexte de la même manière, n'attribueront pas la même importance à telle dimension ; ils partiront dans des directions opposées, voire incompatibles – ce qui préfigure les problèmes à venir.

FEEDFORWARD

Une fois l'improvisation commencée, elle s'oriente imperceptiblement : le premier geste, le premier mot, le premier son ou la première action créent un précédent, qui marque sinon la direction de l'improvisation, au moins son origine. Cela ne crée pas pour autant systématiquement un référent qui aidera la structuration future de l'improvisation, mais ce précédent ne doit pas non plus être ignoré, annulé, perdu. Pourquoi ? Car l'improvisation reste un exercice de composition spontanée, même si elle peut chercher à s'affranchir des règles de la composition dans tel ou tel genre ; sans cette attention portée au matériau déjà produit, elle perdrait cette capacité de structuration formelle où réside la composition, elle serait simple production continue et réitérée de nouveaux matériaux disjoints les uns des autres. Nous assisterions à une suite de *big bangs*, et non à la création d'un univers. Aboutir à une certaine cohérence d'ensemble reste un des objectifs des improvisateurs – quand bien même ne s'entendraient-ils pas sur la forme ou la structure de cette cohérence[13]. « L'action d'improviser produit des coïncidences et en assumer la responsabilité fait partie du processus de composition », dit Julyen Hamilton (Benoit, 2009, p. 200). C'est une idée répandue parmi les improvisateurs : nous renvoyons ainsi à l'image qu'utilise Keith Johnstone, déjà citée : « l'improvisateur est un homme qui marche à l'envers ; il sait où il a été, mais ne porte aucune attention au futur ».

Mais en réalité, ceci ne peut être exact. Même si la plupart des exercices de Johnstone, ainsi que nous l'avons mis en évidence dans notre dialogue virtuel avec Knapp, visent à brider les facultés d'anticipation des étudiants, c'est aussi parce qu'ils continuent à anticiper (de façon peut-être moins contrôlée par le *moi*) que ces exercices fonctionnent. Pour prendre un exemple, *Word-at-a-time*, que nous avons décrit et analysé, où il s'agit pour rappel de construire des phrases à plusieurs en ne disant qu'un mot à la fois, souhaite faire en sorte que ni l'un ni l'autre des deux joueurs (ou plus) ne contrôle l'histoire et son développement, ne puisse

13 Canonne, dans son modèle mathématique des processus cognitifs à l'œuvre dans une improvisation collective libre en musique – qui reste valable dans les grandes lignes, à ce qu'il nous semble, pour tout type d'improvisation collective libre – identifie cette appréciation de la cohérence d'ensemble à un élément subjectif $A(t_i, k_0)$, un seuil de tolérance à l'autonomie des discours pour un improvisateur k_0 à un temps t_i (Canonne, 2010, p. 176).

l'anticiper ; la phrase, la narration change à chaque mot. Mais bien sûr cela demande de faire à chaque instant des paris, des hypothèses, sur l'histoire qui se construit ainsi, quitte à abandonner à chaque moment ces hypothèses. C'est donc moins d'une anticipation dont il s'agit là que d'une prospective, une étude dynamique des avenirs possibles. En anglais, le terme approprié est le *feedforward.* Anne Bogart et Tina Landau désignent par ce mot « *an outgoing energy that anticipates the necessity for action*[14] » (Bogart & Landau, 2005, p. 34). Jeff Pressing explicite, en des termes plus cognitifs :

> Le *feedforward*, eu égard à l'environnement (les autres improvisateurs par exemple), implique l'élaboration d'un modèle prédictif d'actions. C'est une dimension essentielle de la compétence d'improvisation car il s'avère que l'échelle temporelle du *feedback* est bien souvent trop lente pour permettre une réponse adaptée. En fait, nous répondons plutôt (du moins en partie) à ce que nos modèles internes prédisent des actions de nos co-improvisateurs[15].

Ce qui est important de noter ici, c'est que ce *feedforward* concerne l'environnement dans son ensemble. Bien sûr toutes les dimensions de cet environnement ne joueront pas de la même manière pour tous les improvisateurs à tous les moments, suivant l'action dans laquelle ils sont engagés. Ce sont surtout l'aspect sonore des actions des co-improvisateurs qu'un musicien aura tendance à prédire et observer ; le *feedforward* d'un danseur sera davantage concentré sur l'anticipation des mouvements des autres. Mais c'est là, notamment, que nous pouvons sentir la puissance des *perspectives* telles que nous les avons explorées au chapitre précédent : en travaillant sur chacune d'entre elles, il est possible d'étendre son champ de perception, de sensation des dimensions temporelles, spatiales, émotives, narratives, etc., c'est-à-dire de diversifier et d'enrichir nos modèles prédictifs internes. Pour nous, la connaissance du contexte, c'est-à-dire non seulement le fait de *sentir* l'environnement immédiat, mais aussi l'histoire et la mémoire d'un lieu, d'un moment donné ou d'une population (celle des spectateurs), est d'autant plus importante pour que commence l'improvisation, c'est-à-dire pour que la suite de faisceaux d'événements dont parle Canonne soit dotée de

14 « Une énergie dirigée vers l'extérieur qui anticipe la nécessité de l'action ». Elles prennent pour exemple le match de volleyball.

15 Jeff Pressing, « The Physicality and Corporeality of Improvisation », *Sounds Australian*, n° 59, 2002, p. 24, cité et traduit par (Canonne, 2010, p. 184).

conditions initiales[16]. Mais il est évident que le contexte est de plus en plus marqué par l'improvisation au fur et à mesure de sa progression, si bien qu'elle finit par constituer en elle-même ce contexte dans lequel elle prend forme – même si elle reste vulnérable, et fortement, à toute manifestation intempestive de l'environnement.

À l'issue de l'improvisation, vient de se produire quelque chose qui pourrait posséder, par hasard, une structure et une forme, qui est parcourue de thèmes et de sous-thèmes, que l'on pourrait vouloir reprendre et recommencer. Mais il ne faut pas oublier un point important : « *the peculiarity of free-improvisation is that it does not produces works. To echo Kant's description of an art as "purposiveness without a purpose", it's a working without a work ; indeed, in certain respects it might be considered a working to avoid work*[17] » (Peters, 2009, p. 44-45). L'œuvre de l'improvisation libre ne s'achève pas ; elle se poursuit d'une performance à l'autre.

16 Les faisceaux en question sont une discrétisation du processus continu d'improvisation : celui-ci étant compris comme un enchaînement extrêmement rapide de petits problèmes de coordination, Canonne s'intéresse aux moments où des décisions sont prises par un improvisateur donné ; chaque segment temporel entre chaque décision est un faisceau d'événements qui, en eux-mêmes, se placent dans une continuité stricte avec la décision qui les précède.

17 « La singularité de l'improvisation libre est qu'elle ne produit pas d'œuvre. Pour faire écho à la description de l'art selon Kant comme "finalité sans fin", c'est un ouvrage sans œuvre ; de fait, par certains égards, on peut la voir comme un ouvrage qui évite l'œuvre ».

CONCLUSION

> Maintenant je suis léger, maintenant je vole, maintenant je me vois au-dessous de moi, maintenant un dieu danse en moi.
> Friedrich NIETZSCHE, *Ainsi parlait Zarathoustra.*

Nous avons pris un malin plaisir à réveiller les spectres. Nous avons écrit l'histoire d'un groupe qui, bien qu'ayant influencé de façon diffuse une part non négligeable du théâtre contemporain, se perd dans les mémoires. Quand bien même le Théâtre-Création fut l'une des premières troupes en Europe à proposer des spectacles d'improvisation basés sur des thèmes donnés par le public, à faire le tour des villes et des villages pour y jouer des pièces et incarner des personnages dont ils ne connaissaient rien auparavant, ce groupe est presque inconnu de ceux qui aujourd'hui pratiquent régulièrement l'improvisation théâtrale. Ce qu'on appelle improvisation théâtrale, ou parfois théâtre d'improvisation, est une pratique spectaculaire qui s'est développée au cours de ces quarante dernières années en marge des institutions théâtrales. Cela nous engage à repenser son histoire, et à l'inscrire non comme une pratique qui soit venue chatouiller un peu de l'extérieur – à partir de la psychiatrie, de la politique ou de l'éducation – un théâtre de texte empoussiéré et se définit souvent elle-même comme indépendante de lui, mais comme une poussée révolutionnaire, une évolution de l'intérieur, qu'il n'a aucune raison de repousser, mais qu'il aurait tout intérêt à accueillir. Le Théâtre-Création nous offre l'exemple d'un théâtre qui allie auteurs, acteurs, metteurs en scène, scénographe, etc., dans un même effort de création, à parts égales, sans pour autant nier les rôles de chacun. Du passé ne faisons pas table rase, semblent nous dire Knapp et ses collègues, mais tentons d'intégrer dans une même pratique des tendances qui apparaissent contradictoires.

Cette tâche est aujourd'hui plus complexe que jamais. Nous y voyons deux raisons principales. La première c'est que l'improvisation théâtrale, dont l'histoire est assez jeune, ne semble encore envisager sa progression que dans un mouvement d'émancipation par rapport aux formes qui ont permis son expansion et sa popularité : le match d'impro, longtemps très influent en France, cesse petit à petit d'être la norme. Il faut sans doute y voir l'impact des écoles nord-américaines anglophones (Spolin, Del Close, Johnstone), qui gagnent du terrain au fur et à mesure que se démocratise l'accès à la langue anglaise, et offrent aux improvisateurs une variété plus large de modèles à imiter ou dont s'inspirer. Mais cela vient aussi de la force d'invention des troupes elles-mêmes, qui cherchent toujours à se démarquer, à inventer des formats qui deviendront leur signature, leur spécificité, et permettront un dialogue plus fin avec leur public. Ainsi est-ce surtout dans ce renouvellement des structures-cadres de l'improvisation, des règles qui vont influencer la façon dont le drame va être créé spontanément que se niche aujourd'hui l'essentiel de l'innovation. Les questions de l'intégration dans l'improvisation théâtrale de langages artistiques variés et non purement dramatiques, de la maîtrise technique de ces langages, de la préparation d'une matière textuelle, sonore ou visuelle afin de travailler en amont sur le contenu du spectacle d'improvisation et lui donner du sens, toutes ces questions commencent à peine à apparaître – à mesure sans doute que le milieu se professionnalise et que la question du geste artistique s'impose aux créateurs.

La deuxième raison qui rend complexe aujourd'hui une approche de l'improvisation plus englobante et consciente de sa propre histoire, c'est ce que nous n'avons eu de cesse de pointer du doigt tout au long de ces pages. Par de nombreux aspects, si l'improvisation théâtrale s'est fortement développée ces dernières années, si elle est en particulier si présente parmi les classes moyennes, dans l'enseignement supérieur et notamment dans la formation des élites (écoles d'ingénieurs, écoles de management et de commerce…), si on la retrouve en entreprises, dans le *coaching* et le *team building*, dans les formations à destination des chômeurs en recherche d'emploi, ou encore auprès des collégiens en difficulté pour leur permettre de raccrocher les wagons avec l'école, c'est qu'elle permet de développer des compétences essentielles dans le monde contemporain. On peut les nommer, en utilisant le langage idoine : flexibilité, créativité, autonomie, esprit d'entreprise... Que cela garde la légèreté du divertissement, écho à la légèreté d'être que l'on nous demande d'avoir, que cela se fonde encore massivement sur des modèles sportifs, en résonance avec la compétition généralisée de ces « entrepreneurs de nous-mêmes » que nous sommes obligés de devenir, finalement cela convient bien. Pour quelque temps encore, tant que les subventions publiques n'auront pas pris acte de la naissance de cet art spontané et que l'improvisation théâtrale ne se sera pas affranchie de l'économie de marché, ainsi devra-t-elle survivre. Et être, dans l'entre-temps, moins un outil d'émancipation que de soumission.

Alain Knapp considère que son approche de la création théâtrale est une école de la liberté. Le cadre du théâtre explose et son enseignement devient, par cette formule, une école de la création, de l'imagination, de la vie. Il ne s'agit pas ici de n'importe quelle liberté. Il ne s'agit ni de la liberté illusoire que souhaite nous vendre le libéralisme, une liberté terriblement contrainte par les inégalités, ni de la liberté des marches militantes, des aspirations révolutionnaires qui veulent briser les chaînes, et qui doivent toujours se libérer de quelque chose – y compris de l'impératif de se libérer. Cette liberté que Knapp nous invite à penser et conquérir est d'abord celle de l'individu, autonome, capable en tout état de cause de se déterminer soi-même, indépendant d'un quelconque combat, d'une quelconque cause, quand bien même il pourrait en adopter. Elle exige du créateur – car tout homme libre devient créateur, ne créerait-il que sa propre vie – un engagement éthique, la connaissance de ses propres sources et ressources, la pratique et l'épreuve de cette connaissance. Qu'on nous pardonne la grandiloquence de Zarathoustra par laquelle nous avons choisi d'ouvrir cette conclusion : celui qui développe une connaissance pareille se voit au-dessous de lui-même. Il se voit même selon tous les angles, toutes les coutures. S'il est léger, ce n'est pas vis-à-vis du reste du monde, mais vis-à-vis de lui-même.

Ainsi la conception de l'improvisation que nous avons pu mûrir au gré de ce travail, sous l'influence d'Alain Knapp et des différents travaux que nous avons convoqués ici, ne la considère par comme synonyme de malléabilité, d'adaptabilité ou d'impréparation, mais au contraire comme un retour incessant sur le même, sur soi-même, sur sa matière, son répertoire et sa technique, comme exploration toujours renouvelée de son propre inconscient, à travers l'imagination – l'ouverture du flot d'une pensée en constante évolution. Alors cette création peut-elle se mettre en relation avec l'autre, avec l'étranger, et susciter un dialogue riche avec un contexte donné, incarné par les spectateurs, eux-mêmes porteurs d'une mémoire. Un contexte qui ne se limite pas seulement à l'environnement physique, restreint à l'immédiat. Le paradigme de l'improvisation devient alors pour nous l'*étude* : l'exploration d'un matériel, qu'il soit textuel, culturel, spatial, actuel, et l'analyse des nœuds qu'il contient, de ses articulations à travers la confrontation avec un répertoire. Pour paraphraser Julyen Hamilton, l'improvisateur studieux est celui qui incarne, par son corps, sa voix et sa pensée, l'espace entier.

Notre propre mémoire ne prend pas sa source dans un lieu tout à fait neutre par rapport à l'objet qui nous occupe : nous sommes franc-comtois. Ce nom seul fait entendre l'amour de la liberté ; notre devise exalte l'opiniâtreté : « Comtois, rends-toi ! – Nenni, ma foi ! ». Dans ces régions agricoles et forestières ponctuées de lacs glaciaires, les hommes s'organisent en coopératives pour mieux exploiter les fruits de leur travail, mais tiennent à leur indépendance. Le Jurassien, pris dans de longs et rudes hivers que l'on compare parfois, avec fierté et prétention, à ceux de Sibérie[1], a une allure de survivant : il est taiseux, solitaire, de rude abord, et brûle d'une chaleur rentrée. « Les gens qui ne disent jamais rien, on croit juste qu'ils veulent entendre, mais souvent, tu ne sais pas, je me taisais pour donner l'exemple », écrivait Jean-Luc Lagarce, originaire de Besançon. Hubert-Félix Thiéfaine puise là son rock mélancolique et s'y promène avec sur le nez des « lunettes noires de vagabond solitaire ». Victor Hugo y est né, tout comme Gustave Courbet qui s'engagea dans la Commune de Paris. Derrière toutes ces figures, dans les combes et les reculées du paysage jurassien, se dessine une culture anarchiste et pourtant collective, indépendante sans être indépendantiste. John Ruskin a célébré les beautés de ces montagnes dans son *Praeterita*, tout en remarquant qu'elles exaltent en l'homme le sentiment de liberté. Celui qui en synthétise le mieux l'esprit, c'est peut-être Pierre Joseph Proudhon, pour qui « il y a progrès incessant

1 Voir le film de Gérald Hustache-Mathieu, *Poupoupidou*, sorti en 2011, avec Jean-Paul Rouve et Sophie Quinton.

dans les sociétés humaines de la hiérarchie à l'anarchie[2] ». Pétri de contradictions, il défend ardemment le libéralisme tout en soutenant que la propriété c'est le vol : « Proudhon est demeuré fidèle à un équilibre fondé sur la lutte d'éléments adverses et l'opposition des contraires, dans une pluralité vivante, la seule unité qu'il admette étant celle de l'atelier, l'atelier de la petite entreprise et de l'artisanat plus que celui de la grande entreprise[3] ».

Nous pouvons reconnaître dans ces paroles des idées qui nous rapprochent à nouveau d'Alain Knapp et du Théâtre-Création, cet atelier de l'acteur-créateur. Tout comme Proudhon se méfiait de tout spontanéisme, ne pensait pas que l'on puisse faire la révolution du jour au lendemain, « comme un homme qui change de costume ou de cocarde », sans une lente substitution des institutions par un jeune organisme vigoureux, Knapp développe une vision de la création qui demande du temps, et se méfie des impulsions désordonnées de la spontanéité libérée. « Libertaire, mais pas libéral » : cette formule, apparue lors de nos entretiens, résume à elle seule son sens de la liberté. « À partir du moment où vous êtes dans une pensée artistique, nous disait-il, il me semble que vous avez pour vocation de ne pas être dans la norme ». Mais cette poussée libertaire s'accompagne de l'exigence de développer un sens accru de la responsabilité, et cela prend du temps. « Ce qui se passe dans les fontaines profondes s'y passe avec lenteur : il faut qu'elles attendent longtemps pour savoir ce qui est tombé dans leur profondeur », disait encore Zarathoustra.

---

2 *De la capacité politique des classes ouvrières.*

3 Pierre Joseph Proudhon, dans *Encyclopédie Larousse en ligne*, http://www.larousse.fr/encyclopedie/personnage/Proudhon/139696, consulté le 25/10/2013.

ANNEXE

Spectacles du Théâtre-Création

LES BOBACS

Création collective d'après La faim du Tigre de Barjavel
Direction : Alain Knapp
Décors et costumes : Jean Bosserdet
Acteurs : Anne-Lise Balimann, Gérald Bloch, Jean-Marie Jolidon, Michèle Ody, Martin Roy, Joëlle Stagol, Arnold Walter
Exécution des costumes : Jacqueline Schaer Lausanne
Exécution de la structure scénique : chantier naval Fischer Auvernier
Création le 29 janvier 1969 à Sainte-Croix
Tournée dans le Valais, Cantons de Neuchâtel, de Fribourg, de Berne, de Vaud et Genève.

LA PAIX, D'APRÈS ARISTOPHANE

Coordinateur : Alain Knapp
Acteurs : Anne-Lise Balimann, Gérard Darman, Danielle Groleau, Jean-Marie Jolidon, Michèle Ody, Martin Roy, Julia Sacellini, Joëlle Stagol
Musicien : Jean-François Monot
Exécution des costumes : Yvonne Repetti, Lausanne
Création du 17 au 28 octobre 1970 au Festival de Wroclaw. Tournée en Pologne (Gdansk, Cracovie, Varsovie), Prague, Suisse.

CLYTEMNESTRE

Création collective avec la collaboration de Pierre-Louis Péclat
Collaborateurs : Anne-Lise Balimann (Électre), Christiane Delay (une femme du peuple), Christian Jolibois (Oreste), Michèle Ody (Clytemnestre), Martin Roy (Egisthe), Mireille Rubeli (Cassandre)
Coordination : Alain Knapp
Oripeaux : Poncet de la Grave
Musicien : Talal Groubi
Création octobre 1970, en tournée dans les pays de l'Est, puis en novembre/décembre en Suisse et en France.

PANIQUE 70

Création collective sur des thèmes d'actualité
Direction : Alain Knapp
Avec : Anne-Lise Balimann, Christiane Delay, Christian Jolibois, Michèle Ody, Martin Roy, Mireille Rubeli

M. DUCOMMUN A PEUR DES FEMMES

Création collective avec la collaboration de Philippe Adrien
Coordinateur : Alain Knapp
Acteurs : Martin Roy, Michèle Ody, Christian Jolibois, Christiane Delay, Anne-Lise Balimann, Pierre Buchet, Rodrigue Leigh
Musiciens : Talal Droubi, Jean-François Nicod, Pascal Auberson
Création à la biennale de Paris, 8 octobre 1971. Tournée en Allemagne, Belgique, reprise au Musée des Arts décoratifs à Lausanne. Grande tournée en Suisse romande.

DJAKARTA

Pièce de Claude Frochaux en collaboration avec le Théâtre-Création
Direction : Alain Knapp
Acteurs : Anne-Lise Balimann, Christiane Delay, Christian Jolibois, Rodrigue Leigh, Michèle Ody, Martin Roy. Création en avril 1972.

ACHILLE LANCELOT

Création collective sous la coordination d'Alain Knapp
Participants : Anne-Lise Balimann, Christiane Delay, Michèle Ody, Christian Jolibois, Rodrigue Leigh, Michel Touret, Marcel Wynands
Assistant : Daniel Piotat
Accessoires : Jean Monod
Musique : François Gaudard
Création octobre 1972.
Tournée en Belgique novembre/décembre 1972.

LE TRIOMPHE DU SOLDAT

Pièce de Walter M. Diggelmann en collaboration avec le Théâtre-Création
Mise en scène d'Alain Knapp
Avec : Anne-Lise Balimann, Christiane Delay, Michèle Ody, Christian Jolibois, Rodrigue Leigh, Daniel Piota, Marcel Wynands
Création en mars 1973.

SCHMIDT

Création collective sous la direction d'Alain Knapp
Distribution : Jean-Charles van Antwerten, Dominique Bérody, Mercedes Bravand, Marie-Françoise Duekerts, Max Faucherre, Geneviève Hess, Jean-Luc Petitrenaud
Création au festival de Wrocław en octobre 1973.

LA VALISE BLEUE

Création collective sous la direction d'Alain Knapp
Distribution : Jean-Charles van Antwerten, Dominique Bérody, Max Faucherre, Geneviève Hesse, Suzanne Leinweber, Jean-Luc Petitrenaud
Création au Teatro Dimitri à Verscio en avril 1974.

GENOCIDE BY THE WINDOW

Texte de Mokhtar Chorfi
Mise en scène d'Alain Knapp
Avec la participation de Marie-Clotilde Aubrier, Anne-Lise Balimann, Line Clément, Daniel Cuénoud, Jean-Paul Dépraz, Pierre Theurillat, Pierre-André Vincent, et le groupe Impact (Marianne Wolfgang, Jean-Roger Wolfgang, Lorenz Nussbaum, Jean Scheurer)

BIBLIOGRAPHIE

Adams Kenn, 2007, *How to improvise a full-length play : the art of spontaneous theater*, Allworth Press.

Agamben Giorgio, 2009, *Nudités*. Paris : Éd. Payot & Rivages.

Alexander Gerda, 2001, *Le corps retrouvé par l'eutonie*, Troyes, Le bout du monde éditions.

Apothéloz Charles & Aguet Joël, 1990, *Cris et écrits : textes sur le théâtre (1944-1982)*, Lausanne ; Willisau [Switzerland] : Éditions Payot : Éditions de la Société suisse du théâtre ; Theaterkultur-Verlag.

Aristote, 1990, *Poétique*, trad. Michel Magnien, Paris, Livre de Poche.

Artaud Antonin, 1964, *Le théâtre et son double*, Folio essais.

Artières Philippe, & Zancarini-Fournel Michel (Éd.), 2008, *68 : une histoire collective, 1962-1981*, Paris, la Découverte.

Autant-Mathieu Marie-Christine (Éd.), 2007, *La ligne des actions physiques*, L'entretemps.

Autant-Mathieu Marie-Christine (Éd.), 2013, *Créer, ensemble : points de vue sur les communautés artistiques (fin du XIXe-XXe siècles)*, Montpellier, France : l'Entretemps éd., impr. 2013.

Bailey Derek, 1999, *L'Improvisation : sa nature et sa pratique dans la musique* (I. Leymarie, Trad.), Paris, Outre Mesure.

Banes Sally, 2002, *Terpsichore en baskets : Post-modern dance*, Chiron.

Barbéris Isabelle, 2010, *Théâtres contemporains : mythes et idéologies*, Paris, France : Presses universitaires de France.

Bardet Marie, 2009, *Philosophie des corps en mouvement : entre l'improvisation en danse et la philosophie de Bergson : étude de l'immédiateté*, Université Paris 8.

Baudrand Oriane, 2008, *Match d'improvisation théâtrale. État des lieux : une évolution est-elle possible ?* (Mémoire de Master), Université Paris III – Sorbonne Nouvelle, Paris.

Baumol William J. & Bowen William G., 1966, *Performing arts, the economic dilemma : a study of problems common to theater, opera, music, and dance*, New York : Twentieth Century Fund.

Beauchamp Hélène & Larrue Jean-Marc, 1990, « Les cycles Repère : entrevue avec Jacques Lessard, directeur artistique du Théâtre Repère », *Annuaire théâtral*, *8*, 131-143.

Beck Julian & Guérin Daniel, 1978, *La vie du théâtre* (A. Vander & F. Vander, Trad.), Paris, Gallimard.

Bengloan Bernard, 1994, *La Muette : le théâtre en Suisse Romande 1960-1992*, Lausanne, L'Âge d'homme.

Benhamou Anne-Françoise (Éd.), 2008, *OutreScène 11. Pouvoirs de l'émotion*, Strasbourg, Théâtre National.

Benhamou Anne-Françoise, & Trotta Nathalie (Éd.), 2006, *OutreScène 7-8. L'École du TNS*, Strasbourg, Théâtre National.

Benoit Agnès (Éd.), 2009, *Créateurs de l'imprévu : dialogues autour de la danse et de l'improvisation en spectacle*, Contredanse.

Berge Yvonne, 1994, *Danse la vie : une vie, un enseignement*, Barret-le-Bas, Le Souffle d'Or.

Bergson Henri, 1927, *L'Évolution créatrice* (31e éd), Paris, F. Alcan.

Bergson Henri, 2011, *Essai sur les données immédiates de la conscience* (P. Hidalgo, éd.), Édition numérique : La Gaya Scienza. Consulté à l'adresse http://www.ac-grenoble.fr/PhiloSophie/file/bergson_essai_conscience.epub.

Berlin Isaiah, 1988, « Deux conceptions de la liberté » dans J. Carnaud & J. Lahana (Trad.), *Éloge de la liberté* (p. 167-218), Paris, Calmann-Lévy.

Berthoz Alain, 1997, *Le sens du mouvement*, Odile Jacob.

Berthoz Alain, 2003, *La décision*, Odile Jacob.

Biet Christian & Triau Christophe, 2006, *Qu'est-ce que le théâtre ?*, Folio essais.

Biner Pierre, 1972, *The Living theatre*, New York.

Boal Augusto, 1991, *Jeux pour acteurs et non-acteurs : pratique du théâtre de l'opprimé*, La Découverte.

Boal Augusto, 2002, *L'arc-en-ciel du désir : du théâtre expérimental à la thérapie* (J. Boal, Trad.), Paris, La Découverte.

Bogart Anne & Landau Tina, 2005, *The Viewpoints Book : A Practical Guide to Viewpoints and Composition*, Theatre Communications Group.

Boissière Anne & Kintzler Catherine (Éd.), 2006, *Approche philosophique du geste dansé. De l'improvisation à la performance*, Presses Universitaires du Septentrion.

Boltanski Luc & Chiapello Ève, 1999, *Le nouvel esprit du capitalisme*, Paris, Gallimard.

Bouko Catherine, 2010, *Théâtre et réception : le spectateur postdramatique*, Bruxelles, Belgique, Peter Lang.

Bouquet, Jean-Jacques, 2011, *Histoire de la Suisse*, Presses universitaires de France.

Bourqui Claude, 1999, *La Commedia dell'arte : introduction au théâtre professionnel italien entre le XVIe et le XVIIIe siècle*, Paris, France, SEDES.

Boyd Neva L., 1971, *Play and game theory in group work ; a collection of papers*, Chicago, Jane Addams Graduate School of Social Work at the University of Illinois at Chicago Circle.

Bradby David, 2007, *Le théâtre en France de 1968 à 2000*, Paris, Honoré Champion.

Brook Peter, 2001, *L'Espace vide : écrits sur le théâtre* (C. Estienne & F. Fayolle, Trad.), Paris, France, Éd. du Seuil.

Brook Peter & Banu Georges, 2008, *Avec Grotowski*, Arles, France, Actes Sud-Papiers.

Camus Albert & Vinaver Michel, 2012, *S'engager ? : correspondance (1946-1957)*, S. Chemama (éd.), Paris, France, L'Arche.

Canonne Clément, 2010, *L'improvisation collective libre : de l'exigence de coordination à la recherche de points focaux*, Thèse de doctorat, École doctorale Lettres, langues, linguistique et arts, Lyon, France.

Capdevielle Jacques & Rey Henry (Éd.), 2008, *Dictionnaire de Mai 68*, Larousse.

Caruso Sandra, 1992, *The actor's book of improvisation*, New York, Penguin Books.

Charles David A., 2003, *The novelty of improvisation : Towards a genre of embodied spontaneity*. Louisiana State University and Agricultural & Mechanical College, Baton Rouge, États-Unis.

Charrière Patrick, 1990, *Improvisation au théâtre et matches d'improvisation*, Thèse de doctorat. Université de Bordeaux 3, France.

Charton Hervé, 2006, *La construction de l'action dramatique dans la perception du spectateur de théâtre*, Mémoire de Master, Université Paris III – Sorbonne Nouvelle.

Charton Hervé, 2015, « Apprendre à improviser, c'est apprendre à apprendre », *Traits* d'union, n° 5, p. 45-51.

Charton Hervé, 2015a, « Toile et filets : parentés structurelles et culturelles du Web collaboratif et de l'Improvisation théâtrale » dans Collectif DEAM, *Esthétisation des médias et médiatisation des arts*, L'Harmattan, Paris.

Chastagner Claude, 2011, *Révoltes et utopies : militantisme et contre-culture dans l'Amérique des années soixante*, Paris, France, Presses universitaires de France.

Chauvet Louis, 1968, février 1, « J'ai découvert une avant-garde Suisse », *Le Figaro.*

Dutil Christian, 1981, « Contacts : de la famille de Knapp », *Jeu : Revue de théâtre*, n° 21, p. 179-186.

Clark Brian, 1971, *Group Theatre*, London, Pitman.

Clavilier Michèle & Duchefdelaville Danielle, 1994, *Commedia dell'arte : le jeu masqué*, Grenoble, Presses universitaires de Grenoble.

Consolini Marco, 1998, *Théâtre populaire 1953-1964 : histoire d'une revue engagée*, Paris, France, IMEC éd.

Controverses, 2000, *Les figures de l'acteur, de la scène à la cité*, L'Entretemps éd.

Cornaz Henri (Éd.), 1998, *Benno Besson : jouer en apprenant le monde*, Yverdon-les-Bains, Suisse, Ed. de la Thièle.

Corsani Antonella & Lazzarato Maurizio, 2008, *Intermittents et précaires*, Paris, France, Éd. Amsterdam.

Corvin Michel (Éd.), 2008, *Dictionnaire encyclopédique du théâtre*, Larousse.

Couderc Bruno, 2010, *L'improvisation en danse : une présence à l'instant*, Thèse de doctorat, Université Rennes 2, Rennes.

Csíkszentmihályi Mihály, 2004, *Vivre : la psychologie du bonheur*, (L. Bouffard, Trad.), Paris, France, R. Laffont.

Cuenoud Daniel, Glauser Zuzanna & Lavanchy Jean-Paul, 1975, *Analyse d'une méthode d'improvisation théâtrale en vue d'une possible application thérapeutique*, Recherche de 4e année de la licence de psychologie clinique, Lausanne, Université de Lausanne.

Damasio Antonio R., 2003, *Spinoza avait raison*, Poches Odile Jacob.

Deleuze Gilles, 1968, *Différence et répétition*, Paris, Presses universitaires de France.

de Raymond Jean-François, 1980, *L'Improvisation : contribution à la philosophie de l'action*, Vrin.

Desmonts Anne-Sophie, 2010, *Le théâtre d'improvisation : une pratique artistique autonome en voie d'institutionnalisation qui dépasse le cadre du spectacle*, Mémoire de Master, Université de Strasbourg.

Diderot Denis, 2001, *Paradoxe sur le comédien*. (J. Goulemot, éd.), Paris, France, Librairie générale française.

Diggles Dan, 2004, *Improv for Actors*, New York, Allworth Press.

Dort Bernard, 1967, *Théâtre public : 1953-1966*, Paris, France, Ed. du Seuil.

Dort Bernard, 1992, « Le temps de l'essai », *Les Cahiers de la Comédie-Française*, nº 5, p. 61-65.

« Dourdan (dossier) », 1972, *International Theatre Informations*, p. 39-68.

Dudeck Theresa R., 2013, *Keith johnstone : a critical biography*, Methuen Drama.

Dufour Jacques & Bert Jean, 2009, *Les faux-nez : des tréteaux à la boîte à chansons*, Bière, Suisse, Ed. Cabédita.

Duguet Anne-Marie, 1970, *Le théâtre universitaire*, Thèse de 3e cycle, Université François Rabelais, Tours.

Dupont Florence, 2007, *Aristote ou le vampire du théâtre occidental*, Aubier.

Dupuis Xavier, 2013, « De la légitimité de l'intervention publique ». *Théâtre et néo-libéralisme*, Théâtre/Public nº *207*, p. 56-61.

Eber Alexandre, 2010, *Les vertus de l'improvisation théâtrale sur les compétences professionnelles*, Mémoire de fin d'étude, ICN Business School, Nancy, Metz.

Eco, Umberto, 1965, *L'œuvre ouverte*, Le Sueil, Points.

Féral Josette, 1992, « Pour une autre pédagogie du théâtre : entretien avec Alain Knapp », *Jeu : Revue de théâtre*, nº 63, p. 55-64.

Féral Josette, 2011, *Théorie et pratique du théâtre : au-delà des limites*, Montpellier, France, l'Entretemps éd.

Fouquet Ludovic, 2006, *Robert Lepage : l'horizon en images*, Montréal, les 400 coups.

Fox Jonathan, 1994, *Acts of Service : Spontaneity, Commitment, Tradition in the Nonscripted Theatre*, New Paltz, NY, Tusitala Pub.

Frost Anthony & Yarrow Ralph, 1990, *Improvisation in Drama*. Basingstoke, Macmillan Education.

Gardner Howard, 2008, *Les intelligences multiples : la théorie qui bouleverse nos idées reçues*, Paris, Retz.

Gaudibert Pierre, 1972, *Action culturelle : intégration et-ou subversion*, Tournai, Belgique, Casterman.

Gignoux Hubert, 1984, *Histoire d'une famille théâtrale : Jacques Copeau, Léon Chancerel, les Comédiens-routiers, la Décentralisation dramatique*, Lausanne, Suisse, Éditions de l'Aire.

Gillabert Matthieu, Hauser Claude, Kadelbach Thomas, & Milani Pauline, 2011, « La culture comme politique publique : le cas de la Suisse », dans P. Poirrier (éd.), *Pour une histoire des politiques culturelles dans le monde, 1945-2011* (p. 447-463). Paris, France, Comité d'histoire du ministère de la Culture.

Godard Colette, 1971, octobre 29, « Le théâtre qui se mord la queue », *Le monde insolite*, France Culture.

Gotti Giampaolo (Éd.), 2006, *Anatoli Vassiliev : Tradition, Pédagogie, Utopie*, Genevilliers, Théâtre de Genevilliers.

Gravel Robert, 1987, *Impro : réflexions et analyses*, Montréal, Leméac.

Greffe Xavier & Sonnac Nathalie (Éd.), 2008, *Culture Web : création, contenus, économie numérique*, Paris, Dalloz.

Grotowski Jerzy, 1971, *Vers un théâtre pauvre*, L'Âge d'homme.

Guénoun Denis, 1996, *Lettre au directeur du théâtre*, Le Revest-les-Eaux, France, les Cahiers de l'Égaré.

Guénoun Denis, 2005, *Actions et acteurs : raisons du drame sur scène*, Belin.

Guénoun Denis, 2009, *Livraison et délivrance*, Belin.

Halpern Charna, Close Del, & Johnson Kim, 1994, *Truth in comedy : the manual for improvisation*, Colorado Springs, Meriwether Pub.

Henry Philippe (Éd.), 2007, *Arts vivants en France : trop de compagnies ?*, Paris, Espace d'un instant.

Henry Philippe, 2009, *Spectacle vivant et culture d'aujourd'hui : une filière artistique à reconfigurer*, Grenoble, Presses universitaires de Grenoble.

Hessel Stéphane, 2010, *Indignez-vous !*, Montpellier, France, Indigène.

Improviser, 2007, Théâtre(s) en Bretagne n° 24, Rennes, Presses Universitaires de Rennes.

Jacquot Jean (Éd.), 1970, *Les Voies de la création théâtrale n° 1 : Grotowski, Barba, Living Theatre, Open Theatre, Arrabal*, Paris, France, Ed. du Centre national de la recherche scientifique.

Jeanneret Pierre, 2005, « Le Mouvement démocratique des étudiants (MDE) », *Cahiers d'Histoire du Mouvement Ouvrier*, n° 21 (Contestations et mouvements 1960-1980), p. 43-84.

Jeannet Daniel, 1968, janvier 21, « Une aventure théâtrale vécue par l'Atelier du Centre dramatique romand », *La Tribune de Lausanne*, Lausanne.

Johnson Kim, 2008, *The funniest one in the room : the lives and legends of Del Close*, Chicago, Chicago Review Press.

Johnston Chris, 2006, *The improvisation game : Discovering the secrets of spontaneous performance*, London, Nick Hern Books.

Johnstone Keith, 1989, *Impro. Improvisation and the theatre*. London : Methuen Drama.

Johnstone Keith, 1999, *Impro for storytellers. Theatresports and the Art of Making Thngs Happen*. London : Faber and Faber.

Kirby Michael, 1987, *A formalist theatre*, Philadelphia, University of Pennsylvania Press.

Knapp Alain (Éd.), 1968a, Programme pour « Les Bobacs », Théâtre-Création.

Knapp Alain (Éd.), 1968b, juin, Rapport et projet d'activités, Atelier de recherches dramatiques.

Knapp Alain (Éd.), 1969a, Programme pour « La Paix », Théâtre-Création.

Knapp Alain (Éd.), 1969b, *Théâtre-Création An II*, Lausanne, Théâtre-Création.

Knapp Alain (Éd.), 1970a, Programme pour « Clytemnestre », Théâtre-Création.

Knapp Alain (Éd.), 1970b, *Théâtre-Création An III*, Lausanne, Théâtre-Création.

Knapp Alain (Éd.), 1971, *Théâtre-Création An IV*, Lausanne, Théâtre-Création.

Knapp Alain (Éd.), 1972, Théâtre-Création, saison 1972-1973.

Knapp Alain, 1977, « La création collective ; utopie ou nouveau langage théâtral ? », *Revue pédagogique*, n° 48, p. 29-36.

Knapp Alain, 1992, « Notations et Intervalles », *Les Cahiers de la Comédie-Française*, n° 5, p. 70-76.

Knapp Alain, 1993, *A. K. : une école de la création théâtrale*, Paris, France, Actes Sud.

Knapp Alain, Balimann Anne-Lise & Dahinden Philippe, 1967, « Théâtre Universitaire de Lausanne – Suisse », *Théâtre et université : revue trimestrielle du Centre universitaire international de formation et de recherche dramatiques de Nancy et du Festival mondial du théâtre universitaire*, n° 10, p. 66-68.

Knebel Maria, 2006, *L'analyse-action*, Actes Sud.

Kotte Andreas (Éd.), 2005, *Theaterlexikon der Schweiz / Dictionnaire du théâtre en Suisse*. (J. Aguet & P. Lepori, Trad.) (Vol. 1-3), Zürich, Suisse, Chronos.

Laborde Denis, 2005, *La mémoire et l'instant : les improvisations chantées du bertsulari basque*, Bayonne, Elkar.

Lang Jack (Éd.), 1964, *Théâtre et université*. Nancy, France, Centre universitaire international de formation et de recherche dramatiques.

Lang Jack, 1978, *Éclats*, Paris, J.-C. Simoën.

Lebel Jean-Jacques, 1969, *Entretiens avec le living theatre*, Paris, France, P. Belfond.

Leep Jeanne, 2008, *Theatrical improvisation : short form, long form, and sketch-based improv*, New York, Palgrave Macmillan.

Lehmann Hans-Thies, 2002, *Le théâtre postdramatique*, L'Arche.

Leroy Dominique, 1980, *Économie des arts du spectacle vivant : essai sur la relation entre l'économique et l'esthétique*, Paris, France, Économica.

De Lima e Muniz Mariana, 2005, *La improvisación como espectáculo : principales experiencias y técnicas aplicadas a la formación del actor-improvisador*, Doctoral thesis, Universidad de Alcalá, Alcalá de Henares.

Lorelle Yves, 2007, *Dullin-Barrault : l'éducation dramatique en mouvement*, Paris, Éd. de l'Amandier.

Loyer Emmanuelle, 1997, *Le théâtre citoyen de Jean Vilar : une utopie d'après-guerre*, Paris, P.U.F. Lutterbie John H., 2011, *Toward a general theory of acting : cognitive science and performance*, New York, Palgrave Macmillan.

Malenfant Marc, 1978, « Autonomie et compétence : l'acteur chez Knapp », *Jeu : Revue de théâtre*, n° 9, p. 25-31.

Mancel Yves, 1988, « L'audace de l'avant-centre les soirs de finale », dans A. Knapp, *Rencontres. L'Avant-Scène Théâtre*, L'Avant-Scène.

Martin Laurent, 2011, « La politique culturelle de la France depuis 1945 », dans P. Poirrier (éd.), *Pour une histoire des politiques culturelles dans le monde, 1945-2011*, p. 241-263, Paris, France : Comité d'histoire du Ministère de la culture.

Marty Olivier (Éd.), 2013, *La formation et le théâtre : scènes, acteurs et improvisations : dossier*, Arcueil, Éducation permanente.

Masset Delphine (Éd.), 2012, *Émulations. Art, participation et démocratie*, Louvain, Presses universitaires de Louvain.

McGee Timothy J. (Éd.), 2003, *Improvisation in the arts of the Middle Ages and Renaissance*, Michigan, Medieval Institute Publications, Western Michigan University.

McGill Kathleen, 1991, « Women and Performance : The Development of Improvisation by the Sixteenth-Century Commedia dell'Arte », *Theatre Journal*, n° 43, p. 59-69.

Mervant-Roux Marie-Madeleine, 1998, *L'assise du théâtre*, CNRS Éditions.

Mervant-Roux Marie-Madeleine, (Éd.), 2004, *Du théâtre amateur : approche historique et anthropologique*, Paris, CNRS éditions.

Mervant-Roux Marie-Madeleine, 2006, *Figurations du spectateur. Une réflexion par l'image sur le théâtre et sur sa théorie*, L'Harmattan.

Mervant-Roux Marie-Madeleine, 2008, « Celui qui arrive du dehors. Comment les mises en scène réellement modernes réhabilitent et réinventent l'ancienne position spectatrice » dans T. Hunkeler, C. Fournier-Kiss, & A. Lüthi (éd.), *Place au public. Les spectateurs du théâtre contemporain*, Métispresses.

Meyerhold Vsevolod. E., 2005, *Vsevolod Meyerhold.* (B. Picon-Vallin, Trad.), Arles, France, Actes Sud-Papiers, Conservatoire National Supérieur d'Art Dramatique.

Morin Edgar, 2005, *Introduction à la pensée complexe*, Paris, Éd. du Seuil.

Morin Edgar, 2012, *La voie : pour l'avenir de l'humanité*, Paris, Fayard.

Mousie Joshua, 2010, juillet 23, « Democratic Theory and Musical Improvisation. Improvisation, Community, and Social Practice », consulté à l'adresse http://www.improvcommunity.ca/research/democratic-theory-and-musical-improvisation.

Napier Mick, 2004, *Improvise : Scene from the Inside Out*, Portsmouth, Heinemann.

Neveux Olivier, 2007, *Théâtres en lutte : le théâtre militant en France des années 1960 à aujourd'hui*, Paris, France, La Découverte.

Neveux Olivier, 2012, « Le poids des générations mortes, le cerveau des vivants », *Théâtre/Public : États de la scène actuelle 2009-2011*, n° 203, p. 54-63.

Neveux Olivier, 2013, *Politiques du spectateur*, Paris, La Découverte.

Noël Francine, 1977, « La stépette impossible », *Jeu : Revue de théâtre*, n° 5, p. 83-90.

Oida Yoshi, 2008, *L'acteur rusé*, Actes Sud.

Passeron René (Éd.), 1982, *Création et répétition*, Groupe de recherche en philosophie de l'art et de la création, Paris, Clancier-Guénaud.

Pavis Patrice, 2008, *La mise en scène contemporaine : origines, tendances, perspectives*, Armand Colin.

Peters Gary, 2009, *The philosophy of improvisation*, University of Chicago Press.

Picon-Vallin Béatrice, 2009, « Nancy, nouveau rendez-vous des théâtres du monde », dans O. Aslan (éd.), *Paris capitale mondiale du théâtre : le Théâtre des Nations*, p. 260-272, Paris, France, CNRS éd.

Pietropaolo Domenico, 2003, « Improvisation in the Arts », dans T. J. McGee (éd.), *Improvisation in the arts of the Middle Ages and Renaissance*, p. 2-24, Medieval Institute Publications, Western Michigan University.

Poliakov Stéphane, 2006, *Anatoli Vassiliev : l'art de la composition*, Actes Sud – Papiers / Conservatoire national supérieur d'art dramatique.

Proust Serge, 2006, *Le comédien désemparé : autonomie artistique et interventions politiques dans le théâtre public*, Paris, Anthropos, Economica.

Rancière Jacques, 1987, *Le maître ignorant : cinq leçons sur l'émancipation intellectuelle*, Paris, Fayard.

Rauch Marie-Ange, 2008, *Le théâtre en France en 1968 : crise d'une histoire, histoire d'une crise*, Paris, France, Éd. de l'Amandier.

Roy Martin, 1970, « Rapport sur les animations et formations proposées par Alain Knapp », Document inédit.

Ryngaert Jean-Pierre, 2009, *Jouer, représenter*, Armand Colin.

Saint-Denis Michel, 1982, *Training for the theatre : premises and promises*, London, Theatre arts books Heinemann.

Saladin Matthieu, 2010, *Esthétique de l'improvisation libre : étude d'une pratique au sein des musiques expérimentales au tournant des années 1960-1970 en Europe*, Thèse de doctorat, Université Panthéon-Sorbonne, Paris, France.

Sandier Gilles, 1970, *Théâtre et combat : regards sur le théâtre actuel*, Paris, France, Stock.

Schechner Richard, 2002, *Performance Studies*, London & New York, Routledge.

Schechner Richard, 2008, *Performance : expérimentation et théorie du théâtre aux USA*. Éd. Théâtrales.

Scruggs Mary, 2008, *Process : An Improviser's Journey*, Evanston, Northwestern University Press.

Seham Amy E., 2001, *Whose improv is it anyway ? beyond Second City*, Jackson, University Press of Mississippi.

Simmel Georg, 2001, *La Philosophie du comédien*, Belfort, Circé.

Sinigaglia Jérémy, 2012, *Artistes, intermittents, précaires en lutte : retour sur une mobilisation paradoxale (2003-2006)*, Nancy, Presses universitaires de Nancy.

Skenderovic Damir & Späti Christina, 2012, *Les années 68 : une rupture politique et culturelle* (U. Gaillard, Trad.), Lausanne, Suisse, Antipodes, Société d'histoire de la Suisse romande.

Smith Hazel & Dean Roger T., 1997, *Improvisation, hypermedia, and the arts since 1945*, Amsterdam, The Netherlands, Harwood Academic Publishers.

Spolin Viola, 1973, *Improvisation for the theatre*, Ritman Publishing Limited.

Sutermeister Anne-Catherine, 2000, *Sous les pavés, la scène : L'émergence du théâtre indépendant en Suisse romande à la fin des années 60*, Lausanne, Éditions d'en bas.

Sweet Jeffrey, 1978, *Something wonderful right away*, New York, Avon Books.

Talbot Claude, 2015, *L'impact historico-culturel des enseignements d'Alain Knapp sur le milieu théâtral québécois, de 1974 à aujourd'hui*, Mémoire de Maîtrise en Théâtre, Université du Québec à Montréal, Montréal.

Tchekhov Mikhaïl, 1980, *Être acteur : technique du comédien*, Pygmalion.

Tchekhov Mikhaïl, 1995, *L'imagination créatrice de l'acteur*, Pygmalion.

Thompson Walter, 2006, *Soundpainting : the art of live composition*, New York, Walter Thompson.

Thura Matthias, 2009, *Agir dans l'incertain : les dispositifs sociaux et techniques pour appréhender une situation d'incertitude. L'exemple des matchs d'improvisation théâtrale*, Mémoire de Master, EHESS-ENS, Paris.

Tialens Richard, 1971, « Sur le Théâtre-Création (histoie d'une affaire) », *Aarevue*, n° 29-30, p. 1-24.

Toraille Raymond, 1973, *L'animation pédagogique*, Paris, France, Les éditions E.S.F. Tournier Christophe, 2003, *Manuel d'improvisation théâtrale*, Éditions de l'eau vive.

Tournier Christophe, 2011, *300 exercices d'improvisation et d'exploration théâtrale*, Éditions de l'eau vive.

Urrutiaguer Daniel, 2009, *Économie et droit du spectacle vivant en France*, Paris, Presses Sorbonne nouvelle.

Vilar Jean 1986, *Le Théâtre, service public, et autres textes*, Gallimard.

Vinaver Michel, 2000, *Écritures dramatiques. Essais d'analyse de textes de théâtre*, Actes Sud.

Vladova Tania, 2004, *De Pouchkine à Pirandello : vers une poétique de l'improvisation*, Thèse de doctorat, École des hautes études en sciences sociales, Paris, France.

Warnet Jean-Manuel, 2005, *Le laboratoire théâtral au XXe siècle : un espace de recherche pour le théâtre d'art*, Thèse de doctorat, Université Rennes 2, France.

Warnet Jean-Manuel, 2013, *Les laboratoires : une autre histoire du théâtre*, Lavérune, France, l'Entretemps.

Waszczuk Teresa Eva, 1978, *Festival international de théâtre universitaire à Wroclaw en Pologne : 1967-1975*, Université de la Sorbonne nouvelle, Paris.

Weissberg Jean-Louis, 2000, « L'auteur en collectif. Auteur, nomination individuelle et coopération productive », *Solaris,* consulté à l'adresse http://gabriel.gallezot.free.fr/Solaris/d07/7weissberg.html#to1.

Zaunbrecher Nicolas. J., 2011, « The Elements of Improvisation : Structural Tools for Spontaneous Theatre », *Theatre Topics n° 21*, p. 49-60.

INDEX DES NOMS DE PERSONNES

ADRIEN, Philippe : 76, 152, 156-157, 166-168, 173, 255
AGAMBEN, Giorgio : 259, 301
ALTHUSSER, Louis : 88, 265
APOTHÉLOZ, Charles : 53, 66-74, 91, 96-99, 104, 129, 132-134, 137, 161, 186-188
ARISTOTE : 27-28, 32, 265, 338
ARTAUD, Antonin : 62-64, 115-116, 122
AYKROYD, Dan : 38

BARBA, Eugenio : 34, 46, 57, 107-108, 160, 313
BARRAULT, Jean-Louis : 34, 62, 80
BARTHES, Roland : 57, 65-66
BECK, Julian : 114-118
BECKETT, Samuel : 339, 361
BERGE, Yvonne : 63-64, 77, 159, 241
BERLIN, Isaiah : 23, 368-371
BESSON, Benno : 24, 57, 60, 66, 70-73, 75, 79, 82, 97
BOAL, Augusto : 19, 48, 179, 210, 256, 259, 270, 335, 349-352
BOGART, Anne : 240, 314-316, 320-323, 326-328, 332, 334, 337-338, 340-342, 347, 375, 385
BOND, Edward : 43
BOURDIEU, Pierre : 88, 253, 256
BOUVARD, Philippe : 190
BOYD, Neva : 35, 268
BRECHT, Bertolt : 35-36, 44, 57-60, 62, 65-66, 70-75, 82, 97, 101-106, 112, 118, 130, 138, 155, 183, 192-193, 204, 244-245, 264, 371, 380
BROOK, Peter : 34, 57, 106, 108, 110, 112-113, 360

CAGE, John : 168, 315
CAMUS, Albert : 101-102
CHANCEREL, Léon : 62, 93
CHEVALLAZ, Georges-André : 68, 136, 186
CHUDNOW, Dick : 41
CLOSE, Del : 17, 19, 37, 41, 259, 282, 325, 327, 388
COPEAU, Jacques : 34, 43, 57, 62, 65, 93, 122, 199, 208
CREUZEVAULT, Sylvain : 253, 255, 273, 293

DASTÉ, Jean : 61, 64-65, 87, 93
DECROUX, Étienne : 44
DELEUZE, Gilles : 88, 301, 328
DERVAL, Blanche : 24, 61, 76
DEVINE, Georges : 44-45, 208
DIDEROT, Denis : 33, 119, 333
DIGGELMANN, Walter : 183, 395
DORT, Bernard : 57, 59-60, 65, 76, 94, 100-101, 212-213, 374
DULLIN, Charles : 34, 57, 62-63, 82, 93, 293, 320
DUNCAN, Isadora : 22, 63
DUPONT, Florence : 27, 32-33, 305
DÜRRENMATT, Friedrich : 71

ECO, Umberto : 168, 255

FO, Dario : 46
FRISCH, Max : 66, 70, 73, 75, 90

FROCHAUX, Claude : 166, 173, 176, 179, 395

GASKILL, William : 43-46
GIGNOUX, Hubert : 93, 122, 199-200
GOLDONI, Carlo : 33, 76
GOLOVTCHINER, Lova : 74, 133
GRAVEL, Robert : 17, 19, 48, 50, 194-195, 208, 258, 263, 279-280, 304
GROTOWSKI, Jerzy : 34, 46, 64, 76, 107-113, 120-121, 129, 131, 138, 159-160, 215, 292
GUÉNOUN, Denis : 119, 254, 282-283, 307-308, 334

HALPERN, Charna : 19, 35, 39-41, 259, 268, 327
HALPRIN, Anna : 194, 316
HAMILTON, Julyen : 383-384, 390

JOHNSTONE, Keith : 17, 19-20, 24, 28, 39, 41-47, 50, 63, 107, 127, 153, 161, 163, 172, 195, 208-211, 214-215, 218-225, 227, 231, 234-236, 239-245, 251, 256-264, 269, 272, 279-281, 290, 293, 304, 325-332, 339, 343, 349, 352-353, 380, 384, 388
JOLIBOIS, Christian : 142, 184, 190, 204, 394-395
JORIS, Charles : 78, 96, 122, 138

KANTOR, Tadeusz : 173-177
KNEBEL, Maria : 34, 119, 143, 233, 359

LAGARCE, Jean-Luc : 165, 325, 390
LANG, Jack : 76-81, 108, 123, 125, 199
LASSALLE, Jacques : 190, 199, 201
LECOQ, Jacques : 122, 300
LEHMANN, Hans-Thies : 274-284, 354
LEPAGE, Robert : 192-194, 198
LIÈGME, Bernard : 96, 138
LIVCHINE, Jacques : 49, 270, 304

MALENFANT, Marc : 193, 196-198
MALINA, Judith : 114, 116
MALRAUX, André : 93-94, 204
MARX, Karl : 95, 244, 371
MERVANT-ROUX, Marie-Madeleine : 295, 343, 352, 355-357
MEYERHOLD, Vsevolod : 34, 119-120
MNOUCHKINE, Ariane : 17, 273, 275
MONTAIGNE, Michel de : 7, 286-287, 293, 362, 374
MORENO, Jacob Levy : 19, 179-180, 349
MORIN, Edgar : 213-214, 284
MORIN, Gwénaël : 274
MURRAY, Bill : 38
MYERS, Mike : 38

NIETZSCHE, Friedrich : 367, 387

OIDA, Yoshi : 137, 382
OVERLIE, Mary : 314, 316, 321, 334, 337, 340-344, 347

PARLIER, Lionel : 25, 323, 378
PAXTON, Steeve : 315, 341
PÉCLAT, Pierre-Louis : 157-158, 166, 394
PETERS, Gary : 8, 368-372, 380, 386
PETITPIERRE, Claude : 199-200
PLANCHON, Roger : 96, 123

RANCIÈRE, Jacques : 256-257, 271
RÉGY, Claude : 62
ROY, (Jean-)Martin : 114, 129, 135, 142, 144, 155, 182, 184, 191, 209, 216, 220, 223, 227, 229, 230, 238, 393-395

SAHLINS, Bernie : 37-38
SAINT-DENIS, Michel : 34, 43, 93, 199-200, 208
SARTRE, Jean-Paul : 68, 101, 105, 131
SCHECHNER, Richard : 249, 273, 277-278, 284-292
SHEPHERD, David : 36-37, 39, 42, 371
SILLS, Paul : 17, 36-39, 268, 287, 294
SIVADIER, Jean-François : 200-201

SOYINKA, Wole : 43
SPOLIN, Viola : 17, 19, 28, 35-40, 42, 44, 161, 208, 210, 220, 227-229, 259, 268, 287, 325, 349, 388
STANISLAVSKI, Constantin : 34, 44, 57, 108, 119, 143, 218, 233-234, 244, 261, 264, 314, 333, 335, 359-360

TCHEKHOV, Mikhaïl : 34, 119-120, 226, 334, 367
THOMPSON, Walter : 350

VASSILIEV, Anatoli : 10, 34, 273, 359-360
VILAR, Jean : 58, 62, 66, 68, 95, 97, 101, 103-105, 123
VINAVER, Michel : 72, 74, 101-102, 107, 199, 204, 275, 279
VINCENT, Jean-Pierre : 75, 199-200
VITEZ, Antoine : 191, 200, 213
VOISIN, André : 61-64, 82, 159
VOISIN, Robert : 58, 72, 75

WILSON, Robert : 173, 175, 275

INDEX DES NOMS PROPRES

Berliner Ensemble : 59, 66, 71-72, 75
Bread and Puppet Theatre : 144, 167

Centre Dramatique Romand (CDR) : 24, 53, 63, 66, 68-73, 77-78, 107, 129, 132-136, 141, 148, 161, 178, 186-189, 209
Centre universitaire international de formation et de recherche dramatique (CUIFERD) : 76, 81, 108, 125
Charlie Hebdo : 107
Chiens de Navarre (les) : 18, 274
Collectivum Musonia : 314, 361
ComedySportz : 38, 41-42, 46, 279, 301
Compagnie Dynamythe : 314, 353
Compass Players : 19, 36-39, 268, 371

École nationale supérieure des arts et techniques du théâtre (ENSATT) : 198, 202, 300
Et Compagnie : 302, 310

Festival d'Avignon : 49, 95, 156, 296
Festival de Nancy : 76-81, 108, 122-123, 143
Festival de Wrocław : 80-81, 99, 108-109, 143-144, 148, 185, 396

Grand cirque ordinaire (le) : 48

Harold : 40-41, 327

Improvidence : 15-16
ImprovOlympics (iO) : 38-39, 259, 295

Judson Church Theater : 253, 315

Kulturtäter : 104

Laboratoire d'acteurs créateurs sympathiques et engagés (LACSE) : 354, 358, 363
Ligue nationale d'improvisation (LNI) : 48-49, 193-195
Living Theatre : 64, 104, 108, 114-118, 122, 146, 170, 253, 262
Loose Moose Theatre : 46, 209, 245

Manufacture (HTSR) : 202
Match d'impro : 15-17, 41, 46, 48-50, 55, 209, 246, 279, 290, 304, 325, 388

Tg Stan : 274
Théâtre de l'Aquarium : 123-124
Théâtre des Faux-Nez : 68, 70, 74-77, 129, 138, 187
Théâtre des Nations : 59, 66, 79-80, 108, 156, 172-173
Théâtre du Chêne noir : 123, 174
Théâtre du Soleil : 17, 78, 122-124, 184, 297
Theatre Machine : 45-46, 50, 195, 208
Théâtre national de Strasbourg : 34, 93, 190-191, 195, 198-199, 201, 204, 213
Théâtre Onze : 107, 129, 133
Théâtre persistant : 307, 363
Théâtre populaire (revue) : 24, 57-60, 62, 65, 70, 72, 75
TheatreSports : 17, 39, 41-42, 46-47, 209, 245, 263, 279-281, 290, 304
Théâtre universitaire de Lausanne (TUL) : 53, 74-82, 99, 125, 128, 143

UNESCO : 93, 108, 172-173

INDEX DES NOTIONS

acteur-créateur : 24-25, 34, 51, 54, 105, 118, 121, 133, 141, 192-195, 197-198, 207, 210, 224, 245, 251-252, 296, 301, 311, 314, 348, 372, 391
activation / élément activant : 217-218, 229, 322, 332, 334, 344
amateur : 15-17, 29-30, 35, 39, 49, 67-68, 94, 155, 160, 294-295, 302-303, 349
analyse-action : 233, 359-360
animation : 24, 54, 94, 96-97, 142, 155, 157, 160-165, 168-169, 179-180, 185-186, 208-209, 214-215, 223, 228, 232, 257, 296
architecture : 109, 142, 194, 203, 316, 332
attention diffuse : 240
awareness : 317, 382-383

bandes de comportement : 284, 287-288, 291-292, 363
blocage : 110, 218, 221, 225, 243, 260

canevas : 18, 24, 31, 33, 149, 160, 205, 227, 232-235, 238, 359, 362-363
carnavalesque : 18, 257-258, 352
chronotope : 18, 342
cohérence : 82, 164, 180, 229-231, 237, 241-244, 255, 260, 286, 320, 326, 339, 340, 348, 350, 384
collectif : 105-106, 123-124, 135, 157-158, 262, 270-271, 274, 368-372, 377, 380
comique (improvisation) : 37, 44
commedia dell'arte : 12, 18-19, 28, 30-36, 48, 120, 123, 160, 232, 267, 361
communication non-verbale : 342
compétition : 46, 48, 280, 291, 389
composition : 8, 10-14, 18-19, 27, 130, 143, 151, 316, 320, 339, 341, 347-350, 361, 366, 383-384
consensus : 22, 91, 103, 263, 265-266, 305, 380
contexte : 23, 256-257, 262, 270, 302, 312, 314-315, 344, 347-348, 358, 362-363, 368, 372, 381, 383, 385-386, 390
coordination : 279, 366, 372, 378-381, 386
corparolité : 216-217, 320, 340, 342-343, 358, 373-374
corps : 11, 25, 63-65, 73, 77, 110-113, 117, 139-140, 149-152, 158-162, 176, 181, 197, 203, 215-217, 223-225, 282-284, 315, 319-320, 330-331, 337, 340-341, 382, 390
création collective : 17, 48, 77, 80-81, 85, 116, 121-122, 124, 128, 134, 136, 140, 147, 157, 161, 179, 182-183, 191, 197, 245, 255, 273
cycles RERPÈRE (RSVP Cycles) : 194

danse contact : 341, 373
danse libre : 22, 63
décentralisation : 62, 64-67, 70, 92-93, 95, 98-99, 112, 161, 185, 199-200
déconstruction : 347
degré zéro : 131, 215
démocratie : 25, 154, 253-254, 256, 261, 263, 265-266, 309
démocratisation : 93-96, 209, 305
déviation (tilting) : 242, 380
dialectique : 58, 102, 106, 117, 245, 351
distance : 149, 330-332

dramatisation : 276, 343, 345-346
drame : 10, 19, 23, 32, 152, 222, 234, 275, 279, 282-287, 289-290, 293, 388
durée : 18, 40, 49, 66, 286-287, 316, 320-326, 383

échec : 9, 153, 220-221, 223, 272-273, 280-281
écologie : 256, 261
éducation : 16, 35, 43, 46, 66, 93-94, 103, 130, 163, 202, 214-215, 218, 224-225, 256, 301, 346, 387
émancipation : 60, 82, 133, 151, 169, 254, 256, 260, 262, 271-272, 388-389
émotion : 333-337
emploi (théâtre) : 120-121, 123, 212
engagement : 58-60, 63, 68, 79-80, 85, 89, 100-107, 116, 118, 122, 131, 135, 145, 151, 205, 210-211, 221-224, 373-374, 383-383, 389
environnement : 31, 106, 162, 217, 256, 259, 20-261, 264, 274, 283-284, 289-290, 306, 312, 314, 317, 320, 328-330, 342, 348, 355, 382-386, 390
équilibre : 157, 181-182, 238, 242, 340-342, 380, 391
esprit d'équipe : 372, 378-380
état : 111, 113, 180-182, 217, 224, 237, 239-241, 342, 367, 372, 374, 381-382
éthique : 23, 54, 64, 116, 121-122, 127, 130, 190, 210, 220, 225, 281, 302, 311, 371-372, 383, 389
études : 119, 314, 359-363, 390
eutonie : 63
événement : 7, 12, 29, 41, 82, 107, 112, 134, 242, 264, 277, 285, 291, 305, 308, 326-327, 343, 359-360, 366, 370, 383, 385-386

fatalité des coûts : 305-306
feedforward : 384-385
format (improvisation) : 40-42, 46-47, 49, 208-209, 245-246, 279, 283, 289-290, 294, 310-311, 325, 339, 353, 388
formation (acteurs) : 16, 38, 44, 46, 53, 62, 69, 76-78, 102, 129, 196, 202, 207-218, 225-226, 244, 246, 252, 299-303, 306, 311
free theatre : 116

geste expressif / comportemental : 340, 342
gravitation : 319, 341

idiome : 159, 301, 358, 370, 372-376
image : 22, 41, 63, 139, 158, 180-181, 198, 225, 237-241, 275-276, 279, 301, 304, 313, 319-320, 329, 337-338, 340, 342, 345, 368, 374, 381-382
imagination : 19, 48, 77, 79, 83, 119, 130, 162, 164, 175, 180-181, 197, 217-220, 242, 245, 257, 263-264, 271-272, 276-277, 286, 381, 389-390
inconscient : 180-181, 219-220, 239, 241, 321, 348, 390
intelligences multiples : 346
interdisciplinarité : 9, 124, 283-284, 291, 312-314
interprétation : 14, 31, 54, 91, 109, 118, 130, 144, 155, 158, 196-197, 199-203, 207, 212, 216, 234, 245-246, 368

langage commun : 266, 372-377
libéralisme : 21, 247, 252, 254, 288, 297, 389, 391

masque : 32-33, 43-45, 47, 63-64, 111, 224, 301, 335, 373
matrice : 286, 314, 354, 368
mise en scène : 21, 59, 66, 71, 74-76, 80, 101, 120, 122, 144, 167, 191, 197-199, 201, 203-205, 284, 299-300, 303-304, 309, 316, 336
musique : 10, 12-13, 20-22, 30, 43, 48, 88, 90, 93, 155, 168, 175, 249, 279, 284, 287, 315, 318, 321, 337-339, 346-347, 365-368, 373-374, 379, 384

niveaux de jeu : 279, 354, 356-358

non-jeu : 193, 283, 354, 356

partition : 111, 113, 143, 150, 194, 241, 367
pédagogie : 24, 43, 45, 193, 197-198, 201-203, 205, 225, 245, 257, 271, 301
perception : 12, 115, 214, 217-218, 243, 275-277, 283, 311, 314, 317, 323, 328, 337, 340, 342-343, 351, 381-382, 385
performance : 23, 28, 37, 44, 113, 175, 232, 249, 262, 266-267, 270, 277-291, 306, 315, 317-318, 322, 326, 336, 338-339, 343, 348, 351-352, 354, 356, 358, 366, 377, 379, 382, 386
perspectives (*viewpoints*) : 25, 314-351, 375, 385
pesanteur : 135, 215, 217, 341
plateforme : 242, 339
point de concentration : 229, 237
point focal : 379, 381
post-dramatique : 249, 273

relations spatiales : 316
répertoire : 31, 54, 68, 78, 95-98, 103-105, 115, 122-123, 129, 143, 146, 148, 167, 194, 201, 209, 258, 262, 269, 271, 284, 287, 291-293, 303, 312, 314, 322, 328, 348, 358, 361, 363, 383, 390
répétition : 7-8, 32-33, 38, 40, 44, 72, 110, 114, 119, 124, 146-147, 158, 167, 205, 207, 252, 286, 291-292, 316, 322, 326-328, 339, 368
réponse kinesthésique : 316, 320, 322, 328-329, 347
rythme : 28, 32, 81, 145, 159, 217, 219-220, 292, 321, 340, 345, 361, 375

scrutation : 191, 217-218, 225, 233, 238-244, 261, 314, 318, 343
soundpainting : 210, 350
spontanéité : 19, 24, 35-36, 39, 42-44, 50, 111, 179, 215, 218, 220, 257-259, 263, 271, 288, 314, 345, 360, 367, 391
sport : 41-42, 46-48, 50, 209, 216, 236, 259, 268, 279-281, 290-292, 295, 325, 346, 356-357, 389
statuts relatifs : 44, 47, 235-236, 256, 264, 269, 331-332
structure créatrice : 227-228, 234

tempo : 321-322, 326, 328, 336, 338
théâtre forum : 295, 351
théâtre populaire (mouvement) : 33, 57-58, 70, 95-97, 99, 103-104, 112, 148
théâtre universitaire : 75, 78-79, 83, 123, 134, 184
thérapie : 24, 155, 179-181, 237
tilting : voir *déviation*
topographie : 316, 327, 332-333
types (commedia dell'arte) : 32-33, 121, 160, 361,

viewpoints : voir *perspectives*
virtuosité : 30, 315, 321, 369, 376

TABLE DES MATIÈRES

AVANT-PROPOS 7

INTRODUCTION
L'improvisation théâtrale : histoire d'un genre contemporain 27

PREMIÈRE PARTIE

VERS UN ACTEUR-CRÉATEUR POSITIVEMENT LIBRE

ALAIN KNAPP ET LE THÉÂTRE-CRÉATION (1968-1975)

ALAIN KNAPP, ITINÉRAIRE D'UN ENFANT DE BAAL 57
Théâtre Populaire : le bain du bébé 58
1956-1960 : en France, de Voisin à Dasté 61
1961-1968 : la résistible ascension d'Alain Knapp 65
Charles Apothéloz et le Centre dramatique Romand : le théâtre à Lausanne dans les années soixante 67
Le déclic Benno Besson 70
Les débuts d'une carrière de metteur en scène 73
Le Théâtre universitaire comme laboratoire de l'acteur 75

L'EUROPE DES ANNÉES SOIXANTE ET LE THÉÂTRE CONTEMPORAIN 85
Chamboulements des années soixante 86
Balayage cathodique 87
Le cas suisse 90

Politiques culturelles 92
Décentralisation en France 93
Politique culturelle Suisse 98
Idées et influences artistiques 100
Engagement et théâtre politique 100
Théâtre expérimental et avant-gardes 107
Acteur-créateur 118
La création collective 121

GRANDEUR ET DÉCADENCE
DU THÉÂTRE-CRÉATION (1968-1975) 127
Prémices : l'Atelier de recherche de Vidy 128
Fonctionnement de l'Atelier 129
L'éclatement du Centre dramatique Romand 132
1968-1972 : le Théâtre-Création, première période 135
1968-1969 : *Les Bobacs*, création collective 136
1969-1970 : *La Paix*
et premières improvisations en public 141
1970-1971 : *Clytemnestre*, improvisations et animations . . . 157
1971-1972 : *M. Ducommun*, *Djakarta*,
Biennale de Paris, Verviers, Dourdan 166
1972-1973 : *Achille Lancelot*,
un bilan sous forme de dernière création collective 182
Écumes 184
Les dernières années : 1973-1975 184
Dispersion 189
Knapp enseignant : Québec, Paris,
Strasbourg, Rue Blanche 191
Knapp auteur et metteur en scène 204

LE MONDE SELON KNAPP 207
Improviser : une préparation 210
Pour une autre formation des acteurs 211
Brève conversation sur le corps 215
Éloge de la lenteur 217
L'éthique de l'atelier 220
Vie réelle *vs* vie scénique 223

Exercices 225
Le canevas 232
Improviser : un processus 236
À la recherche d'un contact d'expression 236
Scrutation 238
Objectifs 241
Situation provisoire 244

DEUXIÈME PARTIE

PERSPECTIVES POUR L'IMPROVISATION THÉÂTRALE DU XXIe SIÈCLE

ENTRE LIBÉRALISME ET LIBERTARISME

L'ACTEUR-CRÉATEUR AUJOURD'HUI
Nécessité, actualité et perspectives 251
Un entraînement à la vie sociale et politique en démocratie ? . . . 253
L'improvisateur, individu émancipé 256
Le groupe d'improvisateurs, une micro-société d'individus émancipés entre eux 262
Les spectateurs de l'improvisation, égaux des acteurs 270
Performativité de l'improvisation 273
Postdramatique, hybridations et performativité 274
Théâtre (d'improvisation) environnemental 284
La technique, l'altérité et le répertoire 291
Improvisation et économie libérale 294
Situation des acteurs en France, bref état des lieux 296
L'acteur, autonome ou auto-entrepreneur ? 299
Le groupe polyvalent 302

EXPÉRIMENTATIONS ET EXPÉRIENCES
De la théorie à la pratique 313
Les Six *perspectives* : structure pour une recherche pratique . . . 315
La danse comme articulation 317

Le temps 321
L'espace 330
Les émotions 333
Les formes 337
Le mouvement 340
Dramatisation 343
La perspective manquante : le son ? 346
L'abord du contexte : médiation, interaction et mémoire 347
Direction de l'improvisation 348
Le rapport au public 351
Travail sur un répertoire 358

LES DEUX LIBERTÉS DE L'IMPROVISATEUR 365
Liberté, théâtre et improvisation : deux conceptions de la liberté 367
Improvisation négative et positive 368
Langage commun et improvisation non-idiomatique 372
Esprit d'équipe, dialogue et coordination 378
Degrés d'importance du contexte 381
Comment commencer ? 381
Feedforward 384

CONCLUSION 387

ANNEXE
Spectacles du Théâtre-Création 393

BIBLIOGRAPHIE 397

INDEX DES NOMS DE PERSONNES 407

INDEX DES NOMS PROPRES 411

INDEX DES NOTIONS 413

IMPRIM'VERT®

Achevé d'imprimer par Corlet Numérique,
à Condé-sur-Noireau (Calvados). N° d'impression : 137912
Imprimé en France